新キリスト教
組織神学事典

東京神学大学神学会 [編]

New Dictionary of
SYSTEMATIC
THEOLOGY

edited by
Tokyo Union Theological Seminary

教文館

序

　本事典は，牧師・伝道者たちの便覧に供するためでもあるが，それだけでなく，一般の信徒たちの信仰の養いのために必要と思われる諸項目を重点的に選別し，その神学的解説に心がけたものである。執筆者たちの多くは，東京神学大学の神学的伝統に連なる者たちであるが，その友人方にも加わっていただき，今日の日本と世界の教会の課題を念頭に置き，新しい世代の力を加えて，この時代の神学的責任を果たす努力を試みた。

　本事典の旧版は，1972年に出版され，その後増補版（1983年），さらに新装版（2002年）として版を重ね，読まれ，用いられてきた。それは当時の日本の組織神学の力量を表現し，その後45年に及ぶ生命力を持ち，今後ともなお重要な資料をなすであろう。しかし，一方では旧版の執筆者の多くはすでに天に召され，他方では神学の状況，環境，課題の認識などが変化してきたことも無視できない。そこでわれわれの責任として，この時代の神学的力の結集を図り，全面的な書き換えに挑戦しなければならないと判断された。かつての旧版がその時代の日本の組織神学的水準を事典の形でよく体現したように，今回の企ては今日の組織神学の力量を表現することになるであろう。日本の組織神学の実力はかつてに比して遜色がないとは決して言い得るわけではない。それは世界の神学の全体に現れている危機とも相通じる。しかしそれならばなおのこと，組織神学の土台を再確認して，新しい健全な機運を起こす努力が必要である。そのために本事典は，神学の初心に立ち返って教会的基盤を確かめ，牧師・伝道者を支え，伝道と教会形成を推進し，信徒たちの信仰生活，証の力の育成に仕え，信仰教育に役立つ奉仕として計画され，執筆された。

　本事典がどれだけの生命力を持つかは予断を許さない。しかしいま夢を語れば，事典としての性質やスケールは大きく異なるが，神学事典RGG（『歴史と現代における宗教』）が第4版に及び，TRE（『神学百科事典』）

も実質上それ以前の3版に及んだRE(『百科事典』)を踏まえていることが思い起こされる。日本の神学も教会と共に継承,発展を続け,しかるべき時に再び本事典の全面的な書き換えの時が迎えられるように期待している。その時書き換えの中を一貫して貫くものが,日本の神学の特質として姿を現すであろう。しかしそれが起きるか,起きないかは,本事典が旧版に劣らず読者・利用者を得て,彼らと共に時代の課題の中を歩み続ける神学的力量を保持しているかどうかにかかっている。こうした夢と期待をもって本事典を世に送る次第である。

  2017年12月27日

近 藤 勝 彦

凡例

1. 項目は五十音順で配列されている。
2. 項目名の下に対応する外国語を示した。
   ［ヘ］ヘブライ語　　　［ギ］ギリシア語　　　［ラ］ラテン語
   ［英］英語　　　　　　［仏］フランス語　　　［独］ドイツ語
3. ヘブライ語，ギリシア語はカタカナで表記した。
4. 人名・地名などの固有名詞は，編集部で統一した。
5. 解説文中の左肩に「*」を付した語は，その後が立項されていることを示す。各解説文の初出，または関連箇所に付した。
6. 本事典の旧版（増補版）には詳細な「組織神学邦語文献目録」が付されていたが，本書には収録していない。しかし，旧版が組織神学の文献案内の役割を果たしてきたことを踏まえ，本事典では解説文に出てくる文献に書誌情報を加えた。邦訳書は，学術的に信頼性を置けるもので，なおかつできる限り現在入手可能なものを選んだ。そのため，文末の「参考文献」は，解説文に出てくる文献以外のものを指している。ただし，頻出する信条・信仰告白・宣言・信仰問答などは書誌情報を省略した。それらについては下記を参照していただきたい。
   - 『信条集　上下』（新教出版社，1957年）。
   - 信条集専門委員会訳『一致信条書――ルーテル教会信条集』（教文館，2006年）。
   - 関川泰寛・袴田康裕・三好明編『改革教会信仰告白集――基本信条から現代日本の信仰告白まで』（教文館，2014年）。
   - 『改革派教会信仰告白集』（全12巻，一麦出版社，2011-13年）。
   - 『宗教改革著作集14　信仰告白・信仰問答』（教文館，1994年）。

聖書略記表

旧約聖書
創世記＝創
出エジプト記＝出
レビ記＝レビ
民数記＝民
申命記＝申
ヨシュア記＝ヨシュ
士師記＝士
ルツ記＝ルツ
サムエル記上＝サム上
サムエル記下＝サム下
列王記上＝王上
列王記下＝王下
歴代誌上＝代上
歴代誌下＝代下
エズラ記＝エズ
ネヘミヤ記＝ネヘ
エステル記＝エス
ヨブ記＝ヨブ
詩編＝詩
箴言＝箴
コヘレトの言葉＝コヘ
雅歌＝雅
イザヤ書＝イザ
エレミヤ書＝エレ
哀歌＝哀
エゼキエル書＝エゼ
ダニエル書＝ダニ
ホセア書＝ホセ
ヨエル書＝ヨエ
アモス書＝アモ
オバデヤ書＝オバ
ヨナ書＝ヨナ
ミカ書＝ミカ
ナホム書＝ナホ
ハバクク書＝ハバ
ゼファニヤ書＝ゼファ
ハガイ書＝ハガ
ゼカリヤ書＝ゼカ
マラキ書＝マラ

新約聖書
マタイによる福音書＝マタ
マルコによる福音書＝マコ
ルカによる福音書＝ルカ
ヨハネによる福音書＝ヨハ
使徒言行録＝使
ローマの信徒への手紙＝ロマ
コリントの信徒への手紙一＝Ⅰコリ
コリントの信徒への手紙二＝Ⅱコリ
ガラテヤの信徒への手紙＝ガラ
エフェソの信徒への手紙＝エフェ
フィリピの信徒への手紙＝フィリ
コロサイの信徒への手紙＝コロ
テサロニケの信徒への手紙一＝Ⅰテサ
テサロニケの信徒への手紙二＝Ⅱテサ
テモテへの手紙一＝Ⅰテモ
テモテへの手紙二＝Ⅱテモ
テトスへの手紙＝テト
フィレモンへの手紙＝フィレ
ヘブライ人への手紙＝ヘブ
ヤコブの手紙＝ヤコ
ペトロの手紙一＝Ⅰペト
ペトロの手紙二＝Ⅱペト
ヨハネの手紙一＝Ⅰヨハ
ヨハネの手紙二＝Ⅱヨハ
ヨハネの手紙三＝Ⅲヨハ
ユダの手紙＝ユダ
ヨハネの黙示録＝黙

目次

  序 …………………………………… 3
  凡例 ………………………………… 5
  聖書略記表 ………………………… 6

愛 ……………………………………… 15
悪 ……………………………………… 17
悪魔 …………………………………… 20
アジアの教会と神学 ………………… 22
新しい天，新しい地 ………………… 26
イエス・キリスト …………………… 28
祈りの法則 …………………………… 31
癒し …………………………………… 34
永遠の意志決定（聖定）…………… 36
永遠の命 ……………………………… 38
エキュメニズム ……………………… 41
エコロジーの神学 …………………… 43
エドワーズ …………………………… 46
改革派神学 …………………………… 50
解放の諸神学 ………………………… 54
神認識 ………………………………… 58
神の国 ………………………………… 62
神の言葉 ……………………………… 67

神の死 ………………………………… 70
神の人格性 …………………………… 74
神の統治 ……………………………… 76
神の本質と属性 ……………………… 78
神の恵みの自由 ……………………… 82
体の甦り ……………………………… 85
北森嘉蔵 ……………………………… 87
義認 …………………………………… 89
希望 …………………………………… 93
救済史 ………………………………… 95
教会 …………………………………… 99
教会規則 ……………………………… 103
教義学 ………………………………… 106
キリスト教の本質 …………………… 109
キリスト教倫理学 …………………… 114
キリスト者の完全 …………………… 117
キリストの再臨 ……………………… 120
悔い改め ……………………………… 123
熊野義孝 ……………………………… 126
啓示 …………………………………… 128
契約 …………………………………… 133
ケーラー ……………………………… 136
三位一体 ……………………………… 139
死 ……………………………………… 143
時間と空間 …………………………… 145

自然神学 ……………………………… 147
自然の神学 …………………………… 150
史的イエス …………………………… 152
宗教的寛容 …………………………… 155
十字架の神学 ………………………… 158
自由主義神学 ………………………… 161
終末論 ………………………………… 166
受肉 …………………………………… 169
シュライアマハー …………………… 172
昇天 …………………………………… 176
召命と派遣 …………………………… 178
贖罪 …………………………………… 182
職制（教憲・教規）………………… 187
神学 …………………………………… 191
神義論 ………………………………… 195
信仰 …………………………………… 199
信仰と理性 …………………………… 201
信仰論 ………………………………… 203
信条と信仰告白，標識，宣言 ……… 206
審判 …………………………………… 210
聖化 …………………………………… 213
聖餐 …………………………………… 216
聖書 …………………………………… 220
正典 …………………………………… 223
正統主義神学 ………………………… 227

聖徒の交わり	231
聖霊	233
聖礼典	237
説教	241
摂理	243
洗礼	247
創造	251
組織神学	256
父なる神	260
罪	263
ティリッヒ	267
伝統	271
伝道	275
トーランス	279
トレルチ	281
ニーバー	286
人間	289
パネンベルク	294
バルト	298
ハルナック	304
被造物	308
フィリオクエ	310
フォーサイス	313
福音主義	316
復活	321

ブルンナー ················· 324
プロテスタンティズム ············· 328
ヘルマン ·················· 334
弁証学 ··················· 336
弁証法神学 ················· 339
ホモウーシオス ··············· 343
メソジスト神学 ··············· 346
物語の神学 ················· 348
モルトマン ················· 355
ユンゲル ·················· 360
予定 ···················· 363
リッチュル ················· 366
律法と福音 ················· 368
ルター派神学 ················ 373
礼拝 ···················· 377
和解 ···················· 381
和解と終末／十字架と神の国 ········· 384

　ラテン語神学用語リスト ·········· 389
　あとがき ················· 397
　事項索引 ················· 399
　人名索引 ················· 403
　執筆者一覧 ················ 410

　　　　　　　　　　装丁　桂川　潤

新キリスト教組織神学事典

あ

愛
[ラ] caritas, [独] Liebe, [英] love

　一般に愛とは人間がもつ自然的・本能的な感情として理解されるが，聖書における愛はそれを超える意味をもち，キリスト教の中心的な概念となっている。

　旧約聖書において愛を表す語であるアハバーはさまざまな愛を表現しているが，その背後には，イスラエルの民を選んでエジプトから導き出した神の行為に啓示される神の愛がある（申7:8他）。神の選びと契約は，民に誠実さを要求し（申7:9他），基本的な倫理的規範をなす（レビ19:18他）。ゆえに感情のみならず，契約的な関わりを含意するものである。友情としての愛（サム上18:3他）のほか，男女間の性愛が祝福されるべきものとして描かれているが（雅4:10他），これも情熱的であるだけでなく倫理的である（箴5:18-20他）。ヘセド（慈しみ）も愛を表す語であり，契約関係における誠実さ（イザ57:1他）や不変の愛（創47:29他）を意味している。

　新約聖書において愛を表す語はアガペーとフィリアの二つであり，エロースとストルゲーは用いられていない。古典ギリシア語およびヘレニズム期のギリシア語においてはエロースとフィリアが多く用いられているのに対し，新約聖書および七十人訳ではアガペーが圧倒的に多用されており，しかも一般的用法を越えた，新約聖書に独特な愛の概念を表す語として使用されている。

　共観福音書では，神の*契約の愛に対する応答としての神愛と，それに根ざした隣人愛との二重の戒め（マタ22:37, 39//マコ12:29, 31）が，イエスにより最も重要な掟として強調される。さらに隣人愛は愛敵の戒め（マタ5:44//ルカ6:27, 35）へと拡張され，熱心党のような憎悪や，教団外の者を憎めというクムラン教団の教えを越えた愛の特色を示している。

これらの愛の戒めは，十字架におけるイエスの犠牲を通して実現される，神の愛に基づいている。

ヨハネによる福音書では，御子が世に遣わされたことに神の愛が示されている（3:16）という思想を根底に，イエスを愛する者は父に愛され（14:23），互いに愛し合うというイエスの掟（13:34-35）を守ることによってイエスの愛にとどまるよう求められている（15:9-10）。さらにヨハネの手紙一では「神は愛である」（4:8, 16）と端的に語られ，神によって愛されたわれわれが，同じ愛をもって互いに愛し合うべきである（4:11）という倫理の根本が示されている。

パウロは神の愛がキリストにおいて啓示され（ロマ5:8他），*聖霊によってわれわれの心に注がれている（ロマ5:5）と述べる。愛は業ではなく，霊の結ぶ実の第一のものである（ガラ5:22）。徳目表の中の一つにすぎないものではなく，信仰，希望にもまさる愛の優位性が強調されている（Ⅰコリ13:13）。

アウグスティヌスはカリタスというラテン語を用い，エロースとアガペーを総合した。『告白録』（Confessiones, 397-401. 邦訳，宮谷宣史訳，教文館，2012年）第7巻に記されているように，彼はプラトン主義的なエロースに導かれて神と真理の観照へと上昇しようとし，挫折を経験した。これに対して聖書的なアガペーは，まず神がキリストにおいて下降することによって，人間が神へと上昇することを可能にする。カリタスとは第一に，神がまず人間を愛するがゆえに可能となる神への愛（ディレクティオ）である。また，聖霊によって神の愛が心に注がれると，人間の本性的な自己愛（アモール）は，自己中心の*罪ではなく，*創造の秩序に従って自分自身の善を求める真の自己愛となる。そして隣人愛（ディレクティオ）は，自分が神を愛するのと同じように，隣人が神を愛するよう配慮し助けることである。アウグスティヌスにとって，愛とはこうした一定の秩序をもつものである。もし人間の愛が方向を誤り，秩序を失い，世俗的なものへと下降するならば，それはカリタスではなくクピディタスである。この二つの愛から「神への愛」と「地への愛」が生じ，『神の国』（De Civitate Dei, 413-427. 邦訳，金子晴勇ほか訳，全2巻，教文館，2014年）に表される二つの国が形作られる。

ヨアンネス・クリマクス以降、中世において愛は地上から天国への梯子というイメージの中で理解されるようになる。トマス・アクィナスにおいて、愛の秩序の思想はアリストテレスの目的論的倫理学と結びついた。こうして、人間は聖霊の恩恵を注がれると、神や隣人への愛の行為を積み重ねることによって信仰が形成され、救いへと上昇すると考えられるようになったのである。

　ルターによる宗教改革は、愛の概念にも変革をもたらした。すなわち、愛が人間を神に向かって上昇させるのではなく、神が愛のゆえに人間へと降下するのであり、愛の行為が信仰を形成するのではなく、神の賜物としての信仰が、愛の行為の内に働くという考え方に転換されたのである。

　スウェーデンのルター派神学者A.ニーグレンの主著『アガペーとエロース』（Den kristna kärlekstanken genom tiderna, Eros och Agape, 1930-36. 邦訳、岸千年ほか訳、全3巻、新教出版社、1954-63年）は、新約聖書からルターまでの愛の観念についての最もよく知られた研究書であり、現代の愛に関する議論に影響を与え続けている。　　　　　（長山 道）

　✣さらに学びたい人のために
　金子晴勇『愛の思想史』（知泉書館、2003年）。
　C.リンドバーグ『愛の思想史』（佐々木勝彦ほか訳、教文館、2011年）。

悪

[英] evil, [独] das Böse, [仏] mal

　悪には大別して、犯す悪と被る悪がある。前者の犯す悪のうち、人間が神に対して犯す悪は、聖書が*罪と呼ぶものであり、人間が人間に対して犯す悪は、不義や咎、犯罪と呼ぶものである。これもまた結局は罪と呼ばれるものに属している。人間が被る後者の悪には、病や障害といった不可抗力的なハンディや自然の災害（天災）、そして他の人間の悪によって被る禍（人災）が数えられる。

　このような悪について深く熟考した近代のライプニッツは、

「*神義論」という言葉を一般化することになった著作の中で三つの悪を挙げている。第一は*被造物の制限に起因する形而上学的な悪，第二は物理的な悪，第三は道徳的な悪である。現代の神学者K. *バルトは，悪を「罪と悪と*死」の三つにくくり，それらを総称して「虚無的なもの」(das Nichtige) と名付けた。それは，創造者なる神が「光あれ」を語ることによって退けた，本来は存在することの不可能な可能性である。存在の不可能な可能性であるがゆえに，虚無的なものは，たえず被造物の存在を脅かす非存在の脅威として独特の仕方で存在する。

悪に対して神学的に整理して考えるために，悪のカテゴリーを四つ挙げることができる。すなわち，悪の認識，悪の由来，悪の理由，悪の克服である。

1. 悪の認識　アウグスティヌスは悪が神に帰せられないために，悪を「善の欠如」(privatio boni) と見なした。その限りで悪は創造者の義を傷つけるものではない。先のライプニッツの形而上学的な悪はこのジャンルに属する。しかし，この見方では，悪の持つ脅威のリアリティを真剣に受け止めることはできない。バルトは，被造物の制限に起因するマイナスの状況を「影の局面」と呼んで，これと虚無的なものを区別することを提言する。光と影，上昇と下降，夏と冬があるように，人生には喜びばかりではなく悲しみがあり，成功ばかりではなく失敗がある。人間は被造物であって神ではない。そこからさまざまな苦労も生じてくる。しかし，こうした影の局面にもかかわらず，影の局面と虚無的なものを混同することなく，被造物は創造主なる神に栄光を帰すことが重要である。この影の局面に対して虚無的なものは，被造物の存在を根底から脅かすものとして現れる。被造物である人間はこれに対処することができない。これに対処しうるのは神のみである。それゆえ，真の悪の認識は，神自らが虚無的なものを退けてくださったイエス・キリストの十字架の出来事からのみ，与えられるのである。

2. 悪の由来　悪の由来を神に対立する力ないし原理に求める二元論の考えは，聖書の創造信仰からは出てこない。そこで堕落した天使が悪魔となって人間を悪へと誘うという説が登場する。しかしこれも十分な聖書的根拠があるとは言いがたい（⇨悪魔）。そこで古代教父たちは，

人間の原罪が悪を招来する要因だと考えた。悪を犯しうる自由が人間には与えられているとする考えが前提となっている。この立論からすると，イエス・キリストによる*贖罪の行為は悪の問題の中心を射貫く出来事であったことになる。

3. 悪の理由　ではなぜ神はこうした悪の現実を許容するのだろうか。教父たちは，聖書の中に神の教育（パイデイア）という思想があることに注目した（申8:5，ヨブ5:17，詩119:71, 75，箴3:11-12，ヘブ12:5-11）。これはストア的な試練に打ち勝つ苦難の英雄を礼賛する思想ではない。むしろこの聖書の思想は，神への信仰がご利益信仰から清められ，さらにその信仰が鍛錬されて，神との人格関係が深められる*聖化の過程に属している。

4. 悪の克服　聖書的信仰によれば，神は悪のはびこる世界をそのままには捨て置かず，悪を克服して被造物を神のまったき平安にあずからせようとしておられる。しかもノアの洪水によって一度にすべてを壊滅し刷新するのではなく，イエス・キリストを遣わして救いの歴史を開始されたのである。十字架には*復活，そしてペンテコステ（聖霊降臨）の出来事が続いている。それは終末における神の国の先取りを意味する。私たち人間は，悪を克服するために三位一体の神ご自身が乗り出しておられるというこの救いの出来事に，教会の一員としてあずからせられている事実を，光栄として受け止めるべきである。その意味で，救いの歴史の完成として，終末（神の国）が到来することこそ，すべての悪の問題の究極的な克服である。その間，救いの歴史は進展し続ける。それは神の*摂理（歴史を見守り，被造物の苦しみに寄り添い，やがて完成に導く神の働き）を信じる，この中間時に建てられた，他でもなく教会の信仰である。教会は，そのような摂理の信仰をまだ知らない人々に知らせるためにこそ，世に建てられているのである。

この*教会において教えられ，教会の中で共に祈る主の祈りは，第6番目に「悪より救い出し給え」と祈る。このことは悪の問題と無関係ではない。犯す悪を赦していただいた人間は，この主の祈りを共に祈ることで，被る悪に苦しむ全被造物のために執り成しの祈りをささげているのである。

（芳賀　力）

悪魔

[英] devil, satan, [独] Teufel, Satan, [仏] diable, satan

サタンとはヘブライ語で「傍らで告発する者」のことで，人を試み，そそのかし，わざと妨げ，行状を訴える者となるが，決して神から自立した悪の原理というものではない。ヨブ記には神の秘密諜報員として登場する（ヨブ1:6-7）。七十人訳はこれらをすべてギリシア語でディアボロス（反抗する者）と訳し，これがdevilの語源となった。後にデーモン（ギリシア語でダイモーンまたはダイモニオン）と呼ばれるようになった悪霊についても，唯一の創造者ヤハウェに対抗しうる独自の勢力としては考えられていない。悪霊への供犠，口寄せや霊媒，死者に伺いを立てることは厳しく禁じられている（レビ17:7, 19:31）。民間信仰の名残としていくつかの名（シェディーム，セイリーン，リリト，アザゼルなど）が伝わっているが，いつしか消えてゆく。サウル王が不安に陥り，悪霊に悩まされる場合でも，それはヤハウェの働きの一面として位置づけられている（サム上16:14）。

堕落天使とサタンを結び付け，その邪悪な働きをデーモン（悪霊）たちの仕業と見なす見方は，捕囚後のユダヤ教において起こったと見られている。その宗教史的起源については諸説がある。カナン，バビロニア，イラン，ギリシア等の影響が想定されている。しかしこの中でイランの宗教思想が，初期ユダヤ教の黙示文学に最も大きな影響を及ぼした点は見過ごしにできない。ゾロアスター教によると，世界は善の霊アフラ・マズダと，悪の霊アングラ・マンユという二つの対立原理の闘争舞台である。紀元前538年ペルシアのクロス王によるバビロニア征服は，ユダヤ人がこのペルシア的二元論に直接触れ合う機会を提供した。また歴代のペルシア王の親ユダヤ教的宗教政策は，その後200年にわたる支配の間，ユダヤ人（少なくとも黙示文学の担い手となった人々）がペルシア思想をある程度好意的に受け止める土壌を作った。

厳格な一神教であるはずのユダヤ教が二元論的思想を受け入れたのは，困窮に満ちた黙示思想的な時代状況に起因する。災いがあまりに大きく感じられ，悪を犯すことへと誘う煽動者を，神ご自身ではなく，し

かもただの人間以上に犯罪能力を持った悪霊に帰すという考えが広まった。この線上でもともと旧約宗教にあった二つのモティーフが活用されることになる。天上の会議に列席する「主の子ら」（ベネ・エロヒーム）と，世界中を歩き回って検察する「ヤハウェの使い」（マラク・ヤハウェ）である。この二つが合流し，イラン的な思想の影響下，黙示文学の中で堕落天使としてのサタンという教説を生み出すことになったと考えられている。クムラン教団（エッセネ派）に明らかなように，光の子らと闇の子らの対決という黙示録的二元論が受け入れられたのも，こうした背景があってのことである。

とはいえ，旧約ではまだ堕落天使という観念は未発達で，創世記6章2節の「神の子」らは単に巨人説話の原因譚にすぎない。イザヤ書14章12節の「天から落ちた明けの明星」も単にアッシリアないしバビロニアの王を指すだけである。新約には黙示文学で発展したペルシア的「悪の天使」論の影響を認めることができるが，しかしそれも明確とは言い難い。ヨハネの黙示録12章4節の「投げ落とされた星」をただちに堕落天使と見る解釈は読みすぎであろう。エフェソの信徒への手紙2章2節「空中に勢力を持つもの」も，それが最初は天使であったとは明言されていない。明確に「罪を犯した天使」という表現が出るのはペトロの手紙二2章4節と，それに近いユダの手紙6節であるが，こちらの方は両者とも，神がすぐに永遠の鎖で縛り，暗闇の中に閉じ込めたことが強調され，現敵対勢力としてのサタンと結び付けられることはない。聖書においては対立を永遠に固定して考える「純二元論」ではなく，最終的にはサタンも神の経綸に仕える「限定的二元論」であって両者を区別すべきだとする見方もある。

イエスによって行われた悪霊追放の業は，世の終わりに起こるサタン的力の壊滅が今やこの方によって始められたことを明瞭に告げようとしている。「わたしはサタンが稲妻のように天から落ちるのを見ていた」（ルカ10:18）。これは黙示文学の伝統によれば，終末時の決戦に際して起こることである（黙12:7-9）。

K. バルトはサタノロジーに独自のキリスト論的解釈を施す。悪魔は虚無的な仕方でわれわれにとって実在する。それゆえわれわれの判断に

おいては悪魔を非神話化することはできない。しかし、神が*イエス・キリストにおいてデーモンを追い出し、サタンの息の根を止めた以上、それはキリスト者にとって実在しない。それゆえキリストにおける神の判断に基づき、ただキリストとの関係において悪魔は非神話化されねばならない。とはいえ残存勢力との闘いは継続する。教会は勝利者キリストを宣べ伝え、御国を祈り求めつつその闘いを継続するのである。

(芳賀 力)

アジアの教会と神学

[英] churches and theology in Asia

1.「アジア」の概観　統計によれば、アジアには2000年の時点で36億人、2020年の予測で46億人が暮らしているが、これらはいずれの時点でも世界人口の6割を占める数であって、他のどの大陸よりも多い。アジアはまた、仏教、ヒンドゥー教、イスラム教など多くの宗教人口を擁しており、政治的にも経済的にも多様である。キリスト教徒は2000年の時点で3億人を越えるが、人口比率では10%にも満たない少数派で、うちフィリピン在住が7000万人ほどを占めている。アジアの諸宗教は、しばしば社会的不正義に対する諦念を植えつけ、貧困や差別や搾取などの現実を容認してきたことが指摘されるが、他方では抑圧からの解放や平等と正義を求める人々の希望となり活動の原動力ともなってきた。キリスト教は、とりわけ教育や医療の分野において、格差が構造化した社会の改革や人権と自由を求める運動に、人口比を凌駕する貢献を続けてきた。

「アジア」の地理的な輪郭は、常に不明瞭である。その境界域にはロシアや中東やオセアニア諸国が存在しており、これらの地域の帰属は時代区分とも密接に連関して流動的であり続けてきた。アジアのアジア性を定義する要素は、地理・民族・国境・言語・文化・宗教など多様で、一元的な概括を許さず、しばしば循環論に陥る。そのため本項では、アジアを定義する議論に立ち入らず、中国・韓国・台湾・日本を含む地域に焦点を当てておきたい。これはあくまでも日本から見た便宜的な要請

による区分で，東北アジアに共通する漢字文化や儒教・道教の背景を念頭に置いてのことである。これ以外の地域ではイスラム教の存在が大きく，その様相は別に論じられる必要がある。

2. アジアの諸教会 アジアの教会は，紀元1世紀に遡る長い歴史をもっている。当時「小アジア」と呼ばれた地域で初期の発展段階を過ごしたキリスト教は，東向きの*伝道によりインドに達し，7世紀には中国へ北上して，宗教改革期にはイエズス会士マテオ・リッチらによる文脈化の試みもなされた。プロテスタントの宣教は，ヨーロッパ諸国のアジア進出にともない，インドやインドネシアなどではすでに17世紀に開始されているが，東北アジアへの本格的な伝道活動は19世紀を待たねばならなかった。

以後の伝道活動には主要なキリスト教派がすべて参画しているが，1973年にはオーストラリアとニュージーランド両国を含む17か国の86教派により「アジア・キリスト教協議会」（Christian Conference of Asia. http://cca.org.hk/home/）が発足し，「世界教会協議会」（World Council of Churches）との協力関係が樹立された。CCAには2015年の本稿執筆時点で21か国の101教派が参加しており，タイ国チェンマイにその事務所が置かれている。神学的な学術活動の連合組織としては，「東南アジア神学教育協会」（The Association of Theological Institutions of South-East Asia）や「アジア神学協会」（Asia Theological Association）などがある。なお，中東の諸教会では1974年に「中東教会協議会」（Middle East Council of Churches）が，またローマ・カトリック教会の団体としては1970年に「アジア司教協議会連合」（Federation of Asian Bishops' Conferences. http://www.fabc.org/about.html）がそれぞれ発足している。

3. アジアの神学者 当然のことながら，アジア神学はアジアの諸教会が置かれた状況の中から生まれており，その問題関心は深く政治・経済・社会の文脈を反映させている。これまでに論じられたアジア神学には，韓国由来の「民衆神学」が代表するように，アジアに固有の文脈から社会正義や人権を正面に据えて従来のキリスト教伝統を批判するものが多く見られたが，その民衆神学も世代を越えて継承されるうちに担い手の状況が変化し，当初の問題関心は拡散している。

日本の神学者の貢献は特記に値する。*北森嘉蔵は,「アジア神学」という術語が登場するはるか以前に,日本の伝統演劇から着想を得て『神の痛みの神学』(新教出版社,1946年)を公表したが,これは多くの言語に翻訳されて世界の神学者に論じられた。日本基督教団からの派遣教師としてタイのチェンマイで教えた小山晃佑も,国外ではよく知られている。彼の主要著作は『富士山とシナイ山』(Mount Fuji and Mount Sinai, 1985. 邦訳,森泉弘次訳,教文館,2014年)を除けばいずれも短い試論の集成で,体系的な神学を志したものではない。『水牛の神学』(Water Buffalo Theology, 1974. 邦訳,『水牛神学』森泉弘次訳,教文館,2011年)や『時速5キロの神』(Three Mile an Hour God, 1980. 邦訳,『時速5キロの神』望月賢一郎訳,同信社,1982年［前半部分］,『助産婦は神を畏れていたので』原みち子訳,同信社,1988年［後半部分］)などは,抽象的な概念を用いずアジアの一般的な市井の人々に理解できる言葉遣いで神学を語ろうとした試みである。

　アジアの神学者には,アメリカで著作や教育に従事してきた者が多い。台湾出身のC. S. ソン(宋泉盛)は,『第三の眼の神学』(Third-Eye Theology, 1979),『アジアの母胎からの神学』(Theology from the Womb of Asia, 1986),『イエス——十字架につけられた民衆』(Jesus, the Crucified People, 1990. 邦訳,梶原寿監訳,新教出版社,1995年)など多くの著作をもつ。北朝鮮生まれのジュン・ユン・リーは,『アジア的視点からの三位一体論』(The Trinity in Asian Perspective, 1996)などで陰陽論による*教義学の再構築を試みている。アンドリュー・パクは,韓国由来の「恨」概念を手がかりにキリスト教の伝統的な*罪理解を補完する神学を提案している。

4.「アジア神学」の問い　ただし,アジア神学を従来の教科書的な神学と対置させ,基本に対する応用,あるいは正統神学に対する正統実践などと性格づけることは,神学的には誤解を招く。神学は,すべて特定の信仰共同体に受け取られた啓示を特定の文化圏の中で文章表現へともたらしたものである。その限り,すべての神学的営為は文脈化されており,その特殊性はアジアにおいても欧米においてもまったく同等である。この意味で,「文脈化神学」は同語反復でしかない。従来の神学は

このような文脈依存性を意識してこなかったが、アジア神学はこのことを明示した点で貢献が大きい。人間の文化はすべて、福音からは等距離にある。文脈化される以前の純粋で本来的なキリスト教は、地上のどこにも存在しない。このことは、聖書の大半が文字化された文化地域においても同様であって、ヘブライ語やギリシア語がキリスト教信仰に占める意義は、アラビア語がイスラム信仰に占めるそれとは根本的に異なっている。

アジア神学の問いは、*正典編纂史や教理形成史の理解にも波及する。キリスト教伝統の辿った軌跡がもつ正統性は、内在的にではなく歴史的に担保されている。プロテスタント的な聖書原理だけでは、聖書が編纂される以前から存在し正典成立そのものの根拠となった伝統の意義を説明することができず、その後の正統教理が示す聖書的証言を越えた発展過程を説明することもできない。また、しばしば言及される聖書と*信条との相互認証という解釈学的な循環は、歴史的な信仰共同体の祈りの表現が加味されることによって初めて本来的に機能する。アジア神学は、アジアへと到達した歴史的キリスト教の信仰表現が正統へと組み入れられてゆく過程における息づかいを表現しており、その限りあくまでも実験的な揺らぎを内包している。

アジアへの本格的な伝播が遅かったキリスト教は、すでに長く確立した他宗教伝統との折衝を自覚的に行わざるを得ない。その中では、宗教混淆や二重信仰という現象も主題化されるが、これらも実はキリスト教史において繰り返し問われてきた普遍的な主題である。アジア神学は、ちょうどアジアの諸宗教に接した近代のヨーロッパがキリスト教の自己定義を模索し直したように、神学が時代や文化を越えて常に問い続けるべき本来的な問いを新たに提示するという点で、すべての神学者の関心事であり得る。

（森本あんり）

✤参考文献
日本基督教団出版局編『アジア・キリスト教の歴史』（日本基督教団出版局，1991年）。

森本あんり『アジア神学講義——グローバル化するコンテクストの神学』（創文社，2004年）。

新しい天,新しい地

[英] new heaven, new earth

　「新しい天,新しい地」の根拠となる聖書の箇所で,すぐに挙げられるのは,旧約聖書の「わたしの造る新しい天と新しい地が／わたしの前に永く続くように／あなたたちの子孫とあなたたちの名も永く続くと／主は言われる」(イザ66:22)と,新約聖書の「わたしはまた,新しい天と新しい地を見た。最初の天と最初の地は去って行き,もはや海もなくなった」(黙21:1)であろう。どちらも*被造物全体(天と地)が刷新される終末の幻を語っている箇所と理解できる。

　「新しい天,新しい地」という事柄の神学的意味について考えるにあたっては,まずヨハネの黙示録21章1節が「新しい天と新しい地」と併せて語っている「最初の天と最初の地」との連続と非連続に注目するのがよいであろう。つまり,天と地は終末において排除されるものではないが,同時に,そのままで究極的な救いに参与するのでもない。新しくされなければならないのである。新しくされる必要性は特に*罪の現実から生じてくる。つまり,「新しい天,新しい地」は罪から完全に解放された被造物世界を意味するわけである。また,「もはや海もなくなった」(同),さらには「もはや死はなく,もはや悲しみも嘆きも労苦もない。最初のものは過ぎ去ったからである」(黙21:4)とあるように,「新しい天,新しい地」は一切の脅かしからの自由をも意味している。このようなわけで,「新しい天,新しい地」は罪および脅威からの解放である。そして,その土台には「だから,キリストと結ばれる人はだれでも,新しく創造された者なのです。古いものは過ぎ去り,新しいものが生じた」(Ⅱコリ5:17)と言われるキリストにある救いがある。

　上記を踏まえ,さらにいくつかの点について述べるならば,第一に,「新しい」ということは,この解放が最初の創造時の状態,つまり,原

初状態の回復にすぎないのではないということを意味している。単なる原初状態の回復であれば、被造物は再び罪への転落の可能性を持ち、脅かしの下にあることになる。しかし、終末において成るのは「新しい天、新しい地」であるから、むしろ、そこには罪を克服しての完成、*創造の目標への到達が認められるのがふさわしい。これに対応して、歴史は決して循環的に捉えられるのではなく、直線的に捉えられるのでなければならなくなる。あるいはまた、現在の被造物の現実をそのままに肯定するのでもないことになる。

第二に、「新しい天、新しい地」である以上、それは被造物であり、被造物であり続けると言わなければならない。終末における完成によって、例えば、被造物が神に吸収されて、神格化されるなどということはない。神とのまったき交わりの中にある世界ではあるが、被造物は、あくまでも被造物である。他方、終末において被造物が絶滅させられるわけでもないのは言うまでもないであろう。

このように、天と地がすべて退けられるのではなく、新しくされるということは、第三に、天と地で意味される被造物が神の積極的な、恵み深い意志の対象であることを意味する。人間を含めた被造物全体の存在は、神によって肯定されている。神の恵み深い意志は、すでに最初の創造の前提であった。したがって、天地が刷新されるということは、始めからの神の恵み深い意志の貫徹でもある。すでに触れた、最初の天地と新しい天地との連続性の根源にあるのは、この神の意志であり、それこそ*イエス・キリストにおいて*啓示されているものなのである。

しかも、第四に、天地、特に地は物質を包摂すると考えられるので、例えば、人間の魂や精神だけが神の前に尊く、価値あるものであるかのように捉えることは禁じられる。終末における人間の一般的な*復活（*体の甦り）は、新しい天と地にとって欠かせない要素である。

最後に、「新しい天、新しい地」の新しさは、徹底的な新しさであると言わなければならない。「かつてあったことは、これからもあり／かつて起こったことは、これからも起こる。太陽の下、新しいものは何ひとつない」（コヘ1:9）と捉えられるのが「最初の天と最初の地」であるが、神は終末において被造物を根底から新たにする。そのことは、すで

にイエス・キリストの復活において先取りとして示されている。したがって，蓋然性・類推・相互作用によって判断する歴史的方法によっては近づき得ない新しさが「新しい天，新しい地」にはあると言わなければならない。したがって，「新しい天，新しい地」という語り方そのものにも限界がある。古い世界の言葉でまったく新しい世界を語らなければならないからである。それゆえにまた，新しい天と地についての絵画的描写も危険である。 (神代真砂実)

❖さらに学びたい人のために
J. モルトマン『神の到来』(蓮見和男訳，新教出版社，1996年)。

イエス・キリスト

[英] Jesus Christ, [独] Jesus Christus, [仏] Jésus-Christ

ギリシア語のキリスト (クリストス) とはヘブライ語でメシア (油注がれた者) の謂いで，特別な使命と力を帯びた神と人との間の仲介的存在である。当時終末論的メシアニズムの地平にあって影響史的に重要となった表象がある。そのうち「神の子」はイスラエルの王的統治に関わる古くからの表象で，ダビデ王朝の系譜から出る救済王としてのメシア像を形作ってきた (サム下7:14, 代上17:13, 28:5-7, イザ7:14, ミカ5:1, エレ23:5, エゼ34:23, 詩2:7, 45:8, 72:1以下, 110:1以下など)。それは神のために正義と憐れみをもって地を統治するメシア王である (代下9:8)。しかし，イエスは弟子たちの記憶と伝承においてご自身をダビデの子以上のものとして示唆しており (マコ12:35-37)，力をもって諸国を制覇し，ダビデ王朝を復興するナショナルな軍国王ではなく，諸国の民に平和をもたらす平和の王なのである (ゼカ9:10)。

「主の僕」は苦難の捕囚期に成立した表象で，病と苦難と刑罰を代理的に担い，自分を「愆祭(けんさい)」のためのとがを償う犠牲として献げることにより (イザ53:10)，「多くの人の過ちを担い……執り成しをする」(イザ53:12) 身代わりの祭司的メシアとなる。ここで第二イザヤが苦難の僕として，イスラエルを集合人格的に考えているのか，特定の個人，ま

たは一部の預言者集団を指しているのか,断定することは困難であるが,この特異な思想をイスラエルが伝承し続けたということは特筆に値する。原始教会が受け継いだ主の晩餐伝承では明らかにこのメシア思想が中心となっている(マコ14:24など)。ただしこの思想がキリスト教以前に(クムラン教団を除いて)主要なメシアニズムとして一般化していたかどうかは疑わしい。

　捕囚後のユダヤ教の黙示思想において開花したものが「人の子」の表象である。天の雲に乗って現れ,諸国の民を統治する人の子(ダニ7:13)は4頭の獣の後に登場し,諸外国の圧制を打ち倒すイスラエルとも考えられるが,その普遍性の思想において世界史の救済王という性格を持ち,最も終末論的なメシア像を提供している。R. ライツェンシュタインの仮説以来,ペルシアの原的人間ガヨマートの神話やグノーシス的思弁の宗教史的影響を強く見る解釈があるが,むしろ後期ユダヤ教黙示思想の中できわめてイスラエル的な伝統に沿って醸成された天的メシア表象であって,そこに,雲の中に消えて神的*啓示を受け取り(出24:18),真の預言者として再来するモーセ＝エリヤ的メシア思想(申18:15)の影響を認める者もいる。

　さて問題は,こうした表象にイエスがどのように関わり,エルサレムでのほぼ確実な殉教死の予感を前にして自らの派遣意識を表現していったかということである。最も濃密な神関係が表現されているイエスの内的なアッバ(父の親称)経験のゆえに,イエスはごく自然に神の子のメシア思想の系譜に近接している。弟子たちの中に焼きついたその印象が物語られ伝承されて,福音書記者の神学を方向づけるに至ったのであろう(マコ1:1, 1:11, 9:7, 15:39)。

　注目すべきは,神を天の父として自然にふるまうイエスを取り囲むようにして,他の二つの表象が織り合わされ重ねられて,イエス伝承の全体を構成している点である。確かに現在編集された形において,天的な人の子と苦難の僕の結びつきを示す言葉(マコ8:31, 9:12, 10:45)が原始教団の事後預言の脚色を受けている可能性はある。しかし問題はそのように結びつけた思想そのものの成り立ちである。その淵源には,神から派遣された「権威ある者」(マコ1:22, マタ7:29)であるにもかかわらず,

徹底して「仕えるために」(マコ10:45)、主の僕のようにして生き抜かれ、十字架の死に赴かれたイエスの歴史的な姿がその核心において深く介在しているということを考えなければ、原始キリスト教の成立そのものが不可解な謎になる。

重要なことは、すでに流布していたメシア称号がイエスの登場によって変革されている点である。その収斂される一点に立ち現れるものはメシアの受難、*死と復活である。原始キリスト教団はこの不可解な歴史的事実を、旧約聖書の光を頼りに、罪の支配下にある無力な人間を神が御子を通して贖った解放の出来事として理解するようになる。

福音がヘレニズムの世界に広まっていく際に大きな助けとなったものがロゴス・キリスト論である。世界を統御し秩序づけるものとして地上の事物には普遍的なロゴス（神的理性）がそれぞれの程度で内在している。その完全なロゴスの*受肉がイエスにおいて起こったと考えられた。そこからやがてイエスにおけるこのロゴス（神性）と人間性との関係に関心が向けられるようになった。神の唯一性を保持しようとする人々は、ロゴスが一時的に人間イエスに宿ったとする勢力論的独一神論（dynamistic monarchianism）を主張した（サモサタのパウロス）。また父が様相を変えて出現したのだとする様態論的独一神論（modalistic monarchianism）も現れた（サベリウス）。前者は仮現論に、後者は父神受苦説に結びつくため退けられた。またイエスは完全な*被造物であるが神ではないとするアレイオスに対して、御子は御父と同質（*ホモウーシオス）であることを主張し、正統的な信仰の路線を敷いたのがアタナシオスである（381年の「ニカイア・コンスタンティノポリス信条」）。しかしその後も議論は絶えず、イエスにおいては神的ロゴスが体を支配しているので、そこに人間的意志を認めない単性論者と呼ばれる人たちも現れた（ラオディキアのアポリナリオスやエウテュケス）。しかし御子によって受け取られなかったものは癒されない（ナジアンゾスのグレゴリオス）として退けられ、受肉の救済論的意義が高調された。これらの議論を整理して、キリストの神性と人性は「混合されず、変化せず、分割されず、分離せず」としたのがカルケドン定式（451年）である。

キリスト論の教義的整備は、歴史的宗教の創始者の人格に対する興味

によるというよりは，救済論そのものに深く関わるものであった。したがって中世においてもキリスト両性論が，アンセルムスの贖罪論「なぜ神は人となられたか」を支える中心的理論となっている。近代ではイエスの人間性（道徳的，宗教的，心理学的，歴史的人格）に対する関心が強まったが，現代神学はその克服の試みとも見られる。R. ブルトマンは，新約聖書のキリスト論は，もはや今日理解しにくい神話的世界観に覆われているので，人間の実存的関心事から再解釈しようとした。K. *バルトは，啓示された*神の言葉から出発して，キリスト論をもう一度三位一体論的，カルケドン的な土台に基づいて展開しようとした。P. *ティリッヒは，人間の実存的な問いに対する答えが，新しい存在であるキリストとしてのイエスの中に実現していると見た。それに続く世代では，J. *モルトマンが終末論的な*希望と約束の先取りとしてメシア論的キリスト論を展開している。またW. *パネンベルクは復活を基軸に下からのキリスト論が上からのキリスト論と切り結ぶ接点を意欲的に求めている。キリスト論はキリスト教信仰の中心である。「それでは，あなたがたはわたしを何者だと言うのか」（マコ8:29）。この問いを避けることのできる神学は存在しない。　　　　　　　　　　　　　　　（芳賀 力）

祈りの法則
[ラ] lex orandi

　祈りの法則は，ラテン語の lex orandi の訳語であり，しばしば lex credendi（信仰の法則）を確立するものと認識されてきた。
　祈りの法則とは，*教会における祈りや*礼拝の慣習やしきたり，行為のことである。信仰の法則とは，教会の*信仰すなわち教理を指す。教会の教理は，ただ神学上の議論を通して自己完結する仕方で，論理的に展開されて形成されるものではなく，教会の祈りや礼拝の言葉や慣習によって，その形成がうながされたり，影響を与えられる。このことを「祈りの法則」が「信仰の法則」を確立するというのである。神学の展開には，神学を生み出す母体となった教会の生や礼拝の慣習が影響を及

ぼしている。

　このような事実は、古代教会における三位一体論の形成において、「父と子と聖霊の名による定式に基づく*洗礼の執行」や礼拝で唱和された三位一体的定式の具体的な使用が教理形成を促した事例によって確認できる。

　例えば、*聖霊の神性の信仰的確立は、聖書証言にのみよったのでは難しかったので、ナジアンゾスのグレゴリウスなどは、教理発展の様式の一部と考えることで聖霊の神性を弁証しようとした。聖霊の神性は、教会の具体的な生の中で現臨する神の力の経験的な事実とともに、三位一体の名による洗礼執行自体が、父と子と並ぶ位格としての聖霊の神性を言い表すと理解され、祈りの法則が信仰の法則を確立する実例となったのである。

　4世紀のカイサリアのバシレイオスの『聖霊論』（Liber de Spiritu sancto, 375. 邦訳、『聖大バシレイオスの「聖霊論」』山村敬訳、南窓社、1996年）の執筆動機そのものが、頌栄定式の是非をめぐっての神学論争であり、祈りの法則と聖霊の神性の教理の不可分の関係を暗に示唆するものである。それによれば、父と子と聖霊の名による洗礼授与は、三位格の同格性を根拠づける法則であり、祈りの法則は、信仰の法則としての教理に先行する教理形成の根拠となりうると考えられている。

　このような立論の仕方は、祈りの慣習の発展によって、教理の発展がもたらされることを肯定せしめるとともに、祈りの法則としての*伝統が、聖書とは別に独自の教理形成の道を拓く可能性を認めることにつながる。バシレイオスに、中世ローマ・カトリック教会における、聖書と並ぶ教理源泉論の先駆けを読み取るのも、このためである。

　実際、19世紀以降、マリア崇敬という祈りの法則が、聖母の無原罪懐胎やマリアの被昇天という新しい教義を生み出し、教理発展論の具体例となったことは注目に値する。したがって、祈りの法則が信仰の法則に与える影響を考察することは、教理の発展の問題の考察を自ずと引き起こす。ボッシェに始まりニューマンに至る教理の発展論もまた、祈りの法則と信仰の法則の相互関係の問題に至り着く。

　さて、祈りの法則は、現代の神学にも以下の諸点において重要な意義

を持つ。第一に、祈りの法則の意義の自覚は、祈りや礼拝、教会の慣習から、ますます乖離して、大学の学として営まれてきた神学を、今一度神学本来のあり方に引き戻す契機となろう。近代の*自由主義神学の興隆とともに、*弁証法神学の課題が認識され、「知解を求める信仰」という神学方法論が志向されてきたとはいえ、古代教父、アンセルムスやボナヴェントゥーラ、そして宗教改革者たちの神学に内包されている、祈りの法則と信仰の法則という豊かな連関が回復されたとは言い難い今日にあって、祈りと礼拝に根拠づけられた神学形成の回復は、近代以降の神学の障壁をもう一度突き崩して、古代教父から宗教改革に至る神学の道筋の回復につながる。

　その意味で、祈りの法則の十全の認識は、信仰の法則との相関だけにとどまらず、神学全体の理解と構築に関わる、大きな意義を持つ。4世紀の古代教父の著作に満ちている頌栄的な言語は、ロゴスとしてのキリストの現臨の深い畏れと確信に満ちたものであるから、神学を思弁的な学にただ止め置くことをせずに、礼拝論や教会論などの実践神学的課題へと案内する。

　同時に祈りの法則と信仰の法則の相互連関は、歴史の中でしばしば本来あるべき関係の中にはなかったことも事実である。たとえば4世紀以降のキリスト論論争では、しばしば教理が典礼に及ぼす影響のみの片側通行となり、礼拝慣習と信仰の豊かな相互作用が見られなくなるという事実をどう評価するかという問題が残る。ワイルズは、明らかに正統説が、権力者の側から提示されることで、信仰の法則との豊かな相互連関を奪ったと見ている。

　つまり、祈りの法則が信仰の法則に影響を与えた歴史的事例には枚挙にいとまがないが、両者の関係は、それほど単純なものではないことも事実である。そのため、祈りの法則が本来与えるべき影響を教理にどのように与えるか、また将来与えるであろうかは、教理の発展の問題とも関わり、今後とも解明すべき課題となっている。　　　　（関川泰寛）

✤参考文献
M.ワイルズ『キリスト教教理の形成』(三小田敏雄訳、日本基督教団出版局、1983年)。

癒し

[英] healing, [独] Heilung

　宗教史や宗教学の知見によれば,元来,宗教的な救済と医療的な癒しとは密接な関係にあった。今日でも,占い師や呪い師が宗教的救済として提供するように期待されている内容は,大部分,病気の治癒である。救いと癒しの一体的結合は,原語的に「救い」を意味するラテン語のsalusやドイツ語のHeilが,健康や癒しを意味することにも現れている。宗教的な救済と医療的な治癒とが明確に分離されたのは,むしろ近代になってからのことであって,近代的な合理主義によるところが大きい。しかし人間は心身統一的な存在であり,魂に受ける救いと心身に受ける治癒とは決して截然と区別されるものでなく,人間が人間として全体的に救われることと癒しとは切り離し難い。そこで今日再び「宗教と医療」「神学と医学」の対話が求められ,疼痛の緩和ケアや臨終の治療行為と宗教的救済の関係,あるいは心理療法や精神医学と,キリスト教信仰や神学との連携の可能性などが問われ,対話や協調が求められている。

　一般的な宗教学の知見を超えて,聖書によれば神の救済は人間の癒しをうちに含んでいる。旧約聖書は「わたしはあなたをいやす主である」(出15:26)との*神の言葉を伝え,「主よ,癒してください,わたしの骨は恐れ／わたしの魂は恐れおののいています」(詩6:3-4)との祈りを伝えている。神の癒しを救済として語る箇所は,ホセア書11章3節,イザヤ書30章26節,エレミヤ書30章17節,詩編107編2節その他,枚挙にいとまのないほどである。新約聖書においても同様であるが,とりわけ重大なのは*イエス・キリストがさまざまな病人を癒し,多くの悪霊を追い出し,重い皮膚病の人を癒し,目の見えない人やものの言えない人,歩けない人を癒したことである(マコ1:29以下,1:40以下,2:1以下)。それはイエスがキリストであり,イエスにおいて*神の国の力がすでに働いていることを意味した。バプテスマのヨハネが弟子たちを送って「来るべき方は,あなたでしょうか」と訊ねさせたとき,イエスの答えは,「目の見えない人は見え,足の不自由な人は歩き,重い皮膚病を患っている人は清くなり,耳の聞こえない人は聞こえ,死者は生き返り,貧しい人

は福音を告げ知らされている。わたしにつまずかない人は幸いである」（マタ11:5以下）であった。病める者の癒し，その社会的な孤立からの解放は，福音を聞かされることと結合されている。イエスがキリストであることと，神の国の力がイエスにおいて現在化していることとは同一のことであり，神の国の現在化は福音を聞くことによるとともに，癒しの中に示された。使徒たちが「イエス・キリストの名によって」歩かせたとき，男が「躍り上がって立ち」（使3:8）とあるのは，イザヤ書35章6節にあるメシア到来による御国の力の表現であり，やはりキリストの癒しの力と神の国の結びつきが語られている。

イエスはまた「わたしが神の霊で悪霊を追い出しているのであれば，神の国はあなたたちのところに来ているのだ」（マタ12:28）とも言う。命の霊が癒しに関わり，イエスの癒しは*三位一体の神による全体的救済を示す一つの契機であると言わなければならない。

さらに注意すべきは，癒しと*贖罪の関係である。イエスは，神の国の恵みの力の圏内に病める人を入れて健やかな命へと癒した。そのことは十字架の死を賭した贖いの御業と結びついていた。この点はイエスが「わたしの心に適う者」（マタ3:17）と言われるように「主の僕」であることと関係している。ペトロの手紙一2章24節は「十字架にかかって，自らその身にわたしたちの罪を担ってくださいました」と語って，「そのお受けになった傷によって，あなたがたはいやされました」と記す。キリストの贖罪は癒しを含んでいる。したがって「癒しの神学」は贖罪論に基づきつつ，神の国の*終末論に関係し，癒しはキリストの御業であると共に*聖霊の働きであると言わなければならない。

20世紀の神学者の中で，救済において癒しが重大な意味を持っていることに改めて注目したのはパウル・*ティリッヒであった。ティリッヒは多次元的な統一体としての人間の生に注目し，「聖霊の臨在」によって健康の意味を理解した。生の健やかさのためには，自己同一性が維持されなければならないが，同時に自己変革性もなければならない。この「同一性」と「変革」の両極が調和されるのは「自己統合」による。同一性の喪失も，また変革へと出ていけないことも，さらにはその調和の喪失も，病の状態であることを意味する。聖霊の臨在により，イエス

に現れた新しい存在によって神的生の統一へと高められることが、救済であり、癒しであるとされた。ティリッヒによって精神分析学と神学との対話の道も開かれた。しかし彼の場合、癒しの神学が贖罪論と関係し、神の国と関係することは決して明確ではなかった。その点で彼の「癒しの神学」のキリスト教神学としての質が問題とされるであろう。

（近藤勝彦）

永遠の意志決定（聖定）
［ラ］decretum aeternum, ［英］decrees of God

　神の永遠の意志決定は「聖定」(decreta dei / decrees of God) とも言われる。聖書的な根拠としては、イザヤ書46章10節、エレミヤ書29章11節、詩編2編7節、使徒言行録2章23節、4章28節、ヘブライ人への手紙6章17節、とりわけエフェソの信徒への手紙1章4節、11節など、「主の定め」「計画」「決意」などを記している箇所が挙げられる。

　神の永遠の意志決定の言及は、カルヴァン『キリスト教綱要』第3篇 (Christianae Religionis Institutio, 1559. 邦訳、渡辺信夫訳、新教出版社、2008年) 14章17節並びに21節に、アリストテレスの四原因説にちなんだ仕方で見られる。「われわれの救いの動力因は父なる神の愛にあり、質量因は御子の従順のうちにあり、媒介因は御霊の照明、すなわち信仰にあり、目的因は神のこのような恵みに栄光あらしめるにある」といった表現である。*信仰告白の上でこれが重大な位置を持ったのは、「ウェストミンスター信仰告白」（1647年）第3章においてであった。

　その後、神の意志決定が神学的な決定的事項として扱われたのは、ポラヌス、ブラウン、ピクテット、ハイデガー、ヴォレプなど改革派正統主義の*教義学においてであった。改革派正統主義において神の自由な意志決定の教説はかなりの細部の議論に到達していた。*三位一体の神の関連で位格的意志決定と本質的意志決定の区別がなされたり、一般的聖定と特殊聖定の区別などが論じられた。これを継承した者にハインリッヒ・ヘッペやヘルマン・バーヴィンクがいる。カール・*バルトはヘッペを通して神の意志決定の教説を継承し、「神の恵みの選び」の教説

として展開した。彼は1924年の春休みにゲッティンゲンでの教義学の最初の講義の準備に際してヘッペの『改革派教義学』(Die Dogmatik der evangelisch-reformierten Kirche, 1861) を読んだことを決して忘れないと記している。

神の永遠の意志決定は，三位一体の神の内における意志決定であるが，それは神の外へと向けられる。意志決定論は従って神と外（世界や人間）とをつなぎ，神ご自身と神のオイコノミアをつなぐ議論に位置し，神学の中枢部分を扱うと言ってさしつかえない。この議論は全被造物の*創造がいかなる根拠を神の内に持っているかを尋ねるが，ただ創造だけでなく，キリストの*贖罪行為を通しての神の救済活動や世の終わりにおける完成に至るまで，神の救済史的なオイコノミアの全体がどこに根拠を持っているかを明らかにするものである。そのように神の意志決定は神の外に向かっての自由な永遠の意志決定であるが，意志決定そのものの場は神の内にあって，*契約関係にある神でなく，神ご自身における神を問題とし，契約の神の根拠を明らかにすることにもなる。

神の意志決定は神の本質に即する。そうでなければその意志決定は神の中に筋道の立った根拠を持たない恣意的，偶然的な決定となり，そのような意志決定に基づく創造やオイコノミアに十分な信頼を置くことは困難になる。この意志決定に関わる本質と意志の関係について，近年，*モルトマンは創造論の観点から，神の意志決定と神の本質との関係に改めて関心を向けた。彼はエコロジカルな神学を試みる中で，神と*被造物の断絶でなく，また神による被造物の一方的な支配でもなく，両者の間の親しい交流を明らかにし，神と被造物の交わりを神の内なる創造の根拠から明らかにしようとした。そこで神の意志決定を強調するバルトと，神の意志決定を語らず，創造を神と世界の絶対的な区別でなく神と世界の永遠の関係として理解する*ティリッヒとの総合を企てた。そのようにして彼は「神の意志決定論」と「流出論」とを結合させ，「神はその決心においてご自身を開示する」と語った。神の意志決定はなお語られるが，神の本質と被造物世界との連続的な関係も語られる。しかしこのように神と世界の断絶とその関係の根拠としての神の自由な意志決定を曖昧にすると，神は本質的に世界関係や人間との関係の中に引き

込まれて理解されることになるであろう。

*パネンベルクはルター派の背景を持っているためもあり，神の永遠の意志決定論には踏み込まない。そこで彼の場合，永遠の意志決定でなく，三位一体の中の「御子性」に「他者性の原理」があるとして，神の内なる創造の根拠を語る。しかしこれでは神は本質的に創造者なる神であることになるのではないか。そうなれば，被造物関係に本質的に規定された神，ひいては被造物に対して依存的な神として理解される可能性が残る。

創造と共に契約もまた神の意志決定の中に根拠づけられる必要があるであろう。そうでなく，神の本質そのものが契約的と言うなら，神は本質必然的に人間との関係の中に巻き込まれた神になる。エーミル・*ブルンナーが「出会いの神」を「人間のための神」と言うときこの傾向に陥っている。しかし神は何ものとの関係にも先立って神ご自身ではないか。その神ご自身の自由な決意の中に被造物の創造や契約も，また人間や被造物との交わりも根拠づけられるであろう。神の永遠の意志決定は，三位一体論的な救済史的意志決定として，創造から*神の国の完成に至る神のオイコノミアの全貌を含んでいると見なければならないであろう。そしてそれは*イエス・キリストの歴史的*啓示の認識以外から来るものではない。

（近藤勝彦）

永遠の命
[ラ] vita aeterna，[英] eternal life

「使徒信条」の最後の項目は，「永遠の命」である。キリストによる「罪の赦し」は，終末における死人の*復活によって完成され，死人の復活は，外的には「*体の甦り」であり，内的には「永遠の命」の賦与である。「使徒信条」がこのように来るべき*神の国におけるキリスト者たちの姿を記す背後には，明確にキリストの死と復活が根拠にあり，その聖書的証言が土台である。そこで，聖書はどのように「永遠の命」を論じているかを検討しよう。

「永遠の命」は、旧約聖書よりも新約聖書の理解であると銘打つ解説があるが、決してそうではない。旧約聖書の創世記がこの考えをもつ。神が世界を*創造した時、人を朽ちる（死ぬ）ものとして造ったとは書かれていない。ただし、神は「園の中央には、命の木と善悪の知識の木」（2:9）を植え、アダムに「善悪の知識の木の実」を食することを禁じ、「食べると必ず死ぬ」と告げた。人は言い付けを破った後、すぐに死ななかったが、この時より*死が到来した（3:19）。しかも神は「命の木の実」が食べられないように道をふさいだのである（3:24）。ここから、人は戒めを破ることで、すなわち*罪の発生により、死ぬ存在となったと創世記は告げる。これは後のパウロの理解でもある（ロマ5:12）。

旧約聖書は、「永遠」という言葉を「神」や「その支配」に、あるいは神の民イスラエルとの「*契約」、「民の繁栄」など、地上的永続性の意味にもっぱら使用する。「永遠の命」という言葉は旧約聖書には2回しか登場しないが（申32:40, ダニ12:2）、神のもとに新しい世があり、信仰者は神と共に生きるという期待はある。例えば、詩編16編10-11節は、死後に神と共にある幸いな持続的生を語る。イザヤ書は、終末の世界をしばしば描き、戦いが失せ、平和が到来し、新しい世の登場を告げ（2:2-5）、同11章6-10節には、弱肉強食が終わるという自然世界の終焉と、創造時の原初の平和な秩序の回復が語られる。また65章17節以下では、新しい創造の中で人々の長寿が期待されている。

ダニエル書の最後の章にある終末の幻、「ある者は永遠の生命に入り／ある者は永久に続く恥と憎悪の的となる」（12:2）という預言は、旧約聖書において「永遠の命」の*希望があることを示す。ヨエル書3章3節以下における「太陽は闇に、月は血に変わる」日に、主の名を呼ぶ者が救われるというのも命の救済である。

総じて、旧約聖書が描く未来の世界は、神の民イスラエルの地上における繁栄と優越を期待しているが、これは終末的世界の文脈から見れば、地上を越えた神のもとにある希望を指すと言えよう。

新約聖書において、イエスは「時は満ち、神の国は近づいた。悔い改めて福音を信じなさい」（マコ1:15）と告げて宣教を開始した。イエスの教えの中心は「神の国」であり、これは福音を通して実現する。神の国

とは、山上の説教（マタ5:1-12）やいくつものたとえ話で説明されるが、「永遠の命」については、一人の青年が「永遠の命を受け継ぐには、何をすればよいでしょうか」（マコ10:17）とイエスに問うている。これに対してイエスは、(1) 天に宝を積むこと、(2) イエスに従うことを求めている。また、ユダヤ人たちの内のサドカイ派は復活を認めず（マコ12:18）、ファリサイ派は復活を信じていた（使23:6）が、サドカイ派の一人がイエスに復活後の生を問うた。するとイエスは復活とは、「天使のようになる」（マコ12:25）と答えた。すなわち、イエスは死後、未知ではあるが、人が「天的存在」になると理解していた。いずれにしても、「永遠の命」は、「神の国」での賦与であり、そのためにはイエスの福音を信じること、すなわちイエス自身を救い主として信じ、受け入れることが求められる（ヨハ17:3他）。

共観福音書やパウロの書簡は、「復活」、「神の国」、「永遠の命」をもっぱら未来にあるとするが、現在的なものでもある。ヨハネによる福音書に著しいが、「信じる者は永遠の命を得ている」（6:47, 3:36）は、動詞の現在形が用いられる。また同様に「わたしの肉を食べ、わたしの血を飲む者は、永遠の命を得、わたしはその人を終わりの日に復活させる」（6:54）は、さらに*聖餐との関わりを暗示する。ルカによる福音書のイエスの忠告、「実に、神の国はあなたがたの間にある」（ルカ17:21）も現在的なものである。よって、「永遠の命」は、未来に得られると同時に、現在すでに与えられており、信仰による新生において、キリストの体なる*教会（エフェ1:23）で、聖餐の内に、すでに「その保証」を得ている。

総じて、「永遠の命」とは、キリストの福音の内実・完成であり、救済論の中心教理である。過去・現在・未来という時間の流れも神の創造物であると理解すれば、「永遠の命」とは過去・現在・未来が一つとなった（無時間の）神の下にある完成された至福状態であると言えよう。

（野村 信）

✥参考文献

Evangelical Dictionary of Theology, ed by Walter A. Elwell (Grand Rapids: Baker Book House, 1984).

Lexikon für Theologie und Kirche, heraus. von Walter Kasper, Dritter Band (Freiburg: Herder, 1995).

エキュメニズム

[英] ecumenism

1. 語源と教会史における用法，日本語の訳語について　「エキュメニズム」(Ecumenism)ないし「エキュメニカル運動」(Ecumenical Movement)の語源にある「エキュメニカル」という用語は，ギリシア語の「オイクメネー」，つまり「オイケオー」(住む)という動詞の変化形に由来し，やがて「人が住む世界」を意味するようになった。新約聖書では，複数箇所(マタ24:14, ルカ2:1他)で「全世界」の意味を含め多義的に使われている。その後，教会史の展開の中で，「エキュメニカル」という用語は大別して二つの用法を生み出した。まず古代教会では381年にコンスタンティノポリスで開かれた教会会議で，先のニカイア公会議(325年)のことを「エキュメニカル公会議」と呼んだ。これが古代教会からローマ・カトリック教会において定着する「エキュメニカル＝普遍的，公同的，公会議的」という用法である。他方，*福音主義の諸教会では，18-19世紀以後の世界*伝道の努力の中で，1846年にロンドンで結成された「福音同盟会」(The Evangelical Alliance)が象徴するようなキリスト者たちの協力一致を約束する運動を意味する用法が登場した。だからわれわれは，カトリックや正教会の人々との対話の際には二つの用法の区別を自覚し，お互いに誤解がないようにしておく必要がある。

その上で，第二の「エキュメニズム」，「エキュメニカル運動」を日本語に訳す場合，「キリスト教協力一致運動」と訳すことが適切である。なぜならば，第一に「キリスト教」と銘打つことで，キリスト教以外の諸宗教との「宗教間交流努力」からわれわれの運動の目的と交流のあり方を区別できるからである。第二に「エキュメニズム」は，アウグスティヌス以来の「見えざる教会」と「見える教会」の区別と一致という*教会の二重性の信仰理解を前提にしている。世界史の中で分裂した「見える(諸)教会」だが，「見えざる教会」(「キリストの神秘体」「神の民」)の一致が彼らの内に存在する。だからこそ地上の歴史にあって信仰者ら，諸教会，キリスト教諸団体が「見えざる教会」の一致を，「見える(諸)教会」の「協力一致運動」を通して実現化する必然的使命が

あることを自覚するのである。

2.「エキュメニズム」の三段階と現状と課題 では、世界教会史の流れの中で、「エキュメニズム」はいかに発展し今日どのような状態にあり、未来に向けて諸課題を背負っているのか。スポーツにたとえれば、その発展は「ホップ・ステップ・ジャンプ」の異なる段階を踏んで高く遠く跳ぶ「三段跳び」に似ていると言える。

（1）その第一段階（18世紀末～19世紀前半）では、キリスト教徒個人主体の協力一致運動で、無教派主義を特徴とし、教派の殻を破り「ホップ」するとした、あの「福音同盟会」（1846年）が典型例である。ちなみに明治初期の「日本基督公会運動」は、「福音同盟会」の諸原理を教会合同へ応用し、頓挫した無教派主義的合同運動であった。また「キリスト教青年会」（YMCA）、同「女子青年会」（YWCA）の運動は、今日まで存続する個人参加型の運動である。

（2）第二段階（19世紀後半～20世紀前半）では、（1）の運動の限界を見すえ、各教派教会ないしキリスト教事業体が責任主体となり、機関決定を経て「ステップ」し跳ぶ「（教派・団体）連盟」（Association）型運動へ改編された。そこから類似教派間の協力一致運動として「改革派教会世界同盟」などが誕生し、日本ではメソジスト系三派が合同し「日本メソヂスト教会」（1907年）が生まれた。また多角的な教派間の協力一致のために「エジンバラ世界宣教会議」（The World Missionary Conference, 1910年）が開催され、「国際宣教連盟」（The International Missionary Council, 1920年）へと発展した。この「宣教連盟」の意義は、その働きを（A）伝道、（B）平和、（C）生活と実践、（D）信仰と職制に分けて組織化した点にある。

（3）最後の段階（20世紀後半～現在）では、この運動は遠くへ「ジャンプ」することをめざした。第二次世界大戦後の1948年に第1回のアムステルダム総会で「世界教会協議会」（The World Council of Churches＝WCC）を発足させ、「国別教会協議会」（The National Council of Churches＝NCC）を設置した。WCCは、最近の韓国の釜山で開催された第10回世界総会（2013年）に至るまでグローバルで多角的に運動を推進した。この「協議会」型運動は（2）の段階から二点の改善と展開をみた。

第一には，伝道と平和，特に「生活と実践」部門では国際諸関係，経済問題，人権と信教の自由問題など地球規模で取り組んだ。第二には「信仰と職制」部門で多角的な研究と討議の結果，『洗礼，聖餐，職務』(Baptism, Eucharist and Ministry, 1982. 邦訳，日本キリスト教協議会信仰と職制委員会／日本カトリック教会エキュメニズム委員会編訳，日本基督教団出版局，1990年)，通称「リマ文書」と呼ばれる教理的合意文書を重大成果として生み出した。

だが近年，WCCおよびNCCの運動は地球レベル，各国レベルで停滞期に入っている。その原因は，第一には「教義は諸教会を分裂させ，生活はそれらを結ぶ」式の教理研究の成果を十分考慮しない急進的行動主義運動のために，1960年代末から「頭（信仰と職制部門）と身体（生活と実践部門）」の分裂が生じたからである。第二にそれに対し「福音派」(Evangelicals)の諸教会や事業体がWCC，NCCの運動から距離を置き，自らの世界的「協力一致運動」組織を発展させた。そこから「カトリック–正教会–福音主義主流派・協力一致運動」と「福音派・協力一致運動」間の溝を越えるべく新たな「エキュメニズム」が必要とされるという皮肉な事態が生じた。これをどう乗り越え，世界の「エキュメニズム」全体が進み行くかが，諸教会の「協力一致」の三段跳びに続く21世紀前半の「再ジャンプ」の課題であろう。　　　　　　　　　（棚村重行）

❖参考文献

W. G. Rusch, "Ecumenism, Ecumenical Movement," in The Encyclopedia of Christianity, vol.2, E-L, eds. E. Fahlbusch, etc. (Grand Rapids, MI: Wm. B. Eerdmans and Leiden: Brill, 2001), 46-60.

棚村重行『二つの福音は波濤を越えて——十九世紀英米文明世界と「日本基督公会」運動および対抗運動』（教文館，2009年）。

エコロジーの神学
[英] ecological theology

生態圏あるいは自然環境の保護を目的とするエコロジーの問題は，人類が避けて通ることのできない緊急の課題である。生態圏の破壊により

自然界に生きる生物たちの命が深刻な危機にさらされている。現代キリスト教神学も，自らの伝統を批判的に検証しつつ，聖書の読み直しを通して，この問題に向き合おうとしている。

歴史家のリン・ホワイトJr.は，1967年に発表した論文の中で，現代の環境問題の元凶は，聖書ならびにキリスト教に深く根ざす人間中心主義であると指摘した。「神のかたち」に*創造されたがゆえに人間は他の自然世界に対して優位に立ち，また支配する権利を与えられているとするキリスト教の主張こそが，環境破壊の原因だとした。ホワイトのこうした理解は一面的な聖書読解に基づくものであり，環境破壊への道は，むしろ人間理性への絶対的信頼を旗印とした啓蒙主義の人間中心主義に科学技術が結び付くことにより開かれていったとの見解へと今日ではおおむね修正されている。ただ，キリスト教の伝統が，環境破壊に至るそのような流れとは無縁であるとは言いきれない。キリスト教神学は，歴史的にその主要な関心を，人間の*贖罪の問題に集中し，自然（人間以外の被造物）の問題を後景に押しやってきた。その結果，自然への畏敬の念は徐々に失われ，自然は人間にとって支配（利用）可能な存在へと貶められてゆくことにもなっていった。キリスト教界における，かかる自然軽視の態度が，人間（科学技術）による自然支配（搾取）に暗黙のお墨付きを与えていったと言えなくもないのである。

このような反省に立ちつつ，現代のキリスト教神学は，自然世界（生態圏）の価値の再確認のために，またそれに対する人間の責任を再確立すべく取り組んできた。20世紀の半ばには，カトリックの生物学者テイヤール・ド・シャルダンは，生物進化の究極的な原動力・統合力として神を自然と不可分な存在と捉えていたが，20世紀末には，フェミニズムの代表的な神学者であるサリー・マクフェイグが，神は世界の進化プロセスに内在すると捉えるヘーゲル哲学やプロセス哲学の影響下に，自然を含む宇宙プロセスを神の「体」と考えるべきことを主張し，専制君主的な超越的な神観に由来する人間の自然に対する支配的なるスタンスの克服を提唱していった。一方で，フェミニズム的内在的神観を基調とするこのような営みとは異なる仕方で，三一の神の超越性と内在性の双方を主張する本来のキリスト教的伝統に立脚しつつ，聖書の根本的な

読み直しを通して、キリスト教の信仰内容に自然世界が確固たる場所を与えられていることを、またそのことを根拠に人間と自然世界との関係の再構築の図られるべきことを明らかにしようとする営みが多岐にわたり、試みられるようになった。三一神信仰を軸としながら聖書の読み直しを通して自然世界を神学の射程に組み入れようとするそれらの立場の共通項を取り出すとすれば以下のようになるであろう。

神は自らの完成のために（自然）世界の創造を必然的に必要とするとプロセス神学は考えるのに対し、三位一体論的創造論においては、神は必然性からではなく、自由なる恵みにおいて、ご自身とは異なるこの世界（人間と、それ以外の被造物、またそれらが生きる生態環境を含めて）を、「良きもの」として創造されたことを主張する。それはまた、三一的言語を用いるならば、永遠における三一の神の存在における喜びと調和と秩序に満ちた共同性を反映するものとして創造されたと理解することもできる。「神のかたち」に造られた人間の責務とは、いわば委託管理人（steward）として、本質的には神のものであるこれら「良きもの」としての被造世界を御心にかなうものとして維持するために、（神が私たちに対してそうであられるように）配慮をもって世話してゆくことにあるのである。その際、人間以外の*被造物の命に対しても、畏敬の念を、また共に生きるべく神より与えられたパートナーとして感謝（それらの命をいただかねばならぬゆえに）の念をもって対することが求められる。

他の被造物を自らの欲望のために支配下に置かんとする人間中心主義とは、むしろ「神のかたち」を喪失した*罪の姿を示している。救いとは、かかる罪ゆえに神と他の被造物との間の関係を喪失した人間の、また人の罪の結果として呻きの中に閉じ込められた被造物世界全体の、三一の神による贖い出し（再創造）の行為として提示される。父なる神は、人の罪を贖い、人の中に「神のかたち」を回復せんがために「神のかたち」そのものであられる御子を人として、更には、被造物を内側から造り直さんがために*聖霊を遣わされる。そしてその世界回復（救済）の業の終局点として「*神の国」の完成を指し示す。中間時の呻きの中にあっても、聖霊を通して人間と他の被造物は深い連帯の中につながれ続けているが、終末時の神の国の完成にあっては、キリストにおいて、人

間も他の被造物も三一の神の栄光の反映としての喜びに満ちた調和と秩序のもとに招き入れられ,共に賛美の歌をうたうのである。

聖書の根本的な読み直しを土台とする,三一の神による世界創造の意義づけ,また,包括的救済(世界回復)を提示するかかる神学的ヴィジョンのもとにこそ,キリスト教的なエコロジカルな実践は,深き根拠と正しい方向性を与えられる。また,エコロジカルな取り組みは,挫折と徒労に満ちた対症療法的な営みではなく,目的を与えられた,神との協働のうちなる,*希望に満ちた世界回復の業であるとされてゆく。その際,大切なことの一つは,自然科学を排除することなく,それを正しく位置付けてゆくことであろう。新しき科学的発見は,神の創造された自然世界の神秘(奥深さ)への畏敬の念を抱かせるきっかけとなる。また,科学技術は,かつての啓蒙主義的自然支配とは異なる仕方で正しく用いられるならば,人が,壊れた世界を修復し,環境を持続可能なものとして維持するうえで,また,他の被造物との調和ある関係を構築するうえでの,すなわち委託管理人(steward)としての務めを果たしてゆく際の大きな力となるであろう。 (下田尾治郎)

❖参考文献

『日本版 インタープリテーション 特集 神学とエコロジー』(第39号,ATD・NTD聖書註解刊行会,1996年9月)。

A. E. McGrath, The Re-enchantment of Nature: The Denial of Religion and the Ecological Crisis (London: Hodder & Stoughton, 2002).

R. J. Berry (ed), The Care of Creation: Focusing Concern and Action (Leicester: InterVarsity Press, 2000).

エドワーズ

Edwards, Jonathan (1703-58)

1. 系譜 アメリカ植民地時代最後のピューリタン牧師で,爾後のアメリカ思想に深甚な影響を与えた神学者。1703年に会衆派牧師の父のもとに生まれ,創立間もないイェール大学に学び,ロックやニュートンの哲学に触れて新しい自然理解の模索を始める。すでにこの頃の研究ノ

ートには，類型論的な聖書解釈により自然美の中に神の栄光を見る後年の神学思想が胚胎されている。19歳まで修士課程に残り，ニューヨークの長老派教会で短い牧会経験をもった後，母方の祖父ソロモン・ストダードが牧するノーサンプトン教会に赴任し，25歳で後継者となる。

2. 信仰復興運動 1734年には同教会で信仰復興運動を経験し，その克明な記録を出版してイギリスやヨーロッパ諸国で知られるようになる。その後イギリスから渡米したジョージ・ホイットフィールドと共に，「大覚醒」の主要な担い手となった。41年夏の「怒れる神のみ手のうちにある罪人」は，しばしば学校の教科書に掲載されたため，アメリカ・キリスト教史を通して最もよく知られた説教となった。

信仰復興の熱狂は，同時に混乱と論争を引き起こす。エドワーズは，反対者からの疑問に答えるべくイェール大学で「神の霊の業を弁別する徴」という講演を行い，5年後にこれを詳述して『宗教的情感論』(Religious Affections, 1746) を出版した。これは，ピューリタン的な回心の形態学を心理学的に発展させたもので，自己の宗教的経験を判断するための肯定的・否定的な基準を示すものである。掲げられた徴表の多くは内省に関わるが，「キリスト教的実践」への結実も枢要とされており，これがプラグマティズムの発展への導線となった。

植民地社会は成熟期を迎えており，中産市民階級層が興隆して政治的には内政外交ともに流動期にあった。エドワーズは信仰復興運動の理解においてはこれを歓迎する「新しき光」の側に立ち，自然哲学においても啓蒙主義的な新しい知見を大胆に取り入れたが，社会秩序の理解においてはなお伝統的なピューリタニズムの枠組みを維持していた。そのため彼は，「信仰のみによる義認」や「贖いの業の歴史」を主題とする連続説教でニューイングランド・ピューリタニズムの自己理解を神学的に再定義する一方で，アルミニウス主義的な自由思想が教会内に侵蝕することを防ぐ努力を続けた。やがて祖父ストダードが推進した「半途契約」と未陪餐会員の「オープン・コミュニオン」を否定するに至ったため教会員との間に懸隔が生じ，陪餐資格論争を経て1750年に教会を解任される。

3. 後半生の著作 ノーサンプトン教会はその後も後継者を得ること

ができず、エドワーズは家族と共に町に留まりつつ説教もしばしば担当した。1年後に国内外からの招請を断って彼が選択したのは、辺境の町ストックブリッジにあるモヒカン族のための寄宿学校へ赴任することであった。独立革命前夜のアメリカ大陸は、英仏が覇権を争う「フレンチ・インディアン戦争」のさなかにあり、先住民の帰趨は戦局ばかりかプロテスタンティズムの歴史的運命、ひいては神の終末論的な救贖の計画をも左右するものと考えられていた。

エドワーズは、辺境での生活や寄宿学校の運営という困難にもかかわらず精力的に著作活動を続け、『自由意志論』(Freedom of the Will, 1754. 邦訳、柴田ひさ子訳、新教出版社、2016年)、『原罪論』(Original Sin, 1758. 邦訳、大久保正健訳、新教出版社、2015年)、『真の徳の本性』(The Nature of True Virtue, 1765)、『神の世界創造の目的』(The End for Which God Created the World, 1765) などの主要著作を次々と執筆した。1757年にはニュージャージー（現プリンストン）大学の第三代学長として招聘され、不本意を押して翌春に赴任したが、種痘が災いし数週間で亡くなった。遺された膨大な著作は、イェール大学出版局により半世紀をかけて校訂され出版されたが、その数は紙媒体だけで26巻に及び、さらにそれを上回る量の資料が電子媒体で公開されている。

4. 継承 エドワーズの思想は、エイムズやパーキンズらのピューリタン神学、トゥルレッティーニやマストリヒトらの改革派正統主義から多くを摂取しており、彼らを通して中世のカトリック神学にも深く棹さしている。存在論や自然哲学においては、「傾向性」という鍵概念をもとにロックの経験論を乗り越える新たな構想を示しており、その審美的な世界理解は19世紀のエマソンら超絶主義者にも影響を与えた。直近の後継者にはホプキンズやベラミや子エドワーズ、さらにはドワイトやテイラーら「ニューヘイヴン神学」につらなる神学者がいるが、彼の思想の真価が注目されるようになったのは、思想史家のペリー・ミラーらによる「ピューリタン・ルネサンス」が始まって以降である。リチャード・ニーバーの神学的なアメリカ理解、ラインホールド・ニーバーの原罪論や人間論などはその例である。また、福音派の伝統においては、エドワーズが編纂した先住民宣教師の日記『デイヴィッド・ブレイナード

の生涯』(The Life of David Brainerd) が信仰修養の手引きとして今日まで長く用いられてきた。なお，エドワーズの邦訳については，2015年に選集の出版が開始されている。オンライン資料も豊富である。イェール大学ジョナサン・エドワーズセンター（http://edwards.yale.edu/）とジョナサン・エドワーズ日本センター（http://subsite.icu.ac.jp/jecjapan/）を参照。

（森本あんり）

❖参考文献

森本あんり『ジョナサン・エドワーズ研究』（創文社，1995年）。
Perry Miller, Jonathan Edwards (New York: William Sloane Associates, 1949).
George Marsden, Jonathan Edwards: A Life (New Haven: Yale University Press, 2004).

か

改革派神学
[英] Reformed theology

　「改革派神学」は，J. カルヴァン，F. ツヴィングリ，H. ブリンガー，M. ブツァー，J. ノックスなどの系譜をひく「改革派教会」「長老教会」の教会的流れの中で形成されてきた神学的伝統を意味する。しかし，「改革派神学」はそれらの教会的枠を超えた広がりを持つ。英国国教会，バプテスト派，組合派などの教会的流れの中にも改革派神学に同調する立場は存在するからである。ここでは，それらの同調者を含む，広く受け入れられている改革派神学の特質を組織神学的観点から明らかにする。

　改革派神学の特質は，*ルター派神学との比較において明確になる。ルター派神学は信仰義認論を軸とした救済論的神学を特色とする。一方，改革派神学は神中心性を特色とし，神の主権性を強調する。

　この神の主権性の強調はすでに聖書論においても認められる。改革派神学は聖書の客観的権威を重んじるだけではなく，内容的にも啓示真理を救済論的に偏らせず，改革派諸信条に見られるように神が啓示されたままにバランスと全体性において告白する。この点は，旧約聖書と新約聖書との関係理解において恵みの契約に基づく両約の統一性を強調することにも見られる。旧約聖書の比重が弱まる傾向を持つルター派，再洗礼派との比較において，相対的に旧約聖書を重んじる特徴を示す。

　神の主権性の強調は存在的三位一体の神とその*聖定の重視と結びつく。聖定とは神の自由なる意志決定による永遠のご計画を意味し，世界の創造と*摂理の業において実行される。これは，世界と歴史に対する神の主権的支配の強調，*神の国の概念による信仰の包括的理解として神学的に機能する。この理解は，教会論，宣教論，倫理など，実践に直接関わる神学的諸課題に広い視野を与えることになる。

　神の永遠の聖定は人間との関係においては*予定の教説となる。予定

論は宗教改革の共有財産であったが，歴史の経緯の中で結果的には神の主権性を重んじた改革派神学の特徴的教説となった。アルミニウス主義などに見られる神人協力主義的予知論を排し，神の主権的意志に基づく絶対予定を主張する。予定論理解では改革派神学内部においても幅があるが，歴史的改革派神学は選びと遺棄の二重予定を主張する。時には神の主権性から出発し，論理的演繹によって選びと遺棄を同等の重さと平行性において理解する思弁的傾向を示した。20世紀においてこの点を最も鋭く批判したのはK. *バルトである。しかし，予定論で有名な「ドルトレヒト信仰規準」(1619年)の場合にも，また改革派神学の基本的立場も，その種の思弁的予定論を厳しく排除する。むしろ，圧倒的主調音は，全的堕落を踏まえ，救いの事実から発して，キリストにある恵みの選びを告白し，恩恵の神を頌栄するという福音的響きである。その根底には聖徒の堅忍論に示される「慰め」の契機が存在する。この根本動機を特別に強調し，前世紀の後半には代表的教義学者G. C. ベルクーワのように遺棄論についてもはや語らない立場も登場した。K. バルト自身は，人間に対してはキリストにある選びを一元的に機能させた。したがって，存在論的に人間は選びに規定されることになった。これに対してE. *ブルンナーなどによって万人救済論との批判が向けられた。

改革派神学において，三位一体の神の主権性は創造論の強調として示される。創造論では，神の主権性は神と*被造物との厳格な区別性の主張と結びつく。この改革派神学の特質はあらゆる形態の偶像を排除する姿勢をもたらす。組織神学的にはこの厳格な区別性はキリスト論における二性間の属性交流理解，聖餐論におけるキリストの現臨理解，礼拝論などに決定的影響を与える。他方，神の主権性は上記の厳格な区別性という批判的契機としてのみ機能するわけではない。神が創造された世界は「善き創造」の世界として肯定的意義を獲得する。創造された世界は，人間がその全領域において神の栄光を現すべく働く積極的な場としての意味を持つ。この理解が，カルヴィニズムの世界観の基盤を成す。

20世紀において創造論に関して問題化したのはK. バルトに代表される「危機神学」(*弁証法神学)の登場による。問題化とは，初期バルト神学が*自然神学を拒否し，世界と歴史への断固たる「否」を宣したこ

とに起因する。世界との接触は、ただ上からの神の啓示行為による一瞬の出来事性、否と然りの弁証法的出来事性においてのみ成立する。創造に関わるこのような否定的理解に対してマルキオン主義との批判を被ることにもなった。このような立場はE. ブルンナーとの自然神学論争を引き起こし、また上記のカルヴィニズムの世界観を擁護する人々の拒否をも招いた。バルトは第二次世界大戦後において、創造のキリスト論的基礎づけに重心を移し、創造を肯定的に捉えるようになったが、戦後の歴史形成の神学として機能することは困難であった。また、R. ブルトマンの実存論的神学も世界と歴史への方向性は弱く、同様の問題点を抱えていた。そのような中で、改革派神学の流れの中では、世界と歴史に積極的に関わるA. ファン・リューラーの神学や、「希望の神学」に代表されるJ. *モルトマン、J. ロッホマンなどの変革の神学も登場することになった。

　三位一体の神の主権性の強調はキリストとその救済の業の理解にも現れる。改革派神学の特質は、キリストの救済の業を単に罪からの救済という局面に限定しない。特に父なる神の業に帰される創造の業は堕落により罪と悲惨の中に置かれるが、キリストによる救済の業は罪からの救済にとどまらず、創造の業の回復であり、その完成をも目的とする。このような救済理解は「再創造」(recreatio) という概念によって総括的に表現される。キリスト論的徹底化は創造論的思考を排除しない。父なる神の権利と子なる神の権利は等しく重んじられる。したがって、救済理解は狭義の救済論の枠を超えて宇宙論的意味を持つ。

　三位一体の神の主権性の強調は、救済論においても現れる。救済を単なる魂の救済に限定しない。キリストによる客観的な救済の業が「再創造」としての意味を持ったように、聖霊によるその救済の現実化も同様である。三位一体の神の歴史支配、神の国の歴史的展開の視野の中で聖霊による救済の現実化も理解される。このため、聖霊の働きにおいても、救済論的次元を超えて創造論的次元も視野に入れられる。人間の救いに関して言えば、義認にとどまらず、ルター派との比較においては相対的に*聖化とその完成の方向性が強調される。この意味において、律法理解では罪の認識を与えキリストに導くという律法の用法以上に、感

謝の生活の規準としての律法の用法が重んじられる。しかも，律法のこの働きは創造の全領域において神の栄光を現そうとする生活の規準としての意味を持つ。ここでは，対国家との関係においても批判を含む責任ある参与の姿勢となる。したがって，聖化の理解も狭義の聖化の枠を超え，世界の聖化という神の国的広がりにおいて理解される。

このような三位一体の神の歴史支配という神の国の概念は，教会の使命論にも影響を与える。教会はキリストの体である共同体として*救済史において独自な存在意味を持ち，使命論的には神の国の完成に奉仕する。歴史的改革派神学の表現を用いれば「伝道命令」（マタ28:18-20）と「文化命令」（創1:26-28）において奉仕する。このような広い視野をもった教会の使命論は「ミッシオ・デイ」（神の宣教）の宣教理論とも結びつく。

*終末論においても，三位一体の神の歴史支配，創造と救済と完成の最終的総括としての神の国は，改革派神学において強調される。しかし，歴史的改革派諸信条について言えば，神の国的・宇宙的終末論への告白は弱く，個人的終末論に傾いていることを否定できない。再洗礼派などに見られる千年王国論的終末論への警戒がその理由である。しかし，歴史の経緯の中で，上に論及した神学的思考の当然の帰結として宇宙論的終末論が重要な意味を持つに至る。神の国的・宇宙論的終末論の内容理解には差があるにせよ，その理解が世界と歴史におけるキリスト者のあり方を方向づける。このような神学的思考は，21世紀の世界が直面している世俗化，環境破壊，社会的不正義，宗教的・文化的多元主義などの諸問題に強い神学的関心を寄せることになる。これは，三位一体の神の主権性と全包括的歴史支配を強調する改革派神学が特別に担わなければならない神学的課題であろう。　　　　　　（牧田吉和）

✤参考文献
I. J. ヘッセリンク『改革派とは何か』（広瀬久允訳，教文館，1995年）。

J. H. リース『改革派教会の伝統』（吉田信夫訳，新教出版社，1989年）。

牧田吉和『改革派信仰とは何か——改革派神学入門』（聖恵授産所出版部，1999年）。

解放の諸神学
[英] theologies of liberation

　解放の諸神学とは，現代世界における抑圧的諸問題からの「解放」を唱え，*イエス・キリストの福音を抑圧された者の視点から再解釈し，抑圧の構造的変革を目指す一連の神学を言う。解放の諸神学で対象とされる抑圧的諸問題とは，人種，民族，性，経済，社会，政治等と多岐にわたり，またそれらはしばしば複合しているため，それに応じてその神学も多様である。

　そもそも現在用いられている意味での「解放の神学」という言葉が登場したのは1960年代後半のラテン・アメリカにおいてであった。ラテン・アメリカは大航海時代にスペインとポルトガルの植民地とされ，20世紀に入ってからはアメリカの経済圏に取り込まれ，第二次世界大戦後は一層アメリカ経済に依存するようになったが，その結果貧困が拡大する一方，政治的にも独裁者たちによる圧制に苦しめられることになった。そうした中，貧困と抑圧からの解放を求める声がカトリックの司祭や信徒たちから上がったのである。解放の神学の誕生は1968年にコロンビアで開催された第2回ラテン・アメリカ司教会議（いわゆる「メデジン会議」）であると言われているが，その代表者はペルーの司祭であったグスタヴォ・グティエレスである。「解放の神学の父」とも呼ばれるグティエレスは，*希望を論じたE. ブロッホやJ. *モルトマンに触発されて『解放の神学』（Theologia de La Liberaction, 1971. 邦訳，関望ほか訳，岩波書店，2000年）を著し，自分たちの取り組みを「人間が尊厳をもって生き，自らの運命の主人公となることのできる，公正な兄弟愛にみちた社会を建設しようとする闘い」であるとし，従来の主導概念であった「発展」に代えて「解放」こそふさわしいと語った。またその実現のためにマルクス主義の社会的分析を導入した。この時期，こうした主張に共鳴する多くの神学者が現れたが（ブラジルのレオナルド・ボフやウルグアイのホアン・ルイス・セグンド等），反面，マルクス主義に対する反発からアメリカでは反米的と見なされ，カトリック教会内でも一部からは解放の神学はイデオロギーであって神学ではないといった批判が生じ

た。しかし、教皇庁は1986年の教書で解放の神学の積極的な影響力を評価するに至っている。また近年においては、そうしたマルクス主義をめぐる議論よりも、ラテン・アメリカの文化的基層、特に従来否定的に見られてきた民衆宗教に関心が移りつつあると言われている。というのも、解放の推進のためには、文化の基層にまで浸透し、そこから福音の再構築が目指される必要があるからである。

　こうしたラテン・アメリカの動きとほぼ軌を一にして、アメリカでは黒人の解放を目指す黒人神学が台頭した。アメリカの黒人たちは1960年代半ばになってようやく白人社会と同等の公民権を獲得するに至ったが、人種差別と貧困は根強く、そうした抑圧からの解放を求める闘いが神学においても起こったのである。その先駆けとなったのは、1964年に出版されたジョゼフ・ワシントンの『黒人宗教』(Black Religion)で、黒人の神学的洞察の有意義性が主張された。また1969年には全国黒人教会委員会が声明を出し、「黒人神学は黒人解放の神学である」と主張した。そうした中、より本格的な黒人神学を展開したのが、ジェームズ・H. コーンであった。コーンは若き黒人指導者S. カーマイケルらの唱えた「ブラック・パワー」の主張に触発され1969年『黒人神学とブラック・パワー』(Black Theology and Black Power. 邦訳，『イエスと黒人革命』大隅啓三訳，新教出版社，1971年)を書き、また翌年には『解放の黒人神学』(A Black Theology of Liberation, 1970. 邦訳，『解放の神学——黒人神学の展開』梶原寿訳，新教出版社，1973年)を書くが、この中でコーンは、聖書が語る神は何よりもその民をエジプトの奴隷状態から解放した神であるゆえに、キリスト教神学は本質的に「解放の神学」であり、またそれは「解放の諸力を、イエス・キリストをその内容とする福音の本質に関係付ける理性的研究」であるとし、アメリカで抑圧されているのは「黒人」であるゆえに、それは必然的に「黒人神学」(Black Theology)にならなければならないと語った。70年代には、こうしたコーンの主張に共感する多くの黒人神学者たちが登場し、またラテン・アメリカの解放の神学との協働も試みられたが、反面コーンの主張自体がバルト的範疇を用いたものであったことや、黒人神学者たちの議論が必ずしも分析的、説得的ではなかったことが批判された。そして、それを補うこと

になったのが80年代に登場した第二世代で，その代表者はコーネル・ウェストである。ウェストは，非常に多面的な神学的議論を展開しているが，その代表的書物の一つである『人種の問題』（Race Problems, 1993. 邦訳，山下慶親訳，新教出版社，2008年）では，「黒人の国内的諸問題を世界中の企業グローバリゼーションにおける切迫した階級的・性差別的諸問題に関連づけなければならない」と語り，また「ますます相互依存的になった資本主義的市場世界における環境，消費者，労働者の保護」を民主主義の一層の推進と共に行わなければならず，そのためにも黒人指導者は「存在している諸権力を批判し，道徳的再生と政治的反乱のヴィジョンを提出するような」「人種超越的な預言者」とならなければならないと語った。また現在，黒人神学はさらに新しい展開を見せているとも言われており，その一つは黒人神学を改めて組織神学的に考察しようとするもので，ジェームズ・H. エヴァンスはそうした神学を代表する一人と目されている。

ところで，解放の神学と言った場合，もう一つ重要なのは「フェミニスト神学」（女性神学）である。これも上記の二つの神学とほぼ同じ1960年代後半にアメリカで起こり，その後少し遅れてヨーロッパでも展開され，世界に広がった。その前史として19世紀から始まった女性の平等を求めるフェミニズム運動があるが，フェミニスト神学を代表する一人E. シュスラー・フィオレンツァは，その著『知恵なる神の開かれた家』（邦訳，山口里子ほか訳，新教出版社，2005年）の中でその歴史を総括的に振り返り，多様な形態を持つフェミニズムを，ジェンダーの観点から規定され支配された存在ではなく，「完全な市民」であることを主張する女性の闘いとして捉え，また多様なフェミニスト神学についても，それは「神と世界に関する男主流の理解を本質的・根本的に改めることだけではなく，女性たちを指導的立場から排除し，二級市民としておとしめてきた宗教制度を変革すること」で，それを「女性たちの完全な市民権」の主張と男性の女性に対する「社会・文化・教会における支配と搾取の構造」の「変革」を通して実現する理論と運動であるとした。具体的には，従来の男性中心的な聖書解釈や神学あるいはそれに基づく家父長的制度に対し，それらを主として女性の視点による新しい聖

書解釈と神学形成を通して変革しようとするものである。特に神を父と表現する従来の男性的な神の像に対して、神は女性性も持ち、同時に男性と女性を超えるものであるとの観点から、それに代わるものとして「神／女神」(God / dess)(R. R. Ruether, Sexism and God-talk: Toward a Feminist Theology, 1983. 邦訳,『性差別と神の語りかけ——フェミニスト神学の試み』小檜山ルイ訳，新教出版社，1996年）とか，最近では女性性を持つ「カンノン（観音）」，「ソフィア」（シュスラー・フィオレンツァ）といった表現が提言されている。また聖霊に関しても，そのヘブライ語「ルーアッハ」が女性形であることから，特にドイツを中心に聖霊の女性性への注目が高まり，東洋からもそれを「気」と同一視するような発言が見られる。またキリストに関しても，従来の父権的・排他的と見なされるキリスト論に対する批判から，特に福音書に描かれたイエスの新しい解釈へと向かい，イエスは男性と女性を統合したまったき人間存在として，共存と交わりの中で成長する新しい人間性の象徴として語られ，また「ソフィア」「解放者」「治癒者」等としても語られるようになった。またそれと同時に，教会や神学研究における女性の役割の拡大も主張されていった。しかし，他方，こうした動きに前後して，フェミニスト神学の内部においてもいろいろ変化が生じ，すでに80年代には，白人女性中心のフェミニスト神学に対し，その他の女性たちからそれぞれのコンテキストからの批判と発言が見られるようになった。その結果，例えば黒人女性の間ではウーマニスト（Womanist）神学が，またヒスパニック系女性の間ではムヘリスタ（Mujerista＝アメリカに住むラテン・アメリカ人女性の抑圧的諸経験を表す言葉）神学などが起こった。また日本でもフェミニスト神学への関心は高く，特に女性や被抑圧者の視点から見た聖書解釈の研究が成果を上げてきている。ただしそれらは必ずしも日本やアジアといった独自のコンテキストに立つものではなく，むしろ歴史研究を中心としたもので，基本的には欧米のフェミニズム神学の影響下に留まっていると言える。

　こうした解放の諸神学の取り組みは、アジアや日本においても拡大されることになった。韓国では、1970年代に、民主化を求める闘争の中から抑圧された民衆の解放を求める「民衆の神学」が生まれた。これは、

直接的には70年代の朴政権の独裁に対する民主化の闘いを契機としているが，その背景には長い日本の植民地支配やその後の政治的抑圧に対する闘いの歴史がある。詩人の金芝河(キムジハ)は民衆の神学を代表する一人であるが，獄中で書かれたその「良心宣言」(1975年)は，その目指すところを豊かに語るものである。また日本でも被差別部落に対する差別からの解放を目指し，栗林輝夫が1991年に『荊冠の神学』(新教出版社)を著した。栗林はラテン・アメリカの解放の神学やアメリカの黒人神学などから多くを学びつつ，韓国の白丁(ペクチョン)やインドの不可触民，その他の被差別者たちとの連帯意識の中で，被差別部落に対する差別問題にメスを入れ，その克服を目指す指針を示したが，何よりも差別問題に対するキリスト者や神学者の意識の変革とそれに取り組むプラクシスの重要性を訴えた。

1960年代後半に出現した解放の諸神学は，それまでの西洋中心の神学世界を一変したとも言える。しかし，それらのコンテキストから発する主張と取り組みは，絶えず普遍性を追求してきた従来の神学と必ずしもかみ合っているとは言えず，今後両者のそれぞれの意義を認め合う中での神学形成が重要となろう。 （菊地 順）

神認識
[英] knowledge of God, [独] Erkenntnis Gottes

「神認識」と言う場合の「認識」という言葉は，一方で認識の営み・過程を表すが，同時に認識の結果として持つようになる知識をも表す。したがって，「神認識」は「神知識」でもある。そして，神学の第一の対象が神である以上，神認識は神知識として，神学の中心的な事柄である。したがって，神認識について述べることは神学とその営みについて述べることにもなる。

伝統的な議論の枠に従うなら，最も一般的な意味においての「神知識」としての神認識が存在する。この場合，その真偽は関係ない。どのような宗教の立場であれ，あるいは哲学の立場であれ，神について抱かれて

いる観念・概念・理解などであればよい。また、その内容についても問われる必要はない。これが最も広義の場合の「神認識」である。

しかし、そこで知識が知識としてふさわしいものであるには、その真理性を高めなければならない。実際、神についての正しい知識こそが神認識と呼ばれるにふさわしいのは、言うまでもなかろう。この場合、知識の真理性が問題であるから、その知識がどこから得られたものであるかは、とりあえず問題ではない。もっとも、神知識の源泉は、大きく二つあると考えられてきたのも事実である。一つは人間が生来所有している理性を用い、自然や歴史を観察することを通して達する神についての知識であり、もう一つは、聖書を通して、あるいは、聖書の証言している啓示、特に*イエス・キリストを通して与えられる神についての知識である。前者は自然的な神知識あるいは「*自然神学」と呼ばれ、後者は聖書やイエス・キリストという具体的で特殊な啓示を通してのものであるので、特殊な神知識あるいは「啓示神学」と呼ばれる。

神についてのこれら二通りの知識を比較してみると、言うまでもなく、自然的な神知識は主に理性によるものであり、特殊な神知識は啓示によるという違いがある。もちろん、自然的な神知識が成立するには、そこにも啓示があると認めなければならないと考えることもできようが、その場合、啓示はまったく客観的に自然や歴史の経緯として存在していると捉えられている。したがって、理性を通じて自然や歴史の中での客観的な所与としての啓示を認識するのが、自然的な神知識であると言えよう。

他方、特殊な啓示による場合、その特殊性は聖書と、特にその中心であるイエス・キリストに由来する。そして、イエス・キリストにおいて神を知るときには、イエス・キリストが救い主である以上、救いへの参与が生じる。これは自然的な神知識において欠けているものである。また、「聖霊によらなければ、だれも『イエスは主である』とは言えないのです」（Ⅰコリ12:3）とある通り、そこでは聖霊の働きの下で、人間の側に信仰が引き起こされ、理性はその聖霊の働きに参与させられるかたちで機能する。言い換えれば、啓示による神認識は、神の働きの主導性の下で、さらに知る主体である人間がそこに巻き込まれる信仰において

生じるのである。それゆえに、キリスト教信仰に立つ神学の神知識を論じる場合、啓示による神知識が中心になるのは不可避であろう。そして、啓示による神についての知識のうちで、神の本質や*三位一体などに関わるものが、最も狭義での神知識ということになる。

さて、上記を踏まえて、さらに考えてみると、「神の霊以外に神のことを知る者はいません」（Ⅰコリ2:11）とあるように、神が自らを知るところに成立する神についての知識こそは本来的で真正な神知識であると言える。この神知識は伝統的に「原型的神学」(theologia archetypa)と呼ばれてきた。これに対して人間の持つ神知識が限界を持つことは明らかである。そもそも神と人間との間にある質的差異は、人間が神を完全に知ることを不可能にしているが、同時に人間は罪の中にあり、さらには、救いにあずかっているとしても、まだ完成への途上にあるのであるから（Ⅰコリ13:12）、啓示に基づいているとしても、人間の神知識は不完全であると言わなければならない。したがって、人間の持つ神の知識は、せいぜい原型的神学の不充分な写しであるにすぎないというところから、これを「模写的神学」(theologia ectypa)と呼ぶ。あるいは、終末において明確な知識に至ると捉えるならば、現在の神知識は終末への途上におけるもの、つまり、「旅人の神学」(theologia viatorum)であるということになる。

こうした神認識に関する理解は、しかし、近代以降、大きな問題にさらされた。例えば、自然的な神知識は古代からほとんど自明のことと見なされてきたが、近代に入り理性の万能が謳われ、さらには経験可能な世界こそが理性の取り扱う領域でなければならないとの考えから、理性によって神に到達するという道には大きな疑問符がつけられることとなった。その代表はI. カントであり、彼によってなされた、従来の神の存在証明に対する徹底的な批判に、そのことは明らかである。こうした事態を受け止めようとして、*シュライアマハーに見られるような、神との接触を理性にではなく、より高次の認識力である「感情」に求めるとともに、人間の側に生じる信仰を神学の第一の対象としようとする神学上の立場が生じてきた。神についての知識よりも、神と出会った人間に生じる信仰についての知識としての神学という捉え方が、ここに姿を現

してくる。

しかし、近代の世界観は自然的な神知識ばかりではなく、特殊な啓示による神についての知識さえも困難なものにした。上記の通り世界は、感覚経験によって把握可能であり、かつ、理性による取り扱いが可能な領域（感覚界）と、それが不可能な領域とに峻別され、二元論的に把握されるようになった。この二元論が徹底されると、そもそも感覚界を超えた神が感覚界において自らを啓示するという可能性自体が否定されることになる。そうなれば、宗教は自らの存在をもっぱら感覚界の事柄として、つまり、倫理・道徳の次元で取り扱わなければならなくなる。19世紀の*自由主義神学は、この線上で、あるいは上記のシュライアマハーの線上で展開したと言えよう。

20世紀に入り、K. *バルトの神学は、こうした流れに対して、その前提（哲学的・二元論的世界観）を根底から問い直しながら、*受肉した、言い換えれば、感覚界に入ってきた*神の言葉であるイエス・キリストの実在に集中することで、それを乗り越えようとした。あるいは、W. *パネンベルクは啓示の歴史性を強調することで、近代的な考え方を受け止めながらも、それを克服しようとしていると捉えることができる。

最後に自然神学について一言しておけば、自然神学は古代以来の長い伝統を持つ。しかしながら、そこで獲得された神知識が特殊な神知識による補完を必要とするかどうかという問題を始めとして、その有効性については多くの議論がなされてきた。今日では、有神論的立場が理性に矛盾しないという議論が盛んになってきていると言えよう。また、20世紀では特にK. バルトとE. *ブルンナーとの間で1930年代に戦わされた、いわゆる「自然神学論争」が記憶される。この論争の背景には当時のドイツにおけるナチズムの興隆があり、その手助けを自然神学的思考がしてしまうとの危機意識がバルトに強くあったことは、今日では広く知られている。また、バルト自身、晩年に記した和解論（『教会教義学』）において、かつての厳しさを和らげていると見ることもできなくはない。

（神代真砂実）

✤さらに学びたい人のために
T. F. ト〔ー〕ランス『科学としての神学の基礎』（水垣渉ほか訳、教文館、1990

年)。

A. E. マクグラス『神の科学』(稲垣久和ほか訳,教文館,2005年)。

神の国
[ラ] Regnum Dei, [独] Reich Gottes, [英] kingdom of God

　旧約聖書に「神の国」という語は現れないが,王として支配する神のイメージが頻出する(出15:18,詩99:1,イザ6:5他)。神の支配,神が王となる,神が王であるということは旧約の根本的な信仰である。

　神が王として支配するという信仰には二つの面がある。一つは,天地の創造者なる神が,その*被造物である世界の王であるということである(王下19:15他)。もう一つは,神の支配の未来的な面である。神の支配は,この地上ではまだ不十分な仕方でしか現されていないので,終末的な期待となる(ダニ2:44他)。神の支配への待望の根本にある思想は,神がその民を訪れ,贖うために,歴史に介入して来られるということである。

　王権がダビデの子に約束されている(サム下7:11-16,代下9:8)ということが,将来的な神の支配への期待と結びつき(イザ9:6,11:1以下他),終末に現される神の支配は,「人の子」(ダニ7:13)のような方の直接的な統治であるという思想が展開した。

　こうした背景のもとで,イエスが「神の国は近づいた」と説教して公生涯を開始した。

　新約聖書には,神の国という言葉が68回現れる。国(バシレイア)とは王(バシレウス)の派生語で,「王国」を指し,王の支配,統治という意味も含むもので,空間的な概念だけではなく,旧約聖書の信仰との連続性を持つ。さらにまた,当時のユダヤ人が考えていた,ローマ帝国からの政治的解放のような地上的・政治的な意味での支配を超える神の支配を教えたという点で,イエスにおいて「神の国」概念は新しい意味を持つこととなった。

　なお,マタイによる福音書では神の国をしばしば「天の国」と呼ぶが,

神の国

両者は同義とみなすことができる。

神の国についてのイエスの発言には、「これから来る」というものと、「すでに来ている」というものがある。マタイによる福音書6章10節、ルカによる福音書11章2節、マルコによる福音書14章25節などは、神の国は間近であるが、なお将来にある終末の事柄であるということを前提としていると考えられる。パウロも、将来神の国を受け継ぐということをしばしば書いている（Ⅰコリ6:9他）。

一方、「神の国は近づいた」というイエスの伝道の開始の言葉は、未来形ではなく完了形で書かれており、神の国がすでに実現していると理解することもできる。イエスによる神の国についてのたとえ（マタ13章他）は、神の国がすでに始まっているということを意味している。また悪霊追放、五千人の給食、罪人を食事に招くなどのイエスの行為に、神の国がすでに始まっていると見ることができる。

さらにイエスは「神の国はあなたがたの間にある」（ルカ17:21）と述べた。ヨハネによる福音書3章3-5節には神の国と洗礼の結びつきが示唆されている。パウロ書簡には、神の国という言葉で教会を指していると考えられる箇所が見られる（ロマ14:17他）。

神の国の開始としてはしかし、イエスの死と復活がとりわけ挙げられなければならない。イエスは自らを犠牲として献げることによって、人の罪を贖い、神の国を実現することを使命とし、それを実現した。旧約の終末的待望（エレ31:31-34他）が、新約的な神の国と結びつき、罪の赦しを根本として新しい契約が結ばれたのである。またイエスの復活は、終末時の万人の復活の初穂である（Ⅰコリ15:20-28）。そのため神の国は福音とほぼ同義語となり、伝道の内容をなしている。

神の国という概念はその後、教会の歴史の中でいくつかの変化を遂げてきた。

ユスティノスは神の国を死後のものとして書き、エイレナイオスは天上の国として描いた。オリゲネスにおいては、神の国の終末論的側面が、内面的な理解に吸収されている。「使徒信条」「ニカイア信条」には「神の国」の語が見られない。

アウグスティヌスの『神の国』（De Civitate Dei, 413-427. 邦訳、金子晴

勇ほか訳, 全2巻, 教文館, 2014年) の原題は, Regnum Dei (神の王国・支配) ではなく, De Civitate Dei (神の都市・共同体) である。アウグスティヌスは, 天地創造以来の歴史を「神の国」と「地の国」が対立しながら混在する歴史として捉えた。前者は終末に到来する神の国とは区別される信仰者の共同体で, そこでは神への愛と謙遜が重んじられる。後者は不信仰者の集団で, そこでは自己への愛と高慢が勢力を奮っている。前者は教会, 後者はローマ帝国を暗示するものと理解されるが, ただし教会は, 神の国を地上に実現するものである一方で, なお地の国に属しており, 神の国とは異質な, 世俗の要素が混入していると考えられている。最後の*審判において, この二つの国の混在は終わり, 神の国は永遠の救いへと, 地の国は永遠の滅びへと分離される。

　アウグスティヌス自身の意図を越えて, 中世の西方教会では神の国が教会と同一視され, この世の王国と対立するものと捉えられた。

　ルターの神学において, 神の国は必ずしも中心概念ではなかった。ルターは世俗の権力に助けられつつ宗教改革を遂行した一方で, 霊的な権力は教会が, 地上の権力は為政者が持つといういわゆる二王国論を展開した。これは, 聖俗にわたる神の支配における統治様式の違いを表している。しかし, この二王国論が教会と政治の二元論的理解を生み, 教会がもっぱら内面的な信仰の領域に関わって, 政治に無干渉となる原因となったという批判も起こった。

　プロテスタント正統主義の時代, 神の国は神学の中心的な主題ではなかったが, 三十年戦争による荒廃は, 終末論的な世の終わりを人々に意識させた。コクツェーユスの契約神学においては, 信仰者が敬虔に励みつつ終末を待つべきことと同時に, 恵みの契約のゆえにすでに神の国にあずかる者であることが示唆されている。敬虔主義においても神の国は終末に到来するものであったが, ゆえにこの世において歴史の目標をなすものと捉えられ, 信仰者に敬虔さと道徳的な活動を促す動因としても作用した。ハレの敬虔主義に見られる伝道や社会事業は, 神の国のための業と見なされた。また, 神の国の到来に先んじて教会の黄金時代が来ることが期待されたことから, とりわけヴュルテンベルクの敬虔主義においては千年王国説の復興が起こった。同地では, さらに19世紀にブ

ルームハルト父子によって、神の国を標語に信仰覚醒運動が展開され、20世紀には宗教社会主義運動へと発展することとなる。

啓蒙主義の時代にカントは『人倫の形而上学の基礎づけ』(Grundlegung zur Metaphysik der Sitten, 1785. 邦訳、中山元訳、光文社古典新訳文庫、2012年)において、「目的の王国」の理念を提唱した。物の価値が何らかの目的のための手段としての有用性にあるのとは異なり、人間の絶対的な価値は、自然法則(因果律)から自由にされて自律的主体として道徳的に行為することができる人格にある。こうして各人が、自らの人格も他者の人格も手段とせず、目的として互いに尊重し合う理想的な共同体を、カントは「目的の王国」と呼んで、目指すべきものと考えたのである。また『たんなる理性の限界内における宗教』(Die Religion innerhalb der Grenzen der bloßen Vernunft, 1793. 邦訳、北岡武司訳、『カント全集10』岩波書店、2000年所収)においては、神の国は地上における道徳的な共同体として理解され、可視的な教会が地上で道徳的な神の国を実現すると考えられた。

このようにキリスト教を啓示のような理性で把握できないものではなく、道徳に基礎づけたカントの思想は、キリスト教の合理的起源を明らかにする必要性に迫られた近代の神学に大きな影響をもたらした。カントの影響を受けた人々の一人として、自由主義プロテスタンティズムの神学者リッチュルを挙げることができよう。神の国は、リッチュルの神学の中心的な概念であった。カントの影響に加え、*シュライアマハーの目的論的宗教意識を受け継いだリッチュルにとって、神の国とは、世における超世界的な究極目的である。キリスト者は、神に義とされ神と*和解させられた者として、聖霊の導きの下で倫理的行為をもって神の国の実現を目指すことができるし、また目指すべきである。それはとりわけ、召命に基づく職業活動において実践される。こうしたリッチュルの神の国思想は、宗教改革の福音理解に基づいて信仰者の生き方を示しつつ、歴史の感覚と合理性を併せもつものとして多くの同時代人の心に訴えた。リッチュル学派の代表的な神学者である*ハルナックは、イエスが宣べ伝えた「イエスの福音」と使徒が宣べ伝えた「イエスについての福音」の二つの福音を区別し、前者に*キリスト教の本質があると考

えたが，イエスの福音の内容の筆頭に「神の国とその到来」を挙げている。ラウシェンブッシュは，リッチュル学派の影響の下で神の国を強調しつつ，アメリカの社会的福音運動を指導した。

ヴァイスは，こうした自由主義プロテスタンティズムの神の国理解が社会内における倫理的理想であり，内的・主観的なものであることを指摘した。彼自身がイエスの説教の中で再発見した神の国とは終末論的なものであり，現在の社会体制を維持し発展させるよりも，将来社会の激変を伴って起こる世の終わりの出来事であった。さらにシュヴァイツァーは，『イエス伝研究史』(Geschichte der Leben-Jesu-Forschung, 1906. 邦訳，遠藤彰ほか訳，白水社，2002年）で，イエスの説教のみならずあらゆる教えや行為が終末論に規定されていると主張し，徹底的終末論を展開した。

第一次世界大戦を経て，人間の文化や社会が神の国を実現できるという楽観的な信頼は崩れた。ブルトマンにとっても，神の国は倫理的な最高善ではなく，終末論的概念であった。ただし彼にとって終末信仰は神話であって，今ここで人間に決断を迫るものとして，実存論的に解釈されるべきものであった。

＊バルトは初期にCh. ブルームハルト，クッター，ラガーツの影響を受けて宗教社会主義に加わったが，ラガーツが神の国の此岸性を強調したのに対し，バルトはむしろその超越性を強調して決別し，＊弁証法神学を志向するに至る。

＊ティリッヒも神の国を文化と同一視しなかったが，両者を単純に対立させることもしなかった。彼にとって神の国とは，歴史の動態に参与しているという意味では歴史内在的でありつつ，同時に歴史の目標をなす終末論的・超越的な象徴である。

＊パネンベルクは，自由主義プロテスタンティズムの行き方を逆転させる仕方で，終末論的な神の国から倫理学や教会論に基礎づけを与えている。

（長山 道）

❖さらに学びたい人のために
古屋安雄『神の国とキリスト教』（教文館，2007年）。

神の言葉
[英] Word of God, [独] Wort Gottes, [仏] Verbe de Dieu

　神の言葉は人間の言葉とは違い，単なる情報伝達の手段ではない。命を造り出し，歴史を変革し，神の御心を実現させる創造的な力である。神は「光あれ」と語ることを通して世界を創造された。古代教会はこの言葉による創造を，無からの創造の教理と結びつけて理解した。「御言葉によって天は造られ／主の口の息吹によって天の万象は造られた。……主が仰せになると，そのように成り／主が命じられると，そのように立つ」（詩33:6, 9，また詩148:5，イザ55:10-11など）。

　聖書の神は本質的に言葉においてご自身を啓示する神である。たとえ歴史の出来事を通して啓示が遂行されるにしても，その歴史は言葉によって解釈され伝承された歴史である。そこでは，神と人間との関係がその核心において言語的な交流として捉えられている。神は語りかけ，人間はその言葉に服従する。このことは，イスラエルが神との関係を*契約として理解し，神の戒め（十戒）への忠誠を信仰として重視していることにも表れている。

　そのようにして人間に示される神の御心をヤハウェの言葉（ダバール・ヤハワー）として民に取り次いだのが預言者たちである。特にエレミヤ書にこの言い回しが多く用いられている（エレ13, 16, 18, 32, 35章など）。主の言葉を託されていることが真正の預言者のしるしである。もしそれを持たないなら，預言することもできない（エレ5:13）。それは火のようなものであり（エレ5:14），雨のように決して無益で消失するものではなく，必ず事を成し遂げるものである（イザ55:10以下）。

　しばしば神の言葉は偽預言者たちによって曇らされた。そこに登場したのが，律法学者のようにではなく，権威ある恵み深い言葉を語ったイエスである（マコ1:22，ルカ4:22）。しかもその言葉は威力を持ち，権威と力とをもって悪霊を追い出した（ルカ4:36）。原始キリスト教団は，神の言葉を直截に語る*イエス・キリストを通して神が語られたという事態に直面した。「神は，かつて預言者たちによって，多くのかたちで，また多くのしかたで先祖に語られたが，この終わりの時代には，御子に

よってわたしたちに語られました」(ヘブ1:1-2)。そしてそこから初代教会はイエス・キリストを、唯一明示的に語られた神の言葉そのものとして宣べ伝え始めたのである。

そこには、ヘレニズム世界の文化的共通遺産であったロゴス思想が影響を与えている。宇宙を統御するロゴスは種のように蒔かれており、この種子的なロゴスが世界の根源的な統制力であり、世界理性であり、世界の運行を司る*摂理である。しかし、このヘレニズム的なロゴス思想とは別に、イスラエルの伝統には知恵の先在という思想があった。これらが土壌になってキリスト論の中核が形作られていった。第四福音書はすでに、創造に先立って神のもとにあった永遠の言葉が肉となって現れたことを宣べ伝えている (ヨハ1:2, 1:14)。イエスは父から送られた神の言葉であり、彼の言葉のみならず、彼の存在そのものが神の言葉である(ヨハ3:34, 10:30, 黙19:13)。パウロはこの神の言葉とはキリストの生涯によって表されているように「十字架の言葉」(Ⅰコリ1:18) であり、「和解の言葉」(Ⅱコリ5:19)、「真理の言葉」(Ⅱコリ6:7)、「命の言葉」(フィリ2:16) であることを強調した。

聖書の中に書かれた神の言葉は、聖霊によって心に働きかけるものとなる。この言葉と霊との関係を重視して、後代に影響を及ぼしたのがアウグスティヌスである。「外的に響く言葉は、内的に光輝く言葉のしるしである」(『三位一体論』[De Trinitate, 399-419. 邦訳、泉治典訳、『アウグスティヌス著作集28』教文館、2004年] XV.11.20)。霊によって与えられる内的な言葉こそ、心に刻まれた生ける神の言葉である。この言葉の内面的な理解は長く影響を与えるものとなった。宗教改革者のルターもカルヴァンも、霊と言葉との関連を重視した。霊なしに言葉は理解されず、言葉なしに霊は働かない。特にこの後者の点は、霊的熱狂主義者の極端な立場に対して、外的言葉の意義をも高調することにつながった。内的な言葉が重要であることは言うまでもないが、それをもたらす外的手段として、聖書と説教の言葉もまた重視されたのである。

新約聖書に特別な神の言葉の神学があることを見て取り、その認識を現代に活かそうとする動きが20世紀に現れた。M. ハイデガーの実存哲学とも結びつきながら、R. ブルトマンは、原始キリスト教団の宣教 (ケ

リュグマ）の中に神の言葉による実存的な呼びかけを聞き取ろうとした。その試みを引き継いだのがG. エーベリンクとE. フックスである。彼らは信仰を「言葉の出来事」として捉え，新約聖書の中に神の現実が言葉として到来している新しい実存的な事態を神学的解釈学として展開しようとした。*義認（罪の赦し）の言葉が臨む時，人間は罪の縄目から解き放たれて自由にされる。E. フックスによれば，イエスの福音においてもたらされたことは，まさにそのような，束縛されている人間を解放する言葉の出来事であり，福音とは言語事件と呼んでよいほどのエポック・メイキング（画期的）な出来事なのである。なぜならそれは，新しいアイオーン（時代）に属する言葉だからである。後の教会は，そのような「つなぎ，かつ解く」（マタ16:19）権威ある言葉を受け継いでいったのである。

また20世紀初頭に起こった*弁証法神学運動（E. *ブルンナー，F. ゴーガルテン，K. *バルトら）は神の言葉の再発見をも意味した。もし人間の宗教的感情や経験，主観的価値判断を土台にして神を考察するとすれば，それは人間が自らの内側から作り出した偶像の神を問題にしているだけであり，神の啓示を真剣に受け止めてはいない。啓示は私たちの外 (extra nos) にあり，上からの言葉として権威を持って人間に到来するものである。神とは人間に言葉をもって語りかける存在 (Deus loquens) である。それゆえ，彼らの運動は，「神の言葉の神学」とも呼ばれる。バルトによれば，*三位一体の神の自己啓示は，神が自己を語るという言語の出来事として起こっている。

イエス・キリストご自身が啓示された神の言葉であり，それゆえ，それを証しする書かれた神の言葉（聖書）と宣教される神の言葉（説教）とが，神の啓示の自己運動の中で不可分・不可欠の要素として重んじられる。

このような動きの中でE. *ユンゲルは，ブルトマン，フックスに由来する解釈学の線と，バルトの弁証法神学の線とを統合し，P. リクールのメタファー論を参看しつつ，歴史に現れたイエス・キリストを神の言葉のメタファーとして見る立場を確立した。

この神の言葉の神学に対して，W. *パネンベルクらは歴史の神学を対

置させた。神の啓示は言葉の出来事においてではなく，歴史における神の行為全体を通して間接的に起こる。全体であるがゆえに，歴史はその終わりに至ってその全貌を明らかにする。啓示に言葉が伴うことを否定するわけではないが，その場合に言葉は神ご自身とは区別される。旧約における律法の授与にしても，新約における福音のケリュグマ（宣教）にしても，直接神ご自身と同一視されているわけではない。言葉そのものを人格的に捉えて，そこに神の直接の自己伝達を見ようとする考え方はグノーシス的な言葉の理解であるとして退けられる。パネンベルクの主張は，歴史へと到来される神という聖書的な神の特質を真剣に受け止める限り，重要な見極めであると言える。神学は，歴史へと到来する神の現実を見据えないで，内向的な言葉の神学の中に自閉し退行することは許されない。しかし，そのことを徹して確認した上で，なお啓示の持つ言葉としての性格をも放棄することはできない。神学は歴史の神学であるとともに，神の言葉の神学であり続ける。逆に言えば，すぐれて神の言葉の神学であることなしに歴史の神学はありえない。　　（芳賀 力）

神の死

[英] death of God, [独] Tod Gottes

1. 多神教の宗教の中には黄泉の世界に降りていく神や，苦しみ，血を流す神の表象もある。しかしキリスト教と深く折衝した古代ギリシアの哲学思想においては，アリストテレスの神観念に典型的に示されたように，神は不死であり，また純粋原因あるいは第一原因であるゆえに不受苦（アパテイア）でもあった。さらには生成も運動もない不動の神と考えられた。この古代ギリシアの哲学的な神観念と，旧・新約聖書に証言されたキリスト教的神とでは明らかに異なっていた。しかし古代教会は，神学的教説を形成するに際して，「起源としての神」や「神の一者性」など，古代ギリシアの哲学的神概念から積極的に受容したところがあった。それによってイスラエルの神が哲学的に探究された神と同一の神であることを示して，神の普遍的な真理性を示そうと試みたとも言え

る。その結果，神の不死や不受苦などの特徴も，キリスト教的神観念の中に採用されるようになった。そこで例えば，サベリウス主義と言われた様態論的モナルキア主義（単一神論）が，十字架につけられたイエスの姿で現れたのは唯一の父なる神であって，その父なる神が十字架で苦しみを受けたと主張したとき，父神受苦説（Patripassinism）と渾名され，神の不死や不受苦と相反する異端とされた。三位一体論が問題であったのであるが，同時に神の不死や不受苦が当時一般に前提されていたことも明らかである。

　神の不死・不受苦というギリシア的神観念の影響は中世にも，さらにその後も続いた。アンセルムス『なぜ神は人となられたか』（Cur Deus homo, 1094?-97/98）において，理性的な認識に従って神の*受肉を解明したとき，人間の罪を償うのは人間でなければならないという前提とともに，死ぬことができるのは人間であって神ではないということも前提されていた。神が償いのためにまず人となり，その人が償いの死を遂げたという贖罪の筋道にも，神の不死性が前提されていたわけである。

2. 近代になってかならずしも内容的に一致した意味においてではなかったが，「神の死」が語られた。若きヘーゲルは論文『知と信』（1802年）の結びにおいて「神の死」の感情が「近代の宗教」の地盤にあると語り，ニーチェは『悦ばしき知識』（1882年）において「神は死んだ」と語った。ニーチェの場合，「神の死」は神なしに生きる人間の意志と力の表現として，無神論的な能動的ニヒリズムを宣言したものであった。ニーチェはこれを『ツァラトゥストゥラかく語りき』や『力への意志』で引き続き主張したが，「神の死」によって一切のキリスト教的価値やキリスト教的道徳の転倒を敢行した。

3. 1960年代に短期間であるが「神の死の神学」（Death of God Theology）と呼ばれる現象が主としてアメリカにおいて見られた。ハミルトンやアルタイザーが代表者であったが，「神の死」をもって何を意味したか一致せず，歴史のイエスの十字架の死を意味した場合もあり，神喪失に陥った文明の世俗化を意味した場合もあった。その人々に共通していたのは，彼らに先立った1950年代に一時見られた宗教復興に対抗し，1960年代に進展した文明の世俗化を積極的に肯定したことであった。それに

は戦後神学の中で流行を見せたボンヘッファーの「成人した世界」の主張に対する共感も作用した。それにしても「神の死の神学」は本格的な神学の展開というより，「神なき現代世界」の肯定といった文化論的姿勢，あるいは世俗化や無神論の肯定といった問題を提起したものであった。

4.「神の死」が本格的な神学的問題として論じられたのは，エーバーハルト・ユンゲルの1968年の論文「生ける神の死について」(Vom Tod des lebendigen Gottes. Ein Plakat) によるところが大きい。これはルターがキリストにおける「位格的統一」(unio personalis) の理解に立って，「属性の交流」(communicatio idiomatum) の解釈を通し，「神の死」を語るに至った次第とその内容を究明したものであった。ユンゲルによれば，ツヴィングリにとってはスコラ神学の場合と同様「属性の交流」は一方の本性について語る聖書の表現を他の本性に対しては「隠喩的な非本来的な語り方」として説明する機能を持つとされた。つまり人性が位格的統一の中に受容されても，それはキリストの位格に対しても神性に対しても，その存在に触れる意義を持ってはいなかった。神の本性はロゴスの受肉によってもまた苦難によっても触れられないままであった。それに対しルターにおいては「本性の統一」が「位格の存在の中で出来事になっている」のであり，新約聖書の表現は位格の真理を言い当てる。つまりルターにとってはキリストにおける両性の統一の出来事により，キリストの位格と共に神の神性も深く影響されることを意味した。その結果，キリストの位格が人性に従ってなす歴史は，神自身の歴史，神の固有な存在に関わる歴史になる。この主張を端的に表現したのが，ルター『キリストの神性と人性についての議論』(1540年) の第四テーゼで，そこにはイエス・キリストを指して，「この人間が世界を造り，この神が苦しみ，死に，葬られた」と記された。つまりルターは「神の死」について語ったわけである。実際，ルターはすでに『キリストの聖餐について，信仰告白』(1528年) の中で「ただ人性だけが私のために苦しんだのでない。もしそうならキリストは貧弱な救い主である。それでは彼自身が救い主を必要とする」と語っていた。神がイエス・キリストの神人的位格において苦しみ，死んだゆえに，イエス・キリストとその御業は

救済的な意味を持つ。ルターは「神の死」の贖罪論的意味を語ったのである。

5. 上記のユンゲルの論文に続き、ユルゲン・モルトマン『十字架につけられた神』(Der gekreuzigte Gott, 1972. 邦訳、喜田川信ほか訳、新教出版社、1976年) が登場した。モルトマンはイエス・キリストの十字架を御子なる神の十字架として理解し、十字架を御子なる神と父なる神の間の出来事として理解した。そこから「三位一体論的な十字架の神学」が主張された。同じように神の死を肯定的に語り、その積極的な意味を主張したが、ルターの場合の「神の死」とはいくつかの文脈の相違が明らかである。第一は、ルターにおいてはキリスト論特に両性論の文脈において、位格的統一の観点から「神の死」を語ったのに対し、モルトマンでは三位一体論を文脈として「神の苦難」を重大とした。そこから第二の相違として、ルターの場合にはキリストにおける救済の御業、つまり贖罪論が内容であったが、モルトマンでは贖罪論問題は希薄で、むしろ重大なのは「苦難の神義論」であった。人生や歴史には不合理な苦難の問題がある。その苦難の中で神はどこにおられるのかと問われる。モルトマンはこの*神義論の文脈で「神の死」を問題にした。

御子なる神が十字架に苦しみ、死なれた。そのとき父なる神も共に苦しまれたと*モルトマンは語った。異端として退けられた古代の「父神受苦説」とは異なるが、「三位一体論的父神共苦説」と言い得る。ここから「神概念の革命」が主張され、従来のギリシア的な不死、不受苦の神観念ではなく、真にキリスト教的な神概念として「苦しむ神」、その愛のゆえに苦しむことも死ぬこともできる神が鮮明にされた。もっとも神が苦しむ能力を発揮することでなぜ神義論的な問いに対する回答になるのかという問いは残るであろう。しかし苦しむ者と真実に共にいる神を語ることは、苦難に対するすべての解決ではないにしても、大きな解決の要素になるとは言い得るであろう。ただし、それで神に対する罪や神の怒りが真剣に問われているかという疑問は残る。

6. 日本の神学思想の中でも「神の死」は取り上げられてきた。植村正久は、「キリスト教において最も重大なる位置を占め、その根本的要点と称すべき一つはキリストの死とその贖罪である」と語り、「キリス

トの死は或る意味において,神の死であると解せざれば,パウロの論理徹底することが出来ぬ」(『植村正久著作集』第4巻,新教出版社,1966年,482頁以下)と語った。北森嘉蔵『神の痛みの神学』(教文館,2009年)はこの線を受けた面がある。日本の神学は贖罪論の真髄を辿って「神の死」に至り,それを三位一体論的に論ずる近辺にまで到達した。

(近藤勝彦)

神の人格性

[英] personhood of God, [独] Gottes Persönlichkeit

　神の人格性については取り扱いに慎重さが求められる。それは「人格性」をどう理解するかという問題があるからである。例えば,神が人格的であるというのは,人間という人格的存在との応答関係に入れることを意味している,と捉えてみよう。なるほど,*イエス・キリストにおいて子なる神が肉をとり,人間となったということを踏まえれば,神が人間のような人格的存在になることは可能であると言える。あるいはまた,人間が神のかたちに創造されているのである以上,神が人間と同じような人格性を備えていると考えることも可能であろう。したがって,神の人格性について,こうした議論は一面の真理に触れているようにも思われるが,人間の人格性を神の人格性を論じる前提としているという点では誤っていると言わなければならない。人間の人格性から神の人格性を考えるのではなく(それは*自然神学の道である),むしろ,神の人格性に基づいて,人間の人格性を考えるという道筋を通る必要がある。

　このような問題の背景には,さらに言葉(用語)の問題が控えている。日本語では明らかではないが,「人格」を意味する英語personは*三位一体の「位格」を表す言葉でもある。日本語では言葉の上で「人格」と「位格」とが区別されているので,両方が同じ言葉で表現される場合に比べて,両者の混同が生じる困難が減じられていると言えなくもないが,逆に両者の間の関係を考えるには,言葉の上での区別は不自由だとも言える。

　一方で,「人格」と「位格」が同じ言葉であるところから三位一体の

信仰を不条理とする考え方がある。I. カントがその代表と言える。その『宗教論〔単なる理性の限界内における宗教〕』(Die Religion innerhalb der Grenzen der bloßen Vernunft, 1793. 邦訳，北岡武司訳，『カント全集10』岩波書店，2000年所収)においてカントは，近代的な人格理解をもって位格を理解しようとしたため，大きな困難に陥った。というのも，そもそも，近代において「人格」は「個人」とほぼ同義であり，その線上で，神の三つの位格について考えるなら，三神論は避け難いからである。唯一神への信仰が，これによって損なわれるようにカントには思われた。このように，一般的・哲学的な人格理解から神の人格性に向かうことには無理があると言わなければならない。

そこで，むしろ，このように考えてみよう。三位一体の三つの「位格」は関係性を表している。つまり，ひとりの神でありながら，神の内に区別と交わりという関係が存在するのであり，その関係を言い表すために「位格」という言い方がされるのである。これを踏まえて言えば，「位格」が関係性であるように，「人格」も関係性として捉えることから出発するのがよい。近代的な論理で考えれば，まず個が存在し，それから，そのように存在する複数の個の間に関係が形成されるという筋道になる。これに対して，神の三位一体性から考えるならば，個は関係から切り離しては成立しないと言わなければならないであろう。なお，ついでながら，特に人間の人格性を考えるにあたって，関係性を中心に置くことは肉体を捨象することになるのではないかとの批判が聴かれることがあるが，これは正しくない。というのも，関係性は空間において成り立つのであり，人間は身体をもって空間の中に存在するのである以上，関係性は身体を必要とするのだからである。

それはともかくとして，神の人格性へと帰るならば，上述の通り，神の人格性は神の三位一体性と深く関わっている。神が自らにおいて愛の相互的関係の中に存在しているということ，これが神の人格性の土台をなす。この神が自らの外に愛する対象を持とうと決意するところから創造が起こる。神の愛が*被造物全体に注がれるものであるのは言うまでもないが，三位一体の三つの位格間に愛の関係がある，つまり，愛し，愛される関係があるということを踏まえるならば，被造物の中でも特に

愛をもって神に向かうことが出来る存在，つまり，人間こそが，神と被造物との間の関係の中心的な位置を占めるのは明らかである。こうして人格的な存在としての人間の位置が決まってくる。初めに述べたように，人間の人格性は神の人格性（三位格としてのあり方）に由来するのであって，神の人格性が人間の人格性に依存するのではない。

　最後にまとめておく。神の人格性は神の三位一体性，つまり，ひとりの神の内に区別と愛による交わりを持っていることである。したがって，人格性は関係性を意味する。この神の人格性こそが被造物世界における，特に人間における人格性の基礎である。神が人格的であるからこそ，人間は人格的であり得る。そして，その人格性は関係性なしにはあり得ないものである。
〔神代真砂実〕

神の統治

[ラ] gubernatio Dei, [独] Gottes Regierung, [英] government of God

1. 神の「統治」あるいは神の「世界統治」（gubernatio mundi）という主題は，伝統的に「神の*摂理」を構成する主題であった。摂理は「保持」「協働」「統治」に区別された。「保持」は創造に近い主題として，「継続的創造」とも同一視されたが，「統治」は「協働」とともに創造や保持に基づきながら，歴史や救済史に働く神の働きとして理解された。神の統治は摂理の中でも歴史的，救済史的な概念である。神の国のまったき到来における神の支配の成就に向けて方向づけられている。

2. 聖書の証言によれば，神はイスラエルの王であり，「王なる万軍の主」（イザ6:5）である。また神が派遣するメシアは「国々の裁き」（イザ42:1）を行う。また，新約聖書によれば，イエス・キリストは「天と地の一切の権能を授かっている」（マタ28:18）と言われ，「天上のもの，地上のもの，地下のものがすべて，イエスの御名にひざまずき」（フィリ2:10）と言われる。聖書は父なる神の王的支配と共に王なるキリストの統治を語っている。聖霊の自由と命の力も併せて，聖書は三位一体の神の救済史的統治を証言していると言うことができる。

3. キリスト教会と神学の歴史において，神の統治の理解とその表現はそれぞれの時代を背景として種々の形態を取った。古代教会の当初，迫害や試練の中で教会は差し迫った*キリストの再臨と神の国の到来を待望し，神の統治の将来的完成を忍耐のうちに希望した。やがてコンスタンティヌス以後，東方正教会に影響を強く残した「皇帝教皇主義」がビザンティン帝国の神学として出現した。それによって神の統治は帝国の支配と同一視された。アウグスティヌス『神の国』（De Civitate Dei, 413-427. 邦訳，金子晴勇ほか訳，全2巻，教文館，2014年）は，それとは異なり，「神の国」と「地の国」の「二つの国」を区別し，神の統治をローマ帝国の支配から切り離し，教会に身近なものとして理解した。中世カトリック教会のコルプス・クリスティアヌムにおいては「教権」と「帝権」とが神の一つの統治の両腕とされ，言葉による霊的支配と剣による政治的支配によって神の統治が示された。ルターの「二世界統治説」は，中世カトリック教会の教説とも異なり，神の統治が二つに区別され，教会における霊的な統治から領邦国家におけるこの世的な統治が自立的に分けられた。ルターが「二世界統治説」によって教会の支配から自立したこの世の統治の独自性を肯定したのは，宗教改革期の時代状況からくる課題と関係していた。カトリック教会から独立した領邦国家の自立性を肯定することで，領邦国家の支援によって宗教改革を守ろうとしたわけである。

その後の時代にも神の統治を表現する教説は試みられた。アブラハム・カイパーの「領域主権論」もその一つである。それは一般恩恵論によって，国家だけでなく，教会，社会，家族，芸術，科学などの文化領域をも神の統治の下に理解した。その際，領域主権論はそれぞれの領域を越えて神の主権を絶対としつつ，その下に領域ごとに独立した権威を承認する理論であった。したがって，その主張によって国家の絶対主義的支配が否定されただけでなく，国家がすべての領域を支配する全体主義的支配も否定された。同時に教会がすべてを支配することも否定された。神の主権的統治の下で，「自由な国家の自由な教会」が主張されたわけである。

4. 20世紀に神の統治をめぐり，また教会と国家の理解をめぐって

注目を集めたのは、カール・バルトの「義認と法」(Rechtfertigung und Recht, 1938. 邦訳、天野有編訳『バルト・セレクション5　教会と国家Ⅱ』新教出版社、2013年所収)を代表的論文とする「キリストの王的支配」の主張である。それがドイツに影響力を持っていたルター派の「二世界統治説」と対抗した。バルトは、キリストの王的支配が教会を統治するだけでなく、教会を内円としてその外にある外円としての国家もまたキリストの王的支配の下にあると明白に語った。ルター派に一般的であった「二世界統治説」では、国家をキリストの王的支配の下に置かず、その外に置くことによって、ナチスの国家支配を甘受する精神的準備が行われたのではないかとのドイツ教会批判がそこには込められていた。

5. 神の統治をキリストの王的支配として、国家もそのもとに従属させて理解することによってはなお尽きない問題が2点ある。一つは神の統治は、キリストの支配を含む三位一体の神の統治であるという点と、もう1点は、それを歴史的、救済史的に理解し、贖罪論的な基盤と神の国の将来的完成への終末論的方向づけにおいて理解すべきという点である。この両面に注目して神の統治の現在を理解するとき、神の統治が贖罪論的根拠に基づき、神の民をキリストのからだとして集め、その教会において洗礼、説教、聖餐を通して働くことと共に、神の統治がもっている教会の外への意味と効力も理解される。教会は真に教会であり続けることによって、キリストにおける神の恵みの統治のもとに立ち、この世界を終末論的に方向づける神の統治に仕える。　　　　　　(近藤勝彦)

神の本質と属性

[英] essence and attributes of God, [独] Gottes Wesen und Eigenschaften

　初めに、「本質」と「属性」について暫定的な定義を試みると、「本質」というのは「何かあるものを、そのようなものとして規定している特質」だと言える。例えば、人間が性別・年齢・人種その他の違いにもかかわらず人間として捉えられるのは、人間を人間として存在させる本質による。他方、「属性」というのは「そのものに備わっていると考えられる

性質」のことであると言えよう。人間なら人間に備わっているあれこれの性質が属性である。本質と属性の区別は、とりあえず、このようにすることができる。

　しかしながら、属性をさらに厳格に理解し、そのものの本質を形づくっている性質、言い換えれば、それが欠けていれば、もはやそのものの本質が失われてしまうものと理解するならば、属性と本質との間に厳密な区別をすることは難しくなる。それでも、属性をいくら集めても本質になるわけではない。人間に備わる性質を列挙したところで、それで人間の本質を語ることにはならないのである。この意味では、あくまでも本質と属性との間に区別は残ることになる。

　そこで、神の本質と属性ということになると、上記を踏まえて言えば、神が神であることが神の本質であり、その神が備えている諸性質が神の属性であるということになろう。しかし、ここにさらに問題が付け加わってくる。それは第一に神学の言語の問題である。単純に、人間が神について語ることの問題と言ってもよい。人間が言葉をもって神について語り尽くすことは不可能である（もしも、可能であるとすれば、それは人間が、その言語・思考の支配下に神を置けることを意味するのであって、それは不可能なことである）。「知解を求める信仰」としての神学は、そこで、*イエス・キリストにおける神の啓示に基づきながら、属性を列挙し、あるいは本質についてよりよい理解を求めていく以外に道を持たない。「神」という言葉が一般に用いられるところから、特殊啓示によらなくても、人間が神の何らかの本質や属性について了解しているという考えもあり得るであろうが、そのような「神」の定義は文化によって多様であるので、確実な出発点にはならない。あくまでも特殊啓示に立つことが、最も確実に神の本質と属性について語る道である。

　第二の問題は、第一の問題とも関わるが、神の場合、本質や属性として挙げたものが神を規定するのではないということである。後述のように、神の本質を愛とすることがふさわしいと考えられる。しかし、それは「愛が神である」ということを意味しない。啓示に即して神の本質や属性を考えようとするのであれば、人間の考える諸特性を神に帰し、規定することで、神を思惟の支配下に置くなどということはあり得ないの

である。むしろ、この場合で言えば、愛とは何であるかが神によって規定されるようになるのでなければならない。

この前提の上に立つならば、神の属性について語る言葉が伝統的に言われてきたように、「卓越」・「否定」・「因果」の三つの道によって準備されることは否定されてはならないであろう。「卓越の道」においては、人間の属性から類比的に神の*被造物に勝る完全性（という意味での属性）が語られる。「否定の道」においては、人間の属性の不完全性を捨象していくかたちで神の完全性が語られる。そして、「因果の道」においては、人間の属性の究極的原因として、神の完全性が語られる。いずれの道も、それ自体では*自然神学になってしまうが、これによって手に入れられた言語に、特殊啓示に即して意味を与え直していくならば（実際、それは不可避である）、もはや自然神学とは言えないであろう。

さて、神の本質や属性を詳述しようとすると、神学者たちによって、さまざまな違いがあり、決して容易に総合や調停できるものではないのに気づかされる。したがって、ここでは、あくまでも一つの考え方を提示するにとどめなければならないが、先に述べた通り、神の啓示に固着しながら、神の本質について述べようとするときには、しばしば「神の名」が重視されてきた（*ブルンナーなど）。旧新約聖書の中には、さまざまな「神の名」を見出すことが出来るが、究極的には「父と子と聖霊の名」（マタ28:19）、つまり、*三位一体の名こそが重要である。

このように、イエス・キリストにおいて啓示された神の名が三位一体の神の名であることを踏まえ、さらに聖書に照らしつつ考えるならば、神の本質として第一に愛を挙げるのが最もふさわしいことであるように思われる（Ⅰヨハ4:16）。自らの内に三つの位格の相互関係を持っている神であるから、その関係を愛として把握するのは適切である。そして、愛を本質とするのであれば、その愛に強制があり得ない以上、自由をも神の本質として挙げなくてはならない。

属性についてはどうか。伝統的に属性は大きく二つに分類されてきたが、その視点にはいくつかある。例えば、「絶対的属性（神にとどまり続けるもの）」と「相対的属性（被造物との関連において捉えられるもの）」、「不流通属性（被造物に類似したものがないもの）」と「流通属性（被造物

に類似したものが認められるもの)」,「自動的属性(神にとどまり続けるもの)」と「移行的属性(被造物に及ぶもの)」などということが言われてきた。そして,「絶対的属性」と「相対的属性」への分類ということで言えば,前者には唯一性・永遠性・不変性・独立性・善性などが挙げられたり,後者については恵み・忍耐・義などが挙げられたりするという具合である。

　こうした分類も,それなりに意味のあるものではあろうが,道を誤れば,思弁的で抽象的な神についての煩雑な議論に陥ることになろう。それは神学的と言うよりも哲学的と言われなければならないようなものである。ここでも,むしろ重要なのは,すでに触れた通り,特殊啓示を踏まえて属性が規定あるいは定義されることの方であろう。いくつかの例を挙げてみると,全能は単に「何でもできること」と考えられてはならない。このように規定すると「神は自分で持ち上げることのできない岩を創造することができるか」といった論理的な(神学的には愚かでしかない)パラドックスに陥ってしまう。むしろ,イエス・キリストにおける啓示に照らして言えば,全能は「あらゆる抵抗を乗り越えて,愛の支配を貫く神の力」というような定義になるであろう。

　あるいは,不変性という属性も語り得るが,これも単に神が変わらないという意味ではない。もし,そうであるとすれば,人間になったり,死んだりすることはあり得なくなってしまう。むしろ,不変性は聖書の告げる,また,イエス・キリストにおいて明らかとなった神の真実と結びつけられるのがふさわしい。同様に全知も,単にあらゆることを知っているという意味で考えるよりは,「十字架につけられたキリスト」に示された「神の知恵」こそが完全な知恵として,「全知」と呼ばれるのにふさわしいと考えられる(Ⅰコリ1:23以下)。

　このように,神の属性に何を挙げるにしても,それぞれの属性は特殊啓示に照らして規定し直されるのでなければならない。一般的に流布している神理解に掉さすのではなく,その定義をし直しながら語ることは,より精確に神について語っていく上で重要なことである。

(神代真砂実)

❖さらに学びたい人のために
K. バルト『教会教義学　神論 I / 2・3』(吉永正義訳，新教出版社，共に1979年)。

神の恵みの自由
[ラ] gratia dei, [英] divine grace

　神の恵みとは，それを受ける者の資質や功績にかかわらずに与えられる，神の賜物である。

　神の恵みは，普遍的恩恵と特殊恩恵に区別される場合がある。その場合，前者は，生まれながらにすべての人に与えられている恵みであり，*創造の秩序とその保持に関わる。神はすべてのものを無から創造された（creatio ex nihilo）が，それはすべての*被造物が，その存在を神に依存していることを意味する。神は被造物を造り秩序を与えるだけでなく，その造られたすべてのものを配慮され，*摂理によって保持することで，人間と世界とを維持するとされ，そこに神の普遍的な恵みを見るのである。また，例えば理性や自由意志のようなものが生まれながらにすべての人間に与えられていることが，特に普遍的恩恵として想定されることもある。それに対し後者は，超自然的な恵みであり，人間に信仰を与え，罪を赦し，救済する神の恵みである。多くの場合，恵みという語は，特に後者，すなわち罪人たる人間を救う救済の恵みを指し，そこには，例えばキリストによる*贖罪，*義認，再生，*聖化，*和解などが含まれる。

　アウグスティヌスは，ペラギウスとの論争の中で，人間の救済を神の恩恵のみによるとした。すなわち，人間には生まれながらに，善と悪とを選ぶ自由意志が与えられているにしても，その自由意志は堕罪によって，悪を選ぶことしかできなくなっており，したがって自由意志によっては救われない。救われるのはただ神の恵みのみによるのであり，善きことを意志し行うようにと，神の恵みが堕罪した魂に働き，その魂を*癒し，赦し，回復させるとした。

　アウグスティヌスは恩恵を三つに分類した。第一は先行的恩恵であ

り，回心に先立って人間に働く神の恵みである。神の恵みは回心の後に初めて働き始めるのではなく，回心の前にすでに働いて，人間の意志を整えるという。第二は機能する恩恵と呼ばれるもので，罪人に働いて回心させる神の恵みである。それにより，人間の協力なしに，ただ神の恵みによって人は回心するという。そして第三は協働の恩恵で，神の恵みは，回心した人間の意志と協働するという。

やがて，中世ローマ・カトリック教会では，例えばトマス・アクィナスは恩恵を能動的恩恵と習慣的恩恵とに分ける。前者はその時々に与えられる神の助けであり，魂の中に留まるものではない一時的なものであるが，人間が神の事柄を理解するのを助け，神に従うとの意志を強め導くものであるとされる。後者は，人間の中に注入される神の恵みであり，魂の中に留まって，それにより，神に従って歩むことへと魂を向ける「習慣」(habitus) が形成されていくとされる。洗礼や聖餐などのサクラメントによって恵みが注入され，そして信仰者の自由意志による善き行いとの協働によって，信仰者が義なる者へと造りかえられてゆくと教えた。

それに対し，宗教改革者は，まったくの罪人を，信仰によってキリストの義を転嫁するという仕方で義と認める神の恵みを主張し，その意味で，義認はただ神の恵みのみ (sola gratia) によるとした。ローマ・カトリックにおいては人に注入され，人を造りかえる神の恵みが強調されるのに対し，宗教改革者は，キリストの義を注入する (infusio) のではなく転嫁する (imputatio) 神の恵みを強調し，罪人を義と宣告する神の恵みを強調した。もちろん，義認と区別されることとして，罪人を造りかえ聖化する神の恵みについて語らないわけではないが，そこでも，人間の自由意志による神との協働は否定された。なお，恵みの手段として，ルター派は福音と洗礼，聖餐が用いられるとするが，改革派は*神の言葉，洗礼，聖餐，そしてそこに祈りが加えられることがある。ローマ・カトリックにおいては，サクラメントそのものが人に恩恵を注入し，養うものとされるが，宗教改革者たちはしばしば聖礼典を「見える神の言葉」と表現し，福音が告知されることに重きを置く傾向にあると理解されることもある。

ところで、この神の恵みが不可抗の恵みであるかどうかで、アルミニウス主義とカルヴィニズムの間で論争がなされた。つまり、アルミニウス主義者が、人は神の恵みを拒むことができるとし、救済における人間の自由意志の役割を強調したのに対し、カルヴィニストたちは、神の救済の恵みは神の選びによるのであって、したがって拒むことができず、必ず有効に働くと主張し、「ドルトレヒト信仰規準」（1619年）でその不可抗性を告白した。神はまったく自由なご意志によってある者を選び、不可抗的に働いて*悔い改めさせ、信仰を与え、キリストに結び、義認と聖化とにあずからせるというのである。

このように、神の恵みを巡っては、これまでにさまざまな理解がなされてきた。しかし、いずれにしても、神の恵みは、堕罪した人間を救うために神が与える賜物である。

ところで、トマス・アクィナスら主知主義者たちが、人間の救済について、神の恩恵の働きによる回心の後、さらに人間の自由意志と協働することで善き業がなされるようになり、その功績が神の報いと釣り合うことで、神が報いてくださるとしたのに対し、ドゥンス・スコトゥスやオッカムのウィリアムら主意主義者たちは、功績が神の報いと釣り合うからではなく、神が道徳的行為に報いようと意志されたことが重要で、トマスらの主張は神の自由を損なうことになるとした。それに対し、宗教改革者は、さらに、そもそも人間の行為は決して功績となるようなものではあり得ず、神からの一方的な、まったくの不釣り合いな恵みにより救われるとした。

この罪人を救済する神の恵みは、神が必然のこととして与えるものではなく、ただ神の自由によって与えられるものであることに注意する必要がある。そもそも人間の救済は、神にとって必然のことでも、あるいは何かによって強いられたものでもなく、また、人間が律法を守ることへの報酬として与えられるものでもない。そうではなく、あくまで神の自由な賜物である。それは同時に、神の恣意でもきまぐれによるのでもなく、神の愛に根ざしたものであると説明される。この神の恵みは、まったくの罪人という、救われ難き者を救う恵みであり、そして何よりも、ご自身の御子をこの世に送り、十字架でその命を犠牲にされるほど

の「高価な恵み」であることに注意する必要がある。　　　　（須田 拓）

体の甦り
[ラ] carnis resurrectio, [英] resurrection of the body

「体の甦り」は，「使徒信条」の「罪の赦し」に続き，最後の「*永遠の命」に直結する，復活に関する主要な教理である。古代教会が，この項目を「永遠の命」と並存させた理由は明白である。すなわち「罪が赦される」とは，われわれ人間存在そのものが肯定され，義と認められることであり，人間の心のみならず，体も甦ることで赦しが全うされるからである。しかし，「体の甦り」に関しては，当時さまざまな議論があった。グノーシス主義の非物質的世界観や，肉体の消失と魂だけの甦り（オリゲネス）などの説が錯綜する中で，教会はキリスト者の霊的かつ身体的な復活を一貫して主張した。この主張は，*イエス・キリストの復活を根拠とした（使2:31-32, 13:30以下他）。

新約聖書によれば，イエスは地上で生きた姿で復活した。ただしまったく同じものではなかったらしい（ルカ24:31, 40, ヨハ20:27など）。むしろ霊的（ヨハ20:19, 使1:9）であるが，生前すでに霊的でもあった（マタ14:25, 17:2）。イエスの弟子たちは，イエスの復活を見て，イエスを信じる者たちの復活を信じた（Ⅰペト1:3-4, Ⅰヨハ3:2）。さらにファリサイ派出身のパウロは死人の復活を信じていたが，イエスの復活によりそれの確証を得た（使23:6）。

復活における「体の甦り」とは，そもそも旧約聖書の使信である。創世記1章に記される「神の像」（imago Dei）は，人間の内的な部分だけに限定すべきではなく，身体的な部分に及ぶことは否めない。事実，旧約聖書には「体の甦り」を語る箇所が多い。捕囚期以前の比較的初期の段階では，神の支配が*死の世界には及ばないと考えた聖書箇所もあるが（詩6:6, イザ38:18），むしろ陰府の世界にも神の力は及ぶと見る（詩139:7-8, ヨブ26:6, アモ9:2, ヨナ2:3）。特に，ヨブ記19章26節の「この身をもって」は象徴的である。ホセア書6章1-2節における肉体の回復，イ

ザヤ書25章7-8節の覆い布の取り去り,同26章19節のしかばねの再起,エゼキエル書37章の枯骨の蘇生は「体の甦り」を指す典型である。

新約聖書における「体の甦り」に関しては,まずイエスの理解が問われる。イエスの語った天国のたとえ話では,「からだ」をもった人々が天国の宴会の席へ大挙する(マタ8:11)。金持ちとラザロ(ルカ16:19-31)のたとえも然り。イエスの教えの中で重要なのは,マタイによる福音書22章30節の言葉である。すなわち,復活とは,人々が再びめとったり,嫁いだりするという地上の営みを始めるのではなく,「天使のようになる」と言われる。ここで重要なことは,イエスは死者の復活を前提とし,天的存在を示唆する。またラザロの蘇生に関しても,遺体のラザロは,「手と足を布で巻かれたまま」(ヨハ11:44)墓から出てくるが,彼の体が再生している。

パウロも明確に「体の甦り」を論じる(Ⅰコリ15章以下)。復活した「体」がどのようであるかは(35節),「植物の種」を例として挙げる。すなわち,人間の身体を「種」のような存在として見て,復活の体は「実り」であり,「天に属する体」と言い換える。それはこの世界のものではないが,この世界と連続している。イエスの語った「一粒の麦は,地に落ちて死ななければ,一粒のままである。だが,死ねば,多くの実を結ぶ」(ヨハ12:24)の理解に近い。またヨハネの理解も同様である。「愛する者たち,わたしたちは,今既に神の子ですが,自分がどのようになるかは,まだ示されていません。しかし,御子が現れるとき,御子に似た者となるということを知っています。なぜなら,そのとき御子をありのままに見るからです」(Ⅰヨハ3:2)。

なお,宗教改革者カルヴァンは,「ジュネーヴ教会信仰問答」(1542年)において,「使徒信条」の「三日目に甦り」(問74)の答えで,キリストの甦りが「われわれがいつの日にか,栄光ある朽ちぬ体によみがえることの,確かな保証」を与えたと語る。すなわち上述したように,キリストの復活が,人間の「体の甦り」の根拠であることを示す。また「体の甦り」(問108)においても「もはや死ぬことや,堕落することのないもの〔体〕」を再び着ると答える。「ハイデルベルク信仰問答」(1563年)も同様に,「われわれの肉を,天にもつことになる」(問答49),「このわ

たしの肉が，キリストの力によって，甦らされる」(問答57) と答える。
　これらの問答集は，さらに「聖餐」の恵みが「体の甦り」と関わることにも触れる。「ジュネーヴ教会信仰問答」(問答356) では，聖礼典によって「体の甦りすらも確証されている」とあり，「ハイデルベルク信仰問答」(問答76) においては，「ますます主の祝福されたみからだと一つになり」，「主の肉の肉，主の骨の骨となって」と語調は一段と強まる。いずれにしても，「体の甦り」はキリスト教の復活に関する大いなる喜びである。　　　　　　　　　　　　　　　　　　　　　(野村 信)

✥参考文献

Evangelical Dictionary of Theology, ed by Walter A. Elwell (Grand Rapids: Baker Book House, 1984).

Lexikon für Theologie und Kirche, heraus. von Walter Kasper, Erster Band (Freiburg: Herder, 1993).

北森嘉蔵
きたもり・かぞう (1916-98)

　キリスト教が日本社会で市民権をもち，さらに日本の神学が世界のキリスト教界で市民権をもつために重要な貢献を果たした人物が北森嘉蔵と言えよう。1916年熊本市出生の北森は，のちに五高在学中にルーテル教会で受洗し，佐藤繁彦を慕って大学に行かず日本ルーテル神学専門学校に入学直後にその死に遭い，卒業後に京都帝国大学に進んだ。1938年の神学校の卒業論文は「キリストに於ける神の認識」であるが(『神の痛みの神学』教文館，2009年収録)，その最後の部分で，神学は安住することなき〈旅人の神学〉であると述べつつ，北森神学の畢生の課題となった「神の痛みの神学」についてすでに論じられている。まず本論文の扉には，マルコによる福音書9章12節と共に，「十字架につけられ給いしキリストの中にこそ真の神学と神認識がある」というルターの言葉が掲げられている。それが示唆するように，北森神学は「*十字架の神学」である。本論文の第一部で，神の痛みの旧約聖書的典拠がエレミヤ書31章20節（文語訳「我が腸痛む」）であることが示される。22歳

の時である。その早熟と一貫性は注目に値する。

　京大在学中に、北森は西田哲学と田辺哲学を学びつつ、神学的構想を盤石なものにした。彼はこの時期に『十字架の主——教義学のための覚書』（新生堂、1940年）を公刊して神学の基本構想を発表したが、その結実が『神の痛みの神学』（新教出版社、1946年）の出版に至り、思想界で脚光をあびた。30歳の時である。包むべからざる罪人を包む、神の痛みに基礎づけられた愛こそ、律法を超えた十字架の愛（福音）であって、バルトは〈包む〉契機を欠落し、近代神学は〈痛む〉契機を見失っていると、彼は批判した。こうして、久しくバルト神学の一大影響下にあったわが国で、初めてバルト批判の声が響き、欧米神学の紹介の域を超えた主体的な日本の神学の時代が始まった。

　『神の痛みの神学』は版を重ね、すでに古典的名著として取り扱われ、英語、ドイツ語、スペイン語、韓国語に翻訳出版されて世界に広く知られ、マイケルソン、モルトマン等欧米神学者の注目するところとなった。最近では、香港の漢語基督教文化研究所（Institute of Sino-Christian Studies）から中国語の出版が検討されている。

　忘れてならないことは、「神の痛みの神学」は学問・思想界に留まらず、著者が1950年より45年間にわたって伝道者・牧師として仕えた日本基督教団千歳船橋教会の日曜日礼拝の聖書解釈による説教と牧会にも貫かれて、信徒の信仰的養いと教会形成に資した点であろう。しかも彼の説く福音は広がりをもち、教理的であるよりは、作家の加賀乙彦が述べたように（毎日新聞、1990年12月3日）、日本人の心に届くものがある。北森は日本の精神文化・宗教に造詣が深く、それらを語り得る思想家たちとの絶えざる対話があった。彼は自らの生い立ちを振り返りながら、「日本におけるキリスト教が一般の市民生活からまったく浮き上がっている」（「聖書との出会い」の冒頭部分）ことを若い時分から実感しており、自らこの問題の克服に努めた。神の本質における御子の十字架には愛と怒りが対極にあり、それらが同時に一つである。しかし一つとは単なる統合ではない。北森神学は、ルターが強調したこのキリスト論的対立と一致を受け継ぎ、それを日本的感性である人間の「つらさ」を「痛み」として自分の本質の中に引き受けた行為が福音であると捉えた。

したがって彼は、際限なきキリスト教文化論へと進むことはなく、常に福音への招きが中心にある。この集中と広がりの特色をもつ成果が、8年にわたって朝日カルチャーセンター（新宿）で一般向きに行った彼の旧新約聖書講話録であろう（それらは、北森講話刊行会の企画で近年刊行された『詩編講話』『創世記講話』など十数冊のシリーズ講話（教文館）に収録）。この聖書講話は、日曜日の礼拝説教テキストと対応している。

要約するならば、北森嘉蔵は現代日本プロテスタント・キリスト教が生んだ優れた弁証家であり、非キリスト教的精神文化の日本で、神の痛みとしての十字架の神学を中心に据えたキリスト教教義学的思考を常に基軸としつつ、平易で明晰な論理と概念を駆使し、キリスト教徒と非キリスト教徒を問わず、納得できる仕方で聖書から福音の真理を紐解き、告げる人であった。

神の痛みの神学は、個教会に留まらず、教会一致を目指すエキュメニカル運動の基礎神学として展開され、その具体化として『合同教会論』（キリスト新聞社、1993年）が示された。とりわけ、日本基督教団合同のために少なからぬ貢献をした。日本の敗戦後、北森はルーテル教会の日本基督教団離脱後も教団に留まり、包むべからざるものを愛し包む〈神の痛みの神学〉は諸教派からなる合同教会の神学として貢献し、合同教会の信仰告白を生み出す原理とも見られた。しかしこの神学は教団内紛争において、包むべからざるものは排除したと告発され批判される嵐の中で、最も深く傷つきつつ、なお合同の内実の達成を希求するものとなった。

(朴 憲郁)

義認

[ラ] justificatio, [独] Rechtfertigung, [英] justification

義認は、罪ある人間が神によって義とされる出来事である。

信仰義認の教理がマルティン・ルターによる宗教改革の重要な原理であったように、ローマ・カトリック教会とプロテスタント教会との間で、義認に関する理解には大きな相違があるとされてきた。カトリック

神学では、義認（義化）を、人が義へと変えられてゆく過程（成義）を説明するものと理解するのに対し、プロテスタント神学では、罪人である人間が、神の恵みによって神から義と見なされる出来事であると理解する。特に、フィリップ・メランヒトンはこれを法廷的概念を導入して説明し、その言語はプロテスタント神学に浸透していった。それによれば、義認とは、罪人が義となるのではなく、神によって義と宣告されること（宣義）であるという。

義認の根拠となる義は、カトリック教会においては、「我が内」（in nobis）に注ぎ込まれ、作り出される義であるのに対し、プロテスタント教会においては、「我が内」ではなく「我が外」（extra nos）の義、すなわちキリストの義である。つまり、神の恩恵によって義とされるとする点に両者の相違はないものの、我が内に義が作り出されて善き業がなされるようになって義と認められるのではなく、キリストの義が転嫁されて義と見なされるとする点に、プロテスタント神学の特徴がある。

このプロテスタント教会の主張は、義認は人間の業によらず、ただ神の恵みによって、信仰を通して起こるということであり、信仰義認と呼ばれる。ただし、その際の「信仰」とは何かがなお問題となる。この信仰は、人間の業、すなわち義認の条件と理解されるべきではなく、神の恵みによって、神によって作り出されるものであるとされ、ルターは、信仰は神の約束への信頼であり、信じる者をキリストに結ぶものであると理解した。

ルターは、キリスト者の罪とキリストの義とが信仰を通して交換されると語った。また、さらに、*改革派神学では、信仰によってキリストに結ばれることにより、キリストの義が転嫁され、それに基づいて義認が起こると理解する。

プロテスタント教会にとって、この信仰義認の教理は、教会が「立ちもし倒れもする条項」と呼ばれ、信仰における重要な位置を占めるものとして大切にされてきた。しかし、信仰義認を主張することで、信仰者が神の恩恵によって義とされてゆくこと自体を否定したのではない。むしろ、信仰者が義へと造りかえられていくことは、再生あるいは*聖化として、義認と区別されたものとして語られるようになった。

例えば、ジャン・カルヴァンは、義認と再生（あるいは聖化）を、キリストとの結合による「二重の恵み」(duplex gratia) と呼ぶ。それは、キリストの十字架による贖罪を根拠として、そのキリストとの結合によって義認と再生の両方が起こることを意味すると同時に、義認と再生とが、区別されつつ、しかし分離できないものとして理解されていることを示している。

　また、近年のルター研究においては、ルターにおいても義認と聖化の厳格な分離は見られず、むしろ信仰によってキリストに結ばれてキリストが信仰者の内におられることが重視され、それによって罪の赦しと、信仰者が造りかえられることの両方が起こるとされていると主張されることもある。

　ローマ・カトリック教会は、トリエント公会議において、宗教改革者の義認理解を排除したが、近年、ルター派教会とカトリック教会の間で対話が進み、1999年にはルーテル世界連盟とローマ・カトリック教会による「義認の教理に関する共同宣言」（邦訳、ルーテル／ローマ・カトリック共同委員会訳、教文館、2004年）が発表されるに至っている。そこでは、両者の理解の間になお相違があることを率直に認めつつ、ルター派とカトリック教会のいずれもが、義認は*三位一体の神の御業であること、そして神の恩恵によるものとしていることなどから、互いを断罪し排除するものではないことがうたわれている。しかし、そこにおいても、義認の恵みと、信仰者が聖霊によって新しく造りかえられ善い行いへと至ることの両方を信ずべきことが強調されている。

　ただし、信仰義認は、信仰者が新しくされることによって義とされるのではなく、まったくの罪人がキリストの義によって義と宣告されることにその中心があり、義認の根拠であるキリストの義についても、その義が信仰者の内に注入 (infusio) されるのではなく、あくまで転嫁 (imputatio) される、すなわち、信仰者の内に義がないにもかかわらず義と見なされることにその重要な点があることは、見失われるべきではない。そして、改革派がなしてきたように、その義の転嫁の根拠をキリストとの結合に見ることは、義認という一度限りの出来事によって、その信仰者が永続的に義とされ続けることをも意味することになり、いわ

ゆる二重義認の主張，すなわち，信仰を与えられた時の義認では救いに不十分であり，その後信仰者の内に形づくられる義によって，生涯の終わりあるいは終末に再び義と認められなければならないとする主張は排除されることになる。

この信仰義認の主張は，ローマの信徒への手紙やガラテヤの信徒への手紙における，パウロの，律法による義ではなく信仰による義とする言辞に基礎づけられるが，しかし近年は，E. P. サンダースらのように，ルターによる信仰義認の主張がパウロ書簡に基礎づけうるかどうかについて疑問を呈する者たちがあり，さまざまな議論がなされている。つまり，パウロの時代のユダヤ教は，必ずしも律法による義を主張しておらず，律法はむしろ神の民への所属のしるしであり，異邦人に対して，信仰をしるしとする神の民への所属の道が開かれたというのがパウロの主張だというのである。

ところで，しばしば，義認はキリストの御業であり，聖化は聖霊の御業であるとされることがある。しかし，義認についても，「ウェストミンスター信仰告白」（1647年）は次のように告白し，聖霊の働きがあることを指摘した。「神は，永遠の昔から，選ばれた者すべてを義とすることを聖定された。またキリストは，時満ちて，彼らの罪のために死に，彼らが義とされるためによみがえられた。とはいえ，聖霊が時至って実際にキリストを彼らに適用されるまでは，彼らは義とされない」(11.4)。

キリストの十字架と復活とは，信仰者が義とされるための決定的な，そして唯一の根拠であるが，しかし，2000年前にすでに義とされていたとは言えない。それは信仰を救いのためには不要なものであるとし，万人救済に近づくことになる。そうではなく，義認には，聖霊によって人が信仰へと導かれ，洗礼と信仰とによってキリストに結ばれることが必要であるのであり，その意味で，義認は三位一体の神の御業であると言わなければならない。

（須田 拓）

希望

[ラ] spes, [独] Hoffnung, [英] hope

旧約聖書において,希望を意味する動詞にはカーワー,ヤーハル,ハーカー,サーバルなどがあり,「待ち望む」,「望みを置く」などと訳されている。名詞にはティクワーなどがある。これらの語の用法は,希望の対象を主なる神としている点に特徴がある (詩71:5他)。

新約聖書において,希望を意味する語はエルピス,その動詞形はエルピゾーである。この語群は,一般的な用法では将来起こる良いことを望む場合にも,悪いことを恐れる場合にも見られる。それに対して新約聖書では,もっぱら良いことを期待する意味で用いられている。主な用例はパウロ書簡に集中している。さらに,特に終末に関係して用いられていることも特徴的である。すなわち,希望の対象は死者の復活 (使23:6他),栄光 (ロマ5:2他),神の子とされ体が贖われること (ロマ8:23),救い (Ⅰテサ5:8),*永遠の命 (テト1:2他),キリストの来臨 (テト2:13他)などであって,個人的あるいは功利的な幸福の追求ではない。一般に希望は必ずしも叶うものではなく,実現しなかった場合には人を失望させる儚いものともなりうる。それに対して聖書における希望は,人間が自分の能力によって抱く未来についての漠然とした楽観や現実逃避にすぎないものではなく,神の約束に根差すものであり,それゆえ信仰者は,この世的には希望するすべもない現状の中でも,なお望むことができるのである (ロマ4:18他)。この希望は,聖霊によって神の愛が心に注がれており,神がキリストを通して成し遂げてくださった*義認と*和解に基づいているので,われわれを欺くことがない (ロマ5:5-10他)。むしろ神に根拠をもつ希望によって,あらゆる人間的な願望に潜む自己欺瞞があらわになる。このように希望は,信仰・愛と共に,義とされた者に与えられる賜物である (Ⅰテサ1:3他)。信仰・希望・愛は神学的徳 (Virtutes theologicae, Theologische Tugenden, Theological virtues) と呼ばれ,古代ギリシア以来の枢要徳 (virtutes cardinales, Kardinaltugenden, cardinal virtues) である知恵・勇気・節制・正義と合わせて七元徳ともされる。

アウグスティヌスによると,救いはすでに開始しているが,なお完成

していないため，信仰者は現実においてなお罪人である一方で，しかし終末の希望において救われ，*聖化され，完成される。この希望は人間の内面から自然に生じるものではなく，ただ神に発し，神に向かうものであるので，アウグスティヌスは神を「唯一の希望」と呼ぶ。この希望に基づいて，終わりに至るまで現実の悪に耐え，信仰にとどまることが可能とされるので，希望は信仰者の現実にキリスト教倫理をもたらす。こうしたアウグスティヌスの思想は，「現実において罪人，しかし希望において義人」というマルティン・ルターの義認論においてさらに展開された。

フォイエルバッハにとってはしかし，彼岸的なものへの希望は，人間の願望が投影されたものにすぎなかった。マルクスにとっては，希望に基づいて現在の苦難を耐え忍ぶという教えは，現実の世界を変革しようとする意欲を人々から失わせるものであった。こうして終末論的希望は批判の対象になった。19世紀後半の西欧には世の終わりを思わせる戦争や天変地異がなく，文化的に安定していた上，ヘーゲルの歴史哲学やダーウィンの進化論が影響したこともあり，楽観主義的な進歩思想が支配的であった。そのため当時の*自由主義神学において，人類が歴史の進行とともに進歩するかのように考えられ，希望は終末的なものよりも，この世における個人の道徳的完成や社会の完成に向けられる傾向を帯びるようになった。

ヴァイスやシュヴァイツァーが*終末論を再発見したが，ブルトマンはそれを神話として実存論的に解釈することを主張した。それによると，例えば*キリストの再臨は，信仰者が今ここで実存的な決断を迫られるという具体的な出来事として理解されることとなる。

これに対してブロッホは，『希望の原理』(Das Prinzip Hoffnung, 1959. 邦訳，山下肇ほか訳，白水社，2012-13年)において，むしろ「今・ここ」を突破し，「未だ意識されないもの」を先取りする預言者的な社会批判や社会変革をもって，終末論的な希望を取り戻そうとした。新マルクス主義哲学者である彼の世俗的な希望観は，1960年代末の学生運動や*解放の神学に影響力を持った。

こうした背景のもとで，*モルトマンが著したのが『希望の神学』

(Theologie der Hoffnung, 1964. 邦訳, 高尾利数訳, 新教出版社, 1968年) である。モルトマンにとって希望とは, 神の変革によるものであって世俗的な社会変革ではない。その根拠は神の約束と, その現れであるキリストの復活である。希望はまた個人の実存的なものでもなく, 被造物全体のものである。こうしてモルトマンは, 文化や社会の実践的な問題を取り込む可能性をも開こうとした。　　　　　　　　　　　　　　(長山 道)

❖さらに学びたい人のために

H. ベルコフ『確かなる希望』(藤本治祥訳, 日本基督教団出版局, 1971年)。
E. ブルンナー『永遠——キリスト教的希望の研究』(熊沢義宣ほか訳, 新教出版社, 1957年)。

救済史

[英] salvation history, [独] Heilsgeschichte

1.「救済史」(Heilsgeschichte) という概念が初めて使用されたのは, ヨハン・クリスティアン・コンラート・フォン・ホフマンによってであった。ホフマンは,「救済史」と共に「聖なる歴史」「聖なる御業の歴史」「神と人間の間の歴史」「救いの諸事実」といった用語も併用した。彼が属したルター派のエアランゲン学派は, シュライアマハー以後の神学右派を形成し, 信仰復興運動から由来する再生の経験を出発点にし, そこから教会の*信条と聖書の歴史学的研究という客観的な面を統合的に捉える行き方をした。ホフマンの「救済史」は, 再生経験からでなく, 聖書主義的側面からきたもので, この面はライン河の下流地域に影響力を持って信仰復興運動に影響を及ぼした改革派のヨハネス・コクツェーユスの「契約神学」によって準備され, ホフマン以前のアルブレヒト・ベンゲルや同時代のヨハン・トビアス・ベックに継承されたものであった。

ホフマンによれば, *キリスト教の本質内容は, イエスの人格によって伝達された神と人との間の個人的, 現在的な関係であり, この関係は*三位一体の神の永遠の愛の意志に根拠を持ち,「救済史」を通して罪の人類史の地平に実現する。この救済史の中心がイエスであり, 救済史の目標は神と被造物の関係の再建にあった。この救済史の神学には賛否両

論があった。アドルフ・シュラッターは、ホフマンが神の救済活動の神学を提示したことは、それまでの神思想がオリゲネスからカントに至るまで、ギリシア的神思想に依存し、神的理念を永遠的で必然的な真理の体系として理解したのに対し、「大きな神学的進歩」であったと語った。しかし他方ではホフマンを「19世紀の暴力的な解釈者の一人」と呼んで拒否した神学者もいた。

2.「救済史」は、神学概念としては既述のように19世紀以後のものであるが、神の救済が歴史を通って進行し、歴史は神の救済計画の実現の場として認識されるという事態は、聖書の証言の中にすでに見られ、その限りで早くから救済史的な歴史神学は見られたと言ってよい。救済史の聖書的根拠としては、ゲアハルト・フォン・ラートによって指摘された申命記26章の信仰告白が典型的な箇所として挙げられる。新約聖書にもローマの信徒への手紙9章から11章の叙述や、ガラテヤの信徒への手紙3章15節以下のアブラハムへの約束からモーセの律法を経て、イエス・キリストの信仰における約束の成就に至る関連の叙述など、パウロの中に救済史観があることは否定できない。キリスト教が「歴史宗教」と言われるように、キリストにおける啓示の歴史的性格が深くその救済理解を規定し、併せて歴史理解を規定している。

「救済史の神学」が最初に確立したのは、エイレナイオスにおいてであったと言われる。エイレナイオスは「アナケファライーシス」（再統合）の用語によって、アダム以来の人類の堕罪の歴史をキリストが*受肉によりやり直し、再統合をもって救済し、さらに終末における再統合によって完成するのを記した。彼はその神学を「救済史の神学」として明確にし、グノーシス的な異端と対決した。エイレナイオス以後の壮大な歴史神学としてはアウグスティヌス『神の国』（De Civitate Dei, 413-427. 邦訳、金子晴勇ほか訳、全2巻、教文館、2014年）を挙げることができる。そこにも独特な意味で「救済史的な神学」を見ることができる。アウグスティヌスは神の救いの時代を七つの時代に区分し、キリスト以前に五つの時代を見て、その中で「地の国」の経過と、「神の都」に属する者たちの歩みを描き、キリスト誕生以後を彼自身の時代も含めて第六の時代として理解した。そして世の終わりに最後の*審判と共に第七の

時代が到来することを記し、その審判の第二の死による終わりなき滅びと、終わりなき永遠の至福によるもはや死ぬことのできない霊の体の最高善とを描いた。中世期にはフィオーレのヨアキムが聖書解釈と歴史解釈を独特に関連づけて三つの時代区分(父の時代、子の時代、聖霊の時代)を語り、第三の聖霊の時代の盛期の到来を身近な将来として預言した。

以上のようなキリスト教歴史神学は啓蒙主義以後次第に倫理化し、世俗化していった。近代の歴史哲学はヘーゲル、マルクス、コントなどによって種々の形態で展開されたが、いずれも歴史の三段階を語るなど、それ以前のキリスト教歴史神学、その意味では救済史の神学を前提にし、その世俗的形態を意味するものであった。

3. 救済史の神学を改めて復興させることは、何らかの歴史神学を再興させることになる。しかし実際にはホフマンを代表とする聖書主義的な救済史の神学は、歴史学が取り組む世界史とは乖離し、他方、神学的な関わりを維持した歴史主義を構想したトレルチの歴史哲学は、聖書主義的な救済史とは噛み合わなかった。聖書的な救済史と世界史の歴史哲学とは分離したままであった。

*神の言葉を「原歴史」として垂直線的切線とした初期の*バルトは、世界史も救済史も神学的主題として拒絶し、ルドルフ・ブルトマンの実存の神学も、その歴史性はただ主体的自由を持って決断する実存の歴史性の主張にとどまり、救済史を黙示文学的なものとして否定し、歴史学が関わる世界史も神学的主題として承認しなかった。救済史の神学と、世界史の歴史哲学、それに実存の神学、原歴史の神学はみなばらばらに乖離せざるを得なかった。

ここからの変化は、まず第二次世界大戦後、オスカー・クルマンが聖書全体に共通する「聖書的歴史」を指摘し、その救済史の時間概念や諸時期の理解について示したことである。続いてカール・バルトは『教会教義学』第2巻以後、それまでの「原歴史」の主張を退かせ、救済史概念を用い始めた。さらに20世紀末になって歴史の神学に立つヴォルフハルト・*パネンベルクは『組織神学』(Systematische Theologie) 第2巻、第3巻で救済史概念を積極的に使用した。さらに21世紀になるとマルティン・ヘンゲルは「救済史の不可欠性」を語り、これを機縁として「救

済と歴史」の題で神学のほとんど全学科を貫いて救済史をめぐるシンポジウム（2007年，チュービンゲンにて）と大きな出版がなされた。なお，バルトにはキリスト論的集中か救済史かをめぐる困難が残り，パネンベルクにも歴史学的歴史概念と聖書的救済史理解との関係をめぐる困難が残っている。しかし神の救済は実存のあり方だけに関わらず，また歴史的世界からの脱出といったグノーシス的救済概念は真のキリスト教的救済概念でないことも明らかである。したがって歴史的啓示の認識に立脚しながら，神の救済活動を歴史的に理解し，救済史として把握する必要性があることは明らかであろう。

4. これによって探究されるべきは，キリストにおける神の救済をそれ自体で完結して将来を持たないものとすることなく，*和解への過程を認め，さらに神の国の到来までの救済史的中間時の意味を，伝道の時として認識することである。そうなるとまた当然，*終末論は救済史的終末論として理解されるようになるであろう。すでにイエス・キリストにおいて唯一回的な終末まで効力を発揮する終末論的救済行為がなされたゆえに，神の国の到来の力が働きを及ぼしている。しかしキリストの出来事はそれ自体が終末の出来事ではなく，救済史的な一大転換の出来事として理解されるべきであろう。現在的終末論や実現された終末論の契機はあるにしても，基本的には救済史的終末論はなお将来的に生起する。しかしまたまったくの無条件的な意味で，あるいはすべてが終末にかかっている意味で，徹底的に将来的な終末論ではない。すでにキリストの贖罪による救済が生起し，歴史のイエスと将来のキリストには同一性がある。救済史の神学は三位一体なる神の救済史として，救済史における同一のキリストと同一の聖霊の働きを，創造と救済だけでなく，終末にも予想するであろう。

　救済史と世界史の関係も明確にする努力が必要である。それらは二元論的な区別ではあり得ない。現に今，世界史における，神の摂理や神の統治の認識が求められる。しかし世界史の中の救済史の前進は，とりわけ伝道の前進を通し，また教会の礼拝を通し，とりわけ洗礼と説教における神の働きを通して前進している。救済史の神学は，世界史を視野におきつつ，*神の国と神の義を求める伝道と教会の最前線的歩みを忘れ

ず，信仰者と説教者の矜持を失わない。　　　　　　　　　　　　（近藤勝彦）

❖参考文献

O. クルマン『キリストと時』（前田護郎訳，岩波書店，1954年）。
近藤勝彦『救済史と終末論』（教文館，2016年）。

教会

［英］church，［独］Kirche，［仏］église

　教会を表す言葉の語源的説明には二種類ある。ゲルマン語系の［英］church，［独］Kirche，［スカンジナヴィア］kirkeは，ギリシア語の「主（キュリオス）の家」という言葉キュリアコンに由来する。ロマンス語系の［仏］église，［西］iglesia，［伊］chiesaは，ギリシア語の「集会」を意味するエクレシアに由来する。このエクレシアはヘブライ語の「民」を表すカーハールの訳語として，七十人訳を通して特別なユダヤ‐キリスト教的意味合いを獲得したものである。そもそもヘブライ語カーハールは，礼拝のため，時には主の戦いのため（ミカ2:5）に選抜され，特定の場所に集められた成人男性の集会を指す。申命記ではシナイでの律法授与のためである。しかしネヘミヤ記8章2, 17節になると女性も含まれる。このエクレシアは，「～から」(ek) と「呼ぶ」(kaleo) に由来し，呼び出された群れ，集会，会衆を指す。ヘレニズム世界では一般に，投票権を持つ成人男子によって構成される市民集会を指しており，特別の宗教的な意味はなかったが，特に新約聖書によって「教会」を表す専門用語になった。ヘブライ語では他に民の集会としてエダーが用いられているが，これは幕屋の周りに集まる者としてもっぱら祭儀的集会を意味し，祭司資料に多い。七十人訳はこれをシュナゴーゲ（会堂）と訳した。このユダヤ教の会堂は異邦人伝道に貢献し，ある程度まで初代教会のモデルともなった。

　エクレシアは共観福音書ではマタイによる福音書16章18節と18章17節の2か所で用いられているが，編集史的に見て後代の付加とする者もいる。確かにイエスは教会を設立しなかった。しかし，十二弟子を集め

る（マコ3:13-19）という象徴的行為によって新たなイスラエルの民の終末論的召集を試みており、イエスの死後、復活とペンテコステにおける終末論的教会の成立につながる胚芽となっている。そもそも人の子のメシアニズムと*神の国とは不可分であり、そこには終末論的な共同体思想が読み取れる。この共同体思想は最後の晩餐（聖餐）伝承における新しい*契約の杯にも現れている。

新しいイスラエルの民はユダヤ人と異邦人から成るが、その隔ての中垣はイエスの血によって取り壊されたと理解された（エフェ2:14-20）。使徒後の時代にキリスト者の群れは、ユダヤ人でも異邦人でもない第三の民（tertium genus）と呼ばれるようになる。

「神のカーハール」はすでにクムラン教団では終末時に集められる神の集会を指しているが、やがて異邦人世界に建てられたキリスト教徒の集会を指すようになる（Ⅰコリ1:2, Ⅱコリ1:1など）。歴史的に重要なことは、アンティオキアで初めてキリスト者という呼び名が用いられたことである（使11:26、またⅠペト4:16参照）。これをもってキリストを信じる者たちがユダヤ教から独立したグループ名を持ったことが分かる。とはいえ、パウロの異邦人伝道は当初（反対も受けたものの）シナゴーグを手がかりに推し進められた面がある。ガラテヤの信徒への手紙1章13節に現れるパウロの「神のエクレシア」は最初期の用法を反映しているが、そこではまずもってエルサレムの原始教会を指していた。

キリストにある存在（ガラ2:20, 3:27, ロマ6:11）というパウロ的なキリスト神秘主義はキリストの体なる教会という独自の共同体論の出発点をなした（ガラ3:27-29, Ⅰコリ12:12以下）。キリストの贖いの業は個人のみならず、共同体全体に及ぶものとして捉えられた（エフェ5:26-27, 使20:28）。キリストの体という表象はパウロ以後、コロサイやエフェソの教会で終末論的、宇宙論的に大きな展開を見せた。またヘブライ書でエクレシアは天の集会を指す（ヘブ2:12, 12:23）。このような天のエルサレムと関連づけた終末論的な教会の表象は他にも認められるが（ガラ4:26）、ヨハネの黙示録では、礼拝所としての神殿に代わる神の都の終末論的表象として描かれている（黙21:10-27）。

古代教父たちの文献において一様に強調されていることは、教会が

信仰者の母であるということである。「教会を母とすることなしに，神を父とすることはできない」。そう語ったキプリアヌスは，更に明確に「教会の外に救いなし」と主張する。そこには救済施設としての側面が全面に出てきている。教会の権威と秩序は監督（司教）職が担った。「監督は教会の中にあり，教会は監督の中にある」。キプリアヌスは監督たちの会議を重んじ，まだローマの司教（教皇）の特別の権威を認めてはいないが，コンスタンティヌス大帝による国教化とともに，次第に階層的な教会制度の形成が推し進められた。エイレナイオスも，教会が信仰者の母にして養育係であることを強調したが，特に教会は真理の家として，教える教会の側面が重視された。

「見えない教会」(ecclesia invisibilis) と「見える教会」(ecclesia visibilis) の区別はアウグスティヌスに遡る。アウグスティヌスはドナティスト論争において，教会は混合体（corpus mixtum）であると主張した。棄教者によるサクラメントの執行を無効とし，教会の聖なる性質を追求しようとしたドナティウスに対して，アウグスティヌスは事効論をもって対抗し，毒麦のたとえ（マタ13:24-30）によりながら，地上の教会が罪人を含む混合体であることを強調した。混合体である地上の見える教会に対して，天上の見えない教会が存在する。まことの教会のあり方を求めた宗教改革者たちは，改めてこの区別に注目した。ルターは霊的-内的教会と身体的-外的教会との「二つの教会」を区別した。またツヴィングリによれば，洗礼を受けた者はすべて見える教会に属しているが，終わりの時にまことの信仰者と見なされるのは，その中から神によって選ばれた見えない教会に属する者たちだけである。「招かれる人は多いが，選ばれる人は少ない」（マタ22:14）からである。そのように地上の見える教会はまことの信仰者と偽りの信仰者から成る混合体であるが，しかしまさに毒麦のたとえにあるように，その区別をつけるのは神のみである。その聖なる決定は神の*予定に属している。それが明らかにされる収穫の時まで教会は結論を急がず，ただ待たなければならない。それが旅する教会の基本姿勢である。とはいえ，それでもなおできる限りまことの教会に近づくために，特にカルヴァンの影響を受けた改革教会は聖徒たちの教会訓練に励み，聖なる食卓にふさわしくあることを求め，教

会戒規を重んじたのである。

そこで問題となるものが、まことの教会の特性としるしである。古典的な基本信条には教会の本質的特徴が列挙されている。中でも「ニカイア・コンスタンティノポリス信条」は教会の条項で、「一つにして聖なる公同の使徒的教会を信じます」と四つの特性を告白する。(1) 教会は一つ (una) である。主は一つ、信仰は一つ、洗礼は一つ (エフェ4:5) だからである。(2) 教会は聖 (sancta) である。教会は神の民として神のものであり、他から区別されて神のものとなったものは聖だからである。これは教会員自体の倫理的完全性によるのではない。聖なるもの（説教とサクラメント）に参与する限りにおいて教会は聖性を持つ。(3) 教会は公同的 (catholica) である。エルサレムのキュリロスが述べたように、教会の伝える福音は人種・民族・性別を超えて全人類を包括し、あらゆる罪に対処し、あらゆる徳を建てるためのものであるがゆえに普遍的なものである。全体教会は各個教会を包括し、狭い教派主義を乗り越え、世界教会的なつながりを持つ。(4) 教会は使徒的 (apostolica) である。教会は使徒たちによって伝承されたキリスト証言の告白に連なるものであり、使徒たちがそうであったように神によって遣わされる存在である。

しかし、これらの教会の特性は次第に中世の教会の自己正当化に用いられる面もあった。聖性は聖職者の管理するミサへの参与を意味し、カトリカという名称はローマ・カトリック教会の専有するところとなり、使徒性は叙階によるペトロの座の使徒的継承権を指すようになった。

こうした中で改めてまことの教会のしるしを明確にしようとしたのが宗教改革の教会論である。「福音が純粋に宣べ伝えられ、聖礼典が正しく執行される」(「アウグスブルク信仰告白」第7条) ところにまことの教会はある。宗教改革の教会は、一方で再洗礼派のような反教会主義を避けながら、他方で中世カトリックの位階制的教会主義に陥らないように、公同の信仰を受け継ぎつつ、御言葉を中心にキリストを唯一の権威とする教会の建設を目指した。霊と制度の緊張は初代教会の形成時から存在した問題である。パウロはすでにコリント教会で起こった霊的熱狂主義に対して、御言葉の説教と聖晩餐の礼拝を中心とする秩序ある教会の制度的形成を目指すように指示した。またルターの言うように、洗礼

を受けた時点からすべての信徒が祭司であるが（全信徒祭司制），教会の秩序を守るため，カルヴァンらによって，内的召命を確認する正当な教会的訓練を経た上で教職を立て，これを信徒の代表たちが支える*職制が責任あるものとされた。市当局（国家）から教会の自律訓練と自主独立を勝ち得たジュネーヴの教会規律はその一例である。そこでは四職（牧師 [pastores]，教師 [doctores]，長老 [presbyteri]，執事 [diaconi]）が有機的に機能しつつ，救いの手段（media salutis）としての鍵の権能を正しく行使する方策が採られた。その後も教会は監督制度，長老制度，会衆制度の間を揺れ動いたが，旅する地上の教会に絶対はなく，教会論を広く公論することの中でキリストの主権がより適切に現れる道が求められるべきであろう。　　　　　　　　　　　　　　　　　　　　　　（芳賀 力）

教会規則

[英] ecclesiastical law，[独] Kirchenrecht

　福音主義教会においては，キリスト者がキリストの体の部分として共に働くことを秩序づけるための法的な手引きを教会規則，または教会法と言う。教会は地上においては人格的な共同体として存在する。その教会が歴史的に存続し，教会らしい生活と行動の様式をもち，その使命を遂行するためには，法的な形態をとる必要がある。ただし，教会法は教会が歴史的存在であるために要請される自然法の一つであり，世俗法と本質的に異ならないとする考えは誤りである。教会法は世俗法とはまったく異なり，世俗法の中に位置づけられる国家教会法（日本では宗教法人法）とも明確に区別されるべき独自の法である。なぜなら，教会法の根拠は，教会が神との契約共同体であることにあり，教会法の目的は，教会に現臨するキリストの支配を具体化して，キリストの体がもつべき霊的な秩序を実現することだからである。

　1. 教会法の必要性　ルドルフ・ゾームは，*キリスト教の本質は愛のみであり，教会は愛の共同体なのであって，教会法は教会の本質と矛盾すると主張した。ゾームほど極端でなくても，霊的教会と法的教会，信

仰共同体と制度的教会，見えない教会と見える教会を区別し，前者こそが真の教会であるとする考え方は福音主義教会の中に，そして特に日本の教会に根強い。しかし，愛と法は二者択一ではない。むしろ教会法は愛をもって仕えることを責任的に行うための秩序である。教会は自らのメッセージも，自らの秩序も，自分の好みに任せてはならないし，その時々に支配的な思想的，政治的確信に呑み込まれてしまうわけにもいかない（「バルメン神学宣言」第3条項）。教会の使命は，神の救済行為の道具として罪の赦しの権能を執行することにある。*神の言葉に服従しつつ奉仕するための法的秩序がどうしても必要である。

2. 基本的な考え方 教会法を福音的に把握するためのさまざまな概念が提起されている。ヨハンネス・ヘッケルはルターの二統治説を再解釈し，教会法はこの世の法とは区別される「霊の法」(lex spiritualis) であり，個別の教会は聖霊の働きの表れとしての「愛の法」(lex charitatis) によって統治されるとする。エーリク・ヴォルフは聖書の教えを重視し，教会は聖書に応答して告白することで存在するとみなす。ヴォルフによると，教会法は「告白する」教会法である。教会はこの世にあって，しかしこの世によらずにあるのであって，教会法もこのパラドックスの秩序を表す。それは「兄弟団的なキリスト支配」かつ「キリスト支配的な兄弟団」である。ハンス・ドーボワは礼拝を法的な出来事と見る。礼拝における赦しの宣言，教師の任職，聖礼典の執行などは法的な行為なのである。神が行為し，人間は自由な献身によって応答する。恵みによって与えられるサクラメント的な交わりが生じる。ドーボワはここに，義の法とは区別される「恵みの法」を見るのである。

3. 教会法の法源 教会法の源をどう考えるかは，福音と律法の関係をどう理解するかと直結している。福音と律法を峻別し，さらに律法をキリスト者が従うべき掟として捉えるのであれば，そこから直接に普遍的で不変の法を取り出すことができることになる。しかし福音主義教会は，聖書には神による救いの出来事，すなわち福音が証しされているのであり，またキリスト者の生と倫理は福音への応答として聖霊の働きによって引き起こされるのであって，福音と律法とは切り離すことができないと考える。それゆえ福音主義教会の教会法は聖書から直接導き出さ

れるのではなく，御言葉の告知への応答として形作られ，聖書と信仰告白によって常に吟味され，改革され続けるべきものである。

4. 教会規則の内容　教会法の根拠は，神と神の民との*契約である。神の民の一人一人は洗礼によって神との契約に入れられ，説教を通して契約の意味を明らかにされ，聖餐によって契約を確かにされる。それゆえ教会法は，まず礼拝の法である。これは，礼拝式文（祈禱書，礼拝書など）が法的規範性をもつべきだということを意味しない。しかし，説教がなされ聖礼典が執行されることを礼拝の核心として位置づけ，そのための秩序を定める。教会法の目的は，キリストの支配を具体化することにある。キリストは御言葉によって，すなわち何よりもまず説教と聖礼典によって支配なさる。それゆえ教会法は，第二に教職制度である。教会が説教と聖礼典の奉仕者を任命するための，また説教が語られ聖礼典が執行されるための手続きを定める。ただし，福音主義教会は教職者の教会ではない。すべてのキリスト者の集まりである。福音的な教会法は教職者のみに関わる法ではなく，教会共同体の法でなければならない。洗礼を授けられ，神の民とされたすべてのキリスト者がキリストの体の部分として，それぞれのカリスマを用いて奉仕する。それゆえ教会法は，第三に組織法である。

契約の民は洗礼誓約に基づき，神の生きた語りかけに対して自由な応答を行う。それはプロテスタント的自由のもとにあるが，一人一人の教会員のふるまいへの支えとして，生活綱領を形作ることがありえる。生活綱領は，キリスト者の生活における霊的な秩序を言語化したものである。教会員が洗礼誓約に背いたふるまいに及ぶとき，教会は教会戒規を行うが，これもまた法的秩序のもとに行われなければならない。生活綱領と教会戒規とが教会の訓練規定を構成する。　　　　　　　（小泉 健）

✣参考文献

K. バルト『教会教義学　和解論II/4』（井上良雄訳，新教出版社，オンデマンド版2001年），115-202頁。

E. ヴォルフ『教会法──その歴史的展開』（菊池信光訳，一麦出版社，1994年）。

J. ヨンパルト『教会法とは何だろうか』（成文堂，1997年）。

教義学

[英] dogmatics, [独] Dogmatik, [仏] dogmatique

　教義学とは，教会の教えすなわち教義についての学問である。教義を表す［英］dogma，［独］Dogma，［仏］dogmeはギリシア語のドグマに相当し，ドケイン（正しいと思われること）に由来する。元来，(1) 大勢が抱く共通の意見で公になったもの，(2) 集会で決定され，権威をもって布告されたもの，(3) 哲学的な学派の教えといったものを指していた。そこから，教会会議によって公認された教会の権威ある正統的な教えを意味するようになった。この教えという特徴はラテン語のdoctrina（教え）に反映されている。これはラテン語の動詞docere（教える）に由来し，［英］doctrine，［独］Doktrin，［仏］doctrineとして現代にも受け継がれている。

　初代教会は福音を要約している宣教（ケリュグマ）を物語ることに力を注いだ。しかし，福音が次第にヘレニズム世界に浸透していくにつれ，教会は外には異教，内には異端に直面して，受け継ぐべき信仰の遺産（depositum fidei）を正しく見極める必要に迫られた。こうして「異なる福音」（ガラ1:7）に対抗してケリュグマを理論化する過程でドグマが成立していく。それは，教会が*信仰告白（*信条）を生み出していく過程と相即的であった。この意味で教義学は，洗礼を受けてキリスト者となった者たちが信じている信仰内容を明確にし，たえず検討吟味する教会の自己反省の営みとして開花した。

　中世においてはロンバルドゥスの『命題集』（Sententiae, 1150-57. 邦訳，山内晴海訳，『中世思想原典集成7』平凡社，1996年所収）に見られるように，教義学が神学教育の中枢を担うものとなった。またトマス・アクィナスは『神学大全』（Summa Theologiae, 1266–73. 邦訳，稲垣良典ほか訳，全37巻，創文社，1960-2012年）を著し，アリストテレスの概念や用語を用いてキリスト教信仰の普遍的な真理性を学問的に説明する努力がなされた。

　ところが，教会が公に認めた教理の中には聖書にはないさまざまな伝承も含まれており，時にはそれらが聖書以上に権威を帯びる場合もあった。これを問題視したのが宗教改革である。宗教改革者たちは，聖書の

上に立つ権威を容認しなかった。とはいえ、彼らも古代教父の神学に学ぼうとした。それは、聖書の上に立つ権威を求めたのではなく、それらが聖書に即した教理である限りにおいて、受容したのである。キリスト者であることを基礎づける中心的な教理として特に信仰義認を強調したM. ルターは、論争の渦中で神学的な主張を展開したため、全項目を網羅した体系的な教義学的著作を残さなかったが、その後に続いたP. メランヒトンは『神学提要』(Loci Communes, 1521. 邦訳、『神学要綱』伊藤勝啓訳、『宗教改革著作集4』教文館、2003年所収) を、またJ. カルヴァンは『キリスト教綱要』(Christianae Religionis Institutio, 1559. 邦訳、全3巻、渡辺信夫訳、新教出版社、2007-09年) を著して、プロテスタントにおける体系的な教義学の基礎を築いた。

「我思う、故に我あり」というデカルトの方法序説に象徴されるように、外なる権威を認めない近代的自我(自意識)の成立は、教義学のあり方にも影響を及ぼした。更にI. カントの教条主義(Dogmatismus)に対する理性批判は、教会における客観的教理の権威を失墜させた。近代において従来の教義学に代わったのは、個人の信仰体験に基づいて信仰内容を体系的に叙述する*信仰論(Glaubenslehre)である。その代表は、著作のタイトルにもなった*シュライアマハーの『キリスト教信仰論』である。こうした近代に共通する神学的思索の傾向は、A. リッチュルの価値論的な教義学『義認と和解についてのキリスト教的教理』(Die christliche Lehre von der Rechtfertigung und Versöhnung. 邦訳、「義認と和解」森田雄三郎訳(抄)、『現代キリスト教思想叢書1』白水社、1974年) にも表れている。総じて近代*自由主義神学は、教会的な権威よりは個人の主体的自由を重んじ、その経験を通して受け止めた啓示からの働きかけに教義学の重心を移している。

これに反発したのが、20世紀初頭に台頭した*弁証法神学である。その代表者であるK. *バルトは、正しい信仰の根拠は人間の主観的な宗教的体験や自意識にあるのではなく、啓示された*神の言葉である*イエス・キリストにあることに徹底的にこだわった。神学はこの啓示された*受肉の歴史的事実から出発しなければならない。それゆえ、自己理解よりは聖書的証言が教義学の土台となり、書かれた神の言葉としての聖

書によって，啓示された神の言葉としてのキリストを証しする教会の宣教の業が，再び注目を集めることとなった。バルトは，一度書き始めた『キリスト教教義学』をあえて破棄し，『教会教義学』（Die Kirchliche Dogmatik, 1932-67. 邦訳, 吉永正義ほか訳, 全36巻, 新教出版社, 1959-96年）として書き直したが，まさにそのことに彼の考え方の特徴が表れている。彼は聖書的啓示に基づく教理を，まさしく教会の学として展開したのである。そこでは，内に向かっての*三位一体の神の業が，外に向かっての三位一体の神の業として展開されている。それは，*創造 - *和解 - 完成という救済史的な教義学の伝統に沿ったものであったが，残念ながら最後の部分は未完成になった。

　バルトと同世代で，教義学のもう一つの課題を真剣に受け止める動きも現れた。ただ一方的に客観的な教理を提示したのでは，現代を生きる人々に福音を伝えることにはならない。そのことを真摯に受け止めたのがE. *ブルンナーである。彼は生まれながらの人間にも形式的な神の像が残っており，啓示を受け容れる手段として「結合点」があることを主張し，それに基づいた『教義学』全3巻（Dogmatik, 1946-60. 邦訳, 熊澤義宣ほか訳, 『ブルンナー著作集』第2-5巻, 教文館, 1997-98年）を著して，対話の神学を展開した。またP. *ティリッヒは，人間の実存的な問いに相関的に答えるものが啓示であるという方法に基づいて『組織神学』全3巻（Systematic Theology, 1951-63. 邦訳, 谷口美雄ほか訳, 新教出版社, 1969-90年）を著した。そこには，すべての学問に共通する存在論を土台に据えて，積極的に現代思想と折衝しようという姿勢が見られる。

　教義学はその成り立ちからして教会の信仰告白を土台として行われる思惟なので，プロテスタント教会においては，教派的特色を積極的に反省吟味した教義学も盛んに著された。ルター派では，G. グレーゲ，W. エラート，P. アルトハウス，G. エーベリンク，W. トリルハース，R. W. ジェンソンなど，改革派ではO. ヴェーバー，W. クレック，H. J. クラウス，T. F. *トーランス，D. ミグリオリなどの名を挙げることができる。ただしそれらは福音的立場において同じ一つの福音を，強調点をそれぞれ別様に置いて強調したものであって，決して教理内容に関して矛盾対立するものではない。むしろそれらは，神学的思惟の豊かさを示し

ていると理解すべきものである。

　こうした神の言葉の神学のあり方に内向的な性格を見て取り，批判的にその弱点を乗り越えようとしたのが，バルトの次の世代を代表するW. *パネンベルクである。彼は，啓示は言葉として直接的になされるのではなく，歴史を通して行われるということ，それゆえ，究極的な啓示は終末においてなされるがゆえに，神学的思惟は*神の国の先取りとして行われることを主張し，その立場から『組織神学』全3巻（Systematische Theologie, 1988-93）を著した。またJ. *モルトマンは，神の啓示をギリシア的な永遠の今としてではなく，将来の*希望として理解すべきこと，また神概念そのものが聖書的に見直されるべきであることを強調し，その立場から『組織神学論叢』6部作を著した。

　現代における教義学の可能性をポスト・リベラリズムの立場から試行する動きとしてG. A. リンドベックの試みが挙げられる。彼は三つの異なったアプローチを掲げる。第一はロンバルドゥスに見られるような客観的な教会の教えから出発する命題 – 認知型アプローチである。これに対して第二に挙げられるものは，近代のシュライアマハーに見られるような主観的宗教経験から出発する体験 – 表出型アプローチである。こうした立場に対してリンドベックが今日適合可能とするのが，第三の文化 – 言語型アプローチである。ヴィトゲンシュタインが指摘したように，どのような共同体にも，共同体のルール（キリスト教で言えば信仰の規則 [regula fidei]）がある。そのルールに従わなければ，それ独自のゲームは成り立たない。教義学はまさにそのような共同体の文法を明確化するために，欠くべからざるものとして機能している教会共同体の知的営みなのである。

（芳賀 力）

キリスト教の本質
[独] Das Wesen des Christentums

　1. ドイツ語で『キリスト教の本質』（Das Wesen des Christentums）と題された書物は無数にあり，L. フォイエルバッハ（1841. 邦訳，舩山信一訳,

全2巻,岩波書店,1965年)やA. ハルナック(1900. 邦訳,深井智朗訳,春秋社,2014年)の著作は特に有名である。前者は神学的な関心からではなく,哲学的心理学によるキリスト教宗教の解明で,宗教を人間の自己意識から発生論的に説明しようとするものであり,護教的な意味を持たないだけではなく,キリスト教という宗教が生み出されたメカニズムをあえて脱宗教的な目的意識によって解明しようとしたものである。後者は伝統的な既存の教会制度によって担われてきたキリスト教宗教の意義が社会の中で失われつつある時代に,もう一度現代人にとってキリスト教宗教はどのような意味を持っているのかを問うために書かれた弁証論である。それゆえに前者は英訳された際にThe Essence of Christianityと訳されたが,後者はWhat is Christianity?と訳された。前者はキリスト教宗教の脱宗教的概観,現象の記述をめざしており,後者はキリスト教宗教のあるべき姿の確認を試みている。神学で「キリスト教の本質」という場合には,いわゆる*自由主義神学(liberalis theologia)以後の神学の中で取り組まれてきた後者の問題設定をさしている。

2.「キリスト教の本質」についての問いが生まれた要因は,社会におけるキリスト教宗教の役割や機能の変質に求められる。第一の要因は,信仰の教会からの自立である。あるいはそれによって生み出された啓蒙主義的問題意識と伝統的な教会の教説との差異や対立の自覚である。1780年代のハレの敬虔主義的キリスト教から生まれたネオロギーは,宗教のあるべき姿としての本質論と教会的形態によって担われてきたキリスト教との差異に注目するようになった。それによって,元来キリスト教のあるべき姿を問う問いと同じ意味であった「宗教の本質」についての問いは,しだいに今日の教会制度によって担われたキリスト教はどの程度宗教の本質を反映しているか,という新しい問題設定へと変化し,それはキリスト教の内部で既存の教会制度を批判するための手段となった。

　第二の要因としては,キリスト教宗教それ自体の多様化が考えられる。中世の教会的統一文化においては,キリスト教とは何かという問いが生まれることはなく,むしろキリスト教は自明の前提であった。その前提のもとに*教義学,あるいは神学が営まれていた。ところが宗教改

革によってキリスト教世界に宗派の共存という宗教的現実が生じ、各宗派の立場を説明したり、対立する宗派を批判する手段としての教義学が書かれるようになり、同じキリスト教の中でも教義の説明が異なるようになった。しかし他方でヨーロッパの社会はキリスト教内部の宗派化を越えて、宗教の多元化や共存という情況に直面し、各宗派の差異よりも、諸宗教という前提の中でキリスト教宗教それ自体、あるいはキリスト教という一つの宗教の特質が問われるようになったのである。

第三の要因としては、世俗化という現象が考えられる。それまで家の宗教であり、社会の統一基盤であり、道徳の基礎であったキリスト教は、ヨーロッパの伝統的な社会の中では自明の前提であったが、もはやキリスト教は万人の共通の意識や宗教ではなくなり、改めて「キリスト教とは何か」と問う必要が生じた。すなわちさまざまな宗教が世界に存在しており、それを選択できるのに、なぜキリスト教なのかという問い、あるいはキリスト教を信じている場合でも、キリスト教の絶対性や優位性を説明するために、自らが信じているキリスト教は他の宗教に対してどこが異なっており、どこが優れているのかを説明する必要が生じたのである。

第四に、近代以後の宗教性の特徴として、教会という制度に依存しない啓蒙主義的な宗教性が流行する中で、伝統的な教義の説明や教会の教えに依存しない、自由で、より客観性のあるキリスト教宗教の説明を人々が求めるようになったことが重要である。いわゆる自由主義神学の伝統の中でそのような問いへの答えが生まれたのであり、それが従来の教義学や*信仰論に対する代替案としての「キリスト教の本質」論であった。その際、「キリスト教の本質」は既存の各教会制度が生み出した*信条や敬虔の形式の中にではなく、歴史としてのイエス自身に求められるようになった。この議論はこの時代の教会的キリスト教への批判として登場した教会のキリスト論に対する*史的イエス研究の流行と連動している。

いずれにしても近代になってますます顕著になった問題は、キリスト教が真の宗教であるかという問題やキリスト教のあるべき姿についての問いではなく、宗教の多元化という現実の中でのキリスト教宗教の特質

についての問いであった。

3. これらのキリスト教宗教の社会的機能の変化に対応して「キリスト教の本質」についての問いが近代の神学史の中で議論されるようになった。

第一の段階として，J. S. ゼムラーとF. *シュライアマハーの「キリスト教の本質」論に注目すべきである。「キリスト教の本質」という言葉が神学の歴史の中で特別な概念として使用されるようになったのはネオロギーを提唱したゼムラーからである。ゼムラーにとって「キリスト教の本質」についての問いは，「真の宗教」についての問いであり，その場合「真の宗教」とは「キリスト教のあるべき姿」のことを意味していた。すなわちゼムラーは現在の教会によって担われているキリスト教の現実とは区別された，人類にとって共通な道徳的生の内面的理性原理が宗教の本質だと考えたのである。そしてキリスト教の歴史の発展とは，各時代において見られる教会の歴史的諸形態から解放されてこの本質が純化されていくプロセスであると彼は考えた。

F. シュライアマハーの『宗教について』(Über die Religion, 1799. 邦訳，深井智朗訳，春秋社，2012年) もまたキリスト教宗教の枠内で「宗教の本質」を問い，それによってキリスト教の歴史的妥当性を弁証しようとした書物である。また宗教の本質とその時代の既存の教会的キリスト教の差異を厳しく批判した書物でもある。そこでは，宗教は思弁や行為ではなく，直観と感情であると定義される。この定義はその後『キリスト教信仰』(Der christliche Glaube, 1822) を書く段階に至って，歴史的宗教としての「キリスト教の本質」の定義としてより明確化される。すなわちキリスト教徒の共同体としての教会の普遍的基礎を「絶対依存の感情」と定義し，「私たち自身が絶対依存として，……すなわち神との関係にあることを自覚する」ことが教会の本質であると言う。そしてキリスト教の本質については「キリスト教とは目的論的方向の敬虔に属する唯一神教的な信仰形態であり，そこではあらゆることがナザレのイエスによって成就された救済に関係づけられる，ということによって他の信仰の形態から区別される」と定義されている。

第二の段階として，前世紀末の転換期に，伝統的な教会制度への批判

と自由な個人的宗教意識が台頭し，その時代を支配した歴史研究や流行の神話論に媒介されたさまざまなイエス伝が流布し，さらには1871年に統一された国家が国民道徳の基盤としてのキリスト教を政治的に必要としていた時代に刊行されたA. *ハルナックの『キリスト教の本質』での試みをあげることができる。ハルナックの「キリスト教の本質」についての講義が1899/1900年冬学期にベルリン大学で行われ，それが刊行されると神学関係の書物としては異例の売れ行きを示し，ドイツのみならず世界中の神学界に大きな影響を与え，ドイツ国内だけでも大小800編以上の書評が書かれた。

　ハルナックは，ドイツの政治政策に責任を負う神学者としてナショナリズム高揚のための地政学的な目的をもってこの書物を書いている。すなわちドイツの当面の政治的脅威であるカトリック国であるフランスと，正教会のロシアに対して，プロテスタント的なドイツという政治的枠組みの設定である。またハルナック自身ベルリン大学の神学教授でありながら，保守派の反対に遭い，第一次神学試験と関連するような主要な科目を担当できないという情況の中で，それへの抵抗として，教会制度批判を展開するという目的がこの書物の中に見え隠れしている。しかしハルナックは，宗教の多元化という現実とそれを踏まえての神学部の宗教学部化への改組の動き，またキリスト教の宗派的対立とその政治的利用を退け，さらにそれらに対する既存の教会制度の対応の硬直化という現実を超えて，より根源的な神学の問題として「キリスト教の本質」の明確化という課題とこの書物で取り組んでいる。

　ハルナックはこの講義の中で「イエスの福音」について述べ，その上で，福音の歴史的展開をギリシア的なカトリシズムとローマ的なカトリシズムへの二つの展開として記述している。ハルナックがキリスト教の本質として提示したのはこのイエスの福音であり，彼によればそれは*神の国とその到来，父なる神および人間の魂の無限の価値，そしてより優れた義と愛の命令ということになる。キリスト教のその後の歴史はこの福音の制度化や歴史的展開ということになるが，キリスト教の歴史における多様な変化や生成はキリスト教の普遍的本質の相対化や堕落を単純に意味しているわけではない。なぜならキリスト教の本質としての

福音は歴史的現実を生み出す創造的な生命だからである。それゆえに逆に福音は本質の逸脱を歴史の中で見出すための基準ともなると彼は考えたのである。

その後，ハルナックに代表される自由主義神学を批判することで登場した『時の間』(Zwischen den Zeiten) の編集同人たちの神学の流行の後，「キリスト教の本質」について問うという神学的営みはドイツ神学では中断されてしまった。これが「キリスト教の本質」に関する第三段階の情況である。しかしT. レントルフは，ハルナックの『キリスト教の本質』刊行100年を記念した校訂本を新たに編集した際，社会の多元化とグローバル化，またキリスト教が他宗教の現実の中で，自ら生み出した寛容という価値観を保持するためにも，また自己理解のみならず他者理解のためにもこれらの社会的変動と歴史的状況を踏まえた新しい意味での「キリスト教本質論」の必要性を指摘している。　　　　　（深井智朗）

❖参考文献

熊野義孝『基督教の本質』（新教出版社，1949年）。

F. Wagner, Was ist Religion? Studien zu ihrem Begriff und Thema in Geschichte und Gegenwart (Gütersloh: Gütersloh Verlaghaus, ¹1986, ²1991).

T. Rendtorff, Geleitwort von Herausgeber, in: Adolf von Harnack, Das Wesen des Christentums. hg. und kommentiert von Trutz Rendtorff (Gütersloh: Gütersloh Verlaghaus 1999).

キリスト教倫理学

[ラ] ethica christiana, [独] christliche Ethik, [英] christian ethics

キリスト教倫理学は，*教義学と並んで*組織神学を構成する一部門である。しかし近代まで，両者は一体のものとして論じられていた。*トレルチが1902年の論文「倫理学の根本問題」(Grundprobleme der Ethik. 邦訳，佐々木勝彦訳，『トレルチ著作集3』ヨルダン社，1983年所収）で指摘しているように，真理を取り扱う教義学的な営みから，倫理学的な帰結は自ずと導き出されるものとみなされていたのである。

倫理学自体はキリスト教成立以前，古代ギリシアにまで遡る古い学で

ある。古代から中世のキリスト教倫理学は、旧新約聖書に見られる倫理規定に、ストア派の哲学に見られる自然法的な道徳法則の観念の影響を与えられて発展した。

トマス・アクィナスは、アリストテレスの『ニコマコス倫理学』(Ēthiká Nikomácheia. 邦訳、渡辺邦夫訳、全2巻、光文社古典新訳文庫、2015-16年)を修正しつつ受容して、『神学大全』(Summa Theologiae, 1266–73. 邦訳、稲垣良典ほか訳、全37巻、創文社、1960-2012年)第2部でキリスト教倫理学を著した。中世のスコラ神学まで倫理学は、人はいかにして幸福を達成しうるか、そのための最も善い生き方や行為の仕方は何かという問題との関連で探求された。

ルターは「聖書のみ」「信仰のみ」「恵みのみ」の原則に従って宗教改革を推し進めたが、社会倫理に関しては、山上の説教の中の教えのみを適用することが非現実的であると認めざるを得なかった。キリスト教倫理は信仰義認の教理に基づき、信仰者が神の恵みに感謝をもって応答する行為であるが、その一方で公的倫理は力と強制に基づくという二統治説に立ったのである。

さらに17世紀以降、教会と国家の分離が生じたことから、それまでの教会的権威による統一的な文化が崩壊し、近代世界が成立した。それに伴って、次第に倫理学も教義学から独立するに至った。すなわち倫理学は神学によらず、ヒューム、スミスらの道徳哲学に見られるように、もっぱら哲学的な方法によって論じられることとなる。また、カントは理性批判を通して、人間の理性に基づく倫理学を確立した。彼によると理性は、経験によることなく意志を規定する普遍的な道徳法則を人間に与えることができ、この道徳法則に従うことが善である。その際カントは、1781年『純粋理性批判』(Kritik der reinen Vernunft. 邦訳、中山元訳、全7巻、光文社古典新訳文庫、2010-17年)において神の存在が理性によっては証明され得ないことを示し、1788年『実践理性批判』(Kritik der praktischen Vernunft. 邦訳、中山元訳、全2巻、光文社古典新訳文庫、2013年)において、神の存在のいわゆる「道徳論的証明」を行った。善をなす有徳な人間が幸福を得るという保証は、神によってなされなければならない。つまり、神の存在は理論理性にとっては証明不可能であるが、実践

理性によって「要請」される。神の存在はこのように倫理学の要請によって基礎づけられて初めて,論じることができるということになる。

かくて,中世まで教義学の一部であった倫理学は,教義学から独立し,さらには教義学の基礎となって,神学を根拠づける事態となった。トレルチは倫理学を基礎とする立場に立ちつつ,良心の道徳としての主観的倫理学と並ぶ,文化価値としての客観的倫理学の課題を明らかにした。

一方,*ケーラーは『キリスト教教義学』(Die Wissenschaft der christlichen Lehre, 1883) において倫理学を弁証学,教義学に続く第三の領域として彼の神学の中に位置づけた。彼にとってキリスト教倫理学とは倫理学一般の中の特殊な一領域ではなく,唯一の真の倫理学である。また,彼の倫理学の主体は人間ではなく,義とされた罪人である信仰者に内なる人として働きかけるキリストの霊である。

*バルトは『教会教義学』(KD I/2. 邦訳,『教会教義学 神の言葉II/4 教会の宣教』吉永正義訳,新教出版社,オンデマンド版2009年所収)で「倫理学としての教義学」を提唱した。周知のとおり,彼の神学は倫理学によってではなく,*神の言葉によって基礎づけられている。さらに「倫理学としての教義学」とは,倫理学が教義学を根拠づけるのではないばかりか,教義学が倫理学を成立させるということである。この方法は,キリスト教倫理学を人間学に解消しないという点で評価される。

しかし教義学の主題が神であるのに対し,倫理学の主題は人間の生や行為である。キリスト教倫理学であっても,神との関係にある人間の主体を扱わざるをえない。*ブルンナーは1932年『誡命と諸秩序』(Das Gebot und die Ordnungen) において,主体としての人間の内面だけでなく,社会倫理をも論じている。

アメリカのキリスト教倫理学に影響を及ぼしたのは,ラインホールド・*ニーバーとリチャード・ニーバーの兄弟である。前者はキリスト教的な人間観や歴史観がもつ今日的な妥当性を明らかにした。「キリスト教的現実主義」と呼ばれる彼の社会倫理は,アメリカの政治・外交にまで大きな影響を与えている。

キリスト教倫理学はこうした変遷を辿りつつ,個々の倫理的諸問題に取り組んできた。そして倫理意識の危機に直面している現代,倫理に再

び宗教的な基盤が求められているのであれば，キリスト教倫理学はそれに大いに資するものである。
(長山 道)

❖さらに学びたい人のために
大木英夫『新しい共同体の倫理学——基礎論』(全2巻，教文館，1994年)。
近藤勝彦『キリスト教倫理学』(教文館，2009年)。

キリスト者の完全
［英］christian perfection

　通常「キリスト者の完全」と言われるときは，教理史上著名な書物であるジョン・ウェスレーの『キリスト者の完全』(A Plain Account of Christian Perfection, 1777. 邦訳, 藤本満訳, イムマヌエル綜合伝道団, 2006年)の中に展開された教理を指す。けれども, キリスト者の完全という立場はウェスレーだけでなく, 彼の前にも後にも存在し, 何よりも聖書の中で語られている教えである。したがって,「キリスト者の完全」という名で知られるようになった完全の教理は, ウェスレーが発案したものではなく, 長い歴史をもって受け継がれてきたものである。その歴史は古く, 旧約聖書においてすでに語られていることから, 新約聖書時代には神の民のあるべき姿の理念に満ちた書物がすでに存在していた。もちろん, ここでの完全の教理は旧約聖書ではなく, 新約聖書に基づくものであるが, *イエス・キリストを旧約聖書と分離して理解することはできないのと同様に, 完全理解も旧約と分離して理解することはできないのである。

　旧約聖書において, 祭司的伝統と関連した「聖」と, 預言者的伝統と関連する「義」という二つの概念は, 新約聖書において初めて「*愛」において完全に融合した。その新約聖書の完全は本質的に神への愛と神に似ること, および人への愛と奉仕とから成り立っている。そしてマタイによる福音書5章48節の「だから, あなたがたの天の父が完全であられるように, あなたがたも完全な者となりなさい」というキリストの命令に従って, 完全の追求が教会と共に始まる。そこでは正統的な教会だ

けでなく，異端的傾向を持つグループにおいても完全を求める願望があり，その動きは現代から初代教会にまでほとんど切れ目なく遡ることができる。ウェスレーの貢献は，この長い歴史の中で継承されてきた完全の真理を吸収して，プロテスタントのキリスト教信仰理解の真ん中に置いたことである。

ウェスレーによれば，キリスト者の完全とは知識における完全ではない。意識的に罪を犯さなくなるが，無意識的罪や間違い，言葉と行いにおける欠点は依然として残る。したがって，神以外に絶対的完全はこの地上に存在しないのである。ウェスレーにとって，完全の本質は愛であり，十字架のキリストの贖いによる神のまったき愛において成り立つ人間の神と他者への愛を意味している。それは，キリストの心を心とする人であり，キリストに倣って歩む人である。したがって，神と隣人を愛する愛の戒めと，いつも喜び，絶えず祈り，すべてのことに感謝するという二つの聖句に，ウェスレーの理解した完全なる者の心の状態が言い表されている。これは「まったき*聖化」（full sanctification）と同義語で呼ばれ，キリストの心がその人の心を支配し，意図的に罪を犯さないという意味で罪から完全に救われていることを意味している。この完全は，信仰によってのみ受け取られ，瞬間的に与えられる。そしてそれは*死においてではなく，あらゆる瞬間においてこの地上で今期待せねばならぬことであると主張されている。

ウェスレーは，このキリスト者の完全の教理をメソジズムの中心的教理と呼び，特別な信仰的遺産として広く普及する使命があると述べている。実際に，この教理による信仰運動は，福音伝道において教派を超えて大きな影響を与えた。一方でこの運動は，ウェスレーの時代からすでにさまざまな課題があることも明らかにした。一つは，この教えが聖書的であるか否かが問われたことであり，一つは熱狂主義や隠遁生活へと向かわせる傾向があったことである。

聖書を根拠としているかという問いは，ウェスレー自身が『キリスト者の完全』において聖書的根拠を明らかにして応えているが，その後の神学的研究において必然的にキリスト教思想史上の完全理解を問うことになった。そしてさまざまな教会史上の神学者の解釈に，聖書的・使徒

的精神と共に，プラトン哲学やストア哲学などのギリシア哲学の精神があることに注目され，パウロの声と共にプラトンの声を聞くことができることが問題とされた。ギリシア的影響を受けた彼らの理解は，中世における形而上学的神秘主義と倫理学的禁欲主義の結合へ道を拓いたとされ，修道院に典型的な「完全主義」であるとして批判された。

熱狂主義についてはウェスレー自身これを批判したが，その傾向はメソジズム運動の中に常に付きまとうものとなった。彼らは聖霊による体験を強調し，倫理的に罪と戦うよりも，体験的に罪に打ち勝つ聖霊を受けることを強調した。この体験を重んじる動きは必然的に個人主義に傾き，社会的責任の倫理と矛盾しがちになる問題をはらんでいた。

「キリスト者の完全」の教理に対する今日の最大の課題の一つは，これが歴史の中で一世を風靡するほどの大きな影響を与えたにもかかわらず，現代の教会や神学界において関心の払われることが少ないことである。これにはさまざまな原因が考えられるが，たとえばこの運動の歴史の中で現れた恩寵なき倫理を主張する動きや，*義認と聖化の関係で救済が後退する傾向などが挙げられるであろう。しかし問題の本質と原因は，この教えを重んじる教会の説教に表れている言葉を問うことなしに捉えることはできないであろう。「キリスト者の完全」に関する歴史的・教理的研究は進んでいるが，この運動を担う説教との関係で実践的考察をしているものは少ない。しかし現実には，説教を生み出す力へと結びつかない原因を問うことによって，その言葉を支えている神学の問題も明らかにされるであろう。いずれにしても，今日もう一度力を取り戻すべき重要な教理であることは間違いない。　　　　　　　（森島　豊）

❖参考文献

R. Newton Flew, The Idea of Perfection in Christian Theology: an Historical Study of the Christian Ideal for the Present Life (London: Oxford University Press, 1968).

G. A. ターナー『ウェスレー神学の中心問題』(小出忍ほか訳，福音文書刊行会，1974年)。

L. G. コックス『ウェスレーの完全論』(田中敬康ほか訳，日本ウェスレー出版協会，1981年)。

キリストの再臨

[ギ] パルーシア,[英] second coming of Christ

　キリストの再臨とは,*イエス・キリストが第一の到来のわざとして地上で十字架の贖罪の死を遂げ復活し*昇天された後,再び聖徒たちのもとに到来される,というキリストの第二の到来への聖書の信仰のことである。マルコによる福音書14章62節「あなたたちは,人の子が全能の神の右に座り／天の雲に囲まれて来るのを見る」という,主イエス自身にその真正性を帰しうる言葉が,その根源であり根拠である。これは,人の子が「天の雲に乗り」神の「もとに進み,権威,威光,王権を受けた」,という旧約聖書ダニエル書7章13-14節からの引用とも考えられるが,主イエスの言葉では明らかに独自の再臨の表現に変えられている。

　千年王国 (chiliasm / millenarianism / millennialism) とは,ヨハネの黙示録20章1-6節に基づき,再臨と共に復活させられる聖徒が「キリストと共に千年の間統治する」という信仰の観念のことである。その後,これに基づき教会で敷衍された諸々の「千年王国説」はかえって問題を醸し出した側面もあるが,しかし上記聖句が言及する「統治」という要素にはキリスト教信仰にとって無視し得ない含蓄があることが覚えられねばならない。

　主イエス自身に根拠をもつ再臨信仰を言い表した最古の文書は使徒パウロのテサロニケの信徒への手紙一,二(紀元50年頃)である。「あなたがたが……御子が天から来られるのを待ち望むようになった」(Ⅰテサ1:10) という言葉は,再臨が初代教会の宣教内容(ケリュグマ)であったことを明示している。続く多くのパウロ書簡にも再臨信仰は顕著であり,その他の新約聖書の文書のほとんどにも再臨信仰への言及がある。直接の言及がないのはガラテヤの信徒への手紙,エフェソの信徒への手紙,フィレモンへの手紙,ヨハネの手紙二,三のみであるが,それぞれに説得的なその理由があり,再臨信仰はそれらにも大前提であった。パウロがコリントの信徒への手紙一16章22節で伝えるアラム語の表現「マラナ・タ」(主よ,来てください) は初代教会の礼拝用語であるが,そこ

に初代教会の再臨信仰が象徴されている。

マタイによる福音書23章39節によれば、主イエスは、再臨の預言の後、弟子たちはその「ときまで、今から後、決してわたしを見ることがない」と述べられた。他の類似箇所と共にこれが証言しているのは、復活および昇天と再臨との間には「ある期間」が想定されていたということである（W. G. Kümmel, Verheißung und Erfüllung, 1956, S. 63ff.）。

この「期間」をどのように捉えるか、待望している再臨は遅れているのではないか、という問題意識がすでに聖書の時代において起こってきた。いわゆる「再臨の遅延」の問題である。これに対して、ペトロの手紙二は次のように答えている。すなわち、「ある人たちは、遅いと考えているようですが、主は約束の実現を遅らせておられるのではありません。そうではなく、一人も滅びないでみなが*悔い改めるようにと、あなたがたのために忍耐しておられるのです。主の日は盗人のようにやって来ます」（3:9-10）。ヨハネによる福音書も、一方で信じる者は現在すでに「*永遠の命を得ている」（6:47）ことを強調するが、他方で主イエスが昇天の後「あなたがたのところに戻って来る」（14:18）と述べられたことを伝え、未来の再臨への*希望を堅持している。信じる者にとって再臨の時についてはただ主イエスの次の言葉のみが妥当する。「その日、その時は、だれも知らない。……父だけがご存知である」（マコ13:32）。これを特定する一部の千年王国説的思弁はかえって有害である。

この再臨の時をめぐっては神学史的には三種の*終末論の枠組みで説明されてきた。A. シュヴァイツァーに帰される「徹底的終末論」（consistent eschatology）では、主イエスは復活後ただちに人の子に変容し到来すると考えられていたが、この説は上記の再臨の遅延の意識もあり、退けられてきた。C. H. ドッドに代表される「実現された終末論」（realized eschatology）では、*神の国はキリストの第一の到来によってすでに実現したゆえに、再臨を言う「必要はもうない」として、この信仰自体が否定されることになる（C. H. Dodd, The Coming of Christ, 1951, 邦訳、『キリストの来臨』神田盾夫訳、新教出版社、1953年、26頁）。再臨に関して神学的に最も適切な見方はR. H. フラー等による「先取的終末論」（R. H. Fuller, The Mission and Achievement of Jesus, 1954）であろう。すな

わち，それによれば，再臨は確かに未来にあるのだが，第一の到来によって「すでに先取的に働いている」のである。

再臨信仰への躓きを誘う要素は，上記の再臨の遅延の問題に加えて，聖書で再臨を描写するために用いられた古代世界観的表象であろう。これを神話的表象と捉えて，現代人に理解させるためにはその非神話化が必要であるとする，R. ブルトマン流の実存論的解釈を適用する試みもありえよう。しかし，聖書において再臨描写に多く用いられているのは隠喩的暗号的表象であるゆえに，肝腎なのは，それにより暗示されている歴史的政治的状況を解明し，その現代的含蓄を解き明かそうとする，H. ガダマー流の「地平の融合」の解釈学であろう。非神話化論の欠点は客観的歴史的な問題状況を「今，ここで」の実存的在り方へと還元解消しがちなその傾向である。

再臨の本質的神学的重要性はそれが担う「*救済史」的意味であり，「神の国」の使信であり，福音がもつ「社会救済」の含蓄である。復活が主イエスの十字架の犠牲愛が人間の罪と*死に勝利したという神の力の証明であったとすれば，再臨はその力によって主イエスがこの地上に神の愛の支配すなわち神の国を打ち建てられることの未来的証明である。聖書の神信仰は本来的に「メシア待望的」であった。メシア待望とはメシアすなわちキリストが人類に究極の社会的救済をもたらすという期待にほかならない。新約聖書がそこから再臨信仰を継承した旧約聖書の「主の日」のヴィジョンも，ヤハウェが栄光のうちに天より降り，社会の敵を裁き，悪を滅ぼし，平和の支配を樹立するという，イスラエル社会の救済の使信であった。イスラエルは十字架で死んだイエスをメシア＝キリストとは信じなかったが，キリスト教はこの十字架の贖罪死を遂げたイエスこそがメシアであったと信じるのであり，しかもこの方による「神の国」の完成を信じるのである。その聖書的証言の一つが次のコリントの信徒への手紙一15章24節である。すなわち，「次いで，世の終わりが来ます。そのとき，キリストはすべての支配，すべての権威や勢力を滅ぼし，父である神に国を引き渡されます」。再臨はイエス・キリストによる神の国の成就のしるしである。

復活後に顕現し「神の国について話された」主イエスに，使徒たちは

「イスラエルのために国を建て直してくださるのはこの時ですか」と問うたが、その時は「あなたがたの知るところではない」と告げられ、むしろ「地の果てに至るまで」主の「証人」となるべく世界伝道の命令を与えられた（使1:3-8）。このことはキリスト教会もまた神の国の成就のために何らかの歴史的倫理的努力を遂行すべきことを意味している（再臨が千年王国の前か後かという思弁は別にして、再臨のキリストを待望する聖徒たちの神の国のための倫理的努力を強調した健全な「後千年王国説」がメソジズムで果たした役割は覚えられて然るべきであろう）。この意味で、再臨信仰は歴史的過程を否定しない。それは神が世界史の支配者であり、罪ではなく神の愛が普遍史の支配原理であることを証言する。しかし、それはまた、神の愛が歴史の内部では「犠牲愛」として現れざるをえなかったように、神の国が単純な歴史内在的可能性ではなく、歴史超越的な「不可能の可能性」（R. *ニーバー）であることを証言する。

　再臨の救済史的意味は、「使徒信条」が聖書的典拠（Ⅰペト4:5等参照）に基づき「かしこより来りて、生ける者と死ねる者とを審きたまわん」と述べるように、キリストの再臨が終末における万人に対するキリストによる「最後の審判」と同一的であることによって全うされる。ここで覚えられるべきは、キリスト教的歴史観がギリシア的循環の観念ではなく明確な始原と終末により規定され、かつその終末の審判もキリストの十字架の贖罪愛により規定されるものである、ということである。

（西谷幸介）

悔い改め
[英] repentance, [独] Buße

　「悔い改め」は、日常的な言葉としては「過ちを反省して、よい言動をするように心がけること」といった程度の意味であるが、言うまでもなく、キリスト教信仰の文脈においては、より深く、また特殊な意味を持つ言葉となっている。その一つの要因に、そこでは罪が問題になっているということがある。神への背きの現実に対して悔い改めが出てくる、と言い換えてもよい。日常的な意味における悔い改めでは、外面的

な言動が何らかの社会的規範を犯すものであったかどうかが問題になるが、キリスト教信仰においては罪に陥り、神との交わりを失っていることこそが問題なのである。

神に背くかどうかは中間の状態があり得ない「あれか・これか」の問題であるから、神へ向かうのであれば、罪を徹底的に憎み、罪から離れるのでなければならない。そこで伝統的に「痛悔（[ラ] contritio）」という言葉で表現されてきたように、悔い改めには罪の承認・嫌悪、それゆえの悲しみや苦痛という面が含まれる。この徹底性がキリスト教的な悔い改めを特徴づける第二の要素である。

しかしまた、新約聖書の語る「悔い改め（メタノイア）」が心の方向転換を意味するということ、さらには、その方向転換によって*神の国や福音に心を向けることになるということを踏まえるなら、悔い改めは「回心」と同義になってくる。そして、このとき、悔い改めや回心には神の国や福音が先行しているという点が重要である。これがキリスト教的な悔い改めの性格を形づくる第三の点であるが、このことは、ルカによる福音書15章の伝える悔い改めに関わる三つの譬のうちの始めの二つが、悔い改める者（譬の中の羊や銀貨）ではなく、失われたものを追い求める神または*イエス・キリスト（同じく羊飼いや女性）を中心に描いているというところからも窺われる。イエス・キリストにおいて到来している福音あるいは神の恵みの支配の現実を知り、そちらへと心を向けるときにこそ悔い改めは生じるのであって、それ自体がすでに恵みの一部なのである。

ここから二つのことが導かれてくる。一つは、悔い改めには上述の通り痛悔の側面があるものの、それが恵みの現実に向かうものである以上、悔い改める者は決して絶望に追い込まれたり、陰鬱さに沈み込んだりしないということである。人を暗闇に置き去りにするような悔い改めは、間違った仕方で徹底されたものだと言わなければならない。このように、福音の喜ばしさを覚えることのない、あるいは、福音による喜びが罪の悲しみを上回ることのない悔い改めは、真の悔い改めとは呼べないであろう。

もう一つは、悔い改めは人間が恵みに先行して果たさなければならな

い義務と見なされている業では決してないということである。ルターが1517年に「九十五箇条の提題」(Disputatis pro declaratione virtutis indulgentiarum. 邦訳，緒方純雄ほか訳，『ルター著作選集』教文館，2012年所収）を記したとき，このことが問題であったと言えるであろう。その第一条に「私たちの主であり師であるイエス・キリストが『悔い改めなさい……』と言われたとき，彼は信ずる者の全生涯が悔い改めであることをお望みになったのである」とある通りである。このように語ることでルターは，イエス・キリストの求める悔い改めをいわゆる「悔い改めの秘跡」にあずかることであると理解しないようにと主張し，あるいはまた，当時のいわゆる「免償符」の販売がもたらした，神との正しい関係が金銭で買えるかのような考えを拒否している。悔い改めは，そのような人間の業に第一に関わるものなのではなく，むしろ，イエス・キリストにおける神の恵み，つまり，罪の赦しをこそ土台とし，そこに繰り返し立ち返り，その恵みの力によって信仰生活を戦い抜いていくことなのである。したがって，先に悔い改めが回心と同義になると述べたが，そのことは悔い改めがただ一回限りのものであって，繰り返しがあり得ないという意味ではない。罪ある人間は繰り返し神の赦しの恵みの現実に立ち戻らなければならないのであって，それこそが悔い改めなのである。

　このように，悔い改めることが神による罪の赦しの現実に立ち帰ることであるならば，それは具体的には*神の言葉および聖礼典に立ち帰ることだと言える。神の言葉は罪の赦しの約束を福音として語るのであるから，悔い改めは神の言葉を必要とする。また，洗礼はイエス・キリストの一度限りの罪の贖いの死に人間を結びつけるものであるから，悔い改めにおいて繰り返し思い起こされなければならない。さらに，一度限りの洗礼において与えられる罪の赦しの恵みが洗礼を受けた信仰者の一生に関わり，有効であることは聖餐に繰り返しあずかることによって確認される。このように，神の言葉と聖礼典が日々の悔い改めを支えるのである。
　　　　　　　　　　　　　　　　　　　　　　　　　　（神代真砂実）

✤参考文献

J. カルヴァン『キリスト教綱要　第3篇』(渡辺信夫訳，新教出版社，2008年)。

熊野義孝

くまの・よしたか (1899-1981)

　熊野義孝は1899年芝高輪に生まれた。植村正久の東京神学社に学び，早くからその才能を見込まれ，卒業後すぐに母校の講師として教えるようになる。その間，主筆であった植村の「福音新報」編集の手伝いをし，短文を執筆している。その後日本基督教会函館教会の牧師として赴任し，説教と牧会に当たる一方，英独の書籍に親しみ，独自に神学の研鑽を深めた。1931年に東京の武蔵野教会に戻った後，1933年に日本神学校講師となり，日本基督神学専門学校を経て，東京神学大学の教授として新約学を講じるかたわら，組織神学の分野で数多くの独創的な著作を執筆した。

　1932年（33歳），『弁証法的神学概論』（新生堂）をもってカール・*バルトらの神学運動を日本で初めて本格的に紹介するとともに，1933年（34歳）に『終末論と歴史哲学』（新生堂）を著し，終末論的思惟を自らの神学的スタンスとして確立した。その後，『キリスト論の根本問題』（基督教思想叢書刊行会），『現代の神学』（新生堂）などを著すが，中でも画期的となったのが，1947年（48歳）の『基督教概論』（新教出版社）である。そこでは*キリスト教の本質が宗教的な仲保・媒介の問題として掘り下げられ，歴史的相対主義に陥ることなく，神学の営まれる場としての教会が終末論的な歴史形成の主体として明確に定位されるに至っている。1952年（53歳）には信仰告白制定特別委員として「日本基督教団信仰告白」（1954年）の作成に参与している。1954年（55歳）から『教義学』全3巻（新教出版社）の執筆に取り組み，1965年（66歳）に完結している。こうして日本における本格的な*教義学の集大成が結実されるに至った。

　熊野が終始戦っていたのは東洋的な汎神論の世界である。自然と神を一体視する汎神論は結局一種の自然主義に帰着する。近代自由主義神学は歴史を重んじているようでいて，その実は「発展史的汎神論」（ディルタイ）でしかない。そこでは歴史も自然界の延長でしかなく，*審判の契機が欠落し，罪悪の問題が不明瞭になる。しかしそれでは新しい創

造としての救いも真剣には顧慮されえない。近代神学は啓示の意義を曖昧にしたままなので、イエスの人格的感化を強調することしか道がなくなった。啓示の意義は終末論的視点に立った時に初めて明らかになる。福音は*イエス・キリストの事実にある。熊野はそれを「受肉の論理」と呼ぶ。イエス・キリストにおいて永遠者に直面することで、初めて世界はその終末論的構造をあらわにする。

　熊野はバルトとは違い、歴史的教会を重視する。そのトレルチ的問題設定が一番よく現れ出たものが『基督教概論』である。宗教は媒介者の問題である。キリスト教の本質は、神と人との仲保者たるイエス・キリストの人格的事実に存する。しかもこの仲保者性が、彼の地上的身体としての歴史的教会の伝統の中で、権威として不断に伝承されるという、二重の媒介性にこそ、特にキリスト教的なるものが求められねばならない。それゆえ、*受肉の論理は教会論へと徹底される。新約聖書において教会は「単に信仰者の任意な集団」ではなかった。むしろ「教会は仲保者キリストの媒介的機能を継承するものとして、まさにキリストの身体であり得る」。そのように救済論的な見極めを明確にすることによって、キリスト教は単なる教祖崇敬の域にとどまらず、彼との秘義的一致、生命的交わりを根幹とした堅固な歴史的、身体的宗教たりうることになる。このことが無教会運動や心情的キリスト教との違いとなって現れる。キリスト教は明確に*信条を備えた歴史的教会の姿をとって初めて本物の身体となる。

　ここで熊野が改めて注目するものが伝統である。赦罪者の権威の媒介者であるということによって、歴史的キリスト教は成立している。伝統とは伝承作用である。ただしこの伝承は、地上の教会を受肉の延長と見るカトリック的な理解では逸脱する恐れがある。そこに終末論的な見方が適用される。教会はあくまで唯一の赦罪者である方の権威を告白することで、その権威を伝承する。鍵の権能は岩としてのペトロ個人の上にではなく、彼が代表的に言い表した信仰の告白の上に授けられたものであり、その連続する告白の上に教会が建てられたのである。この信仰の告白、特に基本信条の生ける告白の中に、教会の生命的連続がある。信条も教義もこのような生きた伝承の表現である。

歴史的教会という主題を日本で最初に神学の視座に据えたのは熊野義孝である。キリスト教は単なる聖書主義や観念的な精神主義、あるいは心情主義であってはならない。キリスト教は歴史的教会として自己を形成するものである。歴史的な教会は歴史的な身体を持つ。それゆえ、普遍的な公同教会の客観的な信条の上で、福音的な宗教改革の精神に則ってキリストの身体としての教会を形成し続けてゆくことが、すなわち世に建てられた教会の使命である。植村によって手探りで始められた「国民的自由教会」建設の道が、こうしていち早く自前の神学徒によって見事に神学的開花を果たしたのである。　　　　　　　　　　（芳賀 力）

啓示

[ラ] revelation, [英] revelation, [独] Offenbarung

　啓示という概念は、一般に通常の知識獲得の方法によっては得られない秘められたものの顕現を意味し、もともと日常生活から宗教全般に広く見られる概念である。しかし、キリスト教は伝統的にこの概念を重んじてきただけではなく、プロテスタント神学においては、特に20世紀において、この概念が改めて注目され、さまざまな議論が展開された。
　そもそも啓示という概念は、キリスト教においては、ギリシア語のアポカリュプテイン（覆いを取り除く）とかファネルーン（明らかにする）といった言葉やこれらに対応するヘブライ語に由来する概念である。そして、その主体は神であり、その内容の中心は*イエス・キリストにおいて示された神の救いの恵みである。しかし、この啓示概念をめぐって、キリスト教神学では、その初期の段階からいくつかの重要な議論が展開された。まずそれを概観しておくと、その一つは、イエス・キリストにおける神の啓示は排他的なものか、それとも包括的なものかという議論である。たとえば、古代教会のテルトゥリアヌスは「アテネとエルサレム」には何の共通点もないと主張したのに対し、弁証家のユスティノスは、ロゴス論に基づいて、理性に従って生きる者はすべてキリスト者であると主張した。また啓示の内容に関しても、自然的啓示と特殊的

啓示とに分けて議論されるようになった。中世のトマス・アクィナスは,神学を*自然神学と啓示神学とに分け,前者を神の存在やその永遠性に関する真理を扱い,後者を神の*三位一体やその救済行為に関する真理を扱うとした。こうした議論は,中世を貫いて展開されたが,宗教改革者のマルティン・ルターは,それを「*律法と福音」という二元的形で捉えた。すなわち,ルターは,自然的啓示によって認識されるのは人を裁く律法のみであり,それは神の非本来的業であるとし,また特殊的啓示によって認識されるのは人を救う福音であり,それを神の本来的業とした。この見方は正統主義に継承され,啓示は一般的・自然的啓示と特殊的・超自然的啓示に区分され,後者が前者の規範とされた。しかし,新プロテスタンティズムを経る中で次第に前者が後者を上回り,理性主義の啓蒙主義に至っては完全に逆転し,理神論においては理性に合致するものが真の宗教であると見なされた。またイマヌエル・カントからは理性に対する批判が起こるも,理性の限界内で語られた宗教は倫理へと還元されていった。そうした中,19世紀の*自由主義神学は,理性主義でも道徳主義でもない,宗教の独自の立場を打ち立てるべく,それを人間の宗教経験に求めていった。特にF. D. E. *シュライアマハーは信仰を「絶対依存の感情」として捉え,それを啓示の内容と理解したため,啓示は非常に主観的で曖昧なものとなったのみならず,従来の啓示概念を変えることにもなった。また一方では,エルンスト・*トレルチのように,歴史主義に基づき,その歴史的相対性の中でキリスト教の絶対性(最高妥当性)の考察が試みられたが,その基礎となる宗教の「現実」の認識においては「宗教的アプリオリ」が語られ,啓示が直接的出来事であることが主張された。

　こうした議論を経て20世紀神学が新たに展開されることになったが,そこで改めて問題となったのが啓示であった。そして,その出発点は,何と言ってもカール・*バルトの『ローマ書』(Der Römerbrief, ¹1919, ²1922. 邦訳,『ローマ書講解』全2巻,小川圭治ほか訳,平凡社,2001年1)にあった。ここでバルトは,神と人間との「質的差異」を認識する中で,神については弁証法的にしか語り得ないと主張したため,そこからバルトに共鳴するグループは「*弁証法神学」と呼ばれ,また啓示がもたら

す危機や時代の危機的状況を受けて「危機の神学」とも呼ばれたが、そこで共通していたのは啓示の重視であった。しかし、それは必ずしも完全に一致したものではなく、特に自然神学に対しては相違があった。それが顕著になったのが、エーミル・*ブルンナーが1934年に『自然と恩寵』（Natur und Gnade, 1934. 邦訳、清水正訳「自然と恩恵」、『ブルンナー著作集1』教文館、1997年所収）を著した時である。この中でブルンナーは、恩寵の優位を認めつつも自然神学の必要性を指摘し、人間には神の啓示を認める「結合点」があると語った。それに対し、バルトは『否！』（Nein! 1934. 邦訳、「ナイン！」菅円吉訳、『カール・バルト著作集2』新教出版社、1989年所収）を著し、それに真っ向から反対した。というのも、バルトはもともと19世紀神学から出発した人であるが、その楽観主義が打ち砕かれた第一次世界大戦を経る中で、人間から神へという人間性に基づく神学の限界を知らされ、神から人間へという啓示に基づく神学を展開するに至ったが、そうしたバルトから見れば、ブルンナーが問題とした「結合点」も啓示に反するものであったからである。バルトによれば、神は「絶対他者」であり、神に至る道は人間の側にはあり得ず、あるのは唯一神の*受肉としてのキリストであり、それゆえにキリストが唯一神の啓示であるのみならず、人間がそれを認識する力もそこに含まれると考えたのである。バルトにとって、それ以外のものはすべて人間から神へと至ろうとする試み＝宗教であり、それは啓示の代用物にすぎず、偶像崇拝と不信仰にほかならなかったのである（なお弁証法神学に属すると目されるルドルフ・ブルトマンも、ブルンナーと同様に、啓示の「前理解」の必要性を語った）。

このように、両者は、啓示の認識では深い対立を示し、訣別することになったが、その内容に関しては、共にイエス・キリストにのみ唯一の啓示を見ている。ブルンナーは、『危機の神学』（The Theology of Crisis, 1929）の中で、19世紀神学を神と人間との非人格的な「連続の思想」として退け、イエス・キリストの人格に現された啓示こそ、真実の啓示であるとした。またバルトも、「啓示」（1933年）という論文で、啓示とは「イエス・キリスト自身、その具体的な実在としての彼の人格」であるとし、それはまた「肉となった永遠の*神の言葉」であると語った。バ

ルトは、後の『教会教義学』において、この言葉をキリストにおける言葉、聖書におけるこの言葉の証言、説教におけるこの言葉の宣教として語ったが、それはまた三位一体論的視点から、「啓示者」（神）、「啓示」（キリスト）、「啓示存在」（聖霊）の三位一体的運動として捉えた。そしてまた、こうした視点は、20世紀に入ってから改めて主張されたルター派の「律法と福音」の二元的考えに対し、すべてを神の恵みとして捉える「福音と律法」という一元的主張ともなった。

こうしたバルトたちのキリストにのみ啓示を認める排他的理解に対し、同世代のパウル・*ティリッヒは、非常に対照的な包括的理解を展開した。ティリッヒは、弁証法神学とは一線を画していたが、啓示から出発したのは同じであった。ただし、ティリッヒは「聖なるもの」という宗教経験の現象学的分析を通して啓示を論じたが、1927年の論文「啓示の理念」では、啓示概念の対象となるものは、具体的な実在ではなく理念であるとし、それを「制約的なもの」を超える「無制約的なもの」と捉え、啓示をこの両者の「相関」に見た。それゆえに、それは歴史のどこにおいても起こり得るものであり、そこには「制約的なもの」が無制約性を要求し、「デモーニッシュなもの」となる危険性もあるとした。ティリッヒは、後に『組織神学』第1巻（Systematic Theology, 1951. 邦訳、谷口美智雄訳、新教出版社、1990年）の中で詳しく啓示論を展開することになったが、そこでは啓示をイエス・キリストの終極的啓示とそれに連なる従属的啓示とに分け、終極的啓示を従属的啓示から成る「啓示史」の中心と理解した。その場合、その基準となるのは、啓示を媒介する媒介者（物）の自己犠牲である。ティリッヒによれば、イエス・キリストは神の啓示に対し自らを完全に否定し透明となったゆえに、終極的な啓示となったのである。またティリッヒは、啓示には神が自らを示すという客観的要素と人間がそれを受領するという主観的要素があるとし、その受領の行為を「宗教」と名づけ、それを積極的に評価した。ティリッヒは、こうした視点から、バルトの排他的な啓示理解は、あたかも隕石が天空から落ちてきたようなもので、伝統的な啓示理解とは異なると批判したが、バルトもまた、啓示を問いと答えの「相関」として語ろうとしたティリッヒを痛烈に批判した。

ところで、こうしたバルトやティリッヒたちの世代を経て、1960年代に入ると、ヴォルフハルト・*パネンベルクや*ユンゲル、*モルトマンといった新しい世代からの議論が展開されることになったが、そこでは特に啓示と歴史の問題が議論され、中でもパネンベルクは、バルトが歴史的啓示からではなく、「イエスはキリスト、主、御子にいます神」との*神認識から出発したことに対して、それを「信仰の決断主義」として批判し、「歴史としての啓示」を主張した。すなわち、パネンベルクは、ハイデルベルク時代の共同研究『歴史としての啓示』(Offenbarung als Geschichte, 1961. 邦訳、大木英夫ほか訳、聖学院大学出版会、1994年)の中で、啓示を「神の行為」として認識され、解釈される歴史の出来事として論じたが、それはまた「歴史の終わり」に起こると主張した。そのため、それは将来のことであり、また黙示文学的性格を持つこととなった。それに対し、イエス・キリストにおける啓示は、その復活において、終わりの先取りであり、その暫定的な啓示とされた。ところで、こうした理解の背景には、旧約学者のフォン・ラートやヘーゲルの影響があると見られるが、なかんずく、パネンベルク自身の「神の存在はその支配にある」とする思想が、「万物の神支配である神の国の歴史の終わりの出現において初めて神は神としてご自身を啓示するという思想」になっていると考えられる (近藤勝彦『啓示と三位一体』教文館、2007年)。しかし、このような歴史に基づく啓示理解は、下からの歴史的認識を可能とし、またティリッヒやブルトマンなどに見られる実存主義的思想の持つ非歴史性を克服することになるが、反面、イエス・キリストの復活に関しても、どこまで下からの歴史的認識が可能なのか、近藤が指摘するように、そこにはやはり信仰的・神学的認識が欠かせないとも言えよう。

このように、20世紀のプロテスタント神学は、啓示概念をめぐって展開されたとも言えるが、その内容は実に多様であり、それがそれぞれの神学の個性ともなっている。

(菊地 順)

契約

[ヘ] ベリート, [ギ] ディアテーケー, [ラ] foedus, [英] covenant, [独] Vertrag

契約は聖書において繰り返し言及される重要概念である。異なる二つの集団または個人間において、互いの関わり方、ふるまい方についての共通理解を確立し、それに基づいた生き方をお互いの信頼関係の中で期待し、求め合っていく関係性を指している。旧約聖書に見られる契約においては、歴史的出来事に基づく導入、規定条項、処罰条項、祝福と呪いの宣言、犠牲奉献とそれに続く祭儀的会食といった典型的形式が、ヒッタイト族における戦争後の契約締結の碑文に残されている宗主権的契約観と類似性を持っているといわれている。

聖書においては神と人間との間で、神のイニシアティヴによりこの契約が結ばれる。前提となるのは、人間が神の戒め、定め、法を守るならば、神はその民に守りと祝福を与えるが、人間が神の掟に従わない場合、神はその民に審きを下し、祝福は取り去られ、災いが民を襲うということである。しかし聖書の中にはこの相互関係に基づく契約関係と関連しつつも区別された形で、人間が契約関係の期待に応えられるか否かに関わりなく、神が一方的に人間と結ぶ契約の系譜もまた存在している。聖書においては、この二種類の契約の絡み合いを通して、神の救いの物語が展開していく。

旧約聖書においては、すでに創世記においてアダム契約が結ばれたと考えることができる（創2:16-17）。出エジプト記におけるシナイ山での十戒授与は神の掟の遵守に基づく契約関係を端的に表している（出20章）。レビ記26章や申命記28章には祝福と呪いの定型が見られる。

これに対して、神がノアやアブラハム、さらにダビデとの間に結ぶ契約は宗主権的契約関係とは異なる特徴を示している。律法の遵守という条件つきの祝福とは異なり、人間が律法を守ることができるか否かに関わりなく、神が一方的恵みと約束として与える契約、王による下賜としての契約である。神はノアとの間に契約を立て、そのしるしとしての虹を示される（創9:15-16）。アブラハムに対しては永遠の契約が立てられ、カナンの土地所有が約束される（創17:7-8）。ダビデ契約においては王国

と王座の永遠の存続が約束される（サム下7:16）。こうした人間の側の行いにより無効化されてしまうことのない，条件なしの契約概念は，エレミヤの預言する新しい契約に端的に現れ出る。この契約はシナイ契約とは異なり，人間の側の契約不履行によっても破棄されることはない。「わたしの律法を彼らの胸の中に授け，彼らの心にそれを記す。わたしは彼らの神となり，彼らはわたしの民となる」（エレ31:33）。

新約聖書においては，*イエス・キリストがこの新しい契約を成就・完成するためにこの世に来たと理解される。最後の晩餐で分かち合われた杯は「わたしの血による新しい契約である」（ルカ22:20）と宣言される。キリストは「最初の契約の下で犯された罪の贖い」として，契約を遵守できなかった人間の罪を代わって担った「新しい契約の仲介者」なのである。この新しい契約に基づくキリストの死により，「召された者たちが，既に約束されている永遠の財産を受け継ぐ」道が開かれたのである（ヘブ9:15）。

組織神学においては，16世紀の宗教改革の時代から17世紀のプロテスタント正統主義を通じて，特に改革派の伝統においてこの契約概念を基軸に据えた契約神学が展開していくことになる。上記のような聖書の記述から読み出され，ウルジヌス，オレヴィアヌス，ユニウスらによって展開され，アルシュテットやコクツェーユス，ブールマンを経て，ウィツィウス，ハイデガー，トゥルレッティーニ，マストリヒトといったプロテスタント・スコラ主義の神学者たちにより，契約概念は神学の体系化にあたり中心的な役割を担う主題となっていく。さらに契約神学の伝統はイギリスやアメリカにおいても，トマス・グッドウィン，デイヴィッド・ディクソン，サミュエル・ウィラード，ジョナサン・*エドワーズといった神学者たちによって受け継がれていく。

この経過において三つの契約が相互に関連しつつも区別して認識されるようになった。すなわち，「業の契約」，「恵みの契約」，そして「救済の契約」である。神とアダムの間に結ばれ，シナイ契約において再確認されたと考えられるのが「業の契約」（Covenant of Works）ないし「創造の契約」（Covenant of Creation）である。この契約は人間が神の定めと掟を完全に守ることのできる能力を持っていることを前提としている。創

造された原初状態においては、人間は神の律法を完全に遵守することができる能力を持っていたのであり、その実行が期待されていた。ところが、人間が罪に堕ちたため、律法の遵守は不可能となってしまった。そのままであれば人間は完全な律法の遵守という要求に応えることができず、神の審きと呪いとしての*死を受けるばかりである。

これに対して、アブラハム契約やノア契約、ダビデ契約に見られ、イエス・キリストの出来事において成就した契約として、「恵みの契約」(Covenant of Grace) がある。人間が罪に堕ちたことにより、その完全な履行が不可能になってしまった神の律法を、神ご自身が成就する仕方で、神と人間の間の交わりを回復する。もはや人間が律法を遵守できるかどうかに関わりなく、いわば神の側からの一方的な決断と処置により、断絶した神と人間の関係が取り戻される。その恵みの決断が決定的に現れ出たのが、神の独り子であるイエス・キリストが人間に代わり完全に律法を遵守する生涯を歩み、十字架の死において罪と呪いの中にある人間に赦しを得させた出来事である。こうしてイエス・キリストを救い主として信じ、信仰において受け入れる者は、キリストによる律法への完全な服従という代理的業の恩恵に与かり、律法違反がもたらす審きと呪いから救われるのである。

さらに改革派の伝統の中で、この神の側での恵みの決断を、神ご自身の中での永遠の交わりにまで遡って認識する「救済の契約」(Covenant of Redemption) の教理が形成されるようになった。独り子なる神がやがて時至って人間の肉を取り、律法を守ることのできない呪いの中にある人間の中の選ばれた者たちのために、律法の代理的な完全遵守を成し遂げることに関する合意が、父なる神と子なる神との間で交わされていたことがこの教理において認識されている。天地創造に先立って、神の永遠の交わりの中においてすでに神の救済計画が用意されていたことになる。聖霊は父と子との間の愛の絆そのものとして認識され、歴史的展開の中ではこの救済計画を実行に移す主体として捉えられるようになる。この教理に立てば、人間の堕罪とそれを受けての救済計画の実行もすべて永遠においてあらかじめ前提されていたことになり、堕罪前予定説 (supralapsarianism) の立場を取ることになる。

この永遠における救済決定としての「救済の契約」が時間と歴史の中で展開していく様相が「業の契約」と「恵みの契約」として理解されることになる。契約神学においては，創造論や義認論，教会契約や国家契約，歴史と終末も，この契約の枠組みにおいて捉えられ，理解されている。神と世界の関係，*義認と*聖化の関係，教理と実践の関係などを考える上でも契約概念は助けとなる。 (矢澤励太)

✣参考文献
芳賀力『使徒的共同体——美徳なき共同体』(教文館, 2004年)。
近藤勝彦『キリスト教の世界政策——現代文明におけるキリスト教の責任と役割』(教文館, 2007年)。
大木英夫『組織神学序説——プロレゴーメナとしての聖書論』(教文館, 2003年)。

ケーラー

Kähler, Karl Martin August (1835-1912)

マルティン・ケーラーはドイツの組織神学者であり，新約聖書学者である。1835年1月6日，ケーニヒスベルク近郊ノイハウゼンに生まれた。祖父ルートヴィヒ・アウグスト・ケーラーは合理主義の影響を受けた牧師，神学教授であり，父ジークフリート・アウグスト・ケーラーも牧師，教区監督であった。

ケーラーはまずケーニヒスベルク大学で法学を専攻したが，生来病弱であった彼は，腸チフスによって死の不安を経験したことをきっかけに，半年ほどで神学に転向し，ケーニヒスベルク，ハイデルベルク，ハレ，チュービンゲンにて学んだ。ハイデルベルクではリヒャルト・ロテのもとで組織神学への関心が目覚めた。ハレではアウグスト・トールックとユリウス・ミュラーのもとで学び，信仰覚醒運動の感化を受けた。トールックの，聖書学者としてのみならず説教者および父性的な指導者としてのあり方はケーラーの模範となり，のちにケーラー自身も学生たちの牧会者としてシュレージエンの神学生寮を指導することとなった。ミュラーはケーラーの組織神学に対する関心をさらに深めさせた。

チュービンゲンでケーラーはヨハン・トビアス・ベックに組織神学を学んだが、この教師もまた敬虔主義の影響を受けた正統主義的な神学者であった。神学を聖書に基づいて展開するというケーラーの立場は、ベックから受け継がれたものである。

ケーラーは1860年に学位論文「良心論」(1878年出版)によって博士号を取得し、ハレ大学の私講師となった。1864年より2年半、アルブレヒト・リッチュルの後任としてボン大学の准教授を務めたが、1867年より再びハレ大学より准教授の招聘を受け、前述の寮監となる。神学者としての業績を断念しなければならなかったこの時期は、彼にとって「深い谷」であったと称されているが、1879年にハレ大学の組織神学および新約聖書学の正教授となってからのケーラーは多くの業績を残し、終生ハレにとどまった。

ルター派の組織神学者ヘルマン・クレーマー、牧師ハインリヒ・ホフマンとの親交は生涯にわたり、ケーラーの思想に影響を与えた。

1912年9月7日、保養先のシュヴァルツヴァルトにあるフロイデンシュタットにて、ケーラーは77歳で没した。神学者ヴァルター・ケーラーは息子、エルンスト・ケーラーは孫、クリストフ・ケーラーは曾孫である。

組織神学の分野におけるケーラーの主著は、『キリスト教教義学』(Die Wissenschaft der christlichen Lehre, 1883)である。本書は義認論を中心として、(1)義認信仰の前提としてのキリスト教*弁証学、(2)義認信仰の対象としての福音主義的教義学、(3)義認信仰の実証としての神学的倫理学の三部構成からなる点に特徴がある。

新約聖書学の分野においてケーラーの名をとりわけよく知らしめているのは、1892年の『いわゆる史的イエスと歴史的=聖書的キリスト』(Der sogenannte historische Jesus und der geschichtliche, biblische Christus. 邦訳、森田雄三郎訳、『現代キリスト教思想叢書2』白水社、1974年所収)である。これは18世紀以来盛んになった*史的イエス研究に対して書かれた反論である。この中でケーラーは、イエスについて知りうる史実が非常に少ないにもかかわらず「史的イエス」を再構成することは不可能であり、ただ研究者本人の主観や思想が反映されたイエス像が生み出されてしま

うだけであると批判している。ケーラーにとってイエスの歴史性とは，聖書全体に記され，説教されたキリストの超歴史的な霊の力に本質がある。この聖霊が後世の人々に信仰を与え，教会を建てるのであって，そのことは，福音書の記述から史実のイエスだけを切り離しては把握できないものである。

なお，ケーラーは「聖書のみ」の宗教改革的立場を固持することからしばしば聖書主義者と評されるが，彼は素朴な意味での聖書主義者ではない。彼にとって聖書の啓示性と権威は文字そのものではなく，聖書の証言の中に生ける神の言葉が告知されていることにある。

ケーラーの神学には，キリスト教に不可欠な要素として常に伝道が念頭に置かれている。ケーラーにとって伝道とは本質的に福音の宣べ伝えであり，福音伝道についての著述を多く残していることも特筆されるべきである。

ケーラーの弟子として，新約聖書学の領域ではユリウス・シュニーヴィントを挙げることができる。旧約聖書に根ざす神の言葉としての彼の新約聖書理解に，ケーラーが与えた影響を見て取ることができよう。組織神学の分野では，ハンス・エーミル・ヴェーバー，ルドルフ・ヘルマンの他，パウル・ティリッヒがよく知られている。彼の「懐疑者の義認」は，ティリッヒがハレ大学でケーラーから学んだ洞察に基づくものであるといえる。また，告白教会のメンバーのうち年長者のほとんどがケーラーと盟友クレーマーの弟子であったということを，1984年の講演（未公刊）でエルンスト・ケーラーが証言している。「告白教会」とはケーラーが彼の教会論の中で用いている語である。 　　　　（長山 道）

さ

三位一体
[ラ] Trinitas, [独] Trinität, [英] Trinity

　三位一体は，神のお姿に関わる教理である。神が父・子・聖霊という三つの位格を持ちつつ，一つの存在であり，神はお一人でありながら，その内に父・子・聖霊なる三つの位格を持つことを表す。

　聖書に「三位一体」という語は用いられていないが，すでにテルトゥリアヌスがtrinitasという語を用いており，「アタナシウス信条」では三位一体が明確に告白されている。また，聖書に直接の言及がないとしても，聖書全体の示す神のお姿を理解するためには，神が三位一体であることを認めなければならないとして，三位一体は重要な教理として告白され続けてきた。その意味で，三位一体は聖書に内包された教理であるとされてきたと言うことができよう。

　三位一体の教理は，さまざまな異端が噴出する中で，一貫して守り抜かれてきた教理である。御父と御子の同質性を認めなかったアレイオス派のように，三つの位格が同一本質を持つことを曖昧にすることで，三神論的になる者たちや，逆に，三位格の一体性を強調するあまりに，サベリウスらの様態論のように位格の実在性が曖昧にされる場合など，異端的な教えを語る者たちは歴史の中で繰り返し現れてきた。また，16世紀後半から17世紀に現れたソッツィーニ主義のように，理性主義によって三位一体論を拒否し，父なる神のみを真の神として，御子を御父に従属する劣った神としたり，*聖霊を神の力のことであるとしてその位格性を否定して，ユニテリアンに陥る者たちもあった。しかし，そのような，さまざまな異端的な教えに対してはそのつど論駁がなされ，三位一体の信仰こそが正統的信仰であるとされ続けてきた。

　4世紀以前にまず問題になったのは，キリスト論であった。キリストが神であるのか否か，そして父なる神と同一本質（ホモウーシオス）で

あるのか否かが問題となり、それから、聖霊の神性と位格性が問題となった。そのようにして三位一体が教理として定着を見たのは4世紀後半であった。そのための、カイサリアのバシレイオス、ニュッサのグレゴリオス、ナジアンゾスのグレゴリオスといったカッパドキアの教父たちの功績は大きい。

特に、カイサリアのバシレイオスは、ウーシアとヒュポスタシスという語を区別して、神は一つのウーシア、三つのヒュポスタシスを持つと表現した。つまり、御子と聖霊とが御父と同一本質であるとしても、ヒュポスタシスにおいて異なるとしたのである。三つのヒュポスタシスは、「(父から)生まれたこと」や「発出したこと」などと言った、起源関係に基づく、互いに交換不可能な、その位格だけが持つ特質によって区別される。

アウグスティヌスらラテン教父は、ウーシアとヒュポスタシスは同義語であるとして、三つの存在と受け取られてしまうことを避け神の一体性を擁護するために、ヒュポスタシスをペルソナという語で置き換えた。もっとも、アウグスティヌスもペルソナという語に満足したわけではなく、沈黙しないためにやむを得ず用いた語であるという。また、カッパドキアの教父たちは、すべての神の御業において三つの位格が一体となって働くとしたが、例えば「すべての御業は御父に由来し、御子を通して進められ、聖霊において完成へと導かれる」というように、三つの位格の役割の区別を語る。それに対し、アウグスティヌスは、神の*被造物に対する御業における位格の区別を語ることを躊躇した。

カッパドキアの教父たちが、顔や仮面を意味するプロソーポンという語を避けてヒュポスタシスと言うことで、位格をやや存在論的に理解する傾向を持つ一方、アウグスティヌスは、再び仮面を意味するペルソナと表現して神の一性を強調し、位格を関係論的に理解したように、両者の間には位格理解の相違があると言えよう。

そこから、一般的に、東方教会と西方教会とで異なる三位一体論の伝統があると言われる。カッパドキアの教父らの影響を色濃く残す東方教会は、三位格の存在が前提された上でその一体性が問題とされるのに対し、アウグスティヌスの影響を強く受ける西方教会では、神がお一人で

あることが何よりも重視された上で、父・子・聖霊という三つの位格について論ずるが、位格の区別が弱いとされる。神の御業についても、西方教会ではその各位格の区別について語ることは消極的であるとされ、まず父・子・聖霊が分かち難く一体となって行為されるとした上で、その御業が、例えば創造は御父に、救済は御子に、完成は聖霊にというように、各位格に適用されることになる。

また、聖霊は御父からのみ発出するのか、あるいは御父と御子とから発出するのかという、いわゆるフィリオクエ問題は、東方教会と西方教会とを1054年の分裂へと導いた。現代の西方の神学者の中には、トマス・トーランスや、ユルゲン・モルトマンらのように、「聖霊は御父から、御子を通して発出する」とすることで、実質的にフィリオクエを放棄して東方教会との対話の道を開こうとする者もある。また、その中には、コリン・ガントンやモルトマンのように、西方神学が陥ってきたとされる、聖霊がもっぱら御子の霊として御子に従属するものと理解されて、その独自の働きが語られないことの原因を、フィリオクエに求め、その観点からフィリオクエの放棄を唱える者もある。その一方で、カール・バルトのように、フィリオクエを否定することは、聖霊の働きと御子の働きとの関係が希薄となって、信仰者が聖霊によってキリストを通さずに御父と交わるとされる可能性を開いてしまうとして、フィリオクエを積極的に擁護する者もある。

このように、特に東方教会と西方教会において、その理解の詳細について、確かに差異が存在するとしても、しかしいずれにおいても、神は一つの本質、三つの位格を持つと信じられてきた。

ところで、20世紀に入ると、カール・ラーナーやカール・バルトの影響の下で、三位一体論への注目の復興が起こるようになった。カール・バルトは、それまで神論の一分野として扱われるに留まっていた三位一体論を、『教会教義学』の序論で扱い、神が三位一体の神であることにこそキリスト教信仰の重要な特色があることに注意を喚起した。また、カール・ラーナーは「経綸的三位一体は内在的三位一体、内在的三位一体は経綸的三位一体」であると言い、神の永遠のお姿としての内在的三位一体と、被造物に対する御業における三一性である経綸的三位一

体の関係を論じ，内在的三位一体が，この世における神の御業から切り離されて理解されるべきではないとした。

その後，ヴォルフハルト・パネンベルク，ユルゲン・モルトマン，ロバート・ジェンソン，コリン・ガントンらは「三位一体論的神学」を展開し，神の御業に三位一体のお姿がどのように表れるのか，特に創造や救済といった神の御業に，父・子・聖霊の各位格がそれぞれどのように関わり，役割を果たしているのかに関心を向けた。もっとも，神をその働きに還元して，経綸的三位一体に解消させてしまうことも問題であり，また，神の御業を通して内在的三位一体を認識するというに留まらず，神の御業が神の内在的三位一体を形づくるとまですることは問題となる。むしろ，経綸的三位一体に対する内在的三位一体の優位性を明確にする必要があろう。

このような三位一体論的神学を展開する者の多くは，従来の西方神学が概して神の一体性を一面的に強調し，神の御業についても「三位一体の外に向かっての御業は分けられない」(opera Trinitatis ad extra sunt indivisa) を厳格に理解して，御業における各位格の独自性について語ることに消極的であったために，神が三つの位格を持っておられることが相対的に軽視されてきたとの批判に基づいている。その認識から，ギリシア教父や東方教会の神学への関心を示し，そこから神の一体性をペリコレーシス（相互浸透）の交わりによる一体性と理解しようとする者も多い。

さらにそういった神の内におけるペリコレーシスの交わりを神の像 (imago Dei) の議論と関連させ，そのような交わりの回復こそ，堕罪によって人間から失われた神の像の回復であるとして，共同体としての教会論など，共同体論の基礎に据えようとする者もあり，モルトマンらはこれを社会的三位一体論として展開した。また，この位格間の相互浸透の交わりを捉えつつ，位格を表すpersonという語を人間に適用することで，人格理解を三位一体の神の位格との関係で捉えようとする者もある。つまり，人間が人格であるとは，神の一つの位格が他の位格とは区別されつつ，ペリコレーシスの交わりにあるように，個が個として尊重され，交わりの中に生きることであるとされたりする。

ただし、近年は、こういった三位一体論的神学の傾向に対して、位格を行為の主体であるかのように理解し、各位格独自の御業について語ることは、神の一体性を守るためにギリシア教父も拒否し排除したことであって、行き過ぎであると批判したり、近代以降の人格理解を逆に古代教父の位格理解の中に読み込もうとしているのではないかと批判したりする者も現れてきている。

いずれにせよ、位格とは何かという問いは今日まで続いている。父・子・聖霊が同等の意味において神性を持つ神の位格であり、本質において一つであると、従属説を避けつつ、また三神論を避けつつ理解する上で、位格とその御業をどのように理解するのかは、なお今日においても課題である。

(須田 拓)

死

[英] death, [独] Tod

死は人間にとっての根本的な問題（の一つ）であるので、古くから、さまざまな仕方で考えられ、語られ、表現されてきた。その中で、キリスト教信仰独自の理解を提示するためには、聖書とイエス・キリストに目を向けなければならないのは言うまでもない。

さて、創世記の2章と3章の記事に従うならば、そこでの死の理解には二重性があると考えられる。つまり、自然的な死（生き物として経験する死）と霊的な死（神関係の崩壊としての死）である（並木浩一）。神が善悪の知識の木の実を食べるなとの戒めを与えた際に言及していたのは後者であり、蛇が誘惑にあたって言及したのは前者であると考えられる。こうした死の二重性が理解されるならば、「わたしは復活であり、命である。わたしを信じる者は、死んでも生きる。生きていてわたしを信じる者はだれも、決して死ぬことはない」（ヨハ11:25-26）とのイエスの言葉もまた理解可能になる（ここでは死だけでなく、生も二重性において捉えられていることになる）。

この場合、自然的な死と霊的な死とは決して同等の重みを持つもので

はない。霊的な死こそが第一義的だと理解されるのが適切である。このことは、死（および生）を実在の根拠である神の三位一体性に照らしてみれば分かる。神が三位一体の神であり、ひとりの神でありながら、自らの内に区別と交わりを持つということ、したがって、関係性に生きているということが神の生であるのであるから、関係性の破壊こそが第一義的な死だということになる。それゆえに、自然的な死は霊的な死に従属したものと理解される。裏返して言えば、自然的な生は霊的な生に従属する。体の甦りの信仰は、ここに位置を占めると捉えられよう。

　霊的な死の現実は自然的な死の現実に深刻な意味を与える。つまり、霊的に死んでいて、*罪の中にあるために、自然的な死は呪い（神の*審判）の性格を持つようになる。神との関係の破壊は、神から排除されることへと向かうからである。現代文化には、死の現実をできるだけ直視しないようにする傾向が見られるが、そのように死が恐れられているのは、死に呪いの性格があるからだと言えるかもしれない。他方、死を受容しなければならない場合に、死を単に自然の一過程として捉えることで受容するというのも、キリスト教信仰の視点からすれば問題である。罪の問題は、死をそのように理解するのを許さない。死を受け止めるには、罪の問題の解決が欠かせないのである。

　こうした、死から捉えた人間の窮状を踏まえて、イエス・キリストの出来事によって、死に何が起こったかを考えてみよう。まず目を向けなければならないのは、イエス・キリスト自身の死、つまり、十字架である。十字架は神の審判の出来事であった。イエス・キリストが、霊的に死んでおり、呪われた死を死ななければならない人類に代わって、まさに呪われた死を味わった（ガラ3:13）。これによって、神と人間との間の関係は回復された。人間は霊的な死から救い出されたのである。

　このキリストの死は、単に客観的な現実であるだけではなく、バプテスマにおいて人間が主体的に参与するものでもあると言わなければならない（ロマ6:1-14）。バプテスマにおいて人は死を、新しい命、つまり、神との新しく正しい関係への過程として経験する。霊的な死から生への移行がバプテスマにおいて生起するのであり、これは何ものによっても取り去られることのない恵みの現実である（ロマ8章）。

もっとも、これによって人間が死を迎えるという事態そのものがなくなったわけではない。死は依然としてある。しかし、人間に降りかかる死は、もはや呪いの性格を持たないものになったのである以上、死は、かつてのように恐れられなければならないものではなくなった。むしろ、「眠り」として理解されるものになったのである（Ⅰテサ4:13以下）。言うまでもなく、眠りであるということは、眠りから覚めること、つまり、*復活を将来に持っていることを意味する。この復活に対する確信は、イエス・キリスト自身の復活に基礎づけられている（Ⅰコリ15:20以下）。死は、もはや終わりではなく、復活への途上の出来事と見なされ得るようになる。

このように、イエス・キリストの出来事において死は変えられた。呪いではなくなり、終わりでもなくなった。これらはしかし、一般的・哲学的な認識によっては到達できない、あくまでも信仰による認識であり、聖書とイエス・キリストに根拠を持つ認識である。　　（神代真砂実）

❖参考文献

並木浩一『ヘブライズムの人間感覚』（新教出版社、1997年）。

時間と空間

[英] time and space,　[独] Zeit und Raum

時間と空間は、神を含めたあらゆるものの存在の形式だと考えられる。あらゆるものは時間および空間という一種の器の中にあると言うことができよう。

しかし、時間と空間について考える場合、神の時間（永遠）および空間と、*被造物の時間および空間とを区別することが重要である。それは特に被造物の時間や空間に基づいて神の時間や空間を理解してしまわないために大切になる。例えば、神の時間である永遠は、しばしば無時間性として、あるいは、永続性として捉えられてきた。しかし、時間の無限の延長である永続性は、より精確に言えば、被造物の時間の無限の延長という意味であり、結局は被造物の時間にすぎない。それは神の時

間ではないのである。もしも、これが神の時間であるとするのであれば、そのとき神は、この時間を超えることができない存在となる。それでは神の超越性が否定されることになるのは言うまでもない。同様に、永遠を無時間性、つまり、時間の否定として捉える道にも問題があると言わなければならない。というのも、この場合、被造物の時間を否定するという仕方で、やはり被造物の時間に準拠して、神の時間を理解しているからである。被造物の時間を否定する時間としての永遠に生きる神は、両者の異質性のゆえに、時間に関与することができなくなるであろう。それでは子なる神の*受肉、つまり、永遠が時間をとるということなどは、そもそもありえなくなる。

　同様に、被造物の空間を神に当てはめて考えるのも危険である。例えば、受肉によって、三位一体の神の交わりの中に、あるいは、神性に空隙が生じるかのように考えるのは間違っている。それは同時に多くの場所に存在することのできない被造物の有限性に従って神を理解しようとする過ちであって、神を有限な存在者として考えることになる。

　被造物の時間は過去・現在・将来の三つの相に区別され、将来から現在を経て過去へと進んでいく。しかも被造物が持つことができるのは現在のみである。これに対して、神の時間である永遠においては、これら三つの相は区別されながらも同時的である。このように被造物の時間と神の時間との間には共通点と相違点が存在するが、それは神の時間である永遠こそが被造物の時間の原型あるいは基礎であることによる。三位一体の神には、「父が子を生み、父と子から聖霊が発出する」という順序性が存在する。これが時間の三つの相の由来である。他方、三つの位格が相互浸透（ペリコレーシス）の関係にあるように、過去・現在・将来は神においては分裂することがない。

　さらに、被造物の時間は有限である。それは天地創造において創造され、そして、終末において終わる。始まりと終わりを持つものとして、被造物の時間は有限なのである。神の時間である永遠は、被造物の時間の前にも、後にもあり、さらには、被造物の時間に同伴もする。したがって、永遠は、このような被造物の有限な時間を包み込んでいると言うことができよう。

被造物の空間は，被造物が同一時点において，ある有限な拡がりをもって存在し，さらには，他のものと共に存在することを可能にしている。「同一時点」というところから，時間の方が空間よりも優先性を持つと考えることも可能である。また，他のものとの共在のための空間という理解は，例えば，人間が身体を備えた空間的な存在であるということも，他の存在との交わりのためであることを示していると捉えることを可能にするであろう。

　さて，このような被造物の空間の原型を神に求めるとすれば，ここでも三位一体性に辿り着くことになろう。つまり，神がひとりの神でありながら，三つの位格の区別を持ち，その位格間に関係・交わりがあるということ，これが被造物の空間の原型であると言える。なお，この関連で，J. モルトマンが『三位一体と神の国』(Trinität und Reich Gottes, 1980. 邦訳，土屋清訳，新教出版社，1990年) において，神が退却することで被造物のための空間を生じさせると捉えている点について，このような表象は神の空間と被造物の空間とを同レベルのものと捉え，混同することになるのではないかという疑問が生じるということを指摘しておきたい。

　最後に，始めに述べた通り，時間と空間は，神を含めたあらゆるものの存在の形式だと見なし得るのではあるが，被造物の時間と空間は，神の三位一体性に由来し，また，神においては，三位一体性と時間および空間は切り離すことができない。したがって，時間や空間は神と被造物とを等しく括ることができるような，神よりも上位のものではあり得ない。

（神代真砂実）

❖参考文献
T. F. トーランス『空間・時間・復活』(小坂宣雄訳，ヨルダン社，1985年)。

自然神学
[英] natural theology

　自然神学は，自然の秩序を通して神を知ることができるのかどうかに

関わる問題である。つまり、特殊啓示によらずに、例えば自然世界を通して、また生まれながらに備わった理性によって、神について認識することができるとするのが自然神学である。近年では、自然科学など他の学問による知見からどこまで神を知ることができるかという問題にも関係し、他の学問諸分野との対話の可能性についても課題となっている。

古くはギリシア哲学、特にプラトンやアリストテレスに遡ることができようが、キリスト教神学においては、トマス・アクィナスが、キリストにおける啓示を否定するわけではなく、啓示による認識の決定的優位性を保ちつつも、自然神学の傾向を示したとされる。実際、『神学大全』(Summa Theologiae, 1266–73. 邦訳、稲垣良典ほか訳、全37巻、創文社、1960-2012年)では、神が三位一体であることなどは啓示によらなければ分からないとしつつも、神の存在や神の唯一性などは、自然的な理性の光の下で、哲学によっても到達し得るとしたし、『対異教徒大全』(Summa Contra Gentiles, 1259-64)では、神のさまざまな属性や性質についての理性による認識が語られている。

また、17世紀から19世紀にかけて、科学の発展とともに、特にイングランドにおいて、ジョン・レイの『創造の業に現れた神の知恵』(The Wisdom of God Manifested in the Works of the Creation, 1691)やウィリアム・ペイリーの『自然神学――神の存在と属性の証拠』(Natural Theology: Or, Evidence of the Existence and Attributes of the Deity, 1802)など自然神学の著作が多く著された。

この問題では、エーミル・ブルンナーとカール・バルトによる、いわゆる自然神学論争が有名である。ブルンナーは『神学のもう一つの課題』(Die andere Aufgabe der Theologie, 1929. 邦訳、清水正訳、『ブルンナー著作集1』教文館、1997年所収)『神学の問題としての《結合点》への問い』(Die Frage nach dem 'Anknupfungspunkt' als Problem der Theologie, 1932. 邦訳、清水正訳、『ブルンナー著作集1』所収)『自然と恩恵』(Natur und Gnade, 1934. 邦訳、清水正訳、『ブルンナー著作集1』所収)などにおいて、神の像は堕罪によって実質的には失われたが、形式的には残存しているとし、それを言語能力と責任応答性に見た。そして、それを神と人との結合点と表現した。ブルンナーの意図は、神の語りかけと人間との結合

点があること,そしてそれにより,人間にはそもそも神への問いがあることから,キリスト教信仰の真理を積極的に弁証(論争)することが意味あるものであると主張することにあり,決して,生まれながらの人間がそのままで神を十全に認識することが可能であることを語るものではなかったが,カール・バルトはブルンナーの議論にその可能性を見出して,『否!――エーミル・ブルンナーへの回答』(Nein! Antwort an Emil Brunner, 1934. 邦訳,「ナイン!」菅円吉訳,『カール・バルト著作集2』新教出版社,1989年所収)を著し,反論した。

バルトは,そもそも神と人間との結合点は,神の言葉によって造り出されるものであって,最初から存在するものではないと言うが,何よりも,人間がキリストにおける神の自己啓示から独立した仕方で,自律的に神を認識できるとすることを拒否する。彼は自然神学を,神の自己啓示の必然性と独自性を損なうものとして批判するのである。

しかし,聖書には,「天は神の栄光を物語り,大空は御手の業を示す」(詩19:2)や「目に見えない神の性質,つまり神の永遠の力と神性は被造物に現れており,これを通して神を知ることができます」(ロマ1:20)のように,自然を通した神の啓示があることを示唆する記述がある。

また,ジャン・カルヴァンも,人間には自然を通して神を認識する能力が備わっているとしながらも,堕罪によってその能力は正しく用いることができなくなっており,結局それは偶像礼拝に至ることになると論じた。また,自然的な神認識は仮に可能であったとしても,創造者としての神を認識させるに留まり,何よりも重要な,救贖者としての神を認識させはしない。救贖者としての神の知識に至らせるのは,聖書の啓示のみである。しかしそれでも,カルヴァンは,自然的な神認識は,聖書の啓示によってそこで認識されるべき神を知らされた上で解釈されることで確かなものとされるとして,自然的な神認識を完全に否定はしなかった。

トマス・トーランスは,カルヴァン同様,啓示神学の枠内での自然神学的な認識は認められるとした。また,近年では,例えばヴォルフハルト・パネンベルクが,自然科学との対話の中で,創造論に物理学の場の概念を導入するなどしている。つまり,創造において*聖霊は,エネル

ギーを与える場のような働きをしておられたというのである。ただし，彼の場合も，自然科学によって神とその御業を認識することができるとはしない。神学と自然科学とが同じ対象を扱う以上，呼応関係がある可能性はあるが，神学は啓示によってその真理を探究するのに対し，自然科学はその本質の近似値を求めようとしているという差異があるという。しかし，まず神学的な理解をした上で，自然科学による記述をそれに関連づけることはできるというのである。最近ではこういった神学者を参照しつつ，アリスター・マクグラスが同様の立場を取っている。しかしそれに対し，人間の堕罪によって自然的な神認識が歪められていることがやや軽視されているのではないかとの批判もある。

いずれにしても，キリスト教信仰は，まず何よりも，キリストにおける神の自己啓示に基づくものである。しかし，そのキリストにおける啓示を信仰を持って受け取り，神のお姿を知らされた上で，さらに世界や神の一つ一つの御業，また歴史を通しても，すでに啓示によって示された神のお姿を認識することができるのかどうかについては，なお議論の余地があろう。

(須田　拓)

自然の神学
[英] theology of nature, [独] Theologie der Natur

「自然の神学」というのは，まだ必ずしも聞き慣れた名称ではないかもしれないが，近年の神学の世界における一つの重要な関心を表していると言えよう。そこで初めに「自然神学」との違いを簡単に述べておくと，「自然神学」が人間の本性（nature）と見なされる理性を用いて，自然（nature）や歴史から神についての知識を得るものであるのに対して，「自然の神学」は信仰の立場から自然を見るものである。整理すれば，「自然神学」が人間の生まれながらの理性の力に依存する神認識であるのに対して，「自然の神学」は信仰による認識に基づいてなされる自然という対象についての考察だということになる。拠り所と対象が異なるわけである。

信仰に立つ自然理解ということであれば、教義学の一つの主題である創造論と同じではないかと思われるかもしれない。確かに「自然の神学」は創造論と深く関わるはずである。しかしながら、敢えて「自然の神学」と言われるのには、いくつかの理由が考えられる。一つは、極めて単純な話ではあるが、これが教義学体系の中で扱われる以上に集中して自然を考察するものであるということ。二つ目に、自然科学との対話や（環境世界に関わる）倫理などへの展開を含んでいるということ、つまり、*弁証学や倫理学にも接するものであるということ。最後に、このような取り組みの必要性が意識される時代の中に置かれているということ、である。最後の点について補えば、従来の神学おいては自然について論じられる場合であっても、基本的には人間が中心であった（カール・バルトの『教会教義学』などにおいてもそうである）。これに対して、今日では自然そのものが神の救済の計画や歴史の中で、どのような意味や役割を持つのかといった事柄を、より積極的に扱う必要性が感じられている。そこには、やはり生態系への深い関心があるし、自然科学が提出するさまざまな新鮮で刺激的な知見が存在する。

　自然の神学が取り扱う主題は多様であり得るが、認識論的問題について言えば、自然科学の認識の中立性が一つの大きな問題となろう。一般には自然科学の営みは中立的なものと見なされており、さらには、それが学問一般のモデルとさえ考えられているところがあるが（それゆえに、信仰に立つ神学の認識が低次のものと見なされる場合もあるが）、そのこと自体の正当性が検証されなければならない。ここでは、人間の認知の仕組みが問われることになるであろうし、理性の本性についての考察も必要になるであろう。このあたりは、従来の自然神学の問題とも関わる。

　自然の神学が取り組まなければならないであろう、もう一つの重要な問題は、偶然と必然に関わる。自然科学が自然世界に存在する法則や規則の解明に関心を向けるのは言うまでもないが、今日では偶然性ということも強く意識されてきている。神学の立場から、自然世界の偶然性と必然性には、どのような意味を認められるのかについて、自然の神学は答えていかなければならないであろう。

　これら二つの問題は自然科学全体の基礎に関わるものであるが、より

具体的な問題も存在する。つまり、自然科学の諸分野から提出されている最新の、あるいは、定説化しつつある知見との対話ということも挙げられなければならない。そのようにして自然の神学に課せられている課題のすべてをここに示すことはできないが、いくつかについて触れておけば、すでに長いこと関心を寄せられてきた問題である進化論の扱いは、忘れるわけにはいかないであろう。さらには、宇宙の始まりと終わりの問題がある。ここには創造論だけでなく、*終末論も関わってくる。また、この関連で、いわゆる「人間原理」、つまり、宇宙は、ある時点において（観察者としての）人間を生み出すことになるような性質を持っているはずだという議論も注目に値する。この人間原理は、先の進化論や偶然と必然の問題と共に、宇宙（世界）の歴史的性質を問うことなしには扱い得ない問題である。

最後に、今日における心理学の興隆という事態を踏まえると、心理学との対話あるいは批判的対決ということも課題となろう。特に「批判的対決」と記したのは、19世紀のフォイエルバッハやフロイトなどが宗教批判を展開して、宗教を心理学的に説明し、解体しようとした事実を踏まえてのことである。もちろん、パウル・ティリッヒの神学のように心理学・精神医学にインスピレーションを与えたものもあるので、ここでも生産的な関係が築かれる可能性は存在すると見てよかろう。

（神代真砂実）

❖さらに学びたい人のために
A. E. マクグラス『「自然」を神学する——キリスト教自然神学の新展開』（芦名定道ほか訳、教文館、2011年）。
W. パネンベルク『自然と神——自然の神学に向けて』（標宣男ほか訳、教文館、1999年）。

史的イエス

[独] Historischer Jesus, [英] historical Jesus

「史的イエス」とは広義には、歴史上の人物としてのナザレのイエスを指す語であるが、狭義には、歴史学的な手法を用いて復元されたイエ

ス像を意味する語として用いられる。歴史研究によって実際のナザレのイエスそのものに到達することは不可能なので、再構成された「史的イエス」像と実在した「ナザレのイエス」とは区別されるべきである。

　史的イエス研究の開始は、16世紀にまで遡ることができる。しかし一般によく知られているのは、ライマールスの遺稿をレッシングが編集し、1774-78年に断続的に出版した『無名氏の断片』（Fragmente eines Ungenannten）である。その中でライマールスが秘かに書き遺していたのは、イエスの目的はユダヤ教の改革や政治的メシアニズムであったということ、しかしそれが失敗に終わったので、弟子たちがイエスの遺体を盗み出し、*復活と*再臨の使信をでっち上げて信者を集めようとしたことから、キリスト教が生まれたということであった。

　これを端緒に、史実のイエスと教義に彩られたキリストを区別するという問題意識が明らかになり、護教的な立場ではなく理性によって史実のイエス像を回復しようとする、イエス伝研究が盛んになった。パウルスは、イエスの奇跡を自然法則に従うものとして説明し、シュトラウスは、奇跡の史実性を否定した。バウアは福音書を創作と考え、イエスは存在しなかったと主張した。ルナンは福音書に描かれている超自然的な要素をすべて迷信として排除し、比類なき人間イエスの天才的ヒューマニズムを感動的な筆致で称賛した。

　こうした潮流に対し、ケーラーとシュヴァイツァーは、史的イエス研究は純粋な史的研究と呼ぶにはあまりに研究者の推測に基づく叙述が多く、研究者自身の宗教観・道徳観を反映したイエス像を描いてしまっていると批判した。シュヴァイツァーは1906年に『イエス伝研究史』（Geschichte der Leben-Jesu-Forschung. 邦訳、遠藤彰ほか訳、白水社、2002年）でライマールス以来の史的イエス研究史を批判し、イエスの終末論的性格を主張した。ケーラーは1892年に『いわゆる史的イエスと歴史的＝聖書的キリスト』（Der sogenannte historische Jesus und der geschichtliche, biblische Christus. 邦訳、森田雄三郎訳、『現代キリスト教思想叢書2』白水社、1974年所収）で、研究者によって再構成された「史的イエス」は、実際のイエスの業と人格を再現することはできないので、キリスト信仰にとって現実の意味を持たないと批判した。そのため彼はしばしば、イエス

についての歴史的研究を不要なものと見なし、信仰の対象であるキリストだけを強調したかのように誤解されるが、本来の彼の主張は、後にブルンナーも指摘しているように、ナザレのイエスと後世の人々に信仰をもたらすキリストとを切り離してはならないということであった。

さらに、ヴレーデが『メシアの秘密』(Das Messiasgeheimnis in den Evangelien, 1901) で、マルコによる福音書を原始教会の信仰に基づいて構成された神学的所産であると論じ、福音書を単なる史料として扱い得ないことが明らかになった。ブルトマンは福音書を史的な資料として扱うことを批判し、史的イエスではなく、ケリュグマのキリストこそキリスト教信仰に本質的であると主張した。新約聖書を非神話化し、中核にあるケリュグマを実存論的に解釈する彼の方法論は、教義学にも影響を与えた。

ブルトマンに対する反論はすでに1940年代から見られたが、特によく知られているのは、ケーゼマンが1953年の講演「史的イエスの問題」において、史実のイエスによる教えとケリュグマのキリストの間にはやはり連続性があるのではないかという問題を提起したことである。ここから「第二の史的イエス研究」と呼ばれる新しい探究の時期が開始した。ボルンカムは編集史的方法を用いて『ナザレのイエス』(Jesus von Nazareth, 1956. 邦訳、善野碩之助訳、新教出版社、1961年)を著した。フックスはイエスの行為、エーベリンクはイエス自身の信仰にケリュグマのキリストとの連続性を見ようとした。パネンベルクは人間イエスについての歴史的認識から出発してイエスの神性の認識へと至る「下からのキリスト論」を展開した。

現代は「第三の探求」の時期に当たる。ファンクが1985年に創設したイエス・セミナーは、イエスの言葉や行為を史的に明らかにしようとするもので、1990年代まで活発であった。ファンクはイエスを信仰の対象ではなく規範とすることを主張し、クロッサンはイエスが貧農であったと考え、ボーグはキリスト者であることを、イエスを信じることではなく、イエスと同じように霊的になることであるとした。

イエスについての史的研究は、伝統的なキリスト教信仰を揺るがそうとするものばかりではない。サンダースによればユダヤ教研究によって

イエスの根本的メッセージを歴史的に確かめることはなお可能であり，N. T. ライトは，福音書を歴史批判的に研究することによってキリスト教の正統的な信仰を保証できるという保守的な立場に立つものである。

(長山 道)

✣ さらに学びたい人のために
A. E. マクグラス『歴史のイエスと信仰のキリスト』(柳田洋夫訳，キリスト新聞社，2011年)。
J. H. チャールズワース『これだけは知っておきたい史的イエス』(中野実訳，教文館，2012年)。

宗教的寛容
[英] religious toleration

寛容は近代世界を形成する重要な価値概念の一つである。異なる信仰を持つ者や，さらに他宗教の者を認め，受け入れることを指す。

宗教改革者も，異なる信仰を持つ者への迫害の消極性についてを寛容として語ったし，それは中世以来，例えばトマス・アクィナスも語ったことである。しかし16世紀後半から18世紀にかけて，特に17世紀イングランドにおいて，寛容は宗教的行為の自由として，積極的な意味を持つようになった。

ホイッグの歴史家たちは，17世紀イングランドの独立派や急進的セクトが寛容概念醸成の土壌であるとし，ピーター・フォーサイスやアブラハム・カイパーもカルヴィニズム，あるいはいわゆる新カルヴィニズムの果たした役割を評価する。また，エルンスト・トレルチは，特に従来のカルヴィニズムと再洗礼派，人文主義者，ゼクテ型の諸派，神秘主義者たちなどいわゆる「宗教改革の鬼子たち」とがアマルガム的に融合して，近代の諸思想の成立に影響を与えたとする。

イングランドでは，特に1640年代から寛容についての議論が盛んになったとされる。1660年の王政復古以後，統一令や5マイル条例，コンヴェンティクル条例などにより，非国教徒の活動が制限されたが，それに対し，非国教徒たちを中心に寛容の請願がなされた。その結果，

1689年についに寛容令が出されることになる。

　このように、さまざまな*礼拝や教派、教会のあり方が出現する中で、どこまでを寛容に扱うかという意味で「寛容」は議論された。それは良心の自由の議論ともなったが、それが「内心の自由」として認められるだけで実際の礼拝行為や教会存在が認められないというのでは不十分であるわけで、外的行為の自由とその寛容までが認められるべきであるのかどうかが議論となる。

　この寛容についての議論を主導した人物として、ジョン・ロックが挙げられる。彼は当初、1660-62年に『統治についての二つのトラクト』(Two Treatises of Government. 邦訳、『統治二論』加藤節訳、岩波文庫、2010年) を著した段階では、良心の自由を内心の自由に限定し、外的行為の自由を認めることに反対する主張をしたが、やがて、寛容論争の中で、1667年の『寛容についての小論』(An Essay Concerning Toleration) そして1685年の『寛容についての書簡』(A Letter Concerning Toleration. 邦訳、生松敬三訳、『世界の名著27』中央公論社、1968年所収) においては、ある一定の条件の下で、内的思想の自由だけでなく、礼拝する自由まで認められるべきであると主張するようになった。しかし、その背後には、ロック以前からイングランドでなされてきた寛容についての議論がある。

　例えば1650年代に会衆派ピューリタンは、信仰のファンダメンタルズと呼ばれる、どの教派もが、キリスト教信仰である限り必ず告白しているはずの信仰項目があることに着眼し、それを告白することと社会の安寧を妨げないことを条件に、さまざまな教派の教会や、さまざまな礼拝を許容することを論じた。

　もっとも、信仰の根幹部分を明文化できるのかどうかは議論があるが、彼らはそれを明らかにしようと16項目を挙げた。1689年の寛容令においても、聖書を神の言葉として読むことと、三位一体の信仰は寛容の条件とされた。ただし、ローマ・カトリックは政治的な理由から寛容に含まれなかった。

　しかし、このように信仰箇条を条件とすることや、カトリックを含まないとすることは、なお不寛容であるとし、更なる積極的な寛容の起源を別に求めようとする研究者もある。

いずれにせよ、さまざまな信仰や教派が生み出され、宗教の国家的統一が危機に晒される中で、その事態をどのように扱うのかということから、寛容の議論は発展してきた。その寛容の根拠としては、*聖霊の導きによる自発的信仰の尊重や、あるいはキリストの王権やキリストが審き主であることに着目して、官憲に従うことがただキリストのみに良心を従わせるべきであることと矛盾するかどうかなど、多様な論点がある。また、果たして国家が宗教的な事柄に関与すべきかどうかなど、争点も多様であった。それはやがて、国家は世俗の平和を守ることが使命であって、特定の信仰や教派を強制したり支援したりすべきではないという教会と国家の分離の主張につながってゆく。

同様の議論はイングランドだけでなく、相前後してオランダやフランス、アメリカでもなされてゆき、例えばアメリカでのロジャー・ウィリアムスによる教会と国家の分離の主張や、フランスのヴォルテールの寛容論等は大きな影響を与えた。

現代世界においては、キリスト教内の寛容以上に、諸宗教との関わりにおける寛容が重要な問題となっている。諸宗教との出会いの中で、キリスト教の絶対性の議論から、宗教多元主義、また宗教包括主義に至るまで、さまざまな「宗教の神学」がなされてきた。近年では、諸宗教がそれぞれの聖典の読み合わせをする試み（Scripture Reasoning）なども挙げられよう。

また、文化価値の多元化した現代世界にあって、寛容は重大な課題である。しかし、議論においては、形式的な寛容と内容的な寛容、すなわち、異なる信仰や見解の真理性は認めないまでも、その信仰と活動とを妨げないという意味での寛容か、あるいは、異なる信仰や見解の中にも真理の可能性を認めるという意味での寛容かなど、さまざまな議論がなされることになろう。　　　　　　　　　　　　　　　　　（須田 拓）

十字架の神学
[ラ] Theologia Crucis

「十字架の神学」という語はマルティン・ルターが「ハイデルベルク討論」(Disputatio Heidelbergae habita, 1518. 邦訳，「ハイデルベルクにおける討論」久米芳也ほか訳，ルーテル学院大学／日本ルーテル神学校ルター研究所編『ルター著作選集』教文館，2012年所収）の中で「栄光の神学者」との対比で用いた「十字架の神学者」という言葉に由来する。ここには神認識の可能性と方法，神の自己啓示，隠された神と啓示された神，神の本性，神の義，苦難ないし受難と十字架，キリストの生とキリスト者の生の関係など，ルター神学の核心に迫る諸問題が凝縮された形で示されている。

栄光の神学者と呼ばれる者は，「神の『見えない本質が』『造られたものによって理解されると認める』者」とされ，そのような者は「神学者と呼ばれるにふさわしくない」と断定される（命題19）。人間の理性に基づく出発点，すなわち哲学的・文化的あるいは宗教的規範を反映したあらかじめ決まった観念というフィルターを通して神の本性を認識し得るという神学的前提，言い換えれば，人間の理解する能力また思弁する能力に依拠する神認識の可能性をルターは明確に否定している。思弁的なスコラ神学へ真っ向から対峙している。

反対に，「だが神の見える本質と神のうしろ［出33:23］とが，受難と十字架によって認められると理解する者は，神学者と呼ばれるにふさわしい」と主張する（命題20）。そのような神学者を十字架の神学者と呼ぶ。モーセが経験したように，神の顔は見ることができない。見えるのは神の後ろあるいは背中 (posteriora Dei) だけである。直接的な啓示はないというのである。

後ろ・背中ということが示しているのは，神の本質が直接的に啓示されることも，直接的に認識することもできないということである。しかし，理性や思弁では真の神認識に至れないなら，神の側からの啓示に俟つしかない。その際の，啓示がなされる場が「イエス・キリストの受難と十字架」なのである。中世の敬虔と神学のテーマだったキリストの十

字架に思いを集中させ啓示を受け取らなければならない。神はキリストの受難と十字架というおよそ最も神らしくない姿を通して自らの本質を啓示するのだから，これは「隠された神」(Deus absconditus) でありつつ，「啓示された神」(Deus revelatus) である。そのことはキリストの十字架以外に神との現実的な結び付きはないということである。ルターは命題20の説明において，コリントの信徒への手紙一1章25節を引き合いに出しつつ，人間性 (humanitas)，弱さ (infirmitas)，愚かさ (stulticia) の三点に言及している。ふつうこれらの特性はまさしく神性の正反対である。しかし，神の判断は人間とは逆であった。苦難と十字架を媒介して，神が自らを啓示し，神の救いが受け取られるということが起こる。神は「反対の相の下に隠されて」(abscondita sub contrarii) 啓示されたのである。これらの中に，またこれらを通して神の本質を見るということは，この十字架の神学は，神の本質は理性には隠されているが信仰によってのみ見ることができるということである。それゆえ，これは信仰の神学とも言うべきだということである。十字架の神学者はイザヤ書45章15節の「まことにあなたは御自身を隠される神／イスラエルの神よ，あなたは救いを与えられる」という言葉を唱和する。ルターの言葉を使えば，「彼自身が隠された神のうちに生きており，神の憐れみへの率直な信頼のうちに生きている」のである。

　ここで注目すべきことは，キリストの苦難と十字架はキリスト者の苦難と十字架と対応しているということである。十字架は救いをもたらすが，まずは神の裁きを示す。キリストが裁かれる苦難は，キリスト者自身が裁かれ苦難を経験することを通して理解される。ルターは言う，「病気，苦難，十字架，迫害等々。これらは神の武具であり，これらは，それによって神がわれわれを救い，裁く力であり威力である」。

　また，キリストの十字架はキリスト者の生の在り方を苦難と十字架を生きるものへと形成する。真の教会のしるしとして*神の言葉，*洗礼，主の晩餐，鍵の権能，按手，*礼拝と祈り，そして十字架に従うことによる苦難が挙げられている。ここで言う十字架と苦難は教会の生活にとってなくてはならないものであるだけでなく，個々のキリスト者の生活にとっても必須のものなのである。

ルターが神学の方法として挙げている三つのこと，祈り（oratio），黙想（meditatio），試練（tentatio）のうちの試練は現実の生のただ中での霊的攻撃にさらされること（Anfechtung）であるが，それもまた信仰者の負うべき十字架と苦難と結び付いていると言える。

　宗教改革の信仰と神学の核心である新しい義認理解に至ったのが，ローマの信徒への手紙1章16-17節また詩編72編1節の神の義（新共同訳では「恵みの御業」）の理解を巡っての葛藤がきっかけであることはよく知られている。荘厳・峻烈な神の義はおよそその前に立つことが耐えられない罪人を裁き罰し滅ぼさずにはおかないだろうし，だからこそ「わたしはいかにしたら恵み深い神に出会うことができるだろうか」と悩める良心は煩悶したのだ。しかし，ついに聖書が示す神の義とは罪人を義とする，賜物としての神の義であることを知るに至り，救いの確信と喜びを与えられたのだった。そのような義とキリストの苦難と十字架による*贖罪とが，また隠された神とが深い結び付きの中にあることは明らかである。その義は信じる者に帰せられ，さらにキリストとキリスト者とは一つとされ，それによってキリストの義と信じる者の罪とが交換されることとなる。

　ルターの十字架の神学という新しい，救いをもたらす恵みの神の本質，神の啓示と神認識についての理解は彼の独創ではなく，使徒パウロが描き出す聖書の神の救済の仕方に起源を持っている。「十字架の言葉は，滅んでいく者にとっては愚かなものですが，わたしたち救われる者には神の力です」「世は自分の知恵で神を知ることができませんでした」「わたしたちは，十字架につけられたキリストを宣べ伝えています……召された者には，神の力，神の知恵であるキリストを宣べ伝えているのです」「神の愚かさは人よりも賢く，神の弱さは人よりも強いからです」（Ⅰコリ1章）。「このわたしには，わたしたちの主イエス・キリストの十字架のほかに，誇るものが決してあってはなりません」（ガラ6:14）。キリストの苦難と十字架とがキリスト者の生活を形成することについては「今やわたしは，あなたがたのために苦しむことを喜びとし，キリストの体である教会のために，キリストの苦しみの欠けたところを身をもって満たしています」（コロ1:24）。

ルター派正統主義にあっては，十字架のメッセージはキリストの祭司的務めの教理の一部として教えられた。十字架に服従することへの召しが敬虔主義にあっては大いに強調された。現代神学の中で改めてこの主題が議論されるようになり，内的三一論の現実の中に十字架が位置付けられた。ここでは十字架が神の存在の一部であり，そこでは神自らが十字架につけられた神となった。北森嘉蔵の『神の痛みの神学』（新教出版社，1946年）に刺激と洞察を与えられて，J. モルトマンは『十字架につけられた神』（Der gekreuzigte Gott, 1972. 邦訳，喜田川信ほか訳，新教出版社，1976年）を著し，十字架の神学の新たな展開をみせた。

なお，中南米で展開された解放の神学では，初代教会の理解に倣い，十字架は，神と民衆に敵対するすべての力への勝利として，また不正で抑圧的な状況における苦難を克服する手段として捉えられ，キリスト教基礎共同体を拠点とする解放の神学の信仰的・社会的実践の中で特別に力があった。　　　　　　　　　　　　　　　　　　　　　　　（江藤直純）

❖参考文献

W. レーヴェニッヒ『ルターの十字架の神学』（岸千年訳，グロリア出版，1979年）。

A. E. マクグラス『ルターの十字架の神学——マルティン・ルターの神学的突破』（鈴木浩訳，教文館，2015年）。

自由主義神学

[独] Liberale Theologie

1. 自由主義神学は，広義の概念使用においては，啓蒙主義以後に発展した，教会の権威からの解放や自由を求めてヨーロッパ各地で営まれるようになった神学のさまざまな傾向の総称と定義されている。しかし狭義の概念使用においては，1770年代のハレで生まれた神学的傾向のことを指す。

「自由主義神学」(liberale Theologie) と「自由な神学」(freie Theologie) という概念は同じことを意味してはいないが，ともに1770年から1780年の間に定着した概念であり，いずれも，自らの信仰を啓蒙主義的な

伝統に対してどの程度身を委ねることができるのか、という敬虔主義者たちの問いから生まれた神学的立場である。ネオロギー (Neologie)、すなわち「新しい教師」という意味をもった神学運動を提唱し、新しい精神科学を提唱したハレの神学者J. S. ゼムラーは1774年に、「従来教師の役割を担っていた」どのようなドグマの伝統、あるいは教会的な権威にも支配されていない聖書の研究を「リベラルな神学」(liberalis theologia) と呼んだ。またJ. J. シュパルディングは、それから10年後の1784年に、「学問の自由、信仰の自由、そして良心の自由」を「真のプロテスタンティズム」と呼ぶことができた。このような敬虔主義者の熱心な問いは、その後明らかに、従来の教会的な伝統と権威に依存した「教会的神学」(kirchliche Theologie)、あるいは「教会的キリスト教」(Kirchenchristentum) と対立するようになり、個人の敬虔さを正当化する近代的な人間の宗教的態度である、教会の権威から解放された「個人的キリスト教」(Privatchristentum) を生み出すことになった。後者がそれ以後のドイツのさまざまな形態の「自由主義神学」の母体となった。

2. ゼムラーの「ネオロギー」とカントの影響を受けた神学者たちはすでに18世紀末には「自由主義神学者」と呼ばれるようになっていたが、彼らは具体的には、信仰を教会の諸信条や制度、伝統から自立させるように訴え、大学における神学研究の自由のために戦い、F. W. グラーフによれば「原罪、*予定、キリストの代理的な*贖罪などによって規定されていた教会的キリスト教を、創造神への畏敬、道徳的自律性、霊魂の不死についての普遍的な理性信仰へと解消しようとした」。

これらの傾向は、自由主義的な政党が不在なドイツでは、社会における自由主義運動の積極的な担い手となった。この時代の教会制度は伝統的な社会構造そのものであったので、19世紀が始まる頃には、教会からの自立を意味していた「解放」は政治化され、神学的リベラリズムは完全に政治的なリベラリズムをも意味するようになったのである。彼らは教会の権威との戦いの中で、言論の自由、出版の自由、人権の擁護、より公平な社会的財の配分、ドイツ的な意味での教会と国家の分離などの思想の担い手であるだけではなく、政治的主張や行動の中心的存在となった。自由主義神学は近代ドイツ神学の一つの傾向を意味している

が，近代ドイツの神学の歴史の中で最も政治的影響力をもった神学運動でもあった。近代ドイツの歴史を見るならば，ドイツが他のヨーロッパ社会に比べて自由主義的な伝統が豊かな国であったとは考えられていないし，むしろその逆の事実を見出すことができる。そのような状況は政治においても経済においても同様に見出されるのであるが，神学においてのみ「自由主義」の伝統は豊かに開花し，ドイツから他のヨーロッパ地域やアメリカへの輸出品となった。

3. このような自由主義神学の神学的傾向として以下の三つの特徴を指摘することができる。第一に自由主義神学は，教会の制度，既存の教義や伝統に対して，個人の宗教性や宗教的体験としてのさまざまな宗教的敬虔を重視した。その理由は，社会史的には，啓蒙主義以後人々が啓示や奇跡などの超自然的な出来事に対して共感できなくなっている中で，キリスト教の宗教性の場を道徳的実践や個人の人格形成への寄与へと回避させ，それを保護する必要があったことに求められる。他方で教会内部での理由としては，実証主義的な学問態度の流行の中で，大学制度における神学部の存在理由が問われたことと深く関係している。

第二の特徴は，第一の特徴から引き出されることであるが，自由主義神学者はもはや教会的な「*教義学」を書くことはなく，その代わりに「*信仰論」（Glaubenslehre）を書いた。そこでは制度化された教会における教義の法的拘束力は相対化され，聖書と伝統的な教えの規範的な意味も弱められ，その代わりに，社会の多元的な情況を踏まえた「キリスト教本質論」が展開されることになった。そのような問題意識がF. *シュライアマハーの『キリスト教信仰』（Der christliche Glaube, 1822）からE. *トレルチの『信仰論講義録』（Glaubenslehre, 1925. 邦訳，『信仰論』安酸敏眞訳，教文館，1997年）までの歴史を貫いている。しかしその場合でも，自由主義神学者の多くはキリスト教の絶対性の主張やキリスト教の宗教史における優位性を放棄することはなかった。彼らはむしろキリスト教の信仰が宗教史の現実において有している文化的，実践的な価値を，どのように擁護し得るのかという問題と取り組んだと言ってよい。

第三に，自由主義神学者たちは，「教会的神学」に対して，より広義な「文化神学」を構築しようとした。彼らはまずより広義の宗教概念を

設定することで,ますます多元化するヨーロッパ社会を宗教的に統合する基盤を与えようとした。そこでは宗教改革以後に生じた,自らの「宗派」の正当性を他の宗派に対して主張するものとしての「神学」や「教義学」が放棄され,自らの社会システムの歴史的淵源の確認と,危機に直面している近代文化を支えるための課題との取り組み,「文化国家」において責任を果たし得る「文化神学」形成のための努力がなされた。

4. このような意味での自由主義神学の最初のクライスとして確認されるのは,シュライアマハーの死後に登場した,いわゆる「チュービンゲン学派」と呼ばれる一群の神学者たちである。彼らはヘーゲルの強い影響下のもとに,伝統的な神学の刷新に挑戦した。とりわけF. D. バウルの独特な聖書批判と,彼がキリスト教の教義を精神の弁証法的・発展論的な解釈へと展開させたことは,多くの若い神学者に影響を与えることになった。その中にはD. F. シュトラウス,J. T. ベック,K. R. フォン・ケストリン,E. ツェラー,A. B. C. ヒルゲンフェルト,R. ローテなどがいた。

自由主義神学の第二のクライスはチュービンゲン学派の影響から自立し,いわゆる実証主義的な自然科学を模範とする学問論の台頭と形而上学批判の流行の中で,神学固有の領域を保持するための神学的努力を展開したA. *リッチュルとその学派である。彼らは「リッチュル学派」と呼ばれた。カントの影響のもとに神学固有の領域を心情や道徳性に求めたためにその神学的態度は「神学の倫理化」(Ethisierung) と呼ばれた。彼は神学の思弁的な傾向と神秘主義を批判し,他の学問から介入され得ない信仰と神学に固有の領域を確立することを神学の中心的な課題と定めた。W. *ヘルマン,A. *ハルナック,M. ラーデ,E. トレルチ,W. ヴォッパーミン,O. バウムガルテンなどがリッチュルの影響を受けた有力神学者として知られている。

第三のクライスはリッチュル学派の中で育ったゲッティンゲンの一群の若い神学者たちで,彼らはリッチュル学派を批判し,今日では「宗教史学派」と呼ばれているクライスを形成した。彼らは「自由主義神学」という言葉を,進歩主義的な楽観主義と同義語である文化至上主義的なブルジョア神学を批判する際に否定的に用いることもあったが,その内

容はまさに自由主義神学的な傾向をもった神学である。

彼らはキリスト教の絶対性を否定はしないが、それを前提に神学を開始するのではなく、キリスト教宗教の歴史性や今日の社会の多元性を前提に、一旦宗教史の現実の中に伝統的なキリスト教を差し戻し、その上でキリスト教宗教の独自性や固有性、さらに優位性の規定を試みようとした。彼らは、最終的には旧約聖書の研究を古代オリエント学と中近東研究のコンテクストの中で、また新約聖書の研究を地中海地域研究の一つの分野として、さらに教会史を歴史的諸研究の成果との比較の中で展開した。また教義学をより普遍的な宗教哲学に再構築することにためらいを感じすることはなく、むしろそのような研究の意義を重視し、神学の脱構築を試みようとしたのである。B. デューム、A. アイヒホルン、H. グンケル、J. ヴァイス、W. ブセット、A. ラールフス、E. トレルチ、W. ヴレーデ、H. ハックマン、R. オットー、H. グレースマン、W. ハイトミュラーなどがこのクライスの神学者として知られている。

なおこの一群の神学者を「文化プロテスタンティズム」と呼ぶことがあるが、この言葉の起源は不詳で、ヴァイマール期に登場した雑誌『時の間』(Zwischen den Zeiten)の編集同人たちが、彼らが否定しようとした神学的傾向の総称として用いたことによって広まった。その場合にはシュライアマハーからトレルチまでの*プロテスタンティズムの神学的傾向を指しており、それは*バルトの考えによれば「19世紀神学」のことである。他方でT. レントルフはリッチュル学派のうちM. ラーデの雑誌『キリスト教世界』(Die christliche Welt)の周辺に位置付けられる神学者を「文化プロテスタンティズム」と呼んでいる。また近代ドイツ社会史研究では、ヴェルヘルム2世の時代のプロテスタント的教養市民層の価値観を「文化プロテスタンティズム」と呼んでいる。

(深井智朗)

❖参考文献

Liberale Theologie. Eine Ortsbestimmung, hg. von F. W. Graf (= Troeltsch-Studien 7) (Gütersloh: Gütersloher Verlagshaus Mohn, 1993).

F. W. グラーフ『トレルチとドイツ文化プロテスタンティズム』(深井智朗ほか編訳、聖学院大学出版会、2001年)。

J. Lauster, Liberale Theologie. Eine Ermunterung, in: Neue Zeitschrift für systematische Theologie und Religionsphilosophie, 49 (2008), S. 291-307.

終末論
[英] eschatology

　終末論は「終わりの事柄」に関する教理であり，*死と*復活，*神の国と時間（歴史）の終わり，*審判と*キリストの再臨といった主題を取り扱う（W. Pannenberg, Systematische Theologie, Bd. 3, 1999参照）。*教義学が*組織神学の形を取るようになって以来，終末論は概してその最後に置かれるが，そのことは諸信条とも対応し，また事柄の性質上，適切なことでもある。しかし，組織神学の一つの立場として終末論的視点や方法に立つ神学の構成もありうるのであり，そのことは例えば新しきものの生起や創造を強調する近年のJ. *モルトマンらの「未来的終末論」（future eschatology）の影響によって顕著になっている傾向でもある。

　近代神学において終末論が特に注目されるようになったきっかけは，J. ヴァイスがその岳父A. *リッチュルの神の国の理解が内在的なものであるのに対して，神の国の概念が超越的な性格のものであることを主張し，さらにA. シュヴァイツァーがこの立場を押し進めて福音書の神の国観を徹底して終末論的な視点において理解すべきことを主張したことであった。後者が提示したのが「徹底的終末論」（consistent eschatology / konsequente Eschatologie）である。しかし，ヴァイスもシュヴァイツァーも聖書批評学の立場から福音書の終末論的性格を明らかにしただけであって，教義学的立場から改めて終末論に注目しそれを論じようとしたわけではなかった。むしろシュヴァイツァーは福音書の終末論をもはや現代人に対しては適合性をもたない思想と結論づけ，これを退けた。

　終末論の意義を組織神学の立場からとりわけ評価し強調したのは，第一次世界大戦以降の，いわゆる弁証法神学者たちであった。しかし，彼ら以外も含めて当時終末論を強調する人々の思想を従来の終末論から区別したのは，「終末」を歴史の終局においてではなくむしろ現在におい

て捉えようとする,そのいわば現在的な終末論の立場である。すなわち,終末論はここで黙示文学的な思想(apocalyptic / Apokalyptik)からは明確に区別され,永遠と時間の弁証法によって理解される。それによれば,終末とはキリストにおいて永遠が時間の中に突入してくるということであり,それゆえに終末はキリスト信仰においてそのつど「現在」となるという思想である。現在的終末論において終末とはいわば「永遠の今」(P. ティリッヒ)なのである。黙示文学的終末論を排除する『最後の事柄』(Die letzten Dinge)を著したP. アルトハウスや,K. *バルト,E. *ブルンナー,P. *ティリッヒら組織神学者たちの終末論は総じてこの現在的終末論の線上にあったと言ってよい。バルトの『ローマ書』(Der Römerbrief, ¹1919, ²1922. 邦訳,『ローマ書講解』全2巻,小川圭治ほか訳,平凡社,2001年)も,終末を未来に見る救済史的見方に対しては,明瞭に否定的であった。

「現在的終末論」(realized eschatology)の用語を広く知らしめたのは,新約聖書に示された神の国をめぐる新約学者C. H. ドッドによる解釈であった。彼によれば,主イエスにおいて神の国は今ここに現在しているものと捉えられていた(「わたしが神の霊で悪霊を追い出しているのであれば,神の国はあなたたちのところに〔すでに〕来ているのだ」[マタ12:28])。

R. ブルトマンも新約学者として現在的終末論を強力に支持した。彼は,再臨の遅延によって起こった困惑への回答としてパウロやヨハネの終末論が提示されたが,前者はなお未来的な黙示文学的残滓をとどめているのに対し,後者はそれを脱して現在的終末論をより洗練された形で提示したとし,後者を自身の立場としても支持する。しかも,その際,ブルトマンは聖書が語る最後の事柄を信仰者個人にとっての「実存論的解釈」の事柄として示すのである。

しかし,こうして現在的終末論が古代的な黙示文学的衣装をまとった終末論を現代人にも有意味なものとして提示しようとした点で評価されるとしても,その努力自体が聖書的であるのか,聖書を現代に生かすその努力が成功しているのかは,また別問題である。上記の組織神学者たちが,永遠と時間の弁証法の論理に留まることなく,その後は未来的要素を含む終末論を展開していったことも,その証左である。

さて、こうした現在的終末論に対峙するものとして、独自の終末論の著作すなわち『キリストと時』（Cristus und die Zeit, 1946. 邦訳，前田護郎訳，岩波書店，1954年）を著したのが、新約学者O. クルマンであった。彼は時間や歴史という主題を聖書から読み取りうる「救済史」の文脈において新たに解釈して提示したため、その終末論は「救済史的終末論」と呼びうる。それによれば、聖書において永遠は前方と後方に無限に延びる線として見られるべきものであり、時間はこの永遠と質的に異なったものなのではなく、同一線上の限定された部分にすぎない。こうした時間概念の上に創造、*和解、完成の順序で進行する救済史が基礎づけられ、終末は救済史の終局部分として位置づけられることとなる。

こうして終末を現在においてではなく終局において見る点で、クルマンの救済史的終末論は現在的終末論とは異なる。ただ、それが確かに未来的終末論の要素を保持しているとしても、徹底的終末論とも同じでないのは、徹底的終末論において頂点は歴史の終末にあるが、クルマンはその頂点をキリストにおいて見るからである。彼は第二次世界大戦のDデイとVデイを比喩に用い、キリストの出来事を決定的戦闘（decision）がなされた日とし、それからキリストの再臨すなわち終末における勝利（victory）の日まではいわば掃討戦である、と例える。キリストの第一の到来が決定的頂点であり、第二の到来は予定調和的な結果として想定されるわけである。しかし、ブルトマン流の現在的終末論が終末に未来的要素をほとんど見ない点できわめて非聖書的であるのに対し、クルマン流の救済史的終末論も、形式上は終末を未来的なものとして理解しているとしても、実質的には未来的なものと正面から取り組んでいない点で、やはり非聖書的な側面を抱えていると言わざるをえない。その点で、参照すべき価値をもつのは、R. *ニーバーの『人間の運命』（The Nature and Destiny of Man, Vol. II: Human Destiny, 1943. 邦訳，髙橋義文ほか訳，聖学院大学出版会，2017年）である。　　　　　　（西谷幸介）

受肉

[ラ] incarnatio, [英] incarnation

　受肉とは，神の御子イエス・キリストが，肉体をとって人となり，わたしたちの救いを成し遂げてくださった救済論的な出来事を表す言葉である。新約聖書フィリピの信徒への手紙2章6-11節には，御子が自己卑下して人となったことが証言され，さらにヨハネによる福音書1章14節には，「言は肉となって，わたしたちの間に宿られた」と記されている。いずれも先在の御子が，真の人となったという信仰が言い表されている。これらの聖書証言に基づいて，「ニカイア・コンスタンティノポリス信条」では，主イエス・キリストは「わたしたち人間のため，またわたしたちの救いのために，天より降り，聖霊によって，おとめマリアより肉体を取って，人となり……」と告白されている。

　イエス・キリストの受肉を，救済の歴史の中心と位置づける神学は，ユスティノスから始まるロゴス・キリスト論が，永遠の言である先在のロゴスの救済史への関与の頂点を受肉に見たところから始まる。ロゴス概念を用いて，創造から終末に至る人間の歴史を，トータルに説明する際に，神と等しく，神の右に座している御子の歴史への介入が，受肉という出来事を通して生起したことが，神学的に考察されるようになる。

　受肉に特別な意義を認めることは，2世紀から3世紀の古代教父の神学的前提を決定づけることになる。なぜなら，キリスト教神学は，グノーシス主義が唱道する肉体の蔑視と受肉がもつ救済論的意義の過小評価を乗り越える道を聖書から導かれた通りに準備することになるからである。確かにグノーシス主義は，超越的な神的領域から下降する一種の啓示者の存在を語るが，そこに人間の罪の赦しを伴う救済論的な意義を認めることはない。したがって，キリスト教神学が主張する「受肉」の積極的な意味づけをグノーシス主義に求めることはできない。

　これに対して，グノーシス主義の論駁を，神学的な課題として探究したエイレナイオスやテルトゥリアヌスは，肉の救済（salus carnis）こそ人間の救いであり，救済の中心は，永遠なる神の御子が肉体を取った受肉の出来事にあることを主張するようになる。「肉をとることのないも

のが，肉を癒すことはできない」と後にカッパドキア教父たちが積極的に語るようになる神学的な出発点が据えられるのである。

このようなロゴス・キリスト論を継承して，4世紀のニカイア神学は，受肉の神学を十全に展開することとなる。その嚆矢となるのは，4世紀初頭に書かれたアタナシオスの『言の受肉』（De Incarnatione Verbi, 318頃. 邦訳，小高毅訳，『中世思想原典集成2』平凡社，1992年所収）である。この著作は，永遠なるロゴスと受肉したロゴスが，不可視的な世界の超越的存在と可視的世界の感覚的存在の二つの領域のあり方を意味するのではなくて，可視的感覚的世界と不可視的超越的世界を乗り越えたところに存在する神固有のあり方と結びついて理解されることによって，オリゲネス以来のアレクサンドリア神学に内包されている受肉した神の御子についての認識上の難問を解決した書物と言える。

ここから，受肉の奥義を前提としたキリスト論と救済論が，ロゴス・キリスト論の伝統に接木されて，キリスト教神学は，三位一体論を形成することが可能となるが，受肉した御子のうちに神性と人性がどのように結合するかについては長い論争を引き起こすことになる。アポリナリウスは，受肉した御子の魂の場所をロゴスが占め，キリストは人間的魂を持たないという議論を展開したし，ネストリオスは，神性と人性を一つに統合されないまま理解し，エウテュケスは反対に両者を一つのものと混同した。このため，451年の「カルケドン信条」では，御子イエス・キリストは，位格的な結合によって，真の神性と人性を持つ一つの人格であると定義され，霊肉全体を持つ真の人でありつつ，永遠のロゴスであるとの理解を承認することになる。

宗教改革者たちは，受肉した神の御子の救済論的な役割を積極的に評価し，受容した。宗教改革時代の諸信仰告白は，古代教会のニカイアからカルケドンに至るキリスト論と受肉理解をそのまま継承した（「アウグスブルク信仰告白」第3条など）。

このような古代から宗教改革に至る時代の，受肉の教理の積極的な評価に対して，近代神学は，さまざまな観点から異議を唱えるようになる。宗教改革時代の反三位一体論（ユニテリアン）や18世紀のイングランドにおける理神論，さらには19世紀の*自由主義神学は，受肉の神学

的意義に対して疑問を抱くようになる。これらの神学的立場は、受肉の神学的奥義が一種の神話的な表現であって、知解不可能な出来事であるゆえに、むしろ受肉した存在としてのキリストの存在論的な独自性や卓越性に関心が向けられ、神の自己啓示がそこにおいて生起する出来事としての受肉の意義を最小に見積もるようになる。

あるいは、受肉の意義を認めつつも、御子の位格の実体を、御父よりも劣った存在と見るアレイオス派的なキリスト理解の復興も見られる（18世紀のイングランドのアレイオス主義など）。

その意味で、カール・バルトの神学は、見失われた受肉の神学的な意義の再発見として理解することができる。バルトは、イエス・キリストにおける神の自己啓示として受肉を捉え、そこに神の一方的な恩寵を見出し神学の出発点とした。受肉こそ、神が人となられた救済の奥義が示された出来事であり、真の神にして真の人である御子イエス・キリストの人格とわざが明らかにされた救済史の中心であると捉えられた。かくして教理史的に言えば、バルト神学は、アタナシオス神学に結実するニカイア神学の再発見であり、すでにアレイオス論争を経て、グノーシス主義やアレイオス主義の問題性を克服したキリスト論の再確認でもある。

近代神学の影響下にある神学は、受肉の出来事の固有性と限定性に納得せず、神と人との出会いと結合は、イエス・キリストという人格だけではなくて、より広汎で多様な出来事や経験にも認められるべきだという主張を導き出す。このような主張によって、受肉に見られる時間と空間の固有性と限定性を乗り越えて、より普遍的な救済の奥義と原理を受肉に読み取ろうとするのである。

この観点から見れば、バルト神学は明らかに啓示至上主義に陥っているのであり、多元的な宗教世界の現実と価値を受け入れない狭量な神学ということになる。

しかし、だからといって、受肉の教理に、普遍的な道徳的な価値や意義を見出そうとすると、「人となって肉体をとること」、つまり神の御子があえて自己卑下して、時間と空間に限定され、朽ちるべき肉体をとったという出来事の積極的な意義を見失わせる。つまり近代の神学は、肉をとったままで神の御子であり続けるという受肉の奥義の障壁の前に、

立ちすくみ，祈り，感謝するというよりも，その障壁を乗り越えようとして，かえって，その恵みを無にする営みを繰り返してきたと言える。その意味で，4世紀のニカイアの教父たちの受肉理解は，受肉が救済論的な意味を持つという観点からだけではなく，父と子と聖霊なる神の存在そのものが，愛と善に応じて肉体を取ろうとするという，神の本性論からの議論を展開しているのは示唆に富むものである。アタナシオスは，「救い主は本性の必然性から肉をまとったと考えることなく，本性によって肉体を持たない者であり言（ロゴス）であったが，それにもかかわらずご自分の父の人々への愛と善に応じて，われわれの救いのために人間の肉体をとってわれわれに現れたことを〔知るためである〕」（『言の受肉』1）と述べている。

　受肉の神学は，今日，なおさまざまな批判と解釈にさらされている。1979年にイギリスで出版されたジョン・ヒック編『受肉の神の神話』（Myth of God Incarnate）は，知解不可能な受肉の奥義を，現代人の理解力に適合させようとする努力の一端ではあるが，受肉を脱神話化することで，受肉という救済の奥義の持つ豊かさと神秘をそぎ落とし，諸宗教との対話と一致の道を，キリスト教の固有性を犠牲にして遂行するという奇妙な試みとなってしまったのである。
　　　　　　　　　　　　　　　　　　　　　　　　　　　　（関川泰寛）

✥参考文献
T. F. トーランス『キリストの仲保』（芳賀力ほか訳，キリスト新聞社，2011年）。
T. F. Torrance, The Incarnation: Ecumenical Studies in the Nicene-Constantinopolitan Creed: A.D. 381 (Edinburgh: Handsel Press, 1981).

シュライアマハー
Schleiermacher, Friedrich Daniel Ernst (1768-1834)

　シュライアマハーは1768年にブレスラウに生まれる。父方は祖父の代から牧師の家系ではあるが，ヘルンフート派との出会いによって「信仰覚醒」を経験した父により，1783年以降，彼はこの教団の学校に入学する。その宗教教育の偏狭さにやがては行き詰まりを感じ，父の反対を押し切って，ハレ大学へ進むことになるが，ヘルンフート敬虔主義の

影響は終生消えることのない影響をシュライアマハーに与えることになる。「ここで初めて神秘的な能力が目覚めた。それは私にとって非常に本質的なものとなり、懐疑主義のどんな嵐からも私を守り救ってくれた。当時それは芽生え、やがて成長した。そこで私は次のように言うことができる。いろいろあったが、私は再びヘルンフート派になった。ただしより高次のそれに」と後年述懐している。

ヘルンフートでは禁書扱いであったカントの哲学にハレでエーバハルトの影響のもとに向き合いながら、シュライアマハーの関心は神学と哲学の関係に向けられる。「信仰的な知性、あるいは哲学的なキリスト教徒」に賛同し、ヤコービ宛の書簡では「哲学と*教義学とは私の中で決して対立するものではありません。それどころか両者はいよいよ接近しています」と述べている。

シュライアマハーの牧師としての働きは1796年ベルリン・シャリテ慈善病院から始まる。この間、ルター派と改革派の共同典礼への提案を起草したり、イギリスの啓蒙主義的牧師の説教集の翻訳も手掛けたりしているが、最大の出来事は、ベルリン在住のヘンリエッテ・ヘルツ夫人のサロンにおけるシュレーゲルとの出会いである。これにより初期の著作『宗教論』(Über die Religion, 1799. 邦訳,『宗教について』深井智朗訳, 春秋社, 2013年),『独白録』(Monologen, 1800. 邦訳,『独白』木場深定訳, 岩波文庫, 1995年)などが生み出されることになる。

1802年シュライアマハーはベルリンを離れヒンターポメルンのシュトルプという地方教会の牧師職に就く。1804年にハレに移るまでの2年間に、ライフワークとなるプラトン翻訳や最初の哲学的著作である『従来の倫理学説批判綱要』(Grundlinien einer Kritik der bisherigen Sittenlehre)の執筆を行うが、これらは後の倫理学の準備となった。

シュライアマハーの多方面にわたる働きは1807年以降晩年まで再びベルリンでなされる。三位一体教会の説教者、ベルリン大学の初代神学部長、さらには王室学術アカデミー哲学部門の一員としての働きである。大学やアカデミーにおけるシュライアマハーの講義は弁証法、倫理学、解釈学、教育学、心理学、美学、哲学史に及んだ。教会政治家としてはルター派と改革派の合同、典礼のための讃美歌の編集に取り組むと

ともに国王による統一式文の命令に対しては、これを教会に対する国家の不当な干渉として戦った。1834年に彼は他界するが、その葬儀では2万人以上の参列者が別れを惜しんだといわれる。

神学におけるシュライアマハーの影響は*組織神学と実践神学の分野において顕著である。特に『宗教論』、『神学通論』(Kurze Darstellung des theologischen Studiums zum Befuf einleitender Vorlesungen, 1811. 邦訳、『神学通論（1811年/1830年）』加藤常昭ほか訳、教文館、2009年)、そして『キリスト教信仰論』(Der christliche Glaube nach den Grundsätzen der evangelischen Kirche im Zusammenhange dargestellt, 1821) は、近代神学の金字塔である。

1799年匿名出版の『宗教論』には、その後の彼に特徴的な思考様式の萌芽が認められる。宗教哲学では宗教の本質を論じた第2講話が注目されるが、神学では教会論を扱う第4講話と諸宗教の神学ともいうべき第5講話が重要である。第4講話においてシュライアマハーは、教会を「社交の最も完全な帰結」として論じ、国教制において歪められている教会に対する根本的な批判を展開する。さらに第5講話では宗教の複数性を宗教の本質に基礎付け、真の宗教はただ複数性においてのみ「完全に与えられる」という。キリスト教は「諸宗教の中の宗教」であるが、それは「宗教の唯一の姿として独一的に支配する」ためではなく、キリスト教が「自らの一過性を認めた」ということであり、宗教の批判でもあるとされる。このような主張は20世紀後半ヒックの宗教多元論に影響を与えることになる。

組織神学にとって特に重要なのは『神学通論』と『キリスト教信仰論』である。『神学通論』は、神学を三つの部門、すなわち哲学的神学、歴史神学、実践神学に分け、すべての神学諸学科は「教会指導」の原理から導き出されるとすることで教会の学としての神学を確立した。

『キリスト教信仰論』においてシュライアマハーは、近代神学が直面していたアポリアに正面から取り組む。すなわち、聖書の権威がもはや自明ではなくなった近代啓蒙主義以降提起された偶然的歴史的真理と普遍的理性的真理の相対的関係という問題を、シュライアマハーは次のようにして解決しようと試みた。信仰は「直接的自己意識」として「直接

的確かさ」の姿で与えられるゆえに、それ以上の証明を必要としないあらゆる宗教的表現の真理基準である。この「直接的自己意識」（＝絶対依存感情）としての「信仰」はキリスト教のみならず、あらゆる宗教的共同体の基礎を形作る。「直接的自己意識」あるいは「感情」は、思考と行為とに対立する独自な実存的能力であり、それは、彼の規定によれば、敬虔な感情として「人間性に本質的な要素」である。またキリスト教会が、他のすべての宗教的共同体から区別されるのは「教会がナザレのイエスから出発し、絶えずこのイエスに戻るという伝達関係」によってである。これは歴史的な「原事実」であり、「それ以前の歴史的連関からは理解されることができない」ゆえに「*啓示」といわれる。教義学の課題とは「論理的に整えられた反省によって」キリスト教的敬虔自己意識を表現している諸命題を、教会の*信条に立ち戻りながら、一つの体系に整えることであり、このようにして教会の宣教に明瞭さと実効性を得させるのである。かくして教義学は実践神学へと接合されるが、これによりシュライアマハーは実践神学を学問的な学科に高めたのである。

　シュライアマハーの神学を積極的に引き継いだのは、いわゆる調停神学者たち、シュヴァイツァー、ニッチュ、ドルナー、ローテである。エルランゲン学派のホフマンやフランクの神学は、シュライアマハーの自己意識論なしには考えられない。*リッチュルによる神学の形而上学からの峻別、また、キリスト中心的な教義学の方向付けにもシュライアマハーの影響を看取できる。リッチュルの弟子*ヘルマンは『宗教論』を「新約聖書正典が完結して以来、キリスト教的認識と*信仰告白の領域で現れた最も重要なもの」と見なす。*トレルチの学問論的構想や*ティリッヒの宗教哲学、特に「究極的関心」という宗教の本質規定におけるシュライアマハーの影響は明らかである。

　20世紀の前半にはいわゆる「*弁証法神学」による根本的なシュライアマハー批判が展開された。当初はシュライアマハーの影響下にあった*バルトは、やがて「神について語ることは、何か高揚した調子で人間について語ることとは別のことである」と述べてこれを批判する。このような批判の理由は、『宗教論』の宗教概念だけに由来するものではな

く，シュライアマハー神学の本質的主張に関わる。すなわち，「神の特質や行為様式」や「世界の性質についての言説」ではなく「人間の生の状態の記述」が「教義学の根本形式」として神学的に重要という主張である。

このような根本的批判にもかかわらず，シュライアマハー神学の中にある未解決の問題を真剣に受け取るという晩年のバルトの問いは，今日新たに問われるべき問いであり，現在のプロテスタント神学においては，新たなシュライアマハー受容がきざしつつある。そこではもはや「引き継ぐべき遺産」と「批判」とは二者択一的ではない（*ユンゲル）。

(川島堅二)

❖参考文献

Jungel, Eberhard, "Schleiermacher, Friedrich Daniel Ernst" in: RGG, 4. Aufl., Bd. 7, S. 904-914. Fischer, Hermann, "Friedrich Daniel Ernst Schleiermacher", (München: C. H. Beck, 2001).

W. ディルタイ『ディルタイ全集9・10　シュライアーマッハーの生涯〈上・下〉』（森田孝ほか編・校閲，法政大学出版局，2014年，2016年）。

F. D. E. シュライアマハー『『キリスト教信仰』の弁証──『信仰論』に関するリュッケ宛ての二通の書簡』（安酸敏眞訳，知泉書館，2015年）。

昇天

[英] Ascension，[独] Himmelfahrt

ここでは*イエス・キリストの昇天（ascension）に，着座（session）も含めて扱うことにする。厳密に言えば，昇天はキリストの（多くの場合，復活から始まると理解される）高挙が持つ一局面を言い表したものであり，着座は昇天したキリストの現在における働きに言及していると考えられるので，区別する必要がある。しかし，着座のキリストの働きには，昇天に由来する意味も認められるので，ここでは一括して取り上げる。

昇天と着座は，それも特に後者は，必ずしも今日，教会で頻繁に聴かれる事柄とは言えないであろう。例えば，実質的に*復活をもって高挙の全側面を代表させようとしたりするなら，敢えて昇天や着座について

触れる必要は感じにくくなるであろう。あるいはまた、昇天や着座が、あまりにも神話的に響くように思われるために、その部分には触れないで済ませるという態度が生じているかもしれない。それにもかかわらず、「使徒信条」に、イエス・キリストが「天に昇り、全能の父なる神の右に坐したまへり」とあるように、キリストの昇天と着座はキリスト教信仰の一部を形成している。そもそも聖書においても、昇天についてはルカによる福音書24章50-51節、使徒言行録1章6-11節、ヨハネによる福音書20章17節、フィリピの信徒への手紙2章9-11節などで語られていると言えるであろうし、着座についてはエフェソの信徒への手紙1章20-23節、ヘブライ人への手紙1章3節、ペトロの手紙一3章22節などで語られていると言えよう。このように見るならば、昇天と着座は聖書に由来する信仰内容として、キリスト論の重要な主題の一つとなるはずのものであるのは疑いようのないことである。

そこで、特に昇天が持つ意義について述べるなら、まず、昇天は「天」、つまり、人間にとって把握不可能な領域にキリストが赴いたことを意味する。キリストが自らを、地上の生涯を歩み、十字架の死と復活をもって示したときのように人間の感覚に対して現れることは、終末における*再臨まではない。これに伴い、さらに昇天は*被造物の時間や空間の制約をもはや受けない存在になったことをも意味する。キリストの実在が*時間と空間を超えた普遍的な事柄となるために、天に昇ることが必要であった。地上に広がる教会がキリストの「体」として理解可能になるのも（エフェ1:23）、昇天のゆえである。

同時に、天に昇ったのが復活のキリストであるというところが重要である。つまり、からだを持って甦ったキリストの昇天であるということが意味深い。というのも、天に昇ったキリストが復活のからだをまとっているということは、人間性を伴って昇天したことになるからであって、決して*三位一体の第二の位格が人間性を捨てて父なる神の許に帰ったのではない。その意味で昇天は、*受肉の貫徹であり、目標であるとも言える。それは父なる神の許に、言い換えれば、三位一体の神の交わりの中に、人間の場所が確保されたことを意味する。こうして、人間における神のかたちの回復や、創造における神の目的が神との交わりに

あると捉えるなら、昇天は救済にとって不可欠の構成要素であると言える。

また、からだを持っての昇天である以上は、救済理解において身体性を捨象することは許されない。救済は単に霊や精神にのみ関わるものではない。また、身体を低く見、*罪の原因や温床として疎んじられなければならないものであるかのように捉えるのも問題である。からだを持った全体としての人間が救いにあずかり、神の交わりに受け入れられると言わなければならない。

昇天に加え、救い主が父なる神の右に着座しているということは、教会と教会に連なる信仰者が常にキリストの執り成しの下に歩めるようにされているということを意味する（Ⅰヨハ2:1-2）。人間は父なる神から、贖い主であるキリストの人間性を通して見られている。終末以前の中間時にある教会と信仰者は、これによって罪と、それゆえの裁きが致命的な脅かしになることから守られているのである。

さらに、イエス・キリストが父なる神の右に坐しているということは、世界統治がキリストに委ねられていることを意味する。これは*摂理との関連で重要になってくる。というのも、救い主として、神の恵みと憐みを世に*啓示したばかりでなく、この恵みと憐みの実在そのものであるイエス・キリストが世界を統治しているのであるならば、信仰者は、この世のあらゆる事柄の背後に、恵みの支配のあることを確信できるからである。世界は不気味で顔を持たない運命の支配の下にあるのではない。イエス・キリストの支配の下にあるのである。したがって、ストア派的忍従ではなく、祈りと*希望をもって歴史の中を歩むことが可能にされている。

（神代真砂実）

召命と派遣

［英］calling and sending, ［独］Berufung und Sendung

「召命」（kaleo, vocatio, Berufung, vocation）は「救済論」（Soteriologie）の一環として「*義認」や「*聖化」に並べられて考察される。ローマの

信徒への手紙8章30節には,「神はあらかじめ定められた者たちを召し出し,召し出した者たちを義とし,義とされた者たちに栄光をお与えになったのです」と言われ,「*予定」「召命」「義認」「栄化」が記されている。こうした信仰者に実現する救済には,他にも「聖化」や「子とされること」などが含まれ,それぞれの関連や順序が「救済の秩序」(ordo salutis) と呼ばれることもある。

「召命」について記す聖書箇所には,他にもコリントの信徒への手紙一1章1-2節,ガラテヤの信徒への手紙1章15節,5章13節,エフェソの信徒への手紙4章1,4節,テサロニケの信徒への手紙一2章12節,4章7節などが挙げられる。「ウェストミンスター信仰告白」(1647年) は,一連の救済概念の先頭に「有効召命」を挙げて,神は「命に予定している者たちすべてを,そして彼らだけを……*イエス・キリストによる恵みと救いへと,有効に召命することをよしとされる」と言い表した。しかし「召命」を「義認」や「聖化」に次いで,第三に挙げることも可能であり,その実例はカール・*バルトの『和解論』の中に見られる。

「派遣」(apostello, missio, Sendung, mission) については,従来,救済論の中で扱われた例はほとんどない。しかしイエス・キリストが弟子として人々を呼び出したとき,それは「彼らを自分のそばに置くため,また,派遣して宣教させ,悪霊を追い出す権能を持たせるためであった」(マコ3:13以下) と言われ,弟子の召命は常に派遣と結びつき,派遣の中に召命の目的があったと言うべきであろう。「派遣」の聖書箇所は,他にもマルコによる福音書6章7節,ルカによる福音書9章1節以下,ヨハネによる福音書20章21節,ローマの信徒への手紙10章15節,コリントの信徒への手紙一1章17節などがある。「召命」によって「イエスの弟子」にされたことは,同時にイエス・キリストを証し,*神の国の福音を宣べ伝えるために遣わされることであった。それにしても宗教改革期の*信仰告白にこの事態がほとんど明示されなかったことは,宗教改革の歴史的状況から来たことであるが,キリストの証人,神の国の救いの証言者の位置を適切に表現する機会を得たかという疑問を生じさせる。宗教改革における*伝道の位置が問われることにもなるであろう。

キリスト者の「召命」の根拠をめぐって「選び」が主題的に扱われ,

「選びと召命」という論題をめぐって神学的議論が交わされてきた。「召命」は神の「選び」に根拠を持つが、同時に「召命」それ自体の歴史的遂行は福音の*説教を聞くことにより、信仰に招かれ、*洗礼によってキリストのものとされることによる。福音の説教を聞き、*聖霊によって信仰を与えられ、洗礼によってキリストと結ばれたとき、キリストのものとされ、救いへと召命される。つまり神の選びが、召命の永遠の根拠であるのに対し、召命の歴史的遂行は、福音の説教により、また聖霊による信仰やキリストへの洗礼によってなされる。そこからカルヴァンも古プロテスタント正統主義も、「外的召命」(vocatio externa) と「内的召命」(vocatio interna) を区別した。「外的召命」は、福音の説教により、選ばれているかいないかに関わらず、すべての人を信仰へと招く。それゆえ「外的召命」は「一般的召命」(vocatio generalis) とも呼ばれた。それに対して「内的召命」は、信仰を与える聖霊により、ただ選ばれた人のみに与えられる。それゆえ、それは「特殊召命」(vocatio specialis) と言われたが、選ばれた者のみに救いが与えられるゆえに、「特殊召命」が救いにとって十分に有効であるため「有効召命」(vocatio efficax) とも呼ばれた。

しかしこの区別に疑問がないわけではない。選ばれた者と選ばれない者という二重予定の設定が、果たしてキリスト論的に、また*三位一体の神の聖なる意志決定に即して正当であるか疑問とされる。また福音の説教を選びから切り離すことは、その価値を低め、さらに福音の説教が広く語られることの意味を貶めることにもなる。そのようにしてキリストの証言や伝道の意味を希薄にさせることは、神の聖なる意志にそぐうものではない。むしろ神の内なる永遠の意志決定としての選びとその歴史的具体的な召命との一体的な関連を認識し、福音の説教を広く語り、キリストの証人として神の国の約束を証言することを重要としなければならないであろう。

「召命」の目標は、イエス・キリストとその救いにあずかることにあるが、神の子の栄光への召しとも、また神の国の成就への参与とも言い得る。そしてそれこそまた神の選びの目標でもある。「召命」はキリストの証人へと召し、その証人を神の国の福音の宣教のために「派遣」す

ることであって，召命と派遣は切り離すことができない。召命と派遣によってキリスト者のアイデンティティが形成される。

「派遣」の根拠を問えば，それは「召命」にあるが，「派遣」は聖霊によるキリストからの派遣である。ヨハネによる福音書はその根拠を，イエス・キリストご自身が父から派遣されたことの中にあると伝えた。「父がわたしをお遣わしになったように，わたしもあなたがたを遣わす」(20:21; 同様に13:20, 17:18) とのキリストの言葉は，信仰者の派遣がキリストご自身の派遣されたことに根拠を持ち，したがってその起源はキリストを派遣した三位一体の神の聖なる意志決定にあることになる。そしてその目標はキリストとともに神の国の福音を証言することにほかならない。

以上の召命概念から派生したもう一つの召命概念を宗教改革と*プロテスタンティズムは発展させた。カルヴァンが「主はそれぞれが別の生き方をするように，めいめいの義務を定め，誰もがその限度を超えないように，多種多様な生き方をそれぞれ『召命』と呼んだ」と語り，さらに「ここから格別な慰めが生まれる。(あなたがあなたの召命に従う限り) どのような仕事も哀れでも軽蔑すべきものでもなく，神の前で輝き，最も貴重なものにならないものはない」(『綱要』III.10.6) と記した。これは召命概念を「職業」と結び合わせたものである。ここからプロテスタンティズムの職業観と「世俗内的アスケーゼ（禁欲・修練）」がもたらされ，このエートスから膨大な社会的形成力が注ぎ出された。これが近代世界の成立に大きく貢献したことは，今日なおその意味を完全には失っていない。各人がその職業選択に当たって神の召命に思いを向けることは，現代のキリスト者の生き方としてもなお十分意味のあることである。しかしそれにしても今日の高齢化社会と仕事のあり様から言うと，大部分の現代人は40年余の職業生活を終えた後に，なお30年近くの人生を生きる。職業生活は今日，人生の全部ではない。それに対し，キリストにある救いへの召命，キリストの証人とする召命は生涯の全体を覆う。今日改めて召命の聖書的本来的意味を回復することは一層重大な意味を持つ。職業を離れた後も，ますます本来の召命と派遣を覚えて，神の国のために生きることができる。

敬虔主義的信仰復興運動による伝道においては，とりわけ伝道者・牧師としての献身の文脈において「召命」が語られる。これは「職業」と言うより，「教会の職務」に結びつくが，すべてのキリスト者について言われる召命（ならびに派遣）とは区別された言葉の使用法で，本来的というより，派生的な使用法と言わなければならない。ただしその内容は，神から特別な召命を受けて伝道に献身することが伝道者の生を根底から支えると認識するもので，この召命と派遣を神から受けずして伝道者・牧師として生涯を貫くことはできない。その生き方はすべてのキリスト者にあることを典型的，代表的に具体化するとも言うことができる。それにしても，本来の召命と派遣はすべてのキリスト者のこととして語られるべきである。しかもそれは，*職制をいささかも否定しない。すべてのキリスト者が召命を受けて，キリストのものとされ，派遣されて，イエス・キリストを証言し，キリストの証人となって神の国の到来に仕えることは，伝道者・牧師を無用にするわけではない。その上で，召命を受け，派遣されたすべてのキリスト者の中から，特別に神の命令と教会の承認とによって立てられた人が，特別な訓練と按手を受けて，教職者に任命され，説教と*聖礼典の執行に仕え，伝道と牧会に全面的に用いられる。このことは，むしろ他のすべてのキリスト者が召命と派遣に生かされるように励まし，支えるものである。　　（近藤勝彦）

贖罪
[英] atonement

1.「贖罪」は16世紀のイギリスで造語されたAtonementの訳語である。この原語はその語形からして「一つにする」の意であって，「*和解」（reconciliation）と同義と言ってよい。しかし敢えて「和解」と区別すれば，「贖罪」は神と人との和解のために必要な客観的前提であるイエス・キリストの働きを意味し，イエス・キリストの生涯，特にその十字架における苦難の死の中で神と人との和解をもたらすための神の御業が遂行されていると認識する用語である。贖罪の代わりに「キリストの働き」

の用語を使用することも不可能ではなく、事実この題名による贖罪論の著作も数多くある。しかし厳密には、キリストの働きは、創造に際しても、また終末の*審判や完成に際しても語られなければならない。したがって、「贖罪」をもって特に救いに関わるキリストの働き、とりわけその十字架の苦難の死による働きを主題として論ずることは適切な神学的努力をなすと言ってよい。

　*イエス・キリストの十字架の死が贖罪として遂行され、神と人との和解をもたらす決定的な出来事であると理解される根拠はどこにあるであろうか。イエス・キリストの十字架の死がどうしてわれわれの救いになるのか。この問題は「イエス・キリストは誰か」という問題と切り離すことはできない。その上でその方の十字架は何であったかという議論になる。イエス・キリストは誰かという問題は、「キリスト論」の主題であり、イエスがキリストであり、神の御子、救い主であるとの*信仰告白の内容がテーマになる。このキリスト論と贖罪論は不可分であって、キリスト論なしに贖罪論は成り立たないが、逆に贖罪論なしにはキリスト論も無意味である。「人格」から「業」が理解されるが、またその「業」によって「人格」の意味は明らかにされる。イエス・キリストの言葉と行為、そして十字架と復活の出来事の中で、神とその御業が歴史的に*啓示される。この「歴史的啓示」の中でイエス・キリストの人格とその業、特に十字架の死の意味も理解される。

　その際、歴史のイエスがご自身の死についてどう語ったかということは決してどうでもよい問題ではない。歴史のイエスを欠如させてキリスト論は成り立たないが、歴史のイエスの言葉や行為、遭遇した出来事という歴史的事実を無視して贖罪論を正しく語ることはできない。アンセルムスの『なぜ神は人となられたか』(Cur Deus homo, 1094?-97/98)は、ヨーロッパ中世の代表的な贖罪論である「充足説」を「キリストを括弧に入れて」理性的な筋道を辿ることによって展開した。しかしその結果は、神の名誉回復のための人間の*死による代償を語りはしたが、その死が「十字架の死」であったことを語ることはできなかった。キリストから離れて論ずることは、歴史の事実から乖離せざるを得なかったのである。贖罪論は贖罪の歴史的事実を離れて論じても意味はない。その

際，贖罪の事実としてのイエス・キリストの十字架の死とともに，イエス自身が自らの死をどう理解したかという事実も重大である。「多くの人の身代金として自分の命を献げる」（マコ10:45）と語ったイエスの言葉，あるいは「多くの人のために流されるわたしの血，契約の血である」（マコ14:24）と語った言葉は，歴史のイエス自身に極めて近く遡ることができる。イエス自身が自己の死の救済的な意義を語っていたことは贖罪論の事実的根拠に属することであり，贖罪論はイエスの十字架の死という歴史的事実とイエス自身による自己の死の解釈にその歴史的根拠を持っていることになる。

2. 聖書には上に述べた「身代金」のほか，「ヒラステーリオン」（「罪を償う供え物」[ロマ3:25]）や「アポルトローシス」（「贖いの業」[ロマ3:24]），あるいは「ルトローシス」（「贖い」[ヘブ9:12]）といった用語があり，それらによってキリストの十字架の苦難の死が指し示されている。それらは経済的な贖い，軍事的な解放，あるいは祭儀的な犠牲などを意味する用語であり，キリストの十字架による贖罪の業を多彩な仕方で描き出している。なかでもパウロは，キリストの十字架による「律法の呪いからの贖い」（ガラ3:13）や「律法の目標」（ロマ10:4）について語り，イエスの十字架の出来事が，終末論的な決定的出来事であって，救済史の一大転換を意味することを告げている。またヘブライ人への手紙は，「世の終わりのただ一度の犠牲」としてその終末論的な意味を祭儀的に語り，ヨハネによる福音書は「世に対する神の愛」（ヨハ3:16）としてその根拠を告げている。こうした聖書証言はいずれも贖罪理解の不可欠な契機をなす。

贖罪論はさらに教理史上いくつかの展開を見せた。古代においてはキリストの十字架の死は*悪魔に支払われた賠償金（ransom）として理解されたが，また同時に悪魔と罪やその結果としての腐敗に対する神の勝利の遂行とも見なされた。古代のラテン的世界ではテルトゥリアヌス以来，罪をめぐり「悔悛」とそれによる「償い」の思想が発展したが，これは中世に引き継がれ，既述したアンセルムスによる典型的な「充足説」として展開された。人間の罪によって名誉を損なった神に対し悔悛（その極致は死に至る）による償いをもって充足（satisfactio）を与え，神の名

誉を回復したと言う。この説では悪魔は介在せず，神に対して償いを果たすのは人間であって，*受肉における人性が贖罪の主体とされた。神は人間による贖罪を受動的に受ける立場にいることになる。宗教改革者たちの贖罪論では「刑罰代償」の契機が濃厚と言われるが，グスタフ・アウレンはその見方を否定し，ルターにおいては古典的な「勝利説」が一層強化されていると解釈した。カルヴァンは贖罪論をキリストの三職（預言者，王，祭司）と関連づけ，聖書の証言の多彩な記述を汲みとって，犠牲，勝利，正義，功績，模範といった諸契機を包括した贖罪の理解を示した。近代の神学は，宗教意識や神意識，あるいは倫理意識の強化をキリストによる救済と考え，贖罪は神に働くより，人間に対する心理的，道徳的感化力にあると見た。そこでキリストは救いのための神意識や倫理意識のよき模範，よき教師として影響を行使したが，神との関係破壊としての罪やそのための審判，罪の処断の不可避性といった問題は，深刻な実在性をもって理解されることはなかった。

3. イエス・キリストが十字架に血を流し苦難の死を遂げた事実が，われわれの救いのためであり，罪ある人間と神との和解の条件をなしたことは，それによって神がわれわれの罪の処理を行ったと言わなければならない。「罪の赦しの福音」が語られるのはその結果である。キリストの十字架の死そのものは「見代わりによる審判」であり，その審判を通して罪が裁かれ，克服された。歴史のイエスは神の国の間近な到来を告知したが，キリストが代わって審判を受けることによって，新しい契約が樹立され，神の国への道が備えられた。したがってキリストの贖罪は，神の国にあずかるために不可欠な審判の代理的，犠牲的な受領であり，新しい契約としての和解への招きであり，それゆえに罪の赦しである。キリストの贖罪の御業は，人間が償いを果たす悔悛の文脈でなく，身近に迫った神の国の到来の文脈において，不可避的な審判と罪の処断として理解されるべきであろう。身近に迫った神の国は，すでにイエスにおいて現在的に力を発揮し，病人を癒し，罪人を赦し，悪霊を追い払い，神の国の祝宴への招きをもたらした。神の国の現在的な効力を発揮したイエスの言葉と業に対し，十字架の流血と苦難の死は根拠づけを与えた。キリストの贖罪は神の国へと方向づけられた終末論的な業であ

り，神の国はキリストの十字架の贖いによってあずかることの可能な神との平和の完成である。それゆえ弟子たちは十字架のキリストを伝えることで，神の国にあずかる道を伝えたにほかならない。

4. キリストの十字架の死が，終末論的に決定的な救いの出来事であり，救済史を画する出来事であったことは，キリスト論的事態を抜きにしては成立することができない。決定的なことはイエス・キリストが単なる人間でなく，また「子にいます神」であるという神的事実である。イエスがキリストであるとともに，「生ける神の子」（マタ16:16, マコ15:39）であるとき，その十字架の贖罪行為は決定的に救済論的・終末論的な意味を発揮する。「神は……罪を取り除くために御子を罪深い肉と同じ姿でこの世に送り，その肉において罪を罪として処断されたのです」（ロマ8:3）と言われる。

御子が肉を受けて，罪の処断のために十字架にかかったことをめぐって，もう一段掘り下げて，十字架に死んだのは御子において神ではないかという問いかけがなされる。キリストにおける両性，「マコトニ神，マコトニ人」の関係が，十字架の死をめぐって問題になる。苦難の死を死ぬことは人性の属性であり，それが「位格的結合」（unio personalis）において「属性の交流」（communicatio ideomatum）によって，ただ比喩的にだけでなく，真実に神性もそれを負うと理解される道が切り開かれる。この問題をめぐっては「位格的結合」を強調するルターと，人性のみに死を帰すアンセルムスや，その傾向を残したカルヴァンとの相違がある。しかしイエス・キリストによって罪の処断のため，また*神の国の到来に向けられた代理的審判の死として，神の国を支える十字架として，ただ人間にすぎないものでは負い得ない死が担われたと言うべきであろう。それゆえ，世を愛するゆえに御子を世に遣わし，「十字架の死を負った神」について語らなければならない。御父は御子を十字架に遣わし，御子は御父の意志に応えて十字架の死を受け止め，永遠の御霊もまたこの出来事に伴う（ヘブ9:14）。贖罪論的な*十字架の神学はまた*三位一体論的な神学である。キリストの贖罪の業を通して三位一体論的な*救済史は終末論的中間時という決定的な段階に進んだ。それは*洗礼，*説教，*聖餐を通して贖罪にあずかる*伝道と教会の時でもある。

(近藤勝彦)

❖参考文献

G. アウレン『勝利者キリスト——贖罪思想の主要な三類型の歴史的研究』(佐藤敏夫ほか訳, 教文館, 1982年)。

近藤勝彦『贖罪論とその周辺』(教文館, 2014年)。

職制（教憲・教規）

［ラ］ordo,［英］order

職制とは，ラテン語ではordo（英語のorder）であり，可視的教会の制度と制度を裏付ける神学的かつ法的な秩序を指す。古代より，*教会は，一方で不可視的な普遍的教会（公同教会）に連なり，その存在を信じるものであったが，他方では，時空に制約された可視的な教会として，終末を目指ししつつ，この時この場所に存在する信仰共同体であるとの自己認識を保持してきた。

したがって，教会には，国家や世俗共同体の法とは異なる独自の秩序が定められ，その秩序は，人間や世界の*罪と*悪に基づく無秩序や秩序破壊に抗する，終末に至るまでの信仰共同体の形成的な側面を持つと考えられた。教会は，人間世界の無秩序への志向に対抗して，頭である*イエス・キリストにふさわしく整えられる「新しい秩序」の法を整えてきた。これが，具体的な教会の職制を規定するものである。

教会共同体は，エフェソの信徒への手紙1章23節が記すように「キリストの体」であると同時に，「御子はその体である教会の頭です」（コロ1:18）と言われる。教会共同体のあり方が，国家や世俗の共同体と決定的に違うのは，教会の唯一の主権者を，主イエス・キリストにのみ限定している点にある。

教会の職制が，神の右にいます主イエス・キリストの言葉による統治に基礎づけられるとすれば，教会の職制の主体とは，第一義的には主イエス・キリストの父なる神であって，教会の法もまたキリストの御父から発し，信仰をもって受容すべき「霊的な法」と理解される。可視的な教会の職制は，この霊的な法と統治に淵源しつつ制定された実定的な法

に基づいて形成される。

　したがって，教会の職制は，キリストにおける神の自己啓示に基づく法によって秩序づけられているという点で，この世界に存在する諸共同体の制度とは決定的に異なる。教会が，聖書正典を土台としながら，御言葉の*説教と*聖礼典の正しい執行によって，教会の信仰を共有する可視的な信仰共同体であり続けなければならないのは，このためである。教会が，*正典，*信仰，*職制という三つの座標軸に，具体的かつ可視的な教会を形作るのは，ただ教会の歴史的形態がそのような経験的事実に基づくということではなくて，教会共同体の特質ゆえに，そのようであるのである。

　教会が霊的な統治に服するとしても，その可視的で具体的あり方は，世々の教会によって差異があることは当然である。職制については，ローマ・カトリック教会，ルター派教会，改革派教会の差異ばかりではなく，同じ改革派教会の伝統に連なる諸教会であっても，仔細に見ると相違がある。

　ローマ教皇権を否定して，ローマ教会より分立するようになったプロテスタント教会では，信仰を擁護し正統信仰を識別する権能を，監督（ビショップ）という個人に見出す教会と，地域の長老会（プレスビテリー）に見出す教会，さらには会衆の集会に認める教会と異なる職制理解が存在する。異なる職制理解を持つ教会が，宗教的な自由空間を得て，*伝道し拡大していくと，アメリカに見られるような，固有な教派教会を形成する。日本のプロテスタント教会は，明治以降の教派教会の伝道によって成立したために，それぞれの教派が固有の職制理解を持って伝道と教会の形成を行った歴史がある。

　しかし，これらの教派教会が合同した場合には，合同教会がどのような一致した職制に立ちうるかは，常に問われるべき大きな課題となる。合同教会であっても，御父なる神の権威に依拠する教会の職制は，可視的な一致を要請するが，その具体的な実現には，教派教会の職制が信仰理解と整合性を持ちつつ，教憲・教規において教会的な合意となりうるかという大きな課題を避けて通ることはできない。

　さて，自由教会における職制論の要は，教会が制度的に権威の所在を

どこに見出すかという点にある。プロテスタント教会は、ルター以来、罪の赦しの権威を、いわゆる聖職者（牧師）個人に認めることを拒否してきた。ゆえに、告解はサクラメントから除外され、聖職者が罪の赦しを宣言する行為そのものを否定した。

しかし、罪の赦しは、教職者個人の権能からは切り離されはしたが、*礼拝において、*神の言葉が*説教されるたびに、御言葉の権威の下に宣言されると理解された。そのために、礼拝そのものが、罪の赦しの出来事が生起する行為となり、その権能は、教会に委託されているのではなく、神の言葉によってそのつど教会に付与されるものとされた。ここで、教会に委託された神的権能を、可視的な教会制度において、どのように位置づけるかという問いが生じる。職制の問題は、教会法的に神的権能の位置を明確にするところにあると言えるであろう。

神的権能は、教会そのものにではなく、御言葉の説教と聖礼典の執行によって、明らかにされるキリストご自身に由来する。つまり、礼拝において、御言葉が説教されると、復活し高挙された神の言葉、神の御子は、御霊の働きと注ぎによって、信仰者の群れである教会の礼拝に現臨される。この現臨の主を囲む可視的共同体こそが、プロテスタント教会の職制の基であり、目的なのである。そのために、職制は、*聖霊の働きと注ぎなくしては、語られることも、保持されることもできない。職制がたとえ会議制度に基づいて維持されていたとしても、教会会議は、現臨の主を頭として運営され、礼拝から押し出された会衆が神の委託によって議事を遂行するのである。

したがって、教会の職制を、神の委託と選び、聖霊の働きとキリストの現臨への信仰と畏れを欠いて考察し、形成しようとするところでは、教会の可視的姿は、限りなく世俗の組織体に近づいていく。職制保持のために制定された教会法は、教会の人間的支配に仕える支配の道具となってしまう。教会法は、教会が説教と聖礼典を正しく行い、礼拝秩序を保持するための法であり、信仰者を育て導いて、説教を正しく聴き、聖礼典に正しくあずからせるために訓練する法なのである。さらに選ばれた教職者、長老（役員）、執事が、主の御体にふさわしく教会を維持し、成長させるために働きを支えるための法であり、各個教会だけでなく、

地域の教会共同体や全体教会の秩序を整えて、伝道と牧会が停滞なく行われることを目標としている。

このために、教会の職制と法には、誤った教理理解やいわゆる異端説を退けるとともに、倫理的な逸脱を戒めて、戒規執行を正しく行う務めも与えられている。戒規は、いわゆる教会の懲罰規定ではなく、信仰的あるいは倫理的な罪を犯した教会員が、*悔い改めて、再び教会共同体に招き入れられ、聖餐停止を解かれて、再び現臨する復活の主にあずかる恵みである。このために、スコットランドでは、戒規の正しい執行が、御言葉の説教と聖礼典の正しい執行と並んで、真の教会の第三の指標に加えられた。

以上から分かるように、教会の職制と法は、世俗の共同体(国家や地方自治体、諸団体など)の制度と法とのアナロジーで理解することはできない。教会は、キリストを頭とする、固有の信仰共同体であり、その固有性は、頭であるキリストの固有性に由来している。したがって、職制保持のために作成された教憲・教規の解釈もまた、このような神学的な前提から理解される必要がある。

日本基督教団の場合には、諸教派による合同教会という歴史的特質ゆえに、合同以前の諸教派の特質が、いわば「伝統」として尊重されるとともに、合同によって新たに作成された教憲・教規の下に、新しい職制の一致を目指す教会である。同時に、世俗の法的な人格を持つ団体として、宗教法人を組織している場合には、宗教法人法という国家法の規定の対象ともなっている。しかし、このような宗教法人法と教会独自の*教会規則とは、その趣旨も目的も明確に区別されるべきことは言うまでもない。

(関川泰寛)

❖参考文献

深谷松男『日本基督教団教憲教規釈義』(全国連合長老会、2015年)。

藤掛順一『教会の制度』(全国連合長老会、2003年)。

神学

[ラ] theologia, [英] theology

1.「神学」は「セオス」(神)と「ロゴス」(言葉ないし理性)の合成語であり、アリストテレスなど古代ギリシアの文献中に登場する用語である。しかしキリスト教的古代以来この用語は、キリスト教神学を意味するようになった。「神学」はその語形からして「神の学」であるが、神の学を可能とさせるのは神のロゴス的な本質と意志による。

「神学とは何か」「それが何ゆえ可能か」と問えば、それ自体がすでに神学的な探究課題を意味していて、神学の定義は神学することを通して明らかにする以外にない。それにしても、神学とは*イエス・キリストの歴史的啓示に基づき、聖書の証言に即しつつ、神とその御旨や御業を理解し、賛美するための学であり、併せて教会の*礼拝と生活と*伝道のために奉仕する信仰の学であると、ひとまず定義することはできるであろう。

このキリスト教神学は、特定の時と状況の中で成立した。マルティン・*ケーラーは「神学は伝道、とりわけ異邦人伝道の娘である」と語ったが、古代のキリスト教が異教とその思想世界との出会いの中で伝道の戦いを進めたとき、キリスト者たちはギリシア哲学との折衝を避け難くし、キリスト教信仰の真理を厳密な学的表現に託して伝えることを必要とした。2世紀の弁証家たちの努力がそれを示し、やがてその後の時代の教会教父の戦いはキリスト教*弁証学や、信仰によって受容された神的真理の教理的表現を打ち出し、それに精妙な彫琢を加えていった。そのようにして神学の萌芽期から確立期の時代が経過したが、古代教会の神学は、神の真理の学的表明に努めることで伝道の邁進に仕え、教会の正しい形成に資するものであった。それは時に厳しい戦いであり、世界を向こうにまわす孤軍奮闘の場合もあり、さらには神学する者自身が迫害や殉教の中で身を捧げることもあった。こうした歴史的事実は、神学とは何かを語る場合の重要な事実として忘却されてはならない。世に言われる「神学論争」は、日本では重箱の隅をほじる無駄な論争を意味するように揶揄されるが、実は真の神学論争は人類の救済に深く関わ

り，世界伝道と世界文明の道を左右し，教会と人類の運命を深く左右した。

2. 神学の歴史の検討は，教理史や教会史といった歴史神学の課題に含まれるが，いずれの時代の神学史も現代の神学にとって貴重な資産として繰り返し参照を求められる。古代教会のギリシア教父たちの神学，ラテン教父たちの神学，そして西方教会の中世スコラ神学，宗教改革期の神学，17世紀のプロテスタント*正統主義神学，ピューリタンたちの神学，啓蒙主義の神学，それに19世紀の*自由主義神学といった歴史が歩まれてきた。その後の神学も20世紀の*弁証法神学ないしは神の言葉の神学を経験し，20世紀後半から現代に至るその後の神学的展開を経験している。いずれの時代の神学もそれぞれの神学的課題に直面し，「神学とは何か」を具体的に実現してきたものである。言うまでもなく，神学に完成形態は存在しない。*礼拝が常に新たな礼拝として*救済史の前進を表現するように，また*説教が常に新たに試みられ，神の讃美が常に新たに献げられるように，神学的表現もまた常に新しく試みられ，献げられ続けなければならない。神学の完成は神の恵みの秘義の認識に関わり，その実現は世の終わりに到来する*神の国のまったき完成の中に期待される。神学はそれぞれの時代の教会と神学する者との限界の中で，神の栄光のために献げられ続けてきたし，今後も献げられるであろう。

3. 神学はその必要上，聖書の証言の研究を前提にし，神学の変遷の歴史的研究を含み，それが仕える伝道や教会生活の学的扱いを求める。そのようにして神学諸科が形成された。学問の細分化という現象は決して古くからのことではなく，近代の産物であるが，今日では神学は概して聖書部門（旧約学，新約学），歴史部門（教理史，教会史），組織部門（*教義学，*倫理学，*弁証学），実践部門（礼拝学，伝道学，説教学，牧会学，キリスト教教育など）に分化し，それぞれの学科の内部分化も一層の精密さを増し加えている。それら神学諸科においては歴史学，文献学，解釈学，あるいは心理学，社会学など，他の学問方法の助力を必要としている。神学諸科によっては，「神学」としての特質をほとんど喪失し，神学としての危機に瀕しているケースも発生している。神学的特質は神

学諸科の各学科においてただ研究対象とその素材の中にあるのみでなく、それを認識し、判断し、必要な表現にもたらす研究者自身の主体的な学的姿勢の中に神学的特質が期待される。その意味で、神学諸科は、*啓示の学であり、信仰の学である教義学に典型的に示される神学的特質をそれぞれの学的姿勢の中に保持していなければならないであろう。神学諸科は学問の宿命として細分化の道を歩みながら、同時に神学としての相互交流を内包することによって成立するとも言い得るであろう。

 4. 神学の成立基盤は、歴史的な成立過程においてもそうであったが、今日の神学的実存の成立問題として教会の中にある。教会生活の中に神学の生活の座 (Sitz im Leben) はあって、「教会なしに神学なし」である。他方で真の教会形成の取り組みをめぐって、「神学なしに教会なし」とも言わなければならない。しかしどちらがより根源的な事態かと言えば「教会なしに神学なし」で、神学は礼拝生活にその基盤を持ち、祈りと讃美の生活によって支えられ、聖書と*信仰告白と教会の言葉に養われる。神学内容の当否をめぐって「*祈りの法則が信仰の法則である」と言われたように、祈りとしての礼拝や讃美の歌によって、あるいは伝道においてなされる証しによって、総じて教会生活によって、神学する者は養われ、支えられ、それによってまた仕えることができる。神学する者は、彼自身が礼拝する者、祈る者、そして召命に生きる献身者でなければならない。

 召命は、気力や体力とは別の次元を持って伝道者・教職者の歩みを支えるであろう。神学する者もまた同様であって、召命によって生きる者には「禁欲」が求められ、神に応答する者としての*聖霊による*聖化が求められる。神学する者は、その課題や使命を神学以外をもってして果たすことはできないことをはっきりと自覚していなければならない。神によって導かれつつ、神の真理に携わり、神へと導くその使命に、神学の矜持がある。神学する者は、神の前にひたすら謙遜に、しかも世にあって高邁なその使命にエネルギーの集中という禁欲をもって邁進しなければならない。

 5. 神学が教会生活にその生活の座を持っていることは、神学する者の実存の場として教会生活がその養いの基盤であることを意味するが、そ

れだけでなく神学の使命が期待されるのもまた教会からであることによる。その期待はまた神学に教会的責任意識を喚起する。神学は教会的期待に応えて、教会の信仰告白的姿勢を堅固にし、説教と*聖礼典の執行に仕え、正しい伝道と教会教育に奉仕する。この意味で「神学なしに教会なし」である。神学は伝道と教会形成の神学、そして教会教育の奉仕の営みであり、とりわけ牧師・伝道者、教職者の学である。しかしそれだけでなく長老・役員、教会学校教師、さらにはすべての信徒がそれを学んで益するものでなければならない。その意味で教会の学としての神学は、牧師・伝道者の神学であるとともに、信徒の神学でもなければならない。

神学がとりわけ牧師・伝道者の学であることは、端的には教職養成のためにそれを欠くことができないことを意味する。そこで、伝道の推進と教会形成は、実際問題としてだけでなく、原理的にも（たとえば聖礼典の執行をめぐって）教職者の養成を不可欠にする。具体的には神学校、大学神学部、各種神学教育機関の形成を不可欠にしてきた。どのような神学教育機関を持つかということは、教会形成上の重大問題の一つであって、責任的な教会はこの問題を無視して、教職養成をあたかも託卵によって済ますわけにはいかない。教会形成と共に、教職養成もまた、当然、信仰告白的性格を持ち、そこに教育の基準も明らかである。

6. ヨーロッパの伝統ある大学の多くは、12世紀以降のキリスト教文化の中に起源を発し、「法学部」、「医学部」とともに、「神学部」を専門的職能教育機関として持ち、他を自由学芸のもとに「哲学的教養」の中に一括してきた。そこでは神学は「教会の学」であると共に「大学の神学」でもあった。宗教改革は、教会改革であったが、ある面都市の宗教改革であり、同時に大学の宗教改革でもあった。

今日はこれまでとは異なった意味で「大学の神学」が問題とされる。それはキャンパス・ミニストリーとはもう一つ別に、諸科学の学際的な関係の中での神学の意味や位置が問われるからである。神学的学問論は、ただ神学内部の諸科の相互関係や位置づけの問題に終始することはできない。同時に神学以外の学問との関わりも問われなければならない。神学的学問論として*シュライアマハーやパウル・*ティリッヒ、そ

れにヴォルフハルト・*パネンベルクなどの試みが思い起こされる。神学はその真理概念に従って，包括的な学問論を試みなければならない。

神学の学問論の根本には「神の真理」の普遍性や包括性の問題がある。神学が神の真理を鮮明にしようと試みるとき，その真理の全体性や包括性が何らかの仕方で表現されなければならないであろう。理神論的な神概念や自然概念によって，神とその働きが自然的世界から除外され，道徳的文脈に撤退し，さらには実存的決断や人間の自己理解の文脈に退くことは，歴史的啓示にも聖書の証言にも，また教会の信仰告白にも適ってはいない。神学は信仰の学として固有な学であるが，同時に神の学としてその真理の普遍性の主張を放棄することはできない。むしろ万物の創造主，歴史の主である神の学として，生物学や宇宙物理学，歴史科学や社会科学，あるいは精神科学や生命科学などとも課題を共通にする場面があり，対話を試みることが求められる。　　　　　　（近藤勝彦）

神義論

[英] theodicy，[独] Theodizee，[仏] théoditie

ボエティウスは問う。「もし神が義であるなら，なぜ悪があるのか？ (Si Deus iustus, unde malum?)」。昔から神学者たちを悩ませてきたジレンマである。もちろん問いそのものはもっと古く，ギリシア哲学にも似たような問いが見られる。ラクタンティウスによると，すでにエピクロスはこの問いをもって神の*摂理を疑ったと言われる。(1) もし神が悪を取り除くことを〈望むのに，できない〉とすれば，神は非力である。(2) もし神が悪を取り除くことが〈できるのに，望まない〉とすれば，神は意地悪である。(3) もし神が悪を取り除くことを〈望まないし，できない〉のであれば，神は意地悪で非力である（「神の怒りについて」[De ira Dei, 314. 邦訳，高橋英海訳，『中世思想原典集成4』平凡社，1999年所収)。しかし，これは単に思弁的な神学者ないし哲学者の有閑的な問いではない。むしろ，信仰者の実存に関わる切実な問いである。苦難に満ちた現実を前にして，人は神の義を問わざるをえない。それはすでにイスラ

エルの知恵文学において深く問われた問いであり，ヨブ記や詩編（73:3-12），コヘレトの言葉（8:14），哀歌の主題である。

　神義論（theodicy）という言葉そのものは神（theos）の義（dicee）の合成語であり，1710年のライプニッツの著作以来一般化したもので，ローマの信徒への手紙3章5節に着想を得ている。従来は摂理論の傍注でしかなかったこの主題は，近代に入って「神義論の世紀」と呼ばれる約100年間に再び脚光を浴びることになった。啓蒙家ピエール・ベールの懐疑主義に対してライプニッツは，全体善を目的因とする神の予定調和を論証しようとした。世界の事物はお互いの共可能性が最大となる時に全体が最善になる。神は帰結的意図において共可能性の最大・最善を目指して最良の全宇宙を創造したのである。しかしこのライプニッツの楽観主義は1755年のリスボン大地震によって根底から揺るがされる。死者8万人とも言われる首都の壊滅と大惨事はヴォルテールやルソーらに衝撃を与えた。こうした動きの中でカントは道徳的な次元で有神論を擁護し，ヘーゲルは歴史哲学を神自身による神義論と見なし，シェリングは神の中に自然を見るという新たな存在論を開拓した。ここに展開されたものは，自然と歴史を訴訟の舞台として，人間の理性によって訴えられた神を人間の理性をもって弁護しようとする奇妙な光景である。当然のことながらこの神の裁判は功を奏しなかった。形而上学的な有神論の神をいくら弁護しても，絵に描いた餅の味覚を論評するようなもので，人々の腑に落ちるものではなかった。O.マルクヴァルトがヴォルテールの冷笑的な言葉を借りて言うように，「神義論の最も簡単な解決は神は存在しないということだ」という結果になってしまった。しかし，神に退位してもらった後の人間は，かつての神義論的な問いの重さを自ら背負わなければならなくなる。超越へと向けられていた不満の矛先が歴史内在的なものに向け変えられ，身代わりの山羊となる犯人捜しが始まり，邪悪の追求は人間と人間の間の闘争となる。人義論（anthropodicy）がかつての神義論に取って代わったのである。しかし，人間はこの問いの重さに耐えられるものではない。神義論的な問題状況が発生するたびに，人は神への問いに立ち返らざるをえない。

　さらに問題を広く受け止めれば，苦難の現実を前にして無規範・無秩

序に陥ることから社会を守るものとして、古来より宗教の語りが機能してきた。その意味で神義論という問題構成は、単に有神論的、一神教的土壌においてのみ見られる現象ではなく、多神教や仏教的土壌においても見られる宗教的機能である。ちなみに仏教の救済論は、苦しむ自我（小宇宙）を無に帰し、煩悩を去って大宇宙と合一する梵我一如にある。とはいえ、そのような苦からの解脱の勧めそのものが、社会において苦難の現実に対処する宗教的な語りになっている。この意味で全宗教史は同時に神義論史である。宗教社会学者M. ヴェーバーは、この観点から広義の神義論を四つの理念型に分類した。すなわち、此岸的代償のメシアニズム、彼岸的代償の願望型、二元論、そして業の教理という四類型である。このヴェーバーの分析理論を受けて、神義論を社会のアノミー（規範喪失）に対するコスモス（秩序ある社会）の維持機能として捉え直したのがP. バーガーである。一方には非合理的自己超越型があり、他方には合理的カルマ＝サンサーラ（業＝輪廻転生）複合型がある。そしてその中間的なタイプとして、現世代償型、来世代償型、二元論、被虐愛的な倫理的一神教がある。

世界を善と悪の対立として見る二元論のタイプは、悪の起源を説明しやすい。悪の出所は、悪しき神、悪しき造物神（デミウルゴス）、*悪魔にある。それゆえ、善なる神、贖いの救世主に帰依することが求められる。しかしこの立場では、世界そのものが悪の温床と見られ、古代のグノーシスのように世界を否定的に見る傾向が強くなり、世界への信頼を築きえない。H. ブルーメンベルクが「グノーシス・シンドローム」と名付けるように、こうした二元論的、世界否定的態度は、古代に限らず、現代に至るまで出没し、しばしば過激な原理主義として物議を醸す。

このグノーシスを克服して登場したのがキリスト教である。その中核にあるものは、世界を祝福した創造の神と御子なる救済の神が同質であるということ、そして、超越の神が歴史に内在（*受肉）し、世界の苦悩を自ら担って十字架につけられたことで、神が自らを義とされた（ロマ3:26）という福音である。神喪失の世界のただ中に神が到来し、神自らが御子の中で世界の神喪失の悲しみと苦しみを味わわれたのである。それ以来人間は、いかなる苦悩も神なしに経験することはない。J. *モ

ルトマンはここにキリスト教神学の核心があることを再発見し,聖書の神をアリストテレス的なアパティー(無感動)の神のイメージから解放した。

そのことは確かに,アウシュビッツ,広島,長崎,そしてチェルノブイリ,東日本,福島を経験している現代世界に鋭く訴えかける切り口を持った神学的語りである。ただし,そこにはなお修正されねばならない点もある。十字架の神義論的解釈が全面に出ることで,本来の贖罪論的解釈が薄らいでしまう傾向にある。罪とその赦しが神義論においても重要な関連を持つことが認識されねばならない。また十字架が神の最終目標になると,復活の勝利という側面が後退する。神は苦しむ者のかたわらに寄り添う方であると同時に,単なる同情者ではなく,*聖霊において共にうめきつつ,復活の勝利に苦しむ者をあずからせる方であることこそ,最終目標なのである。K. *バルトが言うように,キリスト教は聖金曜日の側面を持っているだけでなく,その闇の中を貫通しつつ,さらに復活節の側面も持っていることを明らかにしなければ,神学は神と人間に対して決定的な点で責任を果たしていないことになる。十字架につけられたイエスは,敗北の美学を演じて終わったのではなく,世に打ち勝たれた勝利者なのである(ヨハ16:33,Ⅰヨハ5:4)。

神学的に言えば,神義論は義認論と密接な関連を持つ。義認論は神義論の内包であり,神義論は義認論の外延である。罪人の義認は創造世界の新たな秩序づけの出発点であり,世界の新たな秩序づけは罪人の義認の目標である。そしてさらに言えば,聖霊論,教会論,*終末論全体を視野に入れて議論する必要がある。

「御国を来たらせたまえ,御心が地にも行われますように」との主の祈りを祈る教会は,*イエス・キリストにおいて確かに神がこの世を見捨ててはおらず,救いの経綸を起こしてくださっていることを知っている。そのような神の摂理の証人として,教会は神義論の担い手になる。そのような教会の信仰の中で,苦難は神関係を純化し,濃密化し,救済待望的にするということが理解されてくるのである(⇨悪)。 (芳賀 力)

✥参考文献
M. ヴェーバー『宗教社会学――経済と社会』(武藤一雄ほか訳,創文社,

1976年).

P. バーガー『聖なる天蓋——神聖世界の社会学』(薗田稔訳, 新曜社, 1979年).

J. モルトマン『十字架につけられた神』(喜田川信ほか訳, 新教出版社, 1976年).

信仰

[ギ] ピスティス, [ラ] fides, [英] faith, [独] Glaube

「信仰」は, 宗教における人間の主体的な側面を表す。旧約聖書におけるイスラエル的な信仰(エムナー)にしても, 新約聖書における初代教会の信仰(ピスティス)にしても, 多くの聖書箇所が信仰を描いている。この「信仰」は, 一言で言えば, *イエス・キリストとその出来事に基づく神への信頼である。神とその救いの御業に対し, それを受けて肯定すること, 「どうぞ」と差し出される救いの御業に対し, 信頼と感謝を持って受け取ることである。信仰は, 神に対する「ありがとう」の素朴な応答とも言うことができる。信仰は, また人間の側からするとあるかないかあやふやな場合が多い。「信じます。信仰のないわたしをお助けください」(マコ9:24)という霊に憑かれた子の父親の叫びは, あらゆる信仰者たちの叫びでもある。しかしそのあるかないかの信仰が, 神の目には他のいかなる優れた行為や学識や徳に優って, 遥かに重大な意味と位置とを与えられている。信仰によって人間は, 神がわれらと共にいます関係の中に生かされる。神への信頼としての信仰, 神の御業に対する謙遜な感謝による受容の信仰は, 何ものにも強制されない信仰者自身の自由な魂の姿勢である。それでいてしかも信仰に生きるすべての人の経験によれば, 信仰はその人自身の能力に帰されることができない。信じている人はみな, その信仰がその人自身を遥かに越えた神から与えられた賜物, *聖霊による賜物であることを信じ, 経験している。

信仰と神学の関係を言えば, 神学の認識はすべてにわたって信仰による認識である。したがって信仰は神学の土台をなす。また神学的認識の出発である神の*啓示は信仰によって受け取られるから, 信仰は神学的認識の出発をなすとも言い得る。したがって信仰についての神学的考察

は神学プロレゴーメナ（序説）に属し，神学的認識論をなす。信仰はしかし神学的な認識に関わるだけではない。キリスト者は信仰によって義とされる。信仰についての考察は，信仰，*希望，*愛の考察として，救済論（救いの秩序）の中で扱われることにもなる。

信仰は信仰者の主体的な側面としても，多くの契機を有している。信仰には歴史的な知識も人格的な知識も含まれ，さらには意志的な決断が強調される。従来，「救いの信仰」（fides salvifica）には「知識」（notitia），「承認」（assensus），「信頼」（fiducia）の三契機があると言われた。「知識」は福音の内容や神の約束に対する知識であり，「承認」はその知識を知性が受け入れることである。信仰にはそうした知性の働きの契機があって，アンセルムスは「知解を求める信仰」（fides quaerens intellectum）と語った。しかし信仰は単に知的なものではない。人間の知性による認識は神とその御業のすべてを知り尽くすことはできない。神の約束を知るだけでなく，理解を越えて信頼することが救いの信仰にはある。

主体的な信仰とそれによって信じられる信仰内容とを区別した表現として，「信じる信仰」（fides qua creditur）と「信じられる信仰」（fides quae creditur）がある。主体的な信仰と客観的に提示される信仰内容は区別されるが，また深く関連もしている。いかなる主体的な信仰が生きられるかは，その信仰によって信じられる内容，さらにはそれが指し示している神とその御業に規定されるからである。ある宗教の中に見られる主体的な信仰姿勢を別の宗教の中に持ち込むことはできない。キリスト教信仰における信仰主体の形成は，その信仰が向けられる恵みの神によって規定される。「信じる信仰」は「信じられる信仰」を勝手に選別しているのでなく，「信じられる信仰」によって深く規定される。信仰者が神を決めているのでなく，神が信仰者を選び，育成している。「信じる信仰」が祈りによって支えられ，導かれ，育てられていることが，このことを表している。

信仰は個人の信仰としてあるとともに，共同体的でもある。成立の順序から言えば，まず共同体的信仰があって，個人はその中に入れられ，個人として支えられ続ける。このことは信仰が，*信仰告白として表現されるとき明らかであろう。教会は信仰告白的共同体であり，個人はそ

の信仰によって教会の信仰告白に加わり、*洗礼をもって教会に加えられる。信じて、洗礼を受け、キリストにあるものとされ、聖霊を受ける。新約聖書における信仰はこの一連の出来事の形で表現されている。「我、信ず」(credo) は、個人が信仰を言い表して洗礼を受け、キリストの体に加えられる際の信仰告白的表現である。共同体の信仰が基盤としてあり、「信仰の自由」の主張もその中から17世紀になって心霊主義 (Spiritualismus) や会衆派によって出現してきた。

信仰は救いにとって不可欠である。「人は心で信じて義とされ、口で公に言い表して救われるのです」(ロマ10:10) と言われ、「独り子を信じる者が一人も滅びないで、*永遠の命を得るため」(ヨハ3:16) と言われている。キリストの贖いの恵みを無駄にしないために信仰がなければならない。それが信仰の救済論的な位置である。　　　　　　　(近藤勝彦)

信仰と理性

[英] faith and reason, [独] Glaube und Vernunft

信仰と理性について語るときには、まず理性の定義から始めなければならない。実は、これ自体が大きな問題になり得るのではあるが、ここでは、理性とは、知覚し・理解し・言語によって表現する人間の能力のことを指すと考えることにする (カール・*バルト)。その上で「理性」には、さらに、この能力を用いて達成された諸学問 (の成果) という意味も付加されると考えることもできる。

学問的成果という意味での理性について言えば、これは神学の基礎資料の一つである。神学は聖書・伝統という、キリスト教のアイデンティティーに関わる基礎資料を持つと同時に、この理性および経験 (状況) といった一般的な基礎資料をも持つ。神学は、これら四つの基礎資料の間の緊張関係の中で展開される。したがって、神学が歴史学・教育学・哲学・心理学・社会学などの一般的な学問分野の成果を深く参照しながら構築されるということも当然あり得る。また、方法を取り入れるという場合もある (特に、聖書神学や歴史神学における歴史学的方法)。しかし、

この場合の意味における理性については、どの程度まで神学が影響を受けてよいのかという問題がある。

そこで、信仰と理性の関係について考えることになるわけであるが、それは上述のことからも分かるように、信仰と理性の両者をつなぐ「と」の意味を考えることであると言ってよい。そして、そこにはいくつかの立場が現れてくる。H. リチャード・ニーバーの『キリストと文化』を踏まえながら整理してみると、第一に、両者を対立的に考える場合がある。これは、理性の立場から信仰を拒否するかたちとしても現れるが、信仰の立場から理性を拒否するというかたちもとる。前者について言えば、信仰（宗教）をもっぱら非合理的なものとして退ける姿勢がそれであって、近代以降における有力な立場であり、近代以降の神学は、何らかの仕方でこれに応答しなければならない。全面的に対決しようとすれば、信仰の立場から理性を拒否することになる。しかし、人間の生活から理性の働きを全面的に排除できるはずもないので、信仰は理性を批判的に受容するというのが最も生産的と言えよう。もっとも、信仰と理性を対立的に捉えながら、同時に両者を抱え込み、都合に応じて使い分けるという道もなくはないが、これでは信仰者の人格に二元論的な分裂が生じてしまうので、好ましいとは言えない。

理性を基本的によいものとして受け止めながらも、信仰の視点から批判するという道は、大きく二通り考えられる。一つは、理性の能力（と、その最高の成果）を評価しながらも、信仰は、理性には到達不可能な領域において、理性を成就・完成させるという行き方である。もう一つは、信仰による理性の変革という捉え方で、信仰によってこそ、理性は真の姿を取り戻し、健全に機能し得ると考えることになる。カンタベリーのアンセルムスに由来するとされる「知解を求める信仰（fides quaerens intellectum）」としての神学も、この線上において成り立つと言えるであろう。

以上の立場に加えて、さらに考えられるのが、理性の最高の達成物は、信仰が捉えるものと同一であると見なす立場である。しかし、この立場をとるならば、わざわざ信仰を持ち出すまでもなく、理性の最高・最良の認識でもって足りることになるので、結局は信仰を不要のものにして

しまう。結果として、第一に挙げた対立的な把握と同じ結論に辿り着くのである。

信仰と理性の関係を考えるときに、さらに注目しなければならないのは、*罪の問題であろう。18世紀の啓蒙主義は理性の万能を唱え、理性こそを判断の究極的な基準と見なした。けれども、理性は罪を免れているのであろうか。理性もまた原罪の下にあり、罪の影響を受けていると考えるなら、理性の判断をそのままに受け入れることは不可能と見なければならなくなる。むしろ、信仰において理性にもバプテスマが施されてこそ、理性はよく働くようになると捉える方がふさわしいのではないか。

したがって、特に近代以降の、理性による信仰批判を侮ることはできないとしても、その一方で、信仰による理性批判も同時に必要とされているのである。啓蒙主義的な立場は、自らの究極の権威である理性に対する批判を受け入れるのは難しいであろうし、自らの力で、その問題を克服するのは困難であろう。理性そのものに対する根源的な問いかけをなし、理性自体の救いを語り得る信仰の立場こそが、このとき、意義深いと考えられるのである。

(神代真砂実)

✤参考文献

H. R. ニーバー『キリストと文化』(赤城泰訳, 日本基督教団出版局, 1967年)。
K. バルト『福音主義神学入門』(加藤常昭訳, 新教出版社, 1968年)。

信仰論

[独] Glaubenslehre

「信仰論」は、啓蒙主義以後の新プロテスタンティズムにおいて、従来の「*教義学」(Dogmatik) に代わり、新たな教義学再建のために遂行されたものである。「信仰論」という用語は、はじめに敬虔主義の神学者フィリップ・ヤーコプ・シュペーナーがその説教集のために選んだ主題表現であったと言われるが、この用語がジークムント・ヤーコプ・バウムガルテンによって救済論を意味するものとして使用され、さらには

教義学的な叙述全体を意味するものとして用いられた。啓蒙主義と敬虔主義は「双子の関係」にあると言われるが、この用語の背景についても、そのことは当てはまる。「信仰論」の代表的著作は、何と言ってもフリードリヒ・*シュライアマハー『キリスト教信仰論』（Der christliche Glaube, 1821）であり、以後、1世紀以上決定的な影響を与えた。「信仰論」の著作をその後に辿ると、ヨハン・トビアス・ベック（1838年）、ダーフィト・フリードリヒ・シュトラウス（1840年）、イザーク・アウグト・ドルナー（1879-1881年）などによるほぼ同名の著作を挙げることができる。エルンスト・*トレルチ『信仰論講義録』（Glaubenslehre, 1925. 邦訳、『信仰論』安酸敏眞訳、教文館、1997年）は、1911年から12年にかけてのハイデルベルクでの講義をゲルトルート・フォン・ル・フォールが筆記した口述部分と講義部分とをトレルチの死後に出版したものである。

神学史の潮流を言えば、1920年代以降、「神の言葉の神学」によって、振り子が揺れるように信仰論から反転し、*教義学の再建が図られた。とりわけカール・*バルトは「新正統主義神学」とも言われるように、新プロテスタンティズムを批判し、啓蒙主義以前の*正統主義神学の再評価を行った。それによって新プロテスタンティズムの教義学としての「信仰論」の時代は過去のものになったように見える。

「信仰論」の背景には、上記のように啓蒙主義によるそれ以前のプロテスタント正統主義神学に対する批判がある。正統主義神学は、アリストテレス哲学や自然的啓示を基盤にし、そのうえで聖書的特殊啓示を排他的な絶対性において承認し、聖書の信仰内容や宗教改革者の神学思想をスコラ神学の諸命題や信仰告白諸文書に従って体系的に配列し、スコラ学的に定式化して叙述した。これに対し「信仰論」は宗教一般の事実と本質についての宗教哲学的研究を踏まえ、キリスト教を宗教史の内部に位置付けながら、*キリスト教の本質を規定し、その歴史的認識と歴史哲学的評価を踏まえる。したがって「信仰論」は宗教哲学、宗教史、哲学的神学、キリスト教信仰の歴史研究などを踏まえてなされる。シュライアマハー『キリスト教信仰論』の序文に「倫理学からの借用命題」「宗教哲学からの借用命題」「弁証学からの借用命題」などがあるのは、

「信仰論」が啓蒙主義以後の近代人の学問意識を前提にして営まれていることを示し,「信仰論」の企てそのものが近代人に対してキリスト教信仰を弁証する姿勢で企てられていることを示している。その際, キリスト教信仰は所与のものとして, 教会的な敬虔の自己意識として前提されている。そこでシュライアマハーは次のように記した。「われわれはキリスト教の真理あるいは必然性のあらゆる証明をむしろ全面的に断念する。この証明に反対してわれわれは, いずれのキリスト者もこの種の研究に何らかの仕方で入るとき, すでに彼の敬虔がこれ以外の形態を取ることはできないという確信をすでに自己のうちに持っていることを前提にする」(『キリスト教信仰論』11.5)。そこで「信仰論」はキリスト教の歴史的知識, それも現在の教会において承認されている知識, つまりは現在的な歴史神学の位置に置かれた。これに対してトレルチは「信仰論」の遂行は,「個人的な直観や態度決定」を含んで「宗教的生成と成長の一部分」をなしているとして, むしろ実践神学に属すると考えた。信仰の歴史的所与性を捉えて歴史学に位置付けるか, それとも宗教的再生産の面を強調するかの相違であるが, これによってトレルチは,「宗教哲学」や「キリスト教史」が純粋に科学的であるのに対し,「信仰論」は「信仰告白的な主体的性格」を持たざるをえないので, 純粋に科学的とは考えなかった。このことは近代の科学概念が神を問題にすることができなかったことを示している。

　信仰論の典型的な代表であるシュライアマハー『キリスト教信仰論』の内容は以下のように3部からなっている。第1部は「あらゆるキリスト教的敬虔感情の中に前提され含まれている敬虔自己意識の発展」を扱い, そこに含まれている「われわれの自己意識」「神の属性（永遠性, 遍在, 全能, 全知)」「世界の状態」を叙述している。第2部は「対立（罪）によって規定されている敬虔自己意識の諸事実の発展」を扱い,「人間の状態としての罪」「罪との関係における世界の状態」「罪の意識に関連する神の属性（聖性と義)」を叙述している。第3部は「恵みの意識の発展」を扱い, 同じく人間, 世界, 神の順序で,「神の恵みを意識するキリスト者の状態」「救済に関連する世界の状態（教会論)」「救済に関連する神の属性（愛と知恵)」を叙述し, 結語において「神の*三位一体」

を叙述している。 (近藤勝彦)

信条と信仰告白，標識，宣言
[英] creeds, confessions of faith, symbols and declarations of faith

1. 使徒的公同教会の形成と「信条と信仰告白」，「信条／標識」，「宣言」の働き，および用語の語源　「信条や教理は諸教会を分裂させ，生活と実践はこれらを結ぶ」。これは「世界教会協議会」（WCC）運動の初期に一時流布した見解であった。この偏見というべき見方は，*洗礼，*聖餐，*職制に関する教会の教理的一致をめざしたWCCの「リマ文書」（1982-83年）の完成と公表によって大きく是正された。だがこの種の見方はなお諸教会の一部に残存している。そこで「信条」等が果たした多岐に及ぶ教会形成的働きを歴史神学的に明らかにしてみたい。

教理史家J. ペリカンは，歴史信条学の大作『われ信ず（クレドー）』（Credo, 2005）の第1章で，使徒言行録2章42節が描く使徒的教会の連続性を保証する教会形成の四要因を指摘した。それらは，（1）「使徒の教え（＝福音宣教に基づく使徒的教理の告白と教育・伝達）」，（2）「相互の交わり（＝使徒的職務と職制の確立）」，（3）「パンを裂くこと（＝聖餐を中心とした聖礼典の使徒的執行）」，（4）「熱心な祈り（＝祈りと礼拝を中心とした使徒的霊的生活）」であった。だから教会がこれら四要因の協働を喪失するとき，霊肉二元論に立つグノーシス主義，マルキオン主義，再臨主義のモンタノス熱狂主義などの古代教会の異端運動が起こり，教理的誤謬と霊的生活の変質へと陥った。だから以後の使徒的公同教会の健やかな発展のためには，「使徒の教え」を伝達する「信条と信仰告白」等を他の三要因と健やかに相互作用させ，教会生活の全体をバランスよく統合し，成長・発展させなければならなかった。

さて「信条」等をめぐる諸用語の語源と定義をまず確認しておきたい。「信条」（Creed）は，古代教会の「使徒信条」の冒頭で使用されるラテン語の「われは信ずる」（credo）に由来した。以後古代教会では「信条」は「公式に固定された教義の主体的な表明」という意味で使用され

た。「信仰告白」(Confession) は「告白する」(confiteor = con+fateor [共に承認する]) というラテン語に基づき,「共同体として教理的真理を承認する」ことを意味し,特に宗教改革時代以後に頻用された。「信条／標識」(Symbol) はギリシア語「συμ (共に) ＋Βαλλω (投げる, 結ぶ)」に起源を有し,意味は「(信仰の真理で) 共に結ぶ」である。教会史的には「使徒信条」の原型である「ローマ信条 (標識)」(the Roman Symbol) で使われた。最後に「宣言」(Declaration) だが,ラテン語の「de (に関して) ＋clarere (明瞭にすること)」に由来する。現代の反ナチ闘争で作成された「バルメン神学宣言」のように,近・現代の特定の緊迫的歴史状況に対する諸教会の神学的な社会倫理判断を表明した。以上用語の諸定義を踏まえて,教会史における「信条」等の働きを概観してみよう。

2. 教会史 (古代〜中世, 宗教改革, 近代〜現代) における「信条と信仰告白」

A. 古代から中世後期までの西方カトリック教会における「信条と標識」の機能

教会史家E. テセルによると,古代から中世教会史の文脈では,「信条と標識」の機能は主として,(1) *礼拝および教理教育的,(2) 論争的,(3) 和解的働きが中心であったという。この時期の使徒的公同教会を囲む状況は,ローマ帝国の多神教的異教世界で伝道が進展し,キリスト教が国教化され,中世的政教一致世界が樹立されたことである。そこで誕生した「使徒信条」の前身の「ローマ信条 (標識)」は,紀元2世紀半ばにローマ教会の洗礼式で使用された。教父エイレナイオスによると,紀元2世紀末に「使徒信条」は異教からのキリスト教の洗礼志願者教理教育にも使用された。この信条の成功は (1) 礼拝と教会教育のための働きゆえにであった。また (2) 異端論争の克服をめざし,「ニカイア信条」(325年) と「ニカイア・コンスタンティノポリス信条」(381年) は*三位一体の神を否定するアレイオス派異端との論争で制定された。キリスト神人両性論をめぐる「カルケドン信条」(451年),最後に古代末期の「アタナシウス信条」(4-5世紀) は三位一体論と神人両性論に反対する諸異端との論争を決着させる機能を果たした。中世期でも (1),(2) の諸信条の役割は継続した。特に中世末期にイスラム勢力の進出

に悩む東方諸教会，例えばアルメニア教会が西方カトリック教会との再一致をめざし，七つの秘跡の教理を公会議で議論したが，成功はしなかった（1439年）。これは（3）の諸教会の和解を目指す信条形成の試みの一例であった。

B. 宗教改革から近代の福音主義的諸教会とカトリックの「信仰告白と宣言，教令」

16世紀以後の宗教改革運動は，中世ローマ・カトリック教会という「救済機関」に対する改革運動の結果，キリスト教世界を二分し，両者は20世紀初頭に至るまで時には厳しい対決関係に至った。それゆえに，テセルによれば福音主義諸教会および対抗宗教改革的カトリック教会が制定した「信仰告白，教令，宣言」は，新たに（4）教会改革的，（5）弁証的ないし弁明的，（6）教会形成的・結束的機能を加えたという。例えば，ルター派のP. メランヒトンが作成した「アウグスブルク信仰告白」（1530年）は単に中世カトリック教会対し，（2）論争的で，（6）ルター派教会形成的な志向性が明瞭であるだけでない。改革派J. カルヴァンも承認するような幅広さを有した。つまり信仰義認の福音の*説教と正しい*聖礼典執行に立つ「公同的福音主義」の教会をめざす（4）宗教改革的な性格を主張し，（5）皇帝カール五世臨席の神聖ローマ帝国国会へ提出される弁証的働きも有した。後にルター派運動の所産である大部な『一致信条書』（1580年）は，ルター派内の熾烈な教理論争を整理した（3）（ルター派内教理）和解的な役割を有した。スイス改革派の「信条と宣言」も，例えば初期のツヴィングリの「六十七箇条」（1523年）は明確に（2）反カトリック的で論争的，（4）教会改革的であった。だが，彼の後継者のH. ブリンガーが1566年に国会へ提出した長大な「第二スイス信仰告白」（1562年）は，カトリックやルター派からの攻撃に反論する改革派的な意味で（2）論争的，（5）弁証的，（6）改革派結束的な機能が一層明確になった。他方，大陸の領土がらみの宗教紛争から相対的に自立した島嶼国イングランドの英国国教会は，大陸型の「信仰告白」のような国民の信仰心の統一を真剣には考慮しなかった。その教会の「三十九箇条」（1563年）は，教会内に流入した諸教理の（3）和解と整理をはかった。それへの忠誠は，聖職者集団に限られ，国民は「聖書」と「祈禱

書」によるより実践的な霊性と典礼的一致が求められた。

これとは対照的に，ヨーロッパ大陸のみならず世界規模で展開された対抗宗教改革期のローマ・カトリック教会のトリエント公会議の「教令」および「信仰告白」（1545-1563年）は，反福音主義諸教会の姿勢を声高に表明して（2）論争的であった。その意味で，それらは対抗宗教改革的カトリック教会を（6）宗教的要塞化させる再結束的な機能を果たしたといえよう。

3. 近代から現代までの世界の諸教会における「信仰告白と宣言」の働きの継続と変化 17-18世紀以後，西欧，特に英米社会は，理性主義的啓蒙主義と敬虔主義の個人主義の影響を受け，社会と文化の世俗化や寛容思想，*エキュメニズム（教会協力一致運動）が浸透していった。この諸変化は当然従来の国家と教会，文化と教会の関係にも影響し，「信条と信仰告白，宣言」の機能に変容をもたらした。テセルによれば，この時期には「信条と信仰告白」等の伝統的な基本機能の主要なものは受け継ぎながらも，新たな（7）教会（再）一致的な機能が強まったという。さらに筆者が付言すれば，（8）「宣言」の形での具体的状況内の教会の神学的・社会ないし文化倫理判断の役割が増しつつあるといえる。

まず（7）の働きからいえば，19世紀の半ばに英国ロンドンで誕生した福音主義的個人参加のエキュメニズムであった「福音同盟会」の簡易信条「教理的基礎」（The Doctrinal Basis, 1846年）が生まれた。以来，現代のWCCに見られるカトリック，東方正教会，福音主義諸教会というグローバルな諸教派の連盟型エキュメニズムに基づき，「リマ文書」のような教理的一致のための聖礼典や職制をめぐる合意文書を作成するまでに成長している。この間に「カナダ合同教会」（1925年），「南インド合同教会」（1941年），「日本基督教団」（1941年）などの合同教会が成立し，各自の「信仰告白」等を掲げた。他方，（8）諸教会が置かれた具体的な歴史状況の中で，その教会の教理的・神学的な立場から具体的な教会論や社会倫理を「宣言」という形で表明するケースも増えている。例えば先駆的には，英国のピューリタン会衆派の教会政体に関する「サヴォイ宣言」（1658年）が有名である。彼らは教理告白としては「ウェストミンスター信仰告白」（1647年）を受け入れていたが，教会政体論

では長老主義政体に反対し会衆主義政体を「宣言」の形で公にした。また神学者K. *バルトが大きく寄与した「バルメン神学宣言」も典型例である。これはナチズムの反ユダヤ主義の影響を受けた「ドイツ・キリスト者運動」を「*神の言葉としての*啓示」の立場から鋭く批判し、この危険なイデオロギー運動と一線を画す「告白教会」の形成を目指した。

4. おわりに こうして、「信条と信仰告白」等は「諸教会を分裂させる」などとは誤った皮相な偏見にすぎない。本項目が考察したように(1)〜(8) までの機能を継承、ないし新機能を加えながら、J. ペリカンが指摘した使徒的公同教会形成の四要因の一つとして、他の職務・礼拝・霊的生活と協働しながら、今日に至るまで教会形成的に重要な働きを続けているのである。 (棚村重行)

❖**参考文献**

E. Teselle, "Creeds, Symbols, and Confessions of Faith," in The Cambridge Dictionary of Christianity, ed. by D. Patte (Cambridge University Press, 2010), 285-287.

J. Pelikan, Credo: Historical and Theological Guide to Creeds and Confessions of Faith in the Christian Tradition (Yale University Press, 2003).

審判

[英] judgment

審判とは、人類および個々人の*罪に対する神の裁きであり、とりわけ新約聖書によれば、*キリストの再臨時すなわち終末における生ける者と死ねる者、万人に対するキリストによる「最後の審判」のことである。キリストの再臨と審判の相関性は、「使徒信条」の「かしこより来りて、生ける者と死ねる者とを審きたまわん」との*信仰告白に言い表されている(その聖書的典拠は例えばIペト4:5「生きている者と死んだ者とを裁こうとしておられる方」)。審判はキリスト論的贖罪論的に理解されて初めてその正しい理解に達しうる。

同一的であるキリストの再臨と審判への新約の信仰の成立過程は旧約聖書に遡及する。旧約において審判とは第一に神の掟であり成文律法の

ことであった。問題の解決を希求する者への祭司からの判決（ミシュパート）の託宣が「掟と法」（例えば申4:1）となった。そして，それらの語は神の意志に合致する「正義」の同義語ともなった。しかし，審判はまた旧約において，第二に，人間や諸国民の所業に対する歴史内ないし歴史の終末における神の裁きを意味した。イザヤ書1章は，かつては「公平が満ち，正義が宿っていた」（21節）が，しかし腐敗してしまったシオンは，「裁きを通して贖われる」（27節），と預言する。イザヤにおいて神は絶えず「裁き」（26:9）と「正義」（30:18）の神である。

この審判が行われる日が「主の日」である。初めそれはイスラエルへの審判であったが，捕囚以後，異邦人をも含む審判と見なされるようになった。ダニエル書は，神が諸国の「裁きを行い」，イスラエルの「聖者らが勝ち」，「王権を受けた」と告げる（7:22）。この頃から，生者と復活させられ死者を含む万人への究極の審判への信仰も強まった（12章）。また，神から「人の子」たるメシア的君子への万人の裁きの委託と地上へのその派遣の観念が生じた。ここからメシアの来臨と審判の相関性が生じた。

以上の旧約における諸観念のほとんどが新約のキリストによる最後の審判への信仰のうちに継承され吸収されている。

ちなみに，ここで，カトリック神学において終末時の「万人の審判」（general judgment）とは区別される死後の「個人の審判」（particular judgment）という観念について言及しておく。教皇ベネディクト12世は，1336年のその教書で，死後肉体を離れた魂はこの「個人の審判」により天国か煉獄か地獄へ行くことが決定されるとした。この煉獄の観念の導入により従来の個人の死の日と終末の万人の復活の日との間の眠りの状態の観念は排除された。「煉獄」（purgatory）とは，ルカによる福音書16章の「金持ちとラザロのたとえ」に基づき，大罪者ではなく小罪者が天国に入る以前に炎の中で罪の浄化を受ける場所とされるが，宗教改革はわざではなく信仰と恵みによる*義認というその確信に反する観念としてこれを退けた。しかし，自らの肉体の終焉としての*死を信者個人がどう受け止めるかという問題は，神学的にも重要な課題として残されている。

ただ，最後の審判はやはり終末における万人の審判として世界史との関わりにおいてより重大な意義を帯びている。すなわち，それは人類社会全体への裁きでもあり，世界史に対する神の審判の最終的*啓示でもある。しかし，それは後述するように救済史的な主題であり，その意味で，「世界史が世界審判である」（F. フォン・シラー）のではなく，「救済史が世界審判である」（J. M. ロッホマン）。

　最後の審判は，「怒りのその日」（dies irae / dies illa）という中世のその用語や，それに相応する天国と地獄，義なる者と不義なる者の二分法的篩い分けの描写による芸術的絵画に象徴されるように，キリスト教信仰の陰鬱かつ脅迫的な主題として受け止められてきた。確かにそこでは罪と悪に対する厳しい裁きが下される。「あなたは，神の裁きを逃れられると思うのですか」。「この怒りは，神が正しい裁きを行われる怒りの日に現れるでしょう。神はおのおのの行いに従ってお報いになります」（ロマ2:3, 5, 6）。

　しかし，この厳格な二元論的解釈のみを適用することは，キリストによる審判という主題にはふさわしくない。確かに，誰がその善行により*永遠の命を与えられ，誰がその悪と罪により永遠の滅びに定められるかは，誰も知りうるところではない。しかし，最後の審判は，それが「キリストを通しての裁き」（ロマ2:16）であることによって，まずキリストによる救済史の文脈において，しかもその終着点として捉えられるべき事柄である。そして，キリストの義とは，十字架の死によるその犠牲的な贖罪愛によって罪人たちを罪から救い出す，ということであった。永遠の命へか滅びへか，その定めはあらかじめ誰も知りえないとしても，最後の審判に対してこのキリストの義への*希望を抱くことが信じる者には許されているのである。最後の審判は命か滅びかという「二つのものがあるということを強調しているのではない。むしろ，あなたを滅亡から救いに呼び出そうという意味である」（E. Brunner, Das Ewige, 1953, S. 197. 邦訳，『永遠』大木英夫ほか訳，新教出版社，1957年）。

　また，キリストが歴史の最後に裁きを行われるということの意味は，人間どうしの裁きは保留させられるということである。「裁くのは主なのです。……主が来られるまでは，先走って何も裁いてはいけません」

（Ⅰコリ4:4-5）。そこで，人間が相互になすべきは「裁くな」ということを超えて「隣人を自分のように愛しなさい」（マタ7:1, 19:19）ということである。「憐れみは裁きに打ち勝つ」（ヤコ2:13）。これが審判を貫くキリスト教信仰の確信である。

(西谷幸介)

聖化
[ラ] sanctificatio, [独] Heiligung, [英] sanctification

聖化は，キリスト者が，堕落による罪の状態から，*聖霊の働きを通して聖なる者とされる過程について語る教理である。

プロテスタント教会の信仰においては，*義認と聖化とは区別される。すなわち，義認が神との関係における宣告であり出来事であるのに対し，聖化は生涯にわたって漸進的に続く，キリスト者の内的変化の過程を指す。換言すれば，ただキリストの義の転嫁により，信仰者の内的変化によらない義認と，信仰者の内的変化を語る聖化とは，その関係について語ることは可能であり必要であるとしても，厳格に区別されるべき概念であることに注意する必要がある。信仰者の内的変化が義認の根拠とされることを宗教改革者たちは拒んだし，そこに信仰義認の教理の根幹がある。したがって，信仰義認の信仰に立つのであれば，聖化は義認とは厳格に区別して理解されなければならない。

キリスト者の内的変化としては，「再生」（regeneratio）や「新生」の語も用いられるが，その定義は必ずしも一定ではない。また，そのような複数の概念が「救済の秩序」（ordo salutis）の議論の中で区別して用いられることがある一方で，再生と聖化とが同義語として扱われるなど，その区別が曖昧であることもある。再生と聖化を区別する場合には，再生は，例えば洗礼によって一度限り新しくされる出来事を，聖化はそこから生涯にわたって新しくされ続ける過程を指すことが多い。また，聖化の結果としての「栄化」を語る者もある。

マルティン・ルターは信仰義認を強調したが，信仰者の内的変化についてはあまり積極的に語らなかったと言われる。ルターは，信仰を通し

て義とされた者が「義人にして同時に罪人」であると語ったが，それは半分罪人，半分義人という意味ではなく，信仰者は完全に義と宣告されつつ，なお完全な罪人であり続けることであるとした。そして，そのような完全な罪人である信仰者が，日々義認の恵みに繰り返しあずかり続けるとし，それを「日毎の洗礼」と表現した。それに対し，アンドレアス・オジアンダーは，ルター派の中にあって，信仰者の経験的現実に注目し，信仰者の内的変化について語る必要を主張したが，それがルター派の中で主流となることはなかった。

ルター自身やルター派も，再生や聖化について語らなかったわけではない。近年のルター研究者の中には，ルターが信仰義認と同時に，それと避けがたく結びついたこととして，信仰者が新しく造りかえられることについて語っていると強調する者もある。しかし，この問題に積極的に取り組んだのは，むしろジャン・カルヴァンであり，改革派であると言えよう。カルヴァンは『キリスト教綱要』第3篇（Christianae Religionis Institutio, 1559. 渡辺信夫訳，新教出版社，2008年）で聖化論に多くの紙面を割いて，信仰者の内に義が形成されていくことに着目し，信仰が善き業を欠いたものでないことに注意を喚起した。

敬虔主義者や信仰復興論者たちは，再生・聖化を強調したが，近年では，従来のプロテスタント神学において，義認の強調の結果，聖化が相対的に軽視されてきたとの認識から，救済における人間の変化について語る必要を指摘する者たちがある。例えばヴォルフハルト・*パネンベルクは，再生としての洗礼の意義を強調し，神の像の回復としての再生について論じている。また，ユルゲン・*モルトマンも，「義認は再生である」と語り，信仰復興運動や敬虔主義者が義認よりも再生を強調したことを意識しつつ，義認と不可分の関係にあるものとして再生を論じた。そして，その再生された新しい生がさらに成長させられることとして，聖化を論じている。

聖化は，聖霊の主要な働きの一つとして理解される。聖化は，聖霊によって罪人が造りかえられることであり，その意味で新しい創造の御業である。すなわち，キリストに結ばれたことを根拠として，信仰者をキリストの聖性にあずからせ，キリストに似た者へと変えてゆく聖霊の働

きである。再生・聖化を，堕罪によって破壊され失われた神の像が回復される過程と理解し，その神の像が第一にキリストの人性に回復したことに注目するならば，新しい創造を御子の*受肉と結びつけて捉え，そのキリスト論的側面を語ることができよう。しかし聖化は，何よりも，その神の御業が聖霊によって信仰者一人一人にもたらされることである。したがって，先述の，近年における再生・聖化論の回復の動きは，いわゆる三位一体論的神学の神学者たちが主張するような，聖霊がキリストと結びつきつつ，独自に働くとする，聖霊論の回復を要請することになる。

聖化は生涯にわたって続く漸進的なものであり，また終末に完成を見るものであって，したがって，中間時においてはキリスト者は義とされる過程の中にあるのであり，常に未完成，不完全であることになる。その中で，なお，ジョン・ウェスレーらのように，今ここでの聖化の実を求め，聖化の目標としての「*キリスト者の完全」を語る者もある。また，17世紀イングランドのピューリタンたちは，聖化によって信仰者が自発的に神に従うようにされることを強調してその自発性を重んじ，それは，国教会から離れて自発的に教会を形成する自由教会を生み出した。アタナシオスらは「神化」（deification）を語って，ペトロの手紙二1章4節にあるごとく，信仰者がやがて神の本性に参与するに至ることを説き，キリストが人性を取られたのはそのためであったと語るが，東方教会の神学にはその傾向がある。

ところで，聖化を人間の努力の結果として，あるいは神人協力的に理解することは避けるべきであろう。聖化は神の無償の賜物であり，そこで注目されるべきは，罪人を造りかえる神の力である。しかし同時に，無律法主義に陥ることも誤りであって，ルターは信仰義認を主張すると同時に，彼の友人ヨハネス・アグリコラに対して『無律法主義への反対』（Wider die Antinomer, 1539）をも記したし，改革派は律法の第三用益を主張することで，義とされた者の目指すべきあり方について語ってきた。

むしろ，聖霊による聖化によって造りかえられることで，信仰者が神に従う者へとされてゆくと理解すべきであろう。しかし，そこで信仰者の内にハビトゥス（習慣）が形成されると理解すべきかどうかについて

は，なお議論があり得る。　　　　　　　　　　　　　　　　（須田　拓）

聖餐

[英] Lord's supper, eucharist, [独] Abendmahl

聖餐とはキリスト者がパンとぶどう酒を共に食べ，また飲むことを通して，キリストの現臨に接し，キリストの命にあずかることである。プロテスタントの諸教会は洗礼と聖餐の二つを*聖礼典としている。

1. 名称　新約聖書では「パンを裂くこと」（使2:42など），「主の晩餐」（Ⅰコリ11:20）と呼ばれている。「十二使徒の教訓」（Didache, 2世紀中頃．邦訳，佐竹明訳，『使徒教父文書』講談社学術文庫，1998年所収）にすでに「エウカリスティア（感謝）」の名称が見られる。日本語では「聖体礼儀」（日本ハリストス正教会），「感謝の祭儀」（日本カトリック教会）等の名称が用いられている。

2. 聖餐の起源と根拠　イエスは，十字架につけられる前夜，弟子たちと最後の晩餐を共にし，聖餐を制定した（Ⅰコリ11:23-25, マタ26:26-29, マコ14:22-25, ルカ22:14-20）。「わたしの記念としてこのように行いなさい」（Ⅰコリ11:24, 25）とのイエスの命令に基づいて，教会は聖餐を祝う。

3. 聖餐の意味　（1）イエスはパンを取り，賛美の祈りを献げて，それを裂き，弟子たちに与えて言われた。「これはわたしの体である」。聖餐はイエスの死の告知であり（Ⅰコリ11:26），死において自分の体と血を，すなわち自分の命を与え尽くしたことを示す。（2）また杯を取り，感謝の祈りを献げ，弟子たちに与えて言われた。「これは，多くの人のために流されるわたしの血，契約の血である」。古い契約も「契約の血」（出24:8）によって締結されたが，新しい契約はイエスの血を契約の血として結ばれた。聖餐は神がその民と結ばれた新しい契約の保証である。（3）聖餐はイエスの「記念として（アナムネーシスのために）」（Ⅰコリ11:24, 25）行われる。旧約聖書の祭儀は，神の救済行為を想起する記念祭であった。単に過去を思い出して記念するのではなく，救いの神が今

も生きて働いておられるがゆえに、自分たちも救済行為にあずかった神の民の一員であることを確認し、神が将来にも民を救うために来てくださるとの信頼を与えられた。聖餐を祝うことによって、イエスの死と復活を自分のための救済行為として受け取り、*再臨を待望する。(4) パンとぶどう酒を受けることによって、イエスの体と血とにあずかる。すなわちイエスと結び合わされて一体となり、イエスの命にあずかる。聖餐は「命のパン」(ヨハ6:35)、救いの杯である。*永遠の命に至る「まことの食べ物、まことの飲み物」である (ヨハ6:55)。(5) 聖餐にあずかることによって、人はイエスと結び合わされるとともに、イエスにあって陪餐者同士も互いに結び合わされる。キリストの体にあずかることは、キリストの体である教会に加わることでもある (Ⅰコリ10:16, 17)。聖餐の食卓の交わりにおいて教会の一致が与えられている。それゆえ、共に聖餐を祝うことは教会の一致を表し、それを拒否することは教会が諸教会、諸教派へと分裂していることを表すことにもなる。(6) *復活したイエスは弟子たちにご自身を現し、食事を共にした (ルカ24:30, 31, ヨハ21:13)。聖餐は臨在する復活のイエスと共にする食事である。地上を歩まれたイエスは徴税人や罪人と一緒に食事をし (マコ2:16, ルカ15:2)、*神の国を婚宴や宴会にたとえた (ルカ14:15-24)。聖餐は神の国における祝宴の先取りである。

4. 聖餐と犠牲奉献 新約聖書の聖餐理解には犠牲の考えは見られないが、「十二使徒の教訓」においてすでに「供え物」という語が用いられ、ヒッポリュトスの「使徒伝承」(Apostolike paradosis, 215? 邦訳、『聖ヒッポリュトスの使徒伝承』土屋吉正訳、オリエンス宗教研究所、1963年)の聖餐祈禱の中心は、「献げます」(offerimus) という言葉である。古代教会において、聖餐は「献げもの」(oblatio)「犠牲」(sacrificium) とみなされていた。ただし、聖餐がどういう意味で犠牲奉献であるのかについては、多様な考えが示された。たとえばアウグスティヌスは、教会はキリストを通して自分自身を献げるのだと教えている。宗教改革者たちは、聖餐は神が救いの恵みを与えてくださる手段だとし、教会が神に向かってする犠牲奉献であることを否定した。20世紀後半以降の教派間対話において、聖餐において十字架の主が世の罪のための犠牲として現

臨されること，また陪餐した者は感謝と賛美の犠牲を献げるようになることは広く受け入れられるようになっている。

5. キリストの現臨　古代から，聖餐のパンとぶどう酒がキリストの体と血であることは固く信じられてきたが，中世カトリック教会は，聖餐のパンとぶどう酒におけるキリストの現臨に関心を集中させた。論争の末，パンとぶどう酒は祈りとキリストの言葉によって，キリストの体と血に実体的に変化すると考えられるようになった（実体変化［transsubstantiatio］）。トマス・アクィナスはアリストテレス哲学の概念を用いて，パンとぶどう酒の実体（substantia）はキリストの体と血の実体に変化するが，偶有性（accidens）はそのまま存続すると説明した（Summa Theologiae, III, qq. 75-77. 邦訳，『神学大全43』稲垣良典訳，創文社，2005年所収）。この点に関して，宗教改革者たちの見解は分かれ，諸教会（教派）へと分離する一因ともなった。ルターは実体変化説を退けつつも，キリストがパンとぶどう酒のもとに現臨するとした（共在説）。それに対しツヴィングリは，パンとぶどう酒はキリストを象徴するしるしにすぎず，このしるしによってイエスの死を記念するのだとした（象徴説）。カルヴァンは，パンとぶどう酒におけるキリストの実体的な臨在を否定し，パンとぶどう酒そのものは象徴であるとしつつ，*聖霊の働きによって高められて，キリストの現臨に接し，キリストにあずかると説いた。このように見解が対立する背景には，救済におけるキリストの人性（肉）の意味をどう考えるか，体と血という人性が遍在すると考えることができるか（属性の交流を認めるか），*昇天のキリストの位置をどう考えるか，「イエスは万物が新しくなるその時まで，必ず天にとどまる」（使3:21）と言われる時の「天」をどう理解するか，物素がしるし（signum）であるだけでなくキリストの現臨を担うもの（res）であるとすると，永遠の神を地上的事物に閉じ込めることになり，また信仰なしにキリストにあずかることが可能になってしまわないか（manducatio oralis et impiorum），聖礼典における聖霊と御言葉と信仰との相互関係をどう整理できるか等の教義学的問題がある。聖餐はエキュメニカル運動の中心的なテーマであり，20世紀後半から教派間の対話が進んだ。ヨーロッパのプロテスタント諸教会に広く受け入れられた「ロイエンベル

ク一致協約」(1973年)は「聖餐において復活したイエス・キリストはパンとぶどう酒を伴うご自分の祝福する御言葉を通して、すべての人々のためにささげられたご自分の体と血において自分自身をお贈りくださる」と述べている。

6. アナムネーシスとエピクレーシス 聖餐はイエスの「記念として(アナムネーシスのために)」(Ⅰコリ11:24, 25)行われる。*救済史とその中心であるキリストの出来事が想起され、聖霊の力によって現在化する。教会はキリストの救済行為の中に入り込む。聖餐祈禱の中心は、神の救済の歴史を想起して感謝するアナムネーシスと、聖霊を呼び求めるエピクレーシスから成る。エピクレーシスは中世以来、西方教会のリタージからは失われていたが、20世紀の礼拝改革によって取り戻されつつある。その際、物素へのエピクレーシス、変容のためのエピクレーシスではなく、人格へのエピクレーシス、交わりのためのエピクレーシスとして捉えられるべきである。

7. 陪餐と信仰告白 古代においては洗礼、堅信、初めての陪餐は一連の儀式であった(ヒッポリュトス「使徒伝承」)。幼児洗礼が一般化した後も、東方教会はこの伝統を守っている。西方教会では洗礼と堅信、陪餐が分離した。陪餐は「分別の年齢」(第四ラテラノ公会議)に達してから準備の上で許されることとなった(初聖体)。堅信は司教だけが授けることができる独立したサクラメントとなった。宗教改革者は洗礼と堅信・陪餐の分離を継承しつつ、堅信の意味を*信仰告白に見ることで陪餐と結びつけた。

(小泉 健)

❖**参考文献**

赤木善光『宗教改革者の聖餐論』(教文館、2005年)。

F. X. デュルウェル『エウカリスティア——過越の秘跡』(小平正寿訳、サンパウロ、1996年)。

A. シュメーマン『ユーカリスト——神の国のサクラメント』(松島雄一訳、新教出版社、2008年)。

聖書

[英] Bible, [独] Bibel, [仏] Bible

　ナザレのイエスは何も書き残さず, *神の国の到来について語った。弟子たちもまた口頭で自分たちの見聞きしたことを証言し, イエスの言葉と業を語り伝えた。その口頭伝承がやがて文字として書き留められ, それぞれの様式に従ってまとめられ, 保存されていく。そこにはイエスの語録（Q資料），警句と論争, 奇跡物語, 受難伝承があり, *復活伝承があった。こうしたものが集められ, 後の福音書として編纂されていく。その際, 大きな解釈枠となったものがユダヤ教の聖書である。また時間的にはそれよりも早く, 異邦人*伝道に打って出た使徒が折に触れてしたためた書簡が各地の礼拝共同体の中で回し読みされ, 次第に権威づけられていった。こうして初代教会は, 生ける*神の言葉を語ったイエスを, ユダヤ教聖書に約束されていたメシア（キリスト）の到来として位置づけ, その教えと生涯の事跡, そしてそれを異邦人世界に宣べ伝えた教会の歴史を加えて, 古い契約（旧約）に対する新しい契約の書, すなわち新約聖書を持つに至ったのである。初代教会の確信は, 神がイスラエル, *イエス・キリスト, そして使徒たちの歴史においてご自身を*啓示しておられ, それが神の言葉として書き記されているという点にある。

　それゆえ, 聖書は単なる歴史的記録文書（古文書）ではなく, 神の啓示の書であるという理解が, 聖書を聖書として読むために必要不可欠なものとなる。そこに他の書物にはない特徴が生じてくる。それは神的権威をもった聖なる書物という特徴である。そのような特別の書物としての聖書の成立は, 教会の成立と軌を一にする。聖書が教会を生み出し, その教会が同一の解釈共同体として聖書の読み方を導いたのである。

　ところが, しばしば教会は聖書の上に立つものとして機能することが起こった。特に中世のカトリック教会においては, ラテン語ヴルガータ聖書は民衆から離反し, 教会の聖伝が幅を利かせることもあった。宗教改革者たちは, 聖書を民衆の言葉で翻訳し, 聖書の権威によって教会を改革することを実践した。ルターは聖書ノミ（sola scriptura）を掲げ, そ

れが宗教改革の形式原理となった。カルヴァンも聖書の権威をもってプロテスタント教会建設の路線を敷いた。とはいえ、教会の伝統が無視されたわけではない。プロテスタントも教会の伝統を重視したのであるが、それをたえず聖書によって検証し、数多くの聖書的な*信仰告白文書を生み出している。いわばプロテスタントは、聖書を重んじる教会の伝統を重んじたのである。

このような神学的理路を精緻に展開したのが、17世紀のプロテスタント正統主義である。そこでは、聖書の持つ（1）権威性、（2）十全性、（3）無謬性、（4）明瞭性、（5）効力性の五つが主要な特徴として論じられた。

（1）聖書の権威性（auctoritas）

聖書の真の著者は*聖霊における神であるがゆえに、聖書は神の言葉として権威を持つ。権威の根拠をプロテスタント正統主義者たちは、宗教改革者たちに倣い、聖書霊感（inspiratio）説に求めた。時代が下るにつれ、次第に機械的な逐語霊感説のような理解が現れた。しかし、聖書が聖霊の導きのもとで書かれたという場合、「霊感を受けた」のは、書くという機械的行為でも、書かれた文字でもなく、著者の思考、感情、意志を含めての全人格であり、その全人格的な召命と応答の上で行われた証言行為そのものが、聖霊の導きのもとに置かれたということを意味している。ここでキリスト論の用語を借りて表現すれば、もし聖書の持つ歴史的文献性を正しく評価しないなら、仮現論的誤りに陥ってしまう。また逆に聖書の持つ神の言葉性を正しく評価しないなら、エビオン主義的誤りに陥ることになる。聖書論は両者の誤りを避けなければならない。また特に改革派正統主義はカルヴァンにならって、聖書がまことに神の言葉であると分かるために、聖書を読む者の内に働く聖霊の内的証明（testimonium internum）が大事であることを強調した。

（2）聖書の十全性（sufficientia）

聖書にはないが、キリストの命令に基づいて使徒たちによって伝えられてきた別の「書かれていない伝承」があると述べることは、結局「聖書は啓示を知る一つの源泉であるが、しかし唯一の源泉ではない」という結論を導くことになる（トリエント公会議第4会期）。そのようにして聖

書を補完する指示として重視されたものには，王を退位させ，結婚を無効にする教皇の権威，レントの食事規定，聖画像，聖人信仰，煉獄，功績ある良き業，贖宥（免罪符）制度，余剰の功徳，ミサにおけるキリスト奉献の教理などがあった。

しかし聖書は，救いについて必要なことの一切を含んでおり，それに付け加えるべきものは何一つない。それは，聖書の御言葉それ自身に基づく確信であった（申4:2, 箴30:5-6, 黙22:18-19）。宗教改革の教会は，聖書の上に立つ教会の権威を認めず，聖書原理にあくまで忠実であろうとした（「ウェストミンスター信仰告白」1:6）。「聖書は聖霊により，神につき，救いにつきて，全き知識を与える神の言」（「日本基督教団信仰告白」）なのである。

(3) 聖書の無謬性（infallibilitas）

聖書は信仰と生活との誤りなき規範である。しかし，逐語霊感説に基づいて聖書の無謬性を主張することは行き過ぎである。逐語霊感とは，誤りえないものであるということを意味しない。聖書の言葉は歴史的性格を持ったまま，その人間の言葉が神によって奉仕の中に取り上げられ，人間的な誤りやすさにもかかわらず受け入れられ聞かれるべきものである。キリストは飼い葉桶の中に寝かされている。その貧しい飼い葉桶が恵みによって神の栄光のために用いられるのである。

(4) 聖書の明瞭性（claritas）

聖書はそれ自体で明瞭にして透明である。この教理は，解釈の鍵を聖書以外の場所に求める二つの立場を退ける意味合いを持っている。一つは，聖書はそれだけでは不明瞭なので，聖書にはない伝承を保持してきた，聖書の上に立つ教会の教導職が必要であるとする，当時のローマ教会の見解である。またもう一つは，聖書のテキストは意味があまりにおぼろげで，多くの非本質的な事柄に満ちているので，その中から理性だけが適切に神学的真理を選り分けて提示することができるとする，人文主義的合理主義の見解である。しかし宗教改革の教会は，聖書の権威の下に立つ以上，聖書以外のものに解釈の鍵を求めることはせず，あくまでも聖書それ自身の中に解決の手がかりを見出す道を選んだ。それが聖書ノ類推（analogia Scripturae）と呼ばれる方法である。聖書の中の不明

な箇所を、聖書の中の別の箇所からの類推をもって理解する一種のテキスト内（innertextual）解釈である。しかしだからと言って、およそ一切の教会的伝統が否定されたり、あるいは注解書の使用が禁じられるなどというようなことではもちろんない。聖書を重んじてきた教会の伝統は歴史の風雪をくぐり抜けてきた聖書解釈の歴史にほかならず、注解書もまたそのような告白的伝統の流れの中に立つ限りにおいて、聖書テキストの意味の豊かさを明らかにすることに仕えるものである。

(5) 聖書の効力性（efficacia）

「雨も雪も、ひとたび天から降れば、むなしく天に戻ることはない。……わたしの口から出るわたしの言葉も、むなしくは、わたしのもとに戻らない。それはわたしの望むことを成し遂げ、わたしが与えた使命を必ず果たす」(イザ55:10-11)。啓示はまず歴史的出来事としての事実から始まる。そしてそれを証しする語りが続く。その語りは文字に書き留められて伝承された。しかしこの啓示の生きた伝統は再び語りへと転換されることの中で、すなわち*説教されることの中で効力ある出来事となる。

(芳賀 力)

❖ 参考文献

芳賀力『神学の小径Ⅰ――啓示への問い』（キリスト新聞社、2008年）。

正典

[英] canon, [独] Kanon, [仏] canon

正典とはカノンと言い、水辺に生える葦の茎を指し、そのまっすぐな棒を測り竿（物差し）として用いたところから、転じて尺度、規準、規範を意味した。さらに古い用法として、羅列した目盛りから転じ、一覧表、目録の意味も合わせ持つ。教会が聖書を正典と呼ぶようになった時、この両方の意味が重ねられていると見るべきである。

旧約正典の場合、大別して三つの異なるタイプが認められる。まずモーセ五書のみを正典とするサマリア型聖書が編集された。また早くから律法（トーラー）、預言者（ネビイーム）、諸書（ケスビーム）という三区

分（頭文字TNKを取ってタナク［TaNaK］と呼ばれる）から成る聖なる書物の集成が存在する。しかし結集された場所によってその並べ方と数が異なっていた。紀元70年エルサレム陥落以前のユダヤ教型（アレクサンドリア型あるいはヘレニズム・ユダヤ教型とも呼ばれる）大正典には、「外典」（新共同訳で「続編」）が含まれていた。これに対して、今日のユダヤ教マソラ本文に相当する（パレスチナ・ユダヤ教型とも呼ばれる）小正典には外典は含まれず、並べ方も異なる。エゼキエル書、雅歌、コヘレトの言葉、エステル記などは正典性をめぐって最後まで議論が出続けたが、最終的にはエルサレム神殿が決定的に崩壊した後、紀元70年から90年にかけてヤムニア（ヤブネ）に集まった律法学者たちによって、外典を除くパレスチナ・ユダヤ教型小正典をユダヤ教正典とすることが決定されたのである。

ちなみに、ヘブライ語聖書のギリシア語訳が作られた場所がアレクサンドリアであったため、七十人訳ギリシア語旧約聖書はアレクサンドリア型大正典（紀元70年以前の広い正典）にならって外典を含んでいる。またヒエロニムスのラテン語訳ウルガータ聖書はテキストとしてパレスチナ型小正典を重んじたが、結局は外典を入れたため、結果として七十人訳に倣うことになった。これに従い、ローマ・カトリック教会とギリシア正教会は外典文書を第二正典として位置づけている。これに対してプロテスタント教会は、並べ方ではアレクサンドリア型の七十人訳に従っているが、内容的にはパレスチナ型小正典を受け継いで外典を外した。

新約正典の場合、ペトロの手紙二、ヤコブの手紙、ユダの手紙、ヨハネの手紙二、三、ヨハネの黙示録、ヘブライ人への手紙の正典性をめぐって議論が長く続けられた。325年頃書かれたカイサリアの司教エウセビオスの『教会史』（Historia ecclesiastica, 324. 邦訳、秦剛平訳、講談社学術文庫、2010年）には、なお議論続行中の書物として、上記の書物のほかに、パウロ行伝、ヘルマスの牧者、ペトロの黙示録、バルナバの手紙、十二使徒の教訓などが挙げられている。ヨハネの黙示録は千年王国的急進主義者たちの解釈のゆえに、東方教会での受け入れに時間がかかり、ヘブライ人への手紙は洗礼後犯した罪は赦されないとする文言のゆえに、悔悛の考え方を発展させつつあった西方教会での受け入れに時間が

かかった。しかし最終的には4世紀の後半、現在の27巻に近いリストを列挙する記録が見られ始める。363年、ラオデキア教会会議は、ヨハネの黙示録を除く26の書物を正典目録として列挙する。アレクサンドリアのアタナシオスの書いた第39復活祭書簡（367年）は、初めて現行27の書物を掲げている。そして393年のヒッポ教会会議、またアウグスティヌスも出席した397年のカルタゴ教会会議において、ついに27の書物が新約正典として公認されるに至る。こうして遅々とした歩みの末、4世紀の終わり頃には、正典（カノン）と呼ばれる書物の一大集成が権威あるテキストとして、教会の前に姿を現したのである。

ところでこの正典化の過程には、いくつかの外発的要因が考えられる。旧約の場合、バビロン捕囚から帰還した祭司エズラがイスラエルの民を集めて厳かに律法の書の朗読を行い、民は感極まって服従を誓った（ネヘ8章）。この民の前で公になされた朗読と神への服従の誓いは、正典結集の始まりを告げ、その後の預言書、諸書の結集を促す象徴的な出来事となった。この点は内発的な要因とも重なってくる。新約の場合、一つはマルキオン聖書の登場、二つ目はグノーシス文書の蔓延、三つ目はモンタノス運動の出現が正典化を促す機縁となった。

（1）144年頃、ローマにいたマルキオンは、新約聖書の中にまったく新しい神の*啓示を見た。それは愛と憐れみの神である。この新約の神キリストは、正義と復讐の神であるイスラエルの神とは違う神である。その真実の姿はパウロの手紙とルカによる福音書だけに現れていると彼は考え、それだけを編んで正典とした。いわゆるマルキオン聖書である。このような集中型の極論に対して公同の教会は正典の範囲を広げ、イエスとその弟子たちにとっての最初の聖書である旧約聖書をも新約の教会にとっての正典の中に位置づける方向へと進んだのである。

（2）2世紀を通じて地中海世界を席巻したグノーシス主義は、キリスト教の教えをも取り入れ、独自の解釈を施して多くの文書を生み出すに至った。雨後の竹の子のようにキリスト教的に粉飾されて現れるこうした文書に、人々は眩惑された。だが教父たちはそこに「異なる福音」が混入されているのを見逃さなかった。このような拡散型の極論に対して公同の教会は正典の範囲を狭め、際限なく広がる偽文書の拡大に歯止め

をかける方向へと進んだのである。

(3) これに拍車をかけたのが、2世紀の半ば小アジアに燃え広がったモンタノス主義である。モンタノスはヨハネによる福音書で約束されていた「助け主」がすでに到来し、自分とその教団を通して最終啓示を与えていると主張した。終末の切迫を訴え、厳格な道徳生活を要求した。聖霊の継続的啓示については公同の教会もその信仰を共有できたが、これまで書かれた書物とは別に、モンタノスとその弟子たちの預言が権威あるテキストとして出回り始めるや、公同の教会はやはりここでも正典の範囲を狭めざるをえなかった。聖霊はイエスについて証しをするものとして今ここに働くのである。

しかしこうした外発的要因よりも重要なものは、正典化を促した内発的要因である。それは旧約の場合も含めて、聖書の民のアイデンティティの問題に関わる。正典化の過程とは、神殿崩壊、捕囚という精神的外傷を抱えたイスラエルの民が、自分たちのアイデンティティを確立しようとする内発的な生命的運動である。また紀元70年にヘロデの修復した第二神殿が再び壊滅の打撃を受けた時、その時も同じことが起こった。ラビ的ユダヤ教はヤムニア(ヤブネ)で会議を開いて、口伝律法を成文化したものを記述律法に加え、預言書、諸書と合わせて正典の範囲を決定した。

しかし正典化を促した第一の要因は、教会を揺さぶった歴史的状況(外発的要因)にあるのでも、また教会自身のアイデンティティの希求(内発的要因)にあるのでもなく、むしろ到来する神の啓示の歴史の中にある。語りへと到来する神は、教会に与えられた限定的テキストを通して到来する。神の自己啓示の歴史には、正典化の過程が含まれている。

実際に正典化を行ったのは、4世紀の後半に開かれた教会会議で、正典化の過程には教会政治的な事情も絡んでいたのではないかとの反論もなされよう。しかし教会が正典を自ら造り出したのではなく、ただそれをすでに教会に与えられたものとして確認することができただけである。

一面的な歴史批評学に対して正典の最終形態を重視する聖書解釈の方法が試みられている。代表的な学者にB. チャイルズとJ. サンダースがいる。日本で正典に注目したのは渡辺善太である。彼は「場の論理」に

よって66冊の書物が今ここに1巻の正典として存在することの意義を評価する。ただしこの「場の論理」は西田幾多郎の哲学から借りたものであり，教会との関係が希薄である。むしろ神学的正典論は，歴史的教会をこそ正典的解釈の場として明確に据えるべきであろう。　　（芳賀 力）

❖参考文献
芳賀力『神学の小径Ⅰ──啓示への問い』（キリスト新聞社，2008年）。

正統主義神学
［英］orthodox theology

1. 定義と資料　キリスト教神学における「正統」（orthodox）ないし「正統主義」（orthodoxy）という概念は，ギリシア語のオルソス（正しい），ドクサ（意見）の語源が示唆するように，教会の権威が確立され，その教えが「正統」，それに反する教えは「異端」とされるに至った古代教会に始まり，教義と慣習を巡る東西教会の分裂や，中世西方教会における秘跡論争（事効論と人効論）やカタリ派，ワルドー派などのラディカルな宗教運動を断罪する中世ローマ教会において重要になったものである。

しかし，プロテスタント教会において一般に「正統主義神学」と言う場合，通常，それは，ルター，ツヴィングリ，ブツァー，メランヒトン，ブリンガー，カルヴァンら初期の宗教改革者の教説や，教会的な信仰告白文書において正統とされたプロテスタント教理を叙述・弁証し，教え，普及させる意図の下に展開された，16世紀中葉から18世紀後半，啓蒙主義，敬虔主義が台頭するまでの間に支配的だった神学を指す。この時期のプロテスタント神学者は，ルター派，改革派を問わず，第一に，トリエント公会議の教令とカテキズムで再定義され，イエズス会士ベルラルミーノ，スアレスらによって強化されたローマ教会の立場に対し，第二に，ルター派，改革派相互（特に聖餐論とそれに付随する属性の交流，キリストの遍在の問題を巡り），および自派内の異なる神学的立場，特に道徳律法廃棄論に対し，第三に，再洗礼派，ソッツィーニ主義，諸セクトに対して，弁証・反駁するとともに，正統的な教理の確立と体系化を

図る上で,学問的な思惟と語彙,概念の緻密な定義,論駁の方法などを中世「スコラ学」から採り入れたため,正統主義神学は「プロテスタント・スコラ主義」(Protestant Scholasticism) とも呼ばれる。

正統主義神学の神学者たちは,かかる立場において教会,大学,アカデミーなどで説教し教える中から膨大な著作を生み出すとともに,正統的な教会の形成のために,その教理規準たるべき「*信仰告白」(信仰箇条,教理問答,定式を含む)の作成にも努めた。これら正統主義神学の著作と信仰告白は,18世紀には啓蒙主義と敬虔主義,19世紀には*自由主義神学の立場から,教会的・神学的に不毛な「死せる正統主義」と見做され,顧みられない傾向が支配的となった。20世紀に入り正統主義神学は,新正統主義,なかんずくカール・*バルトにより,ローマ・カトリック主義および新プロテスタント主義批判の観点から,宗教改革を継承するものとして高い評価を受け,以来今日でも,諸プロテスタント教会と*エキュメニズムにとって重要な神学資料として留まっている。とはいえ,正統主義神学に対しては,スコラ学の理性主義および*自然神学に規定されているという根源的批判もバルトらから寄せられており,正統主義神学の後継者たちとの間で論争が続いている。その過程で20世紀後半,特に1980年代以降精力的に進められている歴史研究は,正統主義神学が従来考えられていたよりも遙かに多様であり,しかも,残されている膨大な資料の多くは未開拓で,学術的研究による新たな解明が待たれることなどを明らかにしている。

2. 成立と展開 以下,各国における正統主義神学の成立と展開の過程を作業仮説的に素描する。

ドイツ・ルター派——「アウグスブルク信仰告白」(1530年) でルター派の教理が明確にされた後,対ローマ教会の立場がケムニッツにより確立された。また,フラキウスら右派とフィリップ派(マヨール,シュトリーゲルら)の従来からの対立は,「和協信条」(ケムニッツ,アンドレエ,ゼルネッカー,ムスクルス) により,フィリップ派排除で決着を見た。しかし,伝統的なロキの総合的方法(神→その計画→遂行→結果)によって*教義学の体系化を図るゲアハルト,アンドレエら厳格派と,ケッカーマン(改革派)が確立した分析的方法(救いという目的→救いの方法=

悲惨の認識と悲惨からの解放→倫理)によって図るカリクストゥス,ケーニヒらの間で論争が続いた。結局,後者が優勢となり,17世紀後半におけるカトリック,敬虔主義に対する宥和主義への道が開かれた。厳格派のケムニッツと父フニウスは,対ローマ批判の動機から,聖書の機械的逐語霊感説を唱えるに至った。フィリップ・ニコライはルター派初の宣教論を展開している。

ドイツ改革派──「ハイデルベルク信仰問答」(1563年)により改革派的教理が提示されたあと,ウルジヌス,オレヴィアヌス,アルシュテットらが契約神学(後述)を展開,ピスカートルは多くの聖書注解を著した。神学的に特筆されるのは,パドヴァのツァバレルラのアリストテレス研究の成果を取り入れて*予定論,反三位一体論批判を展開したザンキウス,同じくツァバレルラの影響の下,分析的方法による教義学の体系化を確立したケッカーマンである。

スイス仏語圏──ベザはツァバレルラの研究成果を取り入れて改革派的教理の強化を図り,ダノーは対ローマ,対ルター派で論陣を張り,ブカンは簡潔な教義学書を著した。17世紀後半にはフランソワ・トゥルレッティーニが,アメリカなどで長くテキストとして用いられた『論争神学綱要』3巻(Institutio theologicae elencticae, 1679-85)を出版した。18世紀に入ると合理主義哲学の影響が強くなり,アルフォンス・トゥルレッティーニにおいて正統主義神学の変質は顕著となった。

スイス独語圏──ブリンガーが「第二スイス信仰告白」(1562年)で正統的改革派の教理を確立した。彼はまた,「恵みの契約」を聖書解釈の鍵概念とする契約神学を唱えたが,それは各国の改革派神学者たちにより,「行いの契約」と「恵みの契約」という二つの*契約を掲げる契約神学として展開されるに至った。また,アレティウス,グリュネウス,ヴォレブらが伝統的ロキ,ポラヌスは二分法(後述)により教理の体系化を試みた。17世紀後半ゲルンラー,ハイデガーが仏語圏のフランソワ・トゥルレッティーニらと作成した「スイス改革派教会一致定式」(1675年)(アミロー主義,カペルのヘブライ語聖書母音後期説,ドラプラスの原罪論を否認)は,一般に「悪しき正統主義」の典型と見なされている。18世紀に入ると,ここでも合理主義哲学の影響が顕著となった。

フランス改革派——「フランス信仰告白」(1559年) が,「ラ・ロシェル信仰告白」として確認された。翌年サン・バルテルミの虐殺で殺されたラムス (ラメー) が先に提唱していた二分法 (主題を二分し,発見と判断により論理を展開する) は以後,パーキンズ,ロロック,ラザフォード,アメシウス,マストリヒト,ポラヌスら各国の神学者に採用された。17世紀中葉ソミュールのアミローは,「ドルトレヒト信仰規準」(1619年) の正統的予定論を批判し,いわゆる「仮定的普遍救済論」を唱えて各国で論争を巻き起こした。

オランダ改革派——「ベルギー信仰告白」(1561年) により正統的教理は明確にされたが,堕罪前予定説論者と堕罪後予定説論者の間で激しい論争が繰り広げられた。その後,アルミニウスとその支持者 (エピスコピウス,ウーテンボーハルト,グロティウスら) がカルヴァン的予定論に対して異議を申し立て,マコヴィウス,ホマルスらとの間で論争に発展,結局アルミニウス主義はドルトレヒト会議によって断罪されるに至った。オランダ教会を再び二分したのは,契約神学を教義学的に展開するヴォエティウス派と聖書神学的に展開するコクツェーユス派の対立である。ウィツィウスの契約神学は,両派の止揚と見ることができる。ヴォエティウスは包括的宣教論の先駆者としても知られる。

イングランド——改革派正統主義神学が国教会の内外で支配的であり,アングリカンのフッカーもピューリタン神学者たちも,議論の展開においては等しくスコラ的方法を採った。ベルラルミーノとの論争においてプロテスタント聖書論を確立したW. ホウィッティカーのほか,アッシャー,トマス・グッドウィン,ジョン・オウエン,マシュー・ヘンリ,バプテストのギルらが特に重要である。改革派正統主義の教理は,契約神学に立つ「ウェストミンスター信仰告白」(1647年) において見事に体系化された。

スコットランド——「スコットランド信仰告白」(1560年) により正統的教理が明確にされ,その後はロロック,ラザフォード,ボストンらにより契約神学が強力に展開された。　　　　　　　　　　(松谷好明)

✤参考文献

R. A. Muller, Post-Reformation Reformed Dogmatics, 4 vols (Grand Rapids:

Baker, 2003).

W. F. Graham (ed.), Later Calvinism: International Perspectives (Kirksville: Sixteenth Century Publishers, 1994).

C. Trueman and R. S. Clark, Protestant Scholasticism: Essays in Reassessment (Carlisle: Paternoster Press, 1999).

聖徒の交わり

[英] communion of saints, [独] Gemeinschaft der Heiligen

　私たちは「使徒信条」で「聖なる公同の教会」に続いて「聖徒の交わり」(communio sanctorum) を信ずと告白する。この文言はレメシアナの司教ニケタス（414年以後に没）によって付加されたものとして伝承されて今日に至っている。そこでは，聖なる公同の教会は三つの意味を持つとされている。第一に，あらゆる信仰者がキリストの救いの賜物に共通にあずかるということ，第二に，*信仰・*希望・*愛においてすべてのキリスト者がキリストにあって人格的に一つであるということ，第三に，地上を旅する神の民は天上の完全な教会（天のエルサレム）と一つであるということである。

　ただしこの文言は中世の教会において揺れ動いた。sanctorumは複数形の所有格であるが，「聖なる人々」とも「聖なる物」とも取れる。「物」と取った場合には聖晩餐における実体変化した後の物素を指すことになる。またもう一つの問題は，communioを「通功」と訳して，天に蓄えられた諸聖人の余剰な功績が，サクラメントを通して功績なき者に分与されるという理解がなされた。この理解はデンツィンガー資料集のニケタス邦訳版で採用されている。また現代の第二ヴァティカン公会議においても聖人たちの功績思想は残されている。「なぜなら，[天の] 祖国に受け入れられて主のもとにある人々は，主を通して，主とともに，主において，父のもとで自分の功徳を示しつつ，われわれのために執り成すことをやめないからである」(Lumen gentium 49)。

　しかし，宗教改革者たちは，*イエス・キリストの功績以外のものを崇めたり，聖人や聖遺物を崇拝することを極力避け，聖徒の交わりを聖

なる公同の教会の説明として受け止め，これを，すべての信じる者たちの交わり（congregatio）として理解するようになった。それは，信仰によって洗礼を受け，キリストの体に受け入れられた者たちの集いであり，主にある信仰者の交わりを意味している。

確かに地上の教会は罪人の集まりであり，ただちに完全な意味で聖徒たちの交わりではない。しかし，その罪人たちがキリストにあずかることによって，聖なるキリストの体に変えられる。それは，たえず見えない言葉と見える言葉，すなわち*説教と二つの*聖礼典（*洗礼と*聖餐）を通して，恵みによって聖なるキリストとの交わりに生きる者たちの交わりになる。聖徒の交わりを信じるとは，罪人を義とし聖とするこの恵みを信じることを意味している。地上の教会は混雑体（corpus permixtum）であるが，*聖霊の力によって聖なる教会である天上の隠れた教会と一体となる。それは教会に与えられた頭なる主の約束であり，約束は信じられるべきものなのである。聖書もこの呼称を用いることを恥としない。「神に愛され，召されて聖なる者となったローマの人たち一同へ」（ロマ1:7）。「コリントにある神の教会へ，すなわち，至るところでわたしたちの主イエス・キリストの名を呼び求めているすべての人と共に，キリスト・イエスによって聖なる者とされた人々，召されて聖なる者とされた人々へ」（Ⅰコリ1:2）。「あなたがたは，父である神があらかじめ立てられた御計画に基づいて，"霊"によって聖なる者とされ，イエス・キリストに従い，また，その血を注ぎかけていただくために選ばれたのです」（Ⅰペト1:2）。

確かに「こういうわけで，わたしたちもまた，このようにおびただしい証人の群れに囲まれている以上，すべての重荷や絡みつく罪をかなぐり捨てて，自分に定められている競走を忍耐強く走り抜こうではありませんか」（ヘブ12:1）とある。しかしそれは「聖人の通功」の意味ではなく，文字通り，信仰の証人の群れに雲のように囲まれているということであって，私たちもまたその群れに後から加えられるのである。

その意味では，今ここで行う地上の教会での*礼拝は，天上での礼拝に連なるものである。先に召された者も今ここで教会を守っている者たちも，共に同じ主を賛美する一つの礼拝を捧げる。「この後，わたしが

見ていると、見よ、あらゆる国民、種族、民族、言葉の違う民の中から集まった、だれにも数えきれないほどの大群衆が、白い衣を身に着け、手になつめやしの枝を持ち、玉座の前と小羊の前に立って、大声でこう叫んだ。『救いは、玉座に座っておられるわたしたちの神と、小羊とのものである』」(黙7:9-10)。聖なる公同の教会を信じるということは、具体的な見える一個の教会の存在を信じるのではない。全世界に広がる見えない普遍的な教会を信じるということであり、しかもその中で、神がキリストにおいて選ばれた真実の信仰者の交わりを信じるということである。人種、民族、性別、貧富の差を乗り越え、真実の礼拝者である神の民が、見えない交わりと絆に結ばれて賛美の声を上げるのである。

(芳賀 力)

聖霊

[英] Holy Spirit

聖霊は、イエスは主なりという告白に至らせる神の霊であるとともに、御子*イエス・キリストから送られる助け主でもある。聖霊は父と子とともに崇められ*礼拝される対象であり、*三位一体の神の霊である。

*洗礼が父と子と聖霊の名によって授けられるゆえに、教会は聖霊を古来より、父と子とは別な実体とは考えず、父と子と聖霊を三位一体の神の等しい位格として信じ告白してきた歴史がある。

しかしながら、古代教会がすぐに聖霊の神性を教理として確立したわけではない。聖霊を御父や御子よりも劣った存在であるとの主張に対して、アタナシオス『セラピオン宛ての手紙』(Epistola ad Serapionem, 360頃. 邦訳, 小高毅訳,『聖霊論』創文社, 1992年所収)、バシレイオス『聖霊論』(Liber de Spiritu sancto, 375. 邦訳,『聖大バシレイオスの「聖霊論」』山村敬訳, 南窓社, 1996年)、ナジアンゾスのグレゴリオス『神学講話』(Orationes theologica, 380. 邦訳, 荻野弘之訳,『中世思想原典集成2』平凡社, 1992年所収)等が聖霊の位格の独自性を積極的に主張し、最終的には「ニカイア・コンスタンティノポリス信条」(381年)によって、「御父と御子とともに礼拝され崇められ」「御父より発出する霊」としての聖霊の

信仰が確立した。

しかし、その後アウグスティヌスは、『三位一体論』(De trinitate, 400-19. 邦訳, 泉治典訳, 『アウグスティヌス著作集28』教文館, 2004年)の中で、聖霊を父と子の「愛の絆」(vinculum caritatis) と表現して、聖霊の位格の独自性よりも、御父と御子との関係性を強調したために、西方教会の三位一体論においては、聖霊を実体としてよりも、認識的かつ関係的に理解する傾向を生んだことも事実である。現代の東方教会の神学者たちは、この点を、西方神学の弱点と考え、古代ギリシア教父に遡って、聖霊をより実体的かつ神から発出する独自の位格として理解しようとする。

カール・*バルトは、アウグスティヌス以来の西方教会の伝統を継承し、聖霊の二重発出（*フィリオクエを含む「ニカイア・コンスタンティノポリス信条」の本文）を擁護するとともに、三位一体の各位格を、「様態（モドス）」として理解したために、ロスキーなどの東方教会の神学者や*モルトマンなどから、様態論として批判された。

確かに、西方教会の神学的伝統の中では、聖霊の独自の働きが、その三位一体論ゆえに制約され、さらにキリスト論的集中から、聖霊論が十分展開されてこなかったという評価には一定の根拠がある。そこで、このような評価に基づいて、西方神学者の中に、聖霊論の復興を東方神学の神学的遺産から回復させようとする試みが生じたのも当然と言える。

しかし、西方神学の歴史を仔細に検討すると、西方神学に積極的な聖霊論がまったく欠落しているというわけでは決してない。

とりわけ、カルヴァンは、聖書論とサクラメント論において、聖霊の積極的な役割を認め、彼の神学体系の中で重要な位置を与えている。それによれば、聖霊によって書かれた神の書物である聖書は、説教されると、聖霊の照明によって、*神の言葉となる。聖霊の照明なしには、聖書は人間の文字のままであるが、ひとたび聖霊の照らしを受けると、言葉は、*受肉した御子イエス・キリストを指し示す。

さらに、聖霊は、見える言葉であるサクラメントにも働き、信仰者を生けるキリストに持ち運ぶ。とりわけ、カルヴァンは、*聖餐において、わたしたちの魂は高く上げられ、聖霊の働きによって、高挙の主イエス・キリストと一つに結ばれ、*復活の生命にあずかると主張した。カ

ルヴァン神学は，古代のギリシア教父の神学的伝統を継承して，聖霊の位格的独自性とともに，その積極的な働きを認めている。

カルヴァン神学における聖霊の働きの独自性の理解は，1560年の「スコットランド信仰告白」第12条にも見られ，御霊の働きを，神がイエス・キリストにおいて為し給う事柄の完成において見ている。このような聖霊理解は，中世神学の敬虔と神学が聖霊の考察に関して成し遂げたことよりもはるかに聖書の使信に近いものと言うことができる。

カルヴァンが『キリスト教綱要』第3篇（Christianae Religionis Institutio, 1559. 渡辺信夫訳，新教出版社，2008年）において，信仰や再生，*悔い改め，来たるべき生への瞑想，*義認，祈りなどの主題を論じた後，第4篇で，「神がわれわれをキリストとの交わりに招き，そこにとどめておかれる外的手段ないし支え」について，つまり*教会，*職制，*聖礼典などを論じる順序は，カルヴァンが個人の内面における御霊の働きに一定の先行性を与えていることを示している。

これは，中世のローマ・カトリック教会が，御霊の働きを教会の中に，あるいは教会を通して位置づける姿勢と根本的に異なっている。さらにカルヴァンにとっての「個人」とは，言うまでもなく教会共同体に対置されるものではなく，キリスト教世界と教会の一員であり，教会とともに，キリストにすべてを依拠する存在である。言い換えれば，カルヴァンにあっては，聖霊は，教会に対置された個人を生かす霊ではなくて，個人と教会をともに頭であるキリストへと向かわせ，両者をキリストのかたちに造りかえるダイナミックな力なのである。

さて，新約聖書は，聖霊の本質と働きについて，多くの証言をしている。聖霊は，イエス・キリストのわざが救済の奥義であることを明らかにするとともに，受肉者の位置をあらわにする。聖霊の導きによって，信仰者はナザレ人イエスを「主」と呼ぶことができる（Ⅰコリ12:3）。さらに信仰者は，慰め主にして助け主なる聖霊の教導をいただいて，地上の生を送る。聖霊は，わたしたちに再生と新生をもたらし，*聖化へと導く（Ⅰコリ10:3-4, ガラ5:16など）。聖霊は，わたしたちの祈りを支え，執り成すとともに，信仰を堅く保たせる（ロマ8:26, ヘブ7:25, Ⅰヨハ2:1, Ⅱテモ1:14）。これらの聖霊の具体的な働きは，主イエス・キリストの現

臨を確実に信仰者に知らせる働きに収斂する。わたしたちの罪の贖いの死を遂げてくださったイエス・キリストは、死に勝利して復活し、その後天に挙げられて、神の右に座しておられる神の御子である。今は、わたしたちの目には見えないが、聖霊として教会に臨み、働き給う。聖霊の最も重要な働きは、主イエス・キリストの現臨を信仰者に保証し伝えるところにある（マタ28:19, 20など）。

聖霊は、わたしたちを真の生命であるキリストに結び付けるゆえに、わたしたちを支配するのではなくて、自由にする。この自由の中で、信仰者は、主イエス・キリストの讃美告白へと導かれる。霊のあるところには、真の自由があるゆえに（Ⅱコリ3:17）、この自由の下に、霊の賜物を求め（Ⅰコリ14:1）、「聖霊よ、来りませ」と祈り求めることができる。この霊の自由にあずかる者は、神の霊ではない諸霊を識別し（Ⅰヨハ4:1）、聖霊によって、終末に至るまで、地上の教会を整える課題を与えられる。

ここから、聖霊の働きは、信仰者個人の内面に限定されるのではなく、信仰者の交わりである教会共同体へと注がれる。*正典、信仰、職制という可視的教会を成り立たせる三つの座標軸は、いずれも人間的な探究によって形成されるものではなくて、神から、聖霊の働きによって賦与されるものである。

不可視の普遍的な教会を信じつつ、終末時まで可視的教会に集って、御霊の来臨を待ち望む信仰者は、聖霊が指し示す天に挙げられた御子イエス・キリストの支配の下に、その支配に最も相応しい秩序形成を委託されている。教会自体が聖霊を注ぎ、聖霊の力をその内側に保つのではなくて、聖霊によって導かれ、地上における*伝道と教会形成力を与えられるのである。教会は、徹底して、聖霊の力の下に存在する。

したがって、聖霊は、教会の誕生のみならず、職制、正典、信仰という教会の可視的な側面に働く。このような聖霊理解は、御父から発出し、その位格的な独自性を積極的に評価した東方教会の神学の伝統とともに、現代のプロテスタント神学の聖霊論構築の新しい可能性を示唆している。マルティン・ブツァーを経由して、カルヴァンに継承されていく、改革教会の聖霊理解の伝統には、プロテスタント教会における豊か

な聖霊論の系譜が存在することも忘れてはならない。　　　（関川泰寛）

❖**参考文献**

関川泰寛『聖霊と教会——実践的教会形成論』（教文館，2001年）。

G. S. ヘンドリー『聖霊』（栗田英昭訳，一麦出版社，1996年）。

A. I. C. ヘロン『聖霊——旧約聖書から現代神学まで』（関川泰寛訳，ヨルダン社，1997年）。

聖礼典

[英] sacrament，[独] Sakrament

聖礼典はラテン語のsacramentumを指して用いられる。秘跡（ローマ・カトリック），聖奠（聖公会），機密（正教会）とも呼ばれる。神の内的で霊的な不可視的恵み（res divinae）を，外的で可視的な形で表すしるし（signum）であり，キリストによって定められ，*信仰と*聖霊の力を通して働く恵みの手段である。

1. 説教と聖礼典　聖礼典は恵みの手段であって，「可視的な御言葉」（verbum visibile）（アウグスティヌス『ヨハネによる福音書講解説教』80.3。邦訳，茂泉昭男訳『アウグスティヌス著作集25』教文館，1993年所収）と言われる。これと対にして*説教は「可聴的な御言葉」（verbum audibile）と呼ばれるようになった。説教と聖礼典とはいずれも*神の言葉であり，神はこれら二つを通して人間に語りかけ，働きかけてくださる。それゆえ「恵みの手段」である。説教と聖礼典を通して与えられるのは同じ恵みであり，それは*イエス・キリストがわたしたちのために獲得してくださった罪の赦しと命と救いである。

説教は言葉によって知性に働きかけ，理解をもたらす。聖礼典はしるしによって感覚に働きかけ，経験をもたらす。神は説教と聖礼典を通して，知性と感覚を備えた全体としての人間に語りかけるのである。また，説教は聖礼典を通して与えられるのが何であるかを解き明かし，聖礼典は説教が明らかにしている恵みを出来事として与え，恵みが確かに受け取られていることを確証するのであって，説教と聖礼典とはお互

を解き明かし合っている。その際, ルター派は説教と聖礼典を同じ重みをもつものとみなすが, 改革派においては聖礼典よりも説教された御言葉のほうを優先させることが多い。*礼拝において聖礼典を祝わずに説教だけがなされることはあり得ても, 説教の言葉による解き明かしなしに, 聖礼典だけが執行されることはあり得ないからである。

2. 聖書における意味 教会が用いている意味での聖礼典の概念を聖書に見出すことはできない。ラテン語聖書でのsacramentumはギリシア語のミュステーリオンに由来するが, この語は「秘義」を意味している。新約聖書では神の「秘密」(マコ4:11), 救済のための神の「秘められた計画」(エフェ3:9) を指して用いられる。この秘義／計画はキリストによって実現されるもので (エフェ3:4, 11), その内容はすべての人がキリストに結ばれて救われること, すなわち「あなたがたの内におられるキリスト」(コロ1:27) である。

聖礼典／サクラメントは教会史の中で現れてきた概念であり, 教会・教派によって理解に幅があるだけに, 厳密な定義をすることが難しい。それだけに, 聖書における原義に立ち帰って考察することがより大きな意味を持つことになる。神の秘義はキリストである (コロ2:2)。だから, キリストを「神のサクラメント」(E. スキレベークス『キリスト——神との出会いの秘跡』石福恒雄訳, エンデルレ書店, 1966年) とすることは, この意味で首肯できる。さらにこの秘義は教会によって知られ, 与えられる (エフェ3:10)。それゆえに教会を「原サクラメント」(Ursakrament) (オットー・ゼンメルロート『原サクラメントである教会』石橋泰助訳, エンデルレ書店, 1994年), 「根幹的サクラメント」(Wurzelsakrament), 「基礎サクラメント」(Grundsakrament) (ラーナー) として把握することもまた, そのような用語／概念を用いるかどうかは別として, 聖礼典／サクラメントを捉えるための考え方の筋道として意味を持つように思われる。教会の務めは, 神の秘義であるキリストを宣べ伝え, すべての人をキリストに結び合わせることである。そして, キリストの体である教会において, 人間をキリストの体に結び合わせ, キリストの命にあずからせる礼典が, 聖礼典／サクラメントなのである。

3. 聖礼典の数 教会が執行するどの礼典をサクラメントに数えるか

については、歴史的な変遷がある。三十以上の礼典がサクラメントに数えられたこともあった。トリエント公会議はサクラメントの数を七つと確定している。宗教改革者たちは中世の教会のサクラメント理解とその執行を批判し、サクラメントを*洗礼と*聖餐（場合によっては告解も）に限定したが、聖礼典の概念そのものについての議論をくわしく行ってはいない。

中世以来、感覚で捉えられる物質的な「物素」（elementum）と物素によって指し示されている不可視的で霊的な「恵み」（garatia）と「制定」（institutio）が聖礼典の構成要素であると考えられてきた（サン＝ヴィクトルのフーゴー）。宗教改革者たちはこれを受け継ぎつつ、「制定」については厳密に「イエス・キリストによる制定、命令がある」ことを求めた。しかし、これだけで聖礼典の定義や数の確定の問題は解決しない。(1)「神のご命令、新しい契約の核心である恵みの約束」を求めつつ、赦免（告解）を加えている場合がある（『アウグスブルク信仰告白の弁証』）。(2) これが福音主義教会の伝統であるとは言えても、これらの条件を満たすもののみへとサクラメント概念を限定することが神学的に十分に根拠づけられているとは言えない。たとえば、*職制の理解が異なるので福音主義教会は叙階を行わないが、按手を伴う牧師職への任職は、父なる神の召命とキリストの委託に基づき、霊の賜物を祈り求めて行われる。これもサクラメント的な行為である。(3) また、「キリストによる制定」と「可視的なしるし」が聖礼典の内容を十分に表現しているわけでもない。たとえば、洗足は古くはサクラメントに数えられたこともあり、キリストによる制定（ヨハ13:14）としるし（水による洗い）を備えている。それならなぜ、福音主義的な聖礼典から除外されるのだろうか。

そこで、ここでも「秘義」の聖書的な意味から出発して、教会が聖礼典と呼んできた行為を吟味したい。ローマ・カトリック教会の七つの秘跡はいずれも、「聖なるもののしるしであり、不可視的な恵みの可視的な表現」である。しかし、聖書が語る神の秘義とは、世界が始まる前から神が定めておられ（Ⅰコリ2:7）、時が満ちるに及んで実現される救いの業であって、そのとき「あらゆるものが、頭であるキリストのもとに

一つにまとめられる」のである（エフェ1:8-10）。ここから聖礼典をこの秘義の現実化，すなわち人間が「主キリストに結ばれ……大胆に神に近づく」ための教会のわざと考えるなら，教会・教派が聖礼典とみなしてきた行為のうち，洗礼と聖餐の二つが特にその名に値すると言える（堅信について議論の余地が残るが，それについては「洗礼」の項目参照）。

4. 聖礼典の効力　聖礼典は神の賜物であり，神の約束の外的な証印である。その際，聖礼典は魔術的に働くわけではない。聖礼典が効力を持つためには，説教の言葉によって聖霊を通して与えられた信仰が前提となる。働くのは聖礼典のしるしそのものではなく，ご自身の霊において現臨されるキリストである。しるしが指し示しているものをキリストがお与えくださる。キリストがご自分の血によってわたしたちを洗い，ご自身の中にわたしたちを沈める（洗礼）。キリストがご自分の体と血とをわたしたちに分け与えてくださる（聖餐）。そのようにしてわたしたちをご自分と結び合わせ，交わりをお造りくださる。聖礼典において決定的に重要なのは，キリストの現臨である。その際，キリストの「実体的現臨」（Real Presence）という表現が用いられてきたが，「人格的現臨」（Personal Presence）と言うほうがより正確であろう。キリストは人格として現臨し，わたしたちと交わりを持ってくださるのだからである。

5. 聖礼典の執行　聖礼典を祝うことは，救済史的な出来事として理解することができる。この出来事は三重の時間的構造を持っている。(1) 聖礼典は想起の出来事である。キリストにおける神の歴史的な救済行為が想起される。すでに成し遂げられた神の御業が現在化し，わたし自身の出来事となる。(2) 聖礼典は現在の変革，*聖化の出来事である。罪の赦しを確かにされ，信仰を強められ，愛を増し加えられる。(3) さらに聖礼典は約束の出来事である。終末における救いの完成が待望される。いまだ生じていない将来が現在化し，その前味を味わい，*希望を堅くされる。神の到来はわたしたちの将来だが，信仰においてはすでに現在なのである。

(小泉 健)

❖**参考文献**
芳賀力『洗礼から聖餐へ――キリストの命の中へ』（キリスト新聞社，2006年）。
市川康則『改革派教義学6　教会論』（一麦出版社，2014年），362-377頁。

ケナン・B. オズボーン『秘跡神学総論』（太田実訳, 新世社, 2006年）。

説教
[英] preaching, [独] Predigt

　説教は, *イエス・キリストにおいてご自身を*啓示し, 救いの御業を成し遂げられた神についての語りである。説教は教会による神の啓示の伝承行為であって, 説教が今ここで, 生きた声で語りかけることを通して, 神はご自身を現し, 救済行為をなさる。

　1. 恵みの手段　説教は*聖礼典とともに, 聖礼典と同一の救いを与える恵みの手段である。説教が語られる時, キリストが人格的に現臨し, 十字架の死と*復活によって獲得してくださった救いの恵みをわたしたちに与えてくださる。すなわち, 罪の赦しと新しい命と*神の国の世継ぎとなることである。現臨のキリストは預言者としてご自身がどなたであり, わたしたちのために何をしてくださったのかを告げ知らせてくださる。また祭司として, わたしたちをご自身と結び合わせ, ご自身の義と聖とにあずからせて, わたしたちを神の子としてくださる。また王として, わたしたちを慰め, いやし, 力づけ, 導いてくださる。

　2. 説教と聖書　説教は聖書をテキストとする語りである。なぜなら説教は, 説教に先行する神の働きにその根拠を持つからである。すなわち, イエス・キリストにおける神の歴史的啓示が説教の根拠である。預言者と使徒とは, イエス・キリストの出来事を聖霊の導きによって理解し, 証言した。この預言者的・使徒的説教が文書化されたものが聖書である。説教は, 預言者的・使徒的証言に基づきつつ, キリストの出来事を今ここで証言しようとする試みである。それゆえ, 説教はアナムネーシス（想起）の行為である。説教は, すでに成し遂げられたキリストの救いの御業を神と民に思い出させる。過去に行われたキリストの御業は想起によって現在化される。

　3. 説教と聖霊　*聖霊は言葉と共に働く。預言者と使徒に働きかけ霊感を与えて聖書的諸文書を書かせ, またそれらの諸文書を教会の*正典

へと結集させた聖霊は、今も聖書を読み黙想する者に働き、説教者に語るべき言葉を与え、説教を聞く者に神の語りかけを聞き取らせる。聖霊は真理の霊としてキリストの言葉とわざを想起させ、救いの真理へと至らせる（ヨハ14:26, 15:13-14）。それゆえ説教は聖霊を求める祈りによって準備され、また語られる。これは、聖餐祈禱がアナムネーシスとエピクレーシス（聖霊を求める祈り）とから成り立っていることと対応している。

4. 説教者　すべてのキリスト者は「神の口から出る一つ一つの言葉で生きる」者として、自らが受け取った*神の言葉を次の人に告げ知らせる使命と責任を負っている。「全世界に行って、すべての造られたものに福音を説教しなさい」（マコ16:15）との復活のキリストの命令は、すべてのキリスト者に向けられている。それゆえ、説教職への召命は神の言葉を聞くことそのものの内にあり、説教の権威は神の言葉の権威に基づいている。とはいえ、通常は教会が任職した教職によって説教が行われる。説教をすること（と聖礼典を執行すること）は恵みの手段を用いることであり、教会的権能を行使することであって、その実施に際しては霊的秩序が求められるからである。教職は「御言葉の奉仕者」としてのその職務に従って語るのであって、自分の人格によってではない。とはいえ、説教者は必ず人格的存在として会衆の前に立つ。自分が取り次ぐ神の言葉によって自らも罪赦され、生かされている者として語るのである。

5. 説教の聞き手　説教は生きた声による語りかけであり、語りかけの相手である聞き手の話をする。説教は聖書をテキストとする語りだが、聖書の説明や解釈に終わることはできない。説教はまた、〈解釈と適用〉の図式のもとで、聖書の解釈と聞き手の生活への適用の二部構造をもつのでもない。むしろ現臨のキリストは「あなた」にご自身を現し、救済行為をなさる。だから説教はキリストに語りかけられている「あなた」の話をすることなのである。説教は、今ここでのキリストの御業に仕える。

6. 説教と教会　説教は教会が任職した教職によって語られる。その意味では、説教は教会自身が語るのである。しかし、説教者および教会

は語るようにと託された言葉を語るのであって、説教の真の語り手は現臨のキリストご自身である。そしてキリストの言葉が教会を造る。教会は「御言葉の被造物」(creatura verbi) (ルター) である。キリストの言葉によって人は神の子とされ、お互いは兄弟姉妹とされ、会衆は神の民またキリストの体とされ、すべての者は生かされるのである。

7. 説教と礼拝 説教は教会の*礼拝の一要素として、礼拝の中で語られ、聞かれる。礼拝という場が説教を説教たらしめるわけではない。むしろ説教が礼拝を礼拝たらしめる。福音的な神礼拝は、神がお語りくださることによって成り立つのだからである。神は「可聴的な御言葉」(verbum audibile) である説教と、「可視的な御言葉」(verbum visibile) である*聖餐を通してお語りになる。聖餐は「わたしの記念として（わたしのアナムネーシスへと）」（Ⅰコリ11:24）行われるが、そのためには説教が必要である。説教は「主の恵み深きことを味わい知れ」（詩34:9）と語るが、そのことを全人的に体験させるのは聖餐である。このようにして説教と聖餐とはお互いを解き明かし合っており、両者で礼拝の中心をなしているのである。神の語りかけとしての説教（と聖餐）は、聞き手である会衆のうちに応答としての祈りと賛美と信仰告白を引き起こす。

(小泉 健)

❖参考文献

R. ボーレン『説教学Ⅰ, Ⅱ』（加藤常昭訳, 日本基督教団出版局, 1977年, 1978年）。

R. リシャー『説教の神学――キリストのいのちを伝える』（平野克己ほか訳, 教文館, 2004年）。

芳賀力『神学の小径Ⅰ――啓示への問い』（キリスト新聞社, 2008年）。

摂理

[ラ] providentia, [英] providence

　摂理とは、すべてを造られた神が、創造の後、*被造物を顧みてくださることを表す教理である。摂理 (providence) という語はラテン語のprovidereに由来し、字義通りには神の先見を表す。また、摂理は、世界

が偶然に満ちているとする思想に対して、その調和を主張したギリシア思想のストア派哲学に遡るとされるが、聖書において、例えばマタイによる福音書6章25-34節やローマの信徒への手紙8章28節のように、神がどんな小さなものにも配慮をされるとされていることが背景にある。

摂理は、「ハイデルベルク信仰問答」(問27)では、「全能かつ現実の、神の御力」のこととされ、「それによって神は天と地とすべての被造物を、いわばその御手をもって今なお保ちまた支配しておられるので、木の葉も草も、雨もひでりも、豊作の年も不作の年も、食べ物も飲み物も、健康や病も、富も貧困も、すべてが偶然によることなく、父親らしい御手によってわたしたちにもたらされる」と説明されている。つまり、神によって造られた被造物に対する、全能の神の、信実な父としての配慮と支配のことを摂理と呼ぶわけである。

17世紀の*ルター派神学および*改革派神学においては、摂理は一般的に、保持 (conservatio)、同行あるいは共働 (concursus)、統治 (gubernatio) の三つに分類されてきた。ただし、特に共働については、保持に含められたり統治に含められたりすることがあり、必ずしも三つの区分が守られてきたわけではない。神はまず、造られた存在を配慮して保持されるという。つまり、神は造られたものを造り放しにするのではなく、顧み続ける信実なお方である。そして、神は被造物と共に歩んで働かれる。それによって、神は人間を通しても働かれ、神の意志に沿うことをなさせることになり、したがって、ある行為が一方から見れば神の行為、他方から見れば人間の行為となることがある。さらに、神はご計画に従って被造物を導き、統治される。つまり、神は統治という仕方で、被造物を支配し、創造の目的に向けて方向づける。このように、神の不断の働きによって、被造物はその存在を保持され、神のご意志に従って導かれるというのである。

このうち特に保持については、しばしば継続的創造と呼ばれ、神の創造の御業の継続か、あるいは、創造に直接に続く業と見なされてきた。トマス・アクィナスは、保持を新しい神の行為としてではなく、被造物に存在を与える行為の継続であるとし、継続的創造と呼んだ。また、オッカムのウィリアムもそれを引き継ぎ、さらにデカルトは、すべての被

造物存在が常に神の創造行為に依存しているという意味で、保持を創造の概念と結びつけた。

原初の創造は六日間で完結したとするいわゆる「閉じられた創造論」においては、創造と摂理の御業とは明確に区別される。すなわち、創造によって造られた被造物と神との関係の歴史が、この摂理の御業によって築かれていくわけで、それは創造そのものとは異なる出来事となる。例えばカール・バルトは、*契約を創造の内的根拠、創造を契約の外的根拠であるとして、創造を契約の舞台を形づくることと説明したが、その契約の歴史が、創造の後に続く神の新しい御業としての摂理によって始められるとした。

それに対し、創造が終末に完成することを強調し、創造の御業は未だ継続しているとするいわゆる「開かれた創造論」においては、摂理は創造の継続と捉えられることになる。例えばヴォルフハルト・*パネンベルクは、創造を、神のすべての御業を包括する概念であるとし、創造の御業が終末に至るまで続くとして、摂理、特に保持を創造の御業の一部として理解した。

しかし、無からの創造としての原初の創造と、被造物の保持と導きとしての摂理の御業との質的差異が指摘されることもある。何よりも、摂理の御業は創造を前提にしている点で、創造と異なると言わなければならないだろう。

このように、摂理の信仰は、神によって造られた被造物が、終末の完成に向けて、なお神の配慮と支配の下にあることを信ずる信仰である。すなわち、いかなる出来事も、偶然や気まぐれによって起こるのではなく、その背後に神のご計画があり、また配慮があるとするのである。その点で、理神論は、創造者としての神を認めるものの、その後の世界は自己展開するというのであるから、摂理の信仰と対立することになる。また、汎神論も、被造物存在の中に神が埋没することになりかねず、やはり摂理の信仰とは相容れない。

なお、カール・バルトは、摂理の御業について、保持・共働・統治の三分法を維持しながらも、歴史のあらゆるところにその御業を認めようとするのではなく、その認識はキリストにおける*啓示に基づくべきで

あるとした。すなわち、人間がキリストにあって恵みの契約へと参与させられ、そのために言葉と*聖霊によって導かれることとの関連でこそ摂理の御業を理解すべきというのである。

ところで、摂理の信仰は、悪の存在についての疑問を引き起こすことになる。被造物が神の摂理と支配の下にあるにもかかわらず、悪が存在することは、神が悪や罪の原因であるとされかねない。この問題は、*神義論として論じられることになる。また、神の摂理と、偶然性や人間の自由との関係も問題となろう。果たしてすべての出来事は神の定めによる必然であるのか、あるいは人間の自由などによる偶然的要素があるのかについて、また、人間の自由は、神がすべてをご存知であるとする神の先見性とどのように関係するのかについて、多くの議論がなされてきた。

こういった問題に対し、アウグスティヌスは、神は人間が何を意志するかもご存知であると語り、神の先見性と人間の自由は矛盾しないとした。そして、神が予見されたことは必ず起こるという意味では、すべての出来事は必然であるが、それは人間の意志には何の選択可能性もないという意味においてではないとした。特に、罪と悪とは、決して神に強制されたものではなく、人間の自由意志に原因があるものであることをアウグスティヌスは強調した。また、トマス・アクィナスは、第一原因と第二原因とを区別した。人間の自由や偶然性は第二原因に属し、それは第一原因たる神の意志に従属する。しかし、人間の罪や悪、そして世界の諸問題は、ただ第二原因に起因するという。このように語ることで、神が悪の原因であるとされることを防ぎつつ、神の摂理が人間の自由や偶然性と矛盾するものでないことを主張しようとした。

マルティン・ルターやジャン・カルヴァンらは、人間の自由意志が罪によって悪しか選ぶことのできないものになっていて、救いのためには役に立たないことを強調し、そこから、ルターは絶対的必然を語って、すべては神の意志による必然であるとする傾向がある。カルヴァンもまた、すべての出来事は神の変わらぬご意志によって起こるとし、また、神の摂理の御業は被造物を通してなされることがあるとしつつも、決定論となることも神人協力説的になることも避け、神の摂理と人間の責

任，あるいは人間の行為の自発性は両立するものであると語った。

また，モリナ主義は，さらに，神が，あらゆる可能性をご存知の上で，ある条件の下でどのようなことが起こりうるかという中間的知識をもって，特定の世界を造られたとすることで，神の先見性や意志と矛盾することなく，人間の純粋に自由な選択や偶然性をそのままに認める主張をし，それは人間の自由意志を強調するアルミニウス主義にも影響を与えた。

いずれにせよ，摂理を信ずることは，この歴史に意味があることを信ずることでもある。つまり，すべての出来事は偶然に起こるのではなく，その背後に神のご計画があり，支配があるとするのであるから，そこに意味を見出すことができることになる。また，カルヴィニストたちは，「ハイデルベルク信仰問答」（1563年）でも告白されているように，病や災難に遭っても，それでもなお神の父としての配慮の下にあると信ずることができるとした。　　　　　　　　　　　　　　　　　（須田 拓）

洗礼
［英］baptism，［独］Taufe

キリスト教の洗礼は，父と子と聖霊の御名によって人に水を注ぐこと，あるいは人を水の中に沈めることによって，その人をキリストに結び合わせる最初の行為である。プロテスタントの諸教会は洗礼と*聖餐の二つを*聖礼典としている。

1. 洗礼の起源と根拠　イエス自身がヨハネから洗礼を受けた。ヨハネの洗礼は，(1)*悔い改めと結びつき，罪の赦しを目的とすること，(2) 一回的であって繰り返されないこと，(3) 自分で身を清める儀式ではなく，洗礼者から授けられるものであることにおいて，キリスト教の洗礼との連続性を持つ。イエスが洗礼を受けたとき，天が裂けて霊が降り，「あなたはわたしの愛する子」との声があった（マコ1:9-11）。これらが知覚できる形で生じたことは，イエスは罪人である人間の一人として洗礼を受けてくださったのであり，人は洗礼を通してキリストと結

び合わせられることによって、聖霊を与えられ、神の子とされることを示していると考えられる。さらにイエスは*復活後、宣教命令において「すべての民に父と子と聖霊の名によって洗礼を授けなさい」と命じた（マタ28:19）。

2.「洗礼を授ける」 聖書で「洗礼を授ける」と訳されているバプティゾーは本来「沈める、浸す」という意味を持つが（王下5:14LXX参照）、新約聖書の時代には「洗い清める」という意味でも用いられていた（マコ7:4参照）。バプティゾーがエイスに導かれる前置詞句を伴う時には、「～の中に沈める」という意味合いを読み取ることができる。「キリスト・イエスの中へと沈められたわたしたちは皆、彼の死の中へと沈められた」（ロマ6:3、ガラ3:27参照）。「わたしたちは皆、一つの体の中に沈められた」（Ⅰコリ12:13）。「彼らを父と子と聖霊の名の中に沈めなさい」（マタ28:19）。洗礼を意味するバプティゾーに「洗い清める」という意味合いもあることは、洗礼が「洗い（ルートロン）」（エフェ5:26、テト3:5）、「洗う（アポルーオマイ）」（使22:16、Ⅰコリ6:11）と言い換えられていることからも分かる。「その方の名を唱え、洗礼を受けて罪を洗い清めなさい」（使22:16）。

3. 洗礼の意味 洗礼は第一には神の行為である。（1）洗礼は人がキリスト者となるときに行われる一回限りの決定的な出来事であって、洗礼によって人は罪を洗われ、罪を赦されて義とされる（Ⅰコリ6:11）。（2）洗礼によって人はキリストと結び合わされる。キリストと共に葬られて、その死にあずかり、キリストと一体となって新しい命に生きるのである（ロマ6:3, 4）。罪の奴隷であった古い人が死に、キリストにあって神に対して生きるようになる（ロマ6:11）。（3）洗礼は「父と子と聖霊の御名によって」授けられる。洗礼を通して人は*三位一体の交わりの中に入れられる。父なる神の子として新しく生まれ（ガラ3:26）、*神の国の相続人とされ、キリストと結び合わされるとともに、キリストにあって兄弟姉妹と一つとされ、*聖霊と霊の賜物を与えられる（Ⅰコリ12:13）。（4）キリストに結び合わされることは、キリストの体である教会に入会することでもある（ガラ3:28）。神の選びの民の一員として、霊的な共同体を形づくり、キリストの体の部分（肢体）としてキリスト

のわざを継続する。(5) 洗礼は神からの「証印」である（Ⅱコリ1:21, 22)。キリストに結ばれ、聖霊を与えられていることの消されることのないしるしなのである（エフェ1:13)。これはまた、神の恵みの*契約によって神の民の一員とされていることを示す「契約のしるし」(「ハイデルベルク信仰問答」問答74) である。

4. 洗礼の執行者 古代教会において異端者が授ける洗礼の有効性をめぐって論争が起きた。執行者によって有効性が生じるという考え方（人効論 [ex opere operantis])に対して、アウグスティヌスは、真の執行者はキリストであるから、執行者の欠陥によって有効性が損なわれることはないとした（事効論 [ex opera operato])。

5. 幼児洗礼 テルトゥリアヌスのように幼児洗礼を思いとどまるように勧めた教父もあったが（「洗礼について」、邦訳、『原典　古代キリスト教思想史1』教文館、1999年所収)、5世紀には幼児洗礼は広く行われるようになった。宗教改革の多くの教会は幼児洗礼を受け入れたが、再洗礼派は有効な洗礼のためには個人的な信仰告白が必要不可欠であるとして、幼児洗礼を厳しく批判した。幼児洗礼を認める教会も、洗礼において信仰を不要としたのではない。ルターは幼児洗礼においても、幼児の信仰を想定した。ルター派においては洗礼親が幼児の名において代理の信仰告白を行った。改革派においては割礼の類比から代理告白を求められることはなかったが、いずれにせよ、親と洗礼親、さらには教会の共同体的信仰において幼児洗礼が行われた。

6. 堅信／信仰告白 堅信もまた、人をキリストに結び合わせる教会の行為である。受洗者に按手して祈ることは、古代においては洗礼の儀式の一部だった（すでにヒッポリュトス「使徒伝承」[Apostolike paradosis, 215? 邦訳、『聖ヒッポリュトスの使徒伝承』土屋吉正訳、オリエンス宗教研究所、1963年] から)。次第に幼児洗礼が一般的になり、教区司祭が洗礼を執行するようになったが、堅信（按手しての祈り）は司教のみが行うこととされ、洗礼と堅信に時間的な間隔が生じるようになった。また、堅信に備えた教理教育が行われるようにもなった。さらに、使徒言行録においては洗礼と聖霊の付与とが別の出来事として書かれている箇所があるため（8:14-17, 19:1-7など)、ローマ・カトリック教会では堅信を洗礼

から独立した，聖霊を受けるためのサクラメントとした。ペンテコステ派は同じ箇所から，「水のバプテスマ」と，それ以後に異言をはじめとした聖霊の賜物を与えられる「聖霊のバプテスマ」とを区別する。宗教改革の教会は，洗礼と堅信の分離を継承し，幼児洗礼を執行した上で，後に教理教育，堅信，陪餐へと進ませることとしたが，洗礼と聖霊の付与とは一体と考える。それゆえ堅信は聖霊を受ける儀式ではなく，信仰告白式である。

7. 洗礼と説教および他の儀式　幼児洗礼や堅信をめぐる問題は，洗礼を他の教会的な行為から切り離して洗礼を孤立させて捉えては解くことができない。特に*説教，洗礼，*聖餐はいずれも同一の救いを与える恵みの手段であり，相互に解き難く結びついている。洗礼において行われる神の行為は洗礼を授けられた者の応答としての信仰告白と*礼拝，感謝の生活を求めるが，これらを引き起こすのは説教である。説教と聖餐は洗礼を根拠にして行われ，洗礼の意味を明らかにする。聖餐は受洗者がキリストに結び合わされていることを体験させ，洗礼の賜物が確かに与えられていることを確証する儀式である。

8. 洗礼における象徴　洗礼の執行において，古代以来さまざまな象徴的行為が行われてきた。十字架のしるしをつけることはキリストに従う者となったことを，*悪魔の拒否は自分の命の支配者が悪魔からキリストに移ったことを表す。塗油は聖霊の賦与を示し，白衣の授与やろうそくの授与は罪の赦しと新しい命を象徴するものである。最も重要な象徴は水そのものであるが，水は罪人への裁き，古い人の滅びを表すと同時に（ルターやツヴィングリの「洪水の祈り」），裁きを通り抜けての赦し，*死を経ての新生をも表す。浸礼はこの意味をより明確に表現していると言えよう。水はさらに洗い清めるものであり，生かしうるおすものである。滴礼や灌水礼はこの側面をより強く表している。宗教改革者たちは洗礼における多くの象徴的要素を取り除いた。洗礼の執行の改革にあたっては，非言語的象徴の使用が検討の対象となるが，重要なのは宗教改革以前の慣習を単純に再導入するのではなく，洗礼説教と一致しつつ洗礼の意味を明らかにする象徴を用いることである。　　　　（小泉 健）

✥参考文献

K. バルトほか『洗礼とは何か』(宍戸達訳, 新教出版社, 1971年)。

E. シュリンク『洗礼論概説』(宍戸達訳, 新教出版社, 1988年)。

R. ロイエンベルガー『洗礼とはなにか——その今日の問題を問う』(宍戸達訳, 新教出版社, 2012年)。

創造

[ラ] creatio, [英] creation

1. キリスト教信仰は唯一の神を信じ, 神は天と地とその中のすべてのものの創造者であると信じる。「使徒信条」に「我は, 天地の造り主, 全能の父なる神を信ず」とある通りである。創造はヘブライ語でバーラー, ギリシア語ではクティゾーによって表現され, 人間が何かを工作する活動と区別され, 神のみの創造活動を意味している。神の創造行為を認識するのは, 唯一の神とその行為の認識であるから, イエス・キリストにおける神の啓示から認識する以外にない。キリストにおける啓示から神が三位一体の神であり, 唯一の神であることが知られる。その唯一の神が, 創造者であり, 救済者であり, また完成者であると認識される。その啓示認識, そしてそこからの神とその業の認識については, 聖書の証言が不可欠な役割を果たす。聖書の証言なしには, 啓示による神とその業の認識は成り立たない。したがって, 神の創造の業についても, イエス・キリストによる啓示から聖書の証言に基づきつつ認識されると言わなければならない。旧約聖書の多くの箇所(創1:1-2:7, イザ40:26, ヨブ38:4以下, 詩104編など)に創造の業が記されている。新約聖書の中でも語られている(コロ1:16, 3:10, エフェ3:9, マコ13:19)。ヨハネによる福音書1章3節も重要な創造の箇所である。キリスト教教義学の創造論は, イエス・キリストの啓示による神とその御業の認識に当たってこれらの聖書的証言から光を受けて認識するが, これらの箇所の一つだけを選別してそこから認識するわけではない。

「使徒信条」は, 特に父なる神の御業として天と地の創造を語っている。しかしそれは創造の働きを父なる神に代表的に帰しているのであっ

て、排他的に御子*イエス・キリストと*聖霊を創造の働きから排除して語っているわけではない。イエス・キリストにおける神の*啓示から知られる神の働きは、*三位一体の神の業であり、「外に向けられた三位一体の業は分けられない」。父なる神の創造の業に、御子は創造の「言葉」として、また「神の姿」として参与し、御霊も「命の霊」として参与している。「造り主なる御霊よ、来りませ」と祈り讃美されてきた通りである。

2. キリストにある啓示による信仰は、神を唯一の神と信じ、ただ神のみに栄光を帰す。その信仰は神以外のあらゆる*被造物を礼拝対象とすることはない。いかなる人間も、また民族や国家も、あるいは巨大な自然物や太陽や宇宙も、神とはされない。神のみを神として信じ、神以外の万物を神の被造物と見なす。啓示による神信仰は、神以外のものを非神聖化する。被造物はどれも限りある存在である。したがって、神による被造物と創造者である神とを連続的に理解することはできない。創造の信仰は、神と自然物などを一体的に捉え、連続的に理解するストア的汎神論や新プラトン主義的流出論とは異なる。創造は、創造者と被造物との越えることのできない区別を含んでおり、その区別は被造物の間の一切の区別に比較できない絶対的な区別である。

　神は創造されない何ものかを前提にして、そこから万物を創造したのではない。その意味で神の創造は、人間の創作が何らかの素材を使用しなければ不可能であるのとまったく異なる。ヘブライ語の「バーラー」はこの意味で神の創造行為のみに使用される。神は神以外の存在するものの一切を、いかなるものの援助も介入も前提もなしに、無から創造した。神はご自身の御言葉によって天と地と万物を創造された。それはご自身の自由な恵みから創造したことを意味する。「無からの創造」(creatio ex nihilo) と言う表現は、外典のマカバイ記二7章28節にほぼ見られ、ローマの信徒への手紙4章17節とも近似しているが、文字通りには使徒教父「ヘルマスの牧者」(Poimēn. 邦訳、荒井献訳、『使徒教父文書』講談社学術文庫、1998年所収) 1章6節に見られ、その後間もなく古代教会に浸透した。この表現は神が他の何ものにも依存することなく、恵みの意志に基づいて万物を創造したことによって神と被造物との越えるこ

とのできない区別を二元論とは異なった仕方で示すと共に,被造物が神によって善きものとして肯定され,喜ばれていることを意味する。

創造者なる神が満ち溢れる自由な恵みによって万物を創造したことは,古代のギリシア思想やグノーシス主義,あるいはマニ教などの言う劣った神や悪の原理による世界創造の思想とはまったく異なる。被造物とその世界は善きものとして肯定され,救済はしたがってこの世界からの脱出として考えられてはいない。唯一にして同一の神による創造と救済の信仰は,二元論的世界観とは異なる。

3. 神の創造の業はどこで起きたであろうか。それは始めの創造として,時間・空間の創造でもあった。この始めの創造(creatio prima)は,すでに創造された素材を用いてのその後の創造(creatio secunda)や,被造物の保持に関わる継続的創造(creatio continuata)とは区別される。しかしその最初の創造も,永遠の創造ではなく,また時間・空間の外での創造ではない。最初の創造は,現にある万物とその世界の開始として時間・空間の中に起きたのでなければならない。時間・空間そのものの創造でありながら,時間・空間の中での創造と言うべきであろう。万物とその世界は,時間・空間と共に,時間・空間の中で創造された。

永遠の創造ではないという意味は,もし永遠の創造であれば,万物とその世界とは神と共に永遠に存在することになり,万物とその世界なしに神はあり得なくなる。永遠の創造を言うことは,世界は神と共に永遠の過去から,永遠の将来にわたってあることになり,それはまさに始めの創造のない汎神論の世界観になる。創造はある時,時間・空間の中に起きたのでなければ,神の創造の業とは言えない。そのある時が,時間の開始であったと考えるべきであろう。万物とその世界は時間・空間的に限りあるものである。

まだ万物とその世界が創造されていなかったとき,神は万物とその世界とを創造されることを自由な恵みによって決意された。神はその本質からして必然的に被造物を不可欠としたわけではない。その決意は,自由な恵みによる神の経綸の意志決定であって,ただ創造だけを決意したのでなく,被造物を愛し選ぶことを決意し,救済と完成を決意した救済史的な意志決定であった。そのように決意したことは,神が真に神であ

り，三位一体の神として愛と全能に満ちていたことに適ったことで，神の本質に適った意志決定であった。始めの創造は，神のこの救済史的意志決定の実現として，時間・空間の中で時間・空間と共に実現した。神の内なる外に向かっての三位一体的な救済史的意志決定はあらゆる現実の実在性の根拠であって，実現しないことはないからである。

　始めの創造と時間・空間の以上のような議論はなお詳細にはアウグスティヌスの『告白録』（Confessiones, 397-401. 邦訳，宮谷宣史訳，教文館，2012年）や『神の国』（De Civitate Dei, 413-427. 邦訳，金子晴勇ほか訳，全2巻，教文館，2014年）に見られ，それに対する若干の修正がカール・*バルトの『教会教義学　創造論』（Die Kirchliche Dogmatik III, 1945. 邦訳，吉永正義ほか訳，新教出版社，1973-85年）に見られる。近年，*モルトマンは『創造における神』（Gott in der Schöpfung, 1985. 邦訳，沖野政弘訳，新教出版社，1991年）の中で創造の起源について「神の自己撤収」という思想を展開した。神はご自身の永遠性と遍在とを自己収縮させ，その収縮した後に生じた空虚の中に創造のための神の*時間と空間とを取り，その中に被造物の時間と空間とを創造したと言う。「神の時間・空間」を神ご自身の永遠や遍在と被造物の時間・空間とを橋渡しする第三の媒介的なものとして想定した。この思想はユダヤ教神秘主義のカバラ思想から着想されたもので，終末にはこの自己撤収は解除されると加えられている。しかしこの思想は啓示からの根拠や聖書的典拠を欠いた思弁的な思想の性格が濃い。

4. 神の創造の世界はきわめて多彩で，「使徒信条」は「天と地」の創造と表現した。天には天使も含まれ，その他理想や理念，高次な価値，人間がおよそ到達することのできない精神的高みにあるものも含まれる。しかしそのどれも神でなく，被造性の中にある。地は，大地であり，物質であり，身体的なものである。獣，鳥，多様な虫，多様な魚，樹木，色鮮やかな草花，苔，岩石，鉱物，実に多種多様な諸物がすべて神の被造物である。それらすべてが神によって創造されたものとして肯定され，喜ばれている。

　それらすべてと被造物としての連帯性にありながら，人間は特別な位置を与えられている。創造論は人間論と深く関係している。人間の全被

造物との連帯性と神に対する特別な位置関係を認識すると，人間には全被造物に対する*神の統治に背くことなく，むしろそれに適った自然の管理に関する責任が求められる。それは「*エコロジーの神学」に基盤と方向性を与えるであろう。

5. 創造における神の肯定は，被造物が完成したものとして，もはや歴史を持たないことではない。被造物を見て神が「よし」とされたのは，神の創造の御旨に適い，また創造の目的に適っていることを意味した。創造は歴史を持つ。神の創造活動は*摂理ともなり，救済史を持つ。新しい創造としての救済を経て，神の国のまったき到来における創造の完成に至る。創造は摂理に関係し，救済を経て，終末論的な完成に方向づけられている。

6. 神の創造の御業の関連で，罪，*死，悪の成立をどう理解するかは重大な問題である。罪や悪の成立は創造そのものに帰すことはできない。罪は人間の意志的な堕罪により，悪もまた神の創造によるものではない。悪魔的なものの成立を天使の堕落によると見，あるいは悪を創造の陰と見るのは，悪を神の創造に直接帰すことができないからでもある。悪や罪は現にあると言っても，神から権利を与えられてあるわけではない。死についても，創造の世界に死がはじめからあったと考えるべきか，否かの議論がある。アウグスティヌスが悪しき意志によって死が入って来たように，創造において人間は死ぬことのできるものとして創造され，永遠の至福においてもはや死ぬことのできないものへと*復活すると語ったのは，尊重されてよい。間接的にせよ神の創造行為に悪や罪，そして死も帰すならば，*神の国の完成に至る歴史を*救済史としてよりむしろ*神義論の経過と見なすことになる。しかしそれは，神の栄光をほめたたえる神学の歩む道ではない。終末における創造の完成は，感謝と神への讃美に，そして万物による神礼拝に至るであろう。

（近藤勝彦）

組織神学

[英] systematic theology, [独] Systematische Theologie

　組織神学という言葉には, 大きく分けて二つの用法あるいは意味があると言える。一つは, 神学の一分野としての組織神学ということであって, この場合, 組織神学は旧約聖書神学・新約聖書神学・歴史神学・実践神学という他の分野と並んで神学という学問を構成する。他方, 組織神学は, この分野の中で生み出されてきた体系的な叙述に与えられる名称でもある。P. *ティリッヒ, W. *パネンベルク, R. ジェンソンらによるものを20世紀の代表的な組織神学として挙げることができるし, 今後も現れてくるであろう。以下, それぞれの用法に従って述べてみよう。

　第一の用法, つまり, 神学の一分野としての組織神学ということで言えば, 上記のような他の四分野の名称と比較するとき, 組織神学という分野の特徴が直ちに明らかになってくると思われる。つまり, 旧約・新約の聖書神学, あるいは歴史神学や実践神学の場合, その名称は当該分野の扱う対象（聖書であったり, 教会の歴史であったり, 教会の実践に関わる事柄であったりするわけであるが）を示している。これに対して組織神学という名称は, この分野が取り上げる対象をまったく示していない。ここで「組織」という言葉は, 大まかな言い方をすれば, 思考法を意味していると言ってよかろう。

　「組織」という言葉は英語では「システマティック」(systematic) となる。この言葉を語源（ギリシア語）にまで遡ってみると, そこには「結びつける」という意味があることが分かる。そのように組織神学は基本的に「結びつける」ことを課題とする神学の分野であると言える。より具体的に言えば, キリスト教の諸信仰内容を体系的に結びつけ, 有機的な全体として提示するという課題が考えられる。これが*教義学 (dogmatics) である。あるいは, これを上述の第二の用法によって, 言わば「狭義の組織神学」と呼ぶこともできる。次に, キリスト教の信仰内容を教会や信仰者のあり方・生き方に結びつけるという課題が考えられる。これが*キリスト教倫理学 (Christian ethics) となる。さらに, 同時代の文化（思想・宗教を始め, 政治や経済その他の領域も考えられる）を

キリスト教信仰と結びつけながら、キリスト教の真理性を主張するという課題も考えられる。これが*弁証学 (apologetics) である。このように、組織神学という分野は、通常さらに教義学・キリスト教倫理学・弁証学の三領域に分けられる。

　もっとも、これらの三領域の関係については、いろいろな捉え方が可能である。通常の道を採れば、キリスト教信仰の内容をまず教義学をもって把握し、それを次にキリスト教倫理学として信仰の生活に展開し、あるいは、弁証学をもって世に対して真理性を主張するということになろう。この場合は、教義学が基礎となり、その上にキリスト教倫理学や弁証学が成り立つという構成になる。しかし、K. *バルトは弁証学の企てを否定したばかりか、主著『教会教義学』においては教義学に倫理学を吸収させてさえいる。他方、ティリッヒは、その主著『組織神学』全3巻 (Systematic Theology, 1951-63. 邦訳、谷口美智雄ほか訳、新教出版社、1969-90年) に弁証学的性格を与えているから、教義学が弁証学に吸収されていると見ることもできよう。こうした個性的な取り組み方自体への賛否は措いておくとしても、このようなことが起こるのは、組織神学内の三領域が主として教育上の便宜から区別され、別々に教えられることは避けられないものの、内容的には深い関連の中にあるためである。そもそもキリスト教信仰は信仰の告白を伴い、告白には理解が必然的に伴うのであるから、教義学において展開される信仰内容の体系的な把握へと進む道は始めから開かれている。同時に、キリスト教信仰は一人の人間の全体に関わるとともに、共同体（教会）を形成するし、また一般社会の中に存在するのであるから、個人や共同体としての特徴的な生のありようについて考えないわけにはいかない。したがって、キリスト教倫理学は不可避の課題となる。さらに、創造と終末の普遍的な広がりを考慮に入れるならば、キリスト教信仰を限定された共同体の事柄にとどめておくことはできない。世界と諸文化との関わりを考えないわけにはいかないのである。したがって、弁証学（的関心）もまた求められていると言える。このように、キリスト教信仰自体が組織神学の三領域を要求すると捉えることが可能である。

　次に第二の意味、つまり、キリスト教信仰の体系的な提示としての組

織神学について考えてみよう。初めに，この場合の組織神学と教義学との区別について述べれば，両者の間に厳密な線を引くことは難しい。せいぜい，組織神学と呼ぶ場合の方が，より方法論的一貫性が重視されているということを相対的に言い得る程度であろう。

さて，信仰内容を構成する個々の要素に矛盾や両立し難いものが含まれているならば，その信仰を持つ個人や教会にも矛盾や分裂が持ち込まれることになる。これは個人や共同体を自己矛盾に追い込むことになるので，不健全な事態である。したがって，そのようなことは避けなければならない。裏返して言えば，信仰内容の体系的な，整合性のある全体的な把握は信仰に不可欠なのである。基本信条や諸信仰告白が生み出されてきた必然性は，この点にあると言えよう。上述のように，キリスト教信仰自体が組織神学を要求するというのは，ここからも裏づけられる。

信仰が整合性のある全体的なものであるというところから，組織神学には二つのことが課せられる。一つは，当然のことではあるが，当該の体系，つまり，特定の組織神学の著作が首尾一貫して矛盾のないこと，論理的な破綻のないことである。人間の業である神学的思惟に，これを完全に達成する力はないと言わなければならないとしても，そのために最大限の努力が傾けられなければならない。

もう一方では，その組織神学はキリスト教の真理を歪め，あるいは破壊してはならないということがある。言い換えれば，組織神学体系は信仰の全体性（英語で言えば，integrity）を損なってはならないということになろう。信仰の全体性のゆえに，語ってはならない，あるいは，語れない事柄というものが存在する。信仰上の，あるいは，神学上の「文法」（K. タナー）があるのである。そのような文法は，具体的には，いくつか考えられる。神の三位一体性，神の被造物に対する徹底的超越性，*イエス・キリストにおいて究極的な表現に達する神の被造物に対する積極的・創造的な無制約的関与，その関与への被造物（特に人間）の応答といった事柄が無視されてはならない。

最後に，いわゆる「ポストモダン」の相対主義・多元主義的主張も聴かれる現代の状況の中では，そもそも体系化ということ自体への懐疑も持たれている。しかし，逆に言えば，そのような中にあって，組織神学

体系が生み出されるということは，相対主義・多元主義への批判という意味を持つことになる。天地万物を基礎づけ，愛し抜く唯一の神への信仰は普遍性を志向しており，決して多元主義や相対主義に満足できるものではない。キリスト教神学が組織神学を要求するという先になした指摘は，ここにも当てはまると言える。 （神代真砂実）

た

父なる神
[英] God the Father, [独] Gott der Vater

　神を「父なる神」と呼び，そう理解することには，いくつかの重要な神学的問題が関わる。特に今日，注目しなければならないのは，神を「父」と呼ぶこと自体に対する批判である。その中でも最も強い異議はフェミニスト神学の立場から提出されている。神を「父」と呼ぶことが父権制によって，さらには上下関係によって規定される社会（それはさらに自然環境からの搾取をももたらすとされる）に裏付けを与えてきたというのである。あるいはまた，日本の文脈においては，遠藤周作らからの問題提起，つまり，「父なる神」というのは日本人の心にそぐわないのではないかという批判が存在する。

　実際，聖書に照らしてみても，確かに神と民（イスラエルや教会）との間の関係が親子に準えられる場合であっても，その場合の親は常に父親なわけではなく，母親のイメージで語られている箇所もある（イザ66:13，ルカ13:34）。そればかりか，親子の関係だけではなく，友人（出33:11，ヨハ15:14以下）や夫婦（ホセア書全体，エフェ5:31）の間柄も見出されるのであって，神を「父」と呼ぶことに排他的に集中するのには躊躇を覚えさせられる。

　したがって，これらの批判や疑問に，ある種の真理契機を認めないわけにはいかないであろう。しかし，だからといって，これらの批判に全面的に服し，神を「父」と呼ぶことそのものまで断念しなければならないのかどうかは別問題であると言わなければならない。このところをさらに深く考察しようとするならば，他の重要な問題が関わっていることに気づかされるのであるが，その一つは神学の言語の性質の問題である。

　神学が神について人間の言語で語ろうとするとき，使用される言葉の意味が明瞭で一義的なものだと理解されているならば，「父なる神」と

被造世界において「父」と呼ばれているものとの間には同一性の関係が成り立っていることになる。この場合,「父なる神」は,まさに人間の父(男性)と同じ性質や姿さえも備えていると捉えられる。これを第一の立場としよう。

しかしまた,この第一の立場とは正反対に,神について語る神学の言葉は多義的であり,それゆえに曖昧さを持つと考えることも可能である。言い換えれば,この場合,人間の言葉は神について象徴的に語っているのであり,神についての真の知識を持っている(語っている)と理解される。このように捉えるならば,神と人間の言語との間には,超えようのない溝があることになる。これを第二の立場としよう。

フェミニスト神学や遠藤らからの批判は,これらの可能性の中の,特に第一のものに向けられていると考えられる。そして,その限りにおいて,その指摘は正しいと言えよう。神は*被造物における父と同じように「父」であるわけではないし,生物学的な意味や性的な意味や社会学的な意味において「父」であるわけでもなければ,男性であるわけでもない。さらには,神を「父」と呼ぶことが,それらの,この世界における「父なるもの」の絶対化や特別視を生むことに結びついてはならないのも当然である。上記の通り,聖書を参照してみても,そのように言うことができる。

しかし,だからといって,「父」という呼び方を完全に相対化し,「母」やその他のものと置き換えようとするなら,それは第二の可能性の立場をとることになり,その場合には実質的に神を不可知の存在として扱うことになってしまう。また,例えば,古典的な充当の考えに従って,「父」を「創造者」,「子」を「和解者」,*聖霊を「救贖者」などと言い表してみても,それは機能を語っているだけであって,どちらの行き方であっても,一種のサベリウス主義(様態説)に陥る危険性を持つ。言い換えれば,それは神の内在的な*三位一体を表現するのには不充分である。つまり,そうした機能を表示する言葉は,位格間の関係を描く言葉としては,さらには,*神の人格性に触れる言葉としては,たいへん貧弱なものでしかないし,実在の神を語る言葉にもならないのである。このようなわけで,神を「父」と呼ぶことについては,ある問題性がま

とわりついているのを認めないわけにはいかないものの、それを手放すことは少なくとも現時点では（そして、おそらくは将来にわたっても）不可能であると言わなければならないであろう。

実際、神学の言語の問題に帰れば、上記の二つの対照的な立場とは異なる第三の道が存在する。それは類比である。この場合、神について語る神学の言葉と実在の神との間には、相違と共に対応関係が、しかも人間によってではなく、神によって造り出された対応関係が認められる（人間の側から造り出された対応関係では、結局、第一の可能性にとどまることになる）。そして、このような類比の理解のためには、*啓示に目を向ける必要がある。つまり、*イエス・キリストが*受肉した神の独り子であるとの信仰の認識に立って初めて、神を「父」と呼ぶ可能性が開かれるわけである。

「父なる神」は、イエス・キリストにおける啓示によってこそ把握される。これが「父なる神」について考えるにあたっての、さらにもう一つの神学上の重要な点である。福音書が伝えるように、イエス・キリスト自身が「父よ」との呼びかけをしたし、それを「主の祈り」におけるように、弟子たちにも勧めたということが、ここでは重要である。この場合、「父」は何よりもイエス・キリスト、つまり、「子なる神」との関係において捉えられることになる。そして、「父は子を生み、父と子から聖霊が発出する」との古典的な定式に従うなら、父なる神は起源の性格を持つと言うことができるであろう。これは、被造世界との関係に展開されて、一つには、父なる神を「天地の造り主」と告白する、言い換えれば、父なる神に創造の役割を充当することを正当化する。

他方、父なる神の起源としての性格は、被造世界に対する救済の起源という仕方でも捉えられる。人間との*契約関係を意志し、人間および被造世界の救済のために行動を起こすのは父なる神である。父なる神は子なる神を遣わす。これによって、三位一体の中で、父なる神と子なる神との間で聖霊において支えられている交わりは、人間に対して開かれる。イエス・キリストの十字架の出来事によってもたらされた救済は、さらに聖霊によって起こされたイエス・キリストへの信仰を通して、人間が神を「父」として持つことへと導く（ガラ4:4-7）。

以上のように、神学が人間の言葉として、被造物を超えた神について語ろうとするとき、その言葉には限界がある。このことを忘れ、人間の言葉によって神を規定しようとするならば、それは神を被造物に引き下ろすことを意味するので、避けなければならない。このことが充分に受け止められてこなかったために、さまざまな方面からの「父なる神」への批判が引き起こされたと考えられる。他方、イエス・キリストにおける啓示に立つならば、神についての多様な語り方はまったく同列で扱われなければならないものではなく、「父」との呼び方が優位性を持つ。それは三位一体の第一の位格として万物の起源であり、また、救いの源として信頼を寄せられる神についてのふさわしい呼び方だと言える。

(神代真砂実)

罪

[英] sin

神を「聖なる神」「義なる神」として証言する聖書が人間の「罪」の問題を真剣に取り上げるのは当然であり、キリスト教は人間が抱える他の限界状況的問題としての「苦」や*死」に優って「罪」という主題に取り組んでいる宗教であると言えよう。

旧約聖書で最も多く用いられている「罪」を表すヘブライ語は「ハッター」であり、同じく新約聖書で最も多く用いられているのはそのギリシア語訳「ハマルティア」である。両方とも「目標を失い道から外れること」を意味する。「罪」を指す語としてこの他に旧約で多く用いられるのは「アーヲーン」(悪を行う)、「ペシャー」(反逆、離反)などであり、同じく新約では「アディキア」(不義)、「アノミア」(不法)、「パラプトーマ」(罪過)、「ポネリア」(悪意)などである。しかし、これらの語義の詮索自体からは聖書の罪の概念を適確に言い表すことはできない。それらは神と人間の関係を指して用いられているものだからであり、したがってそれらは聖書が全体として示す神と人間の*契約の関係の物語(文脈)に置かれて初めて「罪」の聖書的語義を示すよすがとなる。

そこで、その観点から罪の意味を探れば、それは神と人間の契約の

関係を保つ律法の侵犯による神への反逆である，と言い表せるであろう。「お前たちの悪〔アーヲーン〕が神とお前たちとの間を隔てた」(イザ59:2)。「イスラエルがわたしの契約を破り，わたしの律法に背いた〔ペシャー〕」(ホセ8:1)。しかし，「十戒」が隣人への罪を禁じ，預言者が弱者への不義を糾弾して，神への愛と隣人への愛を同等視し，主イエスもこれら二つを等しく重視されたように (マコ12:28-34ほか)，罪においてもまた神への敵対はすなわち隣人への敵対ということが成り立つと言わねばならない。「神と隣人への愛が一つであるように，神と隣人への罪も一つである」(K. ラーナー)。ゆえに，人間は神との正しい関係を破ることにより同時に隣人との正しい関係を損ない隣人を傷つける，と言いうるのである。

主イエスは罪については語らず，周囲から「罪人」(ハマルトロス) とののしられている人々に語りかけ，食事を共にされた。しかし，そこに人々における罪の現実への意識がなかったとは言えない。その*伝道の第一声は「神の国は近づいた。悔い改めて福音を信ぜよ」(マコ1:14-15)であった。これはもちろん罪の*悔い改めへの訴えであり，「罪を赦す権威」(マコ2:10) を自ら宣言された。この罪の悔い改めと赦しの使信を継承し，ことに強調したのはルカである。放蕩息子は「わたしは天に対しても，またお父さんに対しても罪を犯しました」(ルカ15:21) と罪の悔い改めを言い表し，使徒言行録は弟子たちを罪の悔い改めと赦しの告知者として示している (使5:38ほか)。

この罪の赦しすなわち*贖罪の真理が主イエスの十字架の死の出来事において*啓示された。この罪の解決の神学的内容は贖罪論によってより詳細に述べられるべきであるが，ここでは旧約の罪祭や愆祭の供犠 (すなわち隣人への過失を神と隣人の双方に対し償う動物犠牲) が*イエス・キリストの十字架の犠牲死の原型であることを指摘しておく。「見よ，世の罪を取り除く神の小羊」(ヨハ1:29)。預言者は形骸化した祭儀を批判しそこに真に求められるべきは「打ち砕かれ悔いる心」(詩51:19) だと主張したが，十字架の死はそれをはるかに超えた神の自己犠牲的愛 (アガペー) によるその独り子の死であることが覚えられるべきである。そこにはまたイザヤ書53章の「苦難の僕」が示す罪なき義人による罪

人のための代理的苦難が見届けられねばならない。

　罪の解決のためにはこれほどの——すなわち聖書全体がこの主題をめぐって存在するような——手続きが必要であったという点からも，聖書による人間の「罪」への徹底的な注視はよく理解されるであろう。それを表しているのが，キリスト教神学における「原罪」(original sin / Erbsünde) の教理である。その聖書的根拠は創世記3章の堕罪物語や詩編51編17節などに求められるが，とりわけパウロに明示される。「一人の人〔アダム〕によって罪が世に入り……すべての人が罪を犯した」(ロマ5:12) のである。この洞察を「原罪」なる神学用語をもって陳述したのがアウグスティヌスであった。それによれば，アダムの罪は人類に死をもたらし，また情欲 (concupiscentia) によって全世代に相続され（原罪を指すドイツ語Erbsündeがこの遺伝の観念を明示している），人間の自由意志も決定的に弱められたのである。原罪の教理は，近代に至りその遺伝観念が批判されたが，全人類が罪人であること（罪の普遍性），人間は罪を犯さないことができないこと（罪の必然性），その肉体のみならず理性も堕落したこと（罪の全体性）を強調することにおいて，なお真理契機を保っている。

　アウグスティヌス以降の原罪をめぐる教理史は，それを徹底して強調する側と穏やかに訂正する側の対論史であったと言ってよい。宗教改革者ルターはその奴隷意志論，カルヴァンはその全的堕落の教理をもって，これを再強調し，K. *バルトはそれらに言及しつつ，人間は堕罪以後は罪人なるアダムの似像のうちにある全的な罪人であると主張した。バルトに代表される*弁証法神学が二つの世界大戦の時代にこうした人間の罪について深刻な神学的認識を示して，19世紀以来の楽観主義的人間観や進歩主義的歴史観に対して強く警鐘を鳴らし，事実，多くの人々がこの神学的使信を肯定的に受け止めたことはきわめて意義深いことであった。カトリック神学者にもバルトへの同調者が存在した。

　ところで，原罪の教理に対する穏やかな訂正とは，堕罪以前の人間は情欲に支配されない意志の自由や肉体的不死性や不受苦性を備えられた「原義」(justitia originales) のうちにあり，堕罪によってそれはいったん喪失されたにすぎない，という教えである。この新しい方向づけをも

たらしたのはアンセルムスであった。その後、トマス・アクィナスはその自然と恩寵の二階建て構造の神学によって、新たに堕罪以前の人間における「純粋な自然〔本性〕」という概念を持ち込み、それが超自然的恩寵を失った状態が原罪であるとした。したがって、超自然的恩寵が注がれればそれは超自然的目標すなわち救済に到達することも可能なのである。こうして、人間の理性や意志や感性にもその自然的な力が認められ、罪は人格的な過誤としてではなく*聖化する恩寵に欠けた人間の本性の状態として理解され、情欲の契機も等閑視されることとなった。このように原罪の教理からその棘が抜き去られれば、自然科学万能主義によって強化された自由主義や近代主義による人間観が闊歩するようになった経緯も容易に理解されうるところである。そして、これがまた弁証法神学によって糾弾されたかの人類の状況だったのである。

　原罪の教理は示唆したごとく人間の社会の腐敗状況に対してきわめて批判的効果的に適用しうるキリスト教教理である。弁証法神学の預言者的言説によって、人間の理性は国家間の利害の調整や平和や秩序の樹立のために働くのではなく、利害闘争における自己利益の確保や追求のため、あるいは他者攻撃のために効果的道具とさえなるという事実が暴露された。特に政治の現実の中に人間の罪の執拗さを指摘し暴露することに成功したのが、20世紀アメリカの代表的神学者R. *ニーバーであった。彼は罪を人間の過度の自己愛にあると見なし、それに由来する腐敗をあらゆる文化的事業や倫理的行為の中に批判的に見出した。ヒトラーの権力欲と同質の罪が宗教的聖者の道徳的虚栄にも潜んでいると看破した。

　しかし、ニーバーは全的堕落の立場は取らず、その対極にある人間の原義にも顧慮して、罪人の聖化の「未決の可能性」(indeterminate possibilities) について語った。こうした視点からも教えられるのは、原罪の教理の真髄は、その社会倫理的適用の有効性によってというよりは、やはり救済論において初めて深く理解されるものではないか、ということである。創世記3章の堕罪ドラマの特徴はその天使論的要素、すなわち人間は人間以上の存在である悪天使により罪へと誘惑されたという叙述である。これはいかに極悪な罪もそれが人間による罪である場

合，その罪人には何らかの「哀れさ」が含まれるという事実の神話的表現である（大木英夫）。この哀れさへの神の「憐れみ」が弟殺しのゆえに追放されたカインへのその守護のしるしに象徴されている。原罪の教理はアクィナス的神学よりは聖書のこうしたドラマティックな叙述によってその衝撃を失うことなく補完されうるであろう。
(西谷幸介)

ティリッヒ
Tillich, Paul (1886-1965)

　パウル・ティリッヒは，20世紀を代表するプロテスタント神学者の一人である。ティリッヒ研究者の一人ヴィルヘルム・パウクは，かつてティリッヒを評して「自伝的神学者」と語ったが，その言葉のように，ティリッヒの神学には彼自身の人生が深く関わっている。ティリッヒは「境界に立って」と「自伝的考察」という二つの自伝的文書を残しているが，特に「境界」について語った最初のものは，ティリッヒ神学の背景を豊かに語るものとして重要である。この中でティリッヒは，自分が身を置いた12の境界について語っているが，それは父から引き継いだドイツ東方の気質（「憂鬱で思索的な素質，過敏な義務＝罪責意識，強烈な権威感，今なお命脈を失わない封建的伝統」）と母から引き継いだドイツ西方の気質（「生の歓びに対する感覚，感性的直観，生動性，合理性，民主主義」）との境界から始まり，「都会と田園」，「社会的諸階級」，「現実と夢想」，「理論と実践」，「他律と自律」，「神学と哲学」，「教会と社会」，「宗教と文化」，「ルター主義と社会主義」，「観念論とマルクス主義」，「故郷と異邦」という12の境界である。ここで語られている諸境界は，そのまますべてティリッヒ神学の内実となっていると言えるが，こうした「境界」に身を置いて思索し，その神学を展開したところに，ティリッヒ神学の大きな特色がある。このことは，ティリッヒと同年に生まれ，ティリッヒと共に20世紀神学の双璧をなしたカール・*バルトが，教会に集中し，聖書の釈義を中心にその神学を展開したのとは非常に対照的である。

　またティリッヒは，もう一つの自伝的文書「自伝的考察」で，自らの

人生を幼年時代，第一次世界大戦前，その後，アメリカ時代の四期に分けて語っているが，こうした人生の歩みもティリッヒの神学に大きな影響を与えた。その生涯を簡単に辿っておくと，ティリッヒは1886年8月20日，ドイツのグーベン地方の村シュタールツェッデルで，ルター派牧師の父ヨハネス・オスカーと母ヴィルヘルミー・マティルダの長子として生まれた。1901年，父の転勤のためベルリンに転居，翌年堅信礼を受ける。03年，母を癌で亡くす。このことはティリッヒに大きな心情の変化を与えた。04年，ベルリン大学に入学。その後チュービンゲン，ハレでも学び，09年，ベルリン大学を卒業。翌年，ブレスラウ大学から哲学博士の学位を受ける。11年，レナウンで副牧師を務め，12年，神学士の学位を受ける。またベルリン労働者地区で副説教師を務める。14年，マルガレータ・ヴェーヴァーと結婚，その後従軍牧師として西部戦線に出征（21年離婚）。19年，ベルリン大学神学私講師となる。また宗教社会主義グループ設立に参加する。24年，ハンナ・ヴェルナー＝ゴットショウと結婚。同年，マールブルク大学神学員外教授となる（同僚にR. ブルトマン，M. ハイデガーがいた）。25年，ドレスデン工科大学宗教・社会哲学教授，29年，フランクフルト大学哲学教授となる。同年，社会民主党に入党。その背景には，宗教社会主義への深い関心があり，その理論的闘士としても活躍する。そのことはまた，ティリッヒの神学形成に大きな影響を与えた。32年12月，『社会主義的決断』（Die Sozialistischen Entscheidung. 邦訳，古屋安雄ほか訳，『ティリッヒ著作集1』白水社，1978年所収）を出版するも，直ちに発禁処分を受ける。33年4月，ナチ政府を批判したとの理由で停職処分を受け，大学から追放される。11月，家族と共にアメリカに移住。R. *ニーバーらの助力でユニオン神学校の宗教哲学・組織神学客員教授，のち教授となる（40年）。53-54年，スコットランドのアバディーン大学でギフォード講演を行う。55年，ユニオン神学校を退職，ハーバード大学全学教授となる。60年，日本訪問。62年，ハーバード大学を退職，シカゴ大学神学部教授となる。65年，最後の講演「組織神学者にとっての宗教史の意義」を行う。同年10月22日，心臓発作のため逝去，享年79歳であった。

　ところで，ティリッヒには多くの著書や論文があるが，その中でも

ティリッヒの主著と見なされているのは『組織神学』全3巻（Systematic Theology, 1951-63. 邦訳，谷口美智雄ほか訳，新教出版社，1969-90年）である。それは，「理性と啓示」，「存在と神」，「実存とキリスト」，「生と霊」，「歴史と神の国」の5部から構成されており，基本的には伝統的な構造を取っているが，その内容は非常に個性的である。というのも，ティリッヒは何よりも自分の神学を「弁証学的神学」（apologetic theology）と位置付け，バルトに代表される「宣教的神学」（kerygmatic theology）とは一線を画しているからである。すなわち，それは「状況」を重視し，状況の中に含まれる諸問題にキリスト教の使信から答えようとするもので，ティリッヒはそれを「答える神学」（answering theology）とも呼んでいる。こうした取り組みの背景には，短い期間ではあったが牧師として教会に仕えた時に経験した，教会で語られる言葉が一般大衆に届いていないという反省があった。またティリッヒは，「ある」こと（存在）の持つ肯定性に深く魅せられた人であったが，状況を「存在」の構造にまで求め，その認識とその諸問題（実存的問い）の分析を哲学が行い，それに対する答えをキリスト教の象徴を用いて神学が行うとしたため，その神学は「実存的な問いと神学的な答えとの相互依存を通してキリスト教信仰の内容を説明する」という「相関の方法」（method of correlation）に基づいて展開された。より具体的に言えば，第2部「存在と神」では，神は非存在を克服する「存在それ自体」（being-itself）として，第3部「実存とキリスト」においては，キリストは実存の不安を克服する「新しい存在」（New Being）として，また第4部「生と霊」では，*聖霊は生の曖昧性を克服する「霊的臨在」（Spiritual Presence）として，また第5部「歴史と神の国」では，*神の国は歴史の「目標」として語られている。

このように，ティリッヒの神学は非常に哲学的（実存主義的）であり，また体系的であるが，それに加え，非常に神秘的でもある。それは，ティリッヒの学問的出発点がシェリング研究にあったことに深く由来している。ティリッヒは，ベルリン大学に入って間もなく，シェリングの書物に出会い，論文「シェリングの哲学的発展における神秘主義と贖罪意識」を書くが，これは神と人間との本質的な同一性と罪による対立という二つの原理およびその総合の可能性を論じたもので，ここにすでに

ティリッヒの神学の萌芽が見て取れる。すなわち、こうした関心のゆえに、ティリッヒの神学は非常に神秘的であるが、それはまたティリッヒ自身の深い自意識ともなっていて、そのことは広くキリスト教思想史を見渡したとき、自らを「アウグスティヌス的フランシスコ的伝統」の中に位置づけたことにも現れている。この伝統は、E. H. カズンズ (Bonaventure and the Coincidence of Opposites, 1978) の言葉で言えば、ニコラウス・クザーヌスにおいて言明された「対立の一致」(coincidentia oppositorum) の原理に立つもので、これは神と人間との神秘的な「逆説的合一」(菊地) をその特色としている。

ところで、このような神学的特質の背景には、ティリッヒが属したルター派の伝統があった。ティリッヒは深くルター派を自認した神学者で、その特色を「実存の『頹落態』の意識、進歩の形而上学をも含めたあらゆる社会的ユートピアの拒否、生の非合理的・魔的性格の洞察、宗教のもつ神秘的要素の重視、個人的および社会的生における清教徒的律法性の拒絶」として語っているが、これはまた自らの神学を語る言葉ともなっている。またティリッヒは「信仰義認」の教義を重視し、それを自らの神学がよって立つ原理とみなしたが、それはまたハレ大学で出会った調停神学者マルティン・*ケーラーの影響の下で「懐疑者の義認」として拡大、深化された。

このような特質を持つティリッヒの神学は、神学以外の他の分野や領域においても広く展開されていく契機を持っていた。そして、それは特に文化の領域において顕著であった。ティリッヒは、33歳のとき、「文化の神学の理念について」という講演を行っているが、その理念とするところは、後に、「文化は宗教の形式であり、宗教は文化の内実である」と端的に語られている。すなわち、ここで言われている宗教とは、特定の歴史的宗教というよりは人間の「究極的なもの」(=神) に対する「究極的な関わり」(=信仰) の活動であると言えるが、そうした宗教性を文化の本質に見ることにより、ティリッヒは現代に宗教の意味を新しく提示した。またこうした表現からも分かるように、ティリッヒはできるだけ現代人に分かる言葉で、また特徴的な言葉で語ろうとした。その中には、「カイロス」とか「デモーニッシュなもの」、あるいは「神律」と

いった，ティリッヒが用いることによってよく知られるようになった言葉もある。またこうした特色と広がりを持つゆえに，ティリッヒの神学は他の分野との協働を可能とした。特に心理学との協働は顕著で，C. G. ユングなどから影響を受け，ティリッヒ自身しばしば心理学的分析を用い，たとえば『存在への勇気』(The Courage to Be, 1952. 邦訳，『生きる勇気』大木英夫訳，平凡社，1995年）やその他の中で，信仰を「（神に）受容されていることを受容すること」と語った。他方，ティリッヒの助言の下で博士論文を書いた心理学者のロロ・メイのように，ティリッヒの実存主義的分析に影響を受け，『不安の意味』や『創造への勇気』を著した者も現れた。

このように，ティリッヒの神学は多くの豊かさを持つ神学であるが，また反面さまざまな批判も受けることになった。特にその中心となった神学と哲学との一体化に関して，とりわけ*啓示の哲学的・実存主義的理解をめぐって，バルトをはじめとする多くの人たちから，非聖書的であるとの批判を招いた。また哲学の側からも，ティリッヒの哲学的議論は十分ではないとの批判が生じた。しかし，こうした批判は，ティリッヒ自身が，キリスト教思想史の講義で古代の弁証家について論じたとき，弁証家は相手との共通の基盤に立つことが不可欠であるため，福音を歪める危険性があると語ったように，弁証学的立場に立ち，さまざまな境界に身を置いたティリッヒが，自らの神学に引き受けなければならなかった宿命であったとも言えるであろう。　　　　　　（菊地 順）

❖参考文献

P. ティリッヒ『ティリッヒ著作集』(全10巻＋別巻全3巻，白水社，1978-80年）。

伝統

[ラ] traditio, [英] tradition

伝統という言葉は，聖書とは区別されて，初代教会より絶えることなく伝えられ，実践されてきた教会の教え，信仰の基準，*信仰告白さらには*礼拝の慣習などを意味する。聖書を唯一の規範とするプロテスタ

ント教会もまた、これら伝統なしには、信仰共同体として存続することはできない。なぜなら、信仰共同体は、可視的教会として、共同体を保持存続させるために、教えや儀式、制度を不可欠のものとするからである。さらに教会の歴史においては、積極的に伝統の形成がなされ、それらを聖書との関係で位置づける営みが各時代に行われてきた。

新約正典の成立以前には、「信仰の基準」（regula fidei）と呼ばれる定型化された信仰箇条が存在した。テルトゥリアヌスやエイレナイオスは、聖書諸文書と並んで、父と子の二項、あるいは父と子と聖霊の三項定式の信仰告白を、教会の信仰と儀礼の規範として受け入れ、「信仰の土台」とみなしている。

3世紀末から4世紀にかけて、新約聖書正典が確定されると、信仰規準とともに、洗礼式を「生活の座」として整えられてきた古代*信条が重んじられ、教会の生の根幹をなすものと認められるようになる。

古代の*信条は、洗礼式における三度の浸水の際に、司祭が受洗者に質問する問答形式の言葉であったが、3世紀に入ると、それが洗礼志願者教育において、一結びの文章とされ、「機密保持の原則」（disciplina arcani）によって、最終段階で司教から秘義として伝承され、復唱される文章として整えられたものである。「使徒信条」や「ニカイア信条」など、最終形態は4世紀以降のものであっても、3世紀前後の古代ローマの洗礼信条に起源を持つことが定説となっている。

これらの「信仰の基準」や信条を伝統の最も重要な要素と見るなら、古代教会においては、聖書の*正典化と諸伝統の形成は、ほぼ平行して行われたのであり、キリスト教草創期は、聖書と伝統が併存して重んじられたと言える。

伝統は、聖書とは切り離された、独自の信仰箇条を形成したのではなくて、後の用語に従えば、規範する聖書に規範された規範（norma normata）として存在した。もちろん、歴史における生成と展開は、いつの時代にも例外や逸脱を生むものである。伝統形成にあたっても、すでに4世紀のカッパドキアのバシレイオスには、聖書証言とは独立した教会の慣習（東に向かって祈る慣習や十字を切ることなど）を特別な伝統とみなす傾向が存在する。

ローマ・カトリック教会では、トリエント公会議以降、伝統は、聖書と並ぶ教理の源泉であり、独自の価値を有して、聖書を補うものと理解されるようになる。ローマ・カトリック教会の二源泉論は、確かに一部の教父に淵源する思想ではあるが、われわれの伝統理解とは対立することは明らかである。プロテスタントの伝統理解では、啓示に向かう信仰が神の言に聴くところから始まるゆえに、伝統を信じるのではなく、信仰の伝承が生命を持つと考えられる。そこで、伝統は、神の言として聖書の言葉に聴くところに根拠づけられるのである。

伝統概念は、東方教会においては、独自の仕方で積極的な意味を持つ。東方教会では、ローマ・カトリック教会のような、聖書と伝統の法的な位置づけには関心を示さず、むしろ伝統を、ギリシア教父思想の源泉に戻って、教会における*聖霊の生命的な力を意味するものと理解するようになる。教会のあらゆる営みが、聖霊の力の浸透によるのであれば、教会は伝統の力に生きると考えられる。伝統は、聖書と相矛盾したり、補ったりするものではなく、聖書を解釈せしめるキリストの生命そのものであると理解されるようになる。

改革派教会では、「ウェストミンスター信仰告白」(1647年)に見られるように、人間の伝統を退け、聖書のみという原理が示されるが、同時に「ニカイア信条」や「カルケドン信条」の告白するキリスト理解を継承しているから、教会の公同信仰を受け継ぐべき伝統として捉えていることが分かる。

以上の歴史的な経緯を踏まえながら、われわれは聖書と伝統をどのように理解するかを考察してみよう。

第一に、聖書だけが、教会の教理の源泉であり、規範であるというプロテスタント的原理は今日でも重んじられねばならない。しかし、それは、聖書が、伝統と切り離されて解釈されてよいという意味ではない。エイレナイオスやテルトゥリアヌスが伝える「信仰の基準」は、新約聖書の成立とともに、「その勢いに押されて、250年頃までに実質的に消滅している」(R. P. C. ハンソン「伝統」、A. リチャードソンほか編『キリスト教神学事典』佐柳文男訳、教文館、2005年所収)。「信仰の基準」は、古代教父が属していた教会で*説教され、教えられていたキリスト教信仰

の要諦を箇条書きのかたちで書き留められて流布していたものであって，諸教会の信仰基準は，地域ごとに多様性はあったものの，類似した内容を持つものであった。しかし，信仰の基準は，簡素な文章であり，聖書本文があって初めて内容を理解しうるものでもあった。聖書正典の成立とともに，古代の諸信条が「信仰の規準」に取って代わっていく。そこから聖書と伝統の新しい併存が始まる。別な見方をすれば，伝統は，三位一体の神への讃美頌栄という側面を強く持ち，聖書本文が証言する生ける*復活の主へと礼拝者の心を向けさせる力であった。それゆえに伝統は，聖書証言を明確にし，聖霊の働きによって聖書の文字を内的に照明して，信仰者の魂にこの生けるキリストを刻み付けるのである。

第二に，聖書と伝統は，臨在する生ける主イエス・キリストを讃美頌栄するという点で，共通性とともに連続性を有する。ヨハネの手紙一1章1-3節は，ヨハネが宣べ伝える現実は，単なる使信ではなくて，見て，聴いて，手で触ることができる現実であり，御父と御子の交わりであると語る。御父と御子，そして聖霊の交わりこそ，古代信条の告白する信仰内容と言える。宗教改革諸信仰告白は，意識的に聖書から古代教会へと継承されたキリスト論を継承することを明示している。聖書と伝統の連続性は，当然のことながら，非連続のうちにある異端説を退けることになる。

第三に，伝統は，聖書との連続性を持ちながら，神の言葉に基づいて自己を相対化する態度を常に内包している。とりわけ改革派諸信仰告白は，自己の信仰告白の文言のうちにある種の過ちの可能性を認めており，閉じた自己完結性を否定している。このような姿勢は，改革派諸信仰告白の正典理解と結びついている。聖書正典が教会の制定によるのではなく，神の霊感によるという大前提は，自ずと規範する規範としての聖書と規範される規範としての信仰告白の区別を明確にする。

第四に，以上から，諸伝統の連続性の問題が出てくる。諸伝統の連続性は，諸伝統の担い手である教会の連続性に存するのではなく，もっぱら聖書において証言される神の言葉であるイエス・キリストにおける神の自己啓示の歴史的連続性に依拠している。そこで，信仰告白の非連続性は，神の霊感によって書かれた聖書諸文書の正典性の拒絶ないしはイ

エス・キリストにおける神の自己啓示への不信仰によってもたらされる。バルトは、『教会教義学 神の言葉II/3 聖書』(KD I/2. 邦訳, 吉永正義訳, 新教出版社, 1977年) で, 信仰告白を最終的, 決定的に正当なものとして認めるのは, 結局聖書であると述べるとともに, そのことは同時に「教会的な権威としての信仰告白の権威の減退を意味するのではなく, むしろそれを打ち立て, 確認することを意味している」(邦訳326頁)と主張している。さらに古い信仰告白と新しい信仰告白の時間的な相互限定について,「古い信仰告白と新しい信仰告白は互いにそれらの権威を造り出し, 確認し合うことができるし, また互いにそれらの権威を造り出し, 確認し合わねばならない」(同330頁) と語っている。*熊野義孝は次のように述べている。「本当の伝統は, 決して過去の記憶を唯一の資料とはせず, その逆に, 常に新しい決断を強いるようなやり方。そのような伝承作用, によって形づくられる。伝統は過去に向かうよりも将来に展望を拓くものであるとも考えられる」(『教義学1』新教出版社, 1954年, 37頁)。

ここから, 諸伝統の連続と非連続は, 思想の発展のような連続と非連続では捉えられないことが分かる。あるいは同一平面上の直線や図形の連続や非連続の類比でも捉えられないであろう。規範する規範としての聖書正典が, 次元を異にする場所から, 伝統の連続と非連続を照らし出すのである。

(関川泰寛)

❖参考文献
関川泰寛『ニカイア信条講解』(教文館, 1995年)。

伝道

[英] mission, [独] Mission

「伝道」は, *イエス・キリストにおける神の救いの御業を宣べ伝える行為である。これを表す用語として「伝道」(Evangelism) と「宣教」(Mission) を区別して使用する場合がある。この場合には「伝道」が狭義の福音伝道を意味するのに対し,「宣教」は広義の伝道活動として

「教育」「医療」「社会事業」「社会活動」なども含むとされる。しかし福音の「伝道」なしに「宣教」が成り立つわけではない。日本基督教団は1960年代末からかなりの時期にわたって「福音伝道」のない「宣教」に振り回され、その反省から「伝道の神学」への立ち返りが主張された。また、「宣教」は元来「ケリュグマ」の訳語の意味や*説教を意味する場合もあるから、「宣教」を避けて、「伝道」によってEvangelismとMissionを意味してもよい。

1. 伝道の神学的な扱いの中には、まず歴史神学に属する「伝道史」がある。古代地中海周囲の異邦人伝道には劇的なものがあった。その後、中世におけるヨーロッパほぼ全域にわたる伝道があった。ローマ・カトリック教会はこれらの働きを通して、「伝道的キリスト教」の特色を存分に発揮した。宗教改革期に失地回復を込めて海外伝道に乗りだしたのは、やはりカトリック教会であった。他方、プロテスタント教会が伝道に大きく乗り出したのは、「世界伝道の世紀」であった19世紀であり、主としてインドと中国、東アジアに伝道した。このプロテスタント教会の世界伝道の担い手になったのは、敬虔主義的信仰復興運動の特色を持った自由教会型の*福音主義であった。伝道の主要な担い手はヨーロッパの教会から北米の教会に移り、20世紀にはさらに韓国などアジアの教会による目覚ましい伝道活動が行われ、地域としてはアフリカ諸国への伝道がなされた。20世紀は、他方で共産主義国家やイスラム圏によって伝道の困難を経験するとともに、先進諸国における世俗主義や宗教多元主義の現象により、伝道は困難を経験した。

伝道の神学的な扱いとして「伝道史」とともに、世界の伝道の現状に関わる「伝道学」ないし「宣教学」(Missionstheologie) が実践神学の一学科として存在する。これは伝道を実践的課題として、その内容や方法を検討する。「伝道学」の中には、伝道を植民地運動と重ねて理解したり、異文化における伝道を単なる「対話」に止めたりする理解も出現しており、伝道は常により根本的な神学的根拠を問われ、教義学的な根本から伝道の正当な理解への立ち直りが求められる。

2. 伝道は、伝道史や実践神学における伝道学の対象であるだけでなく、*組織神学の問題でもある。組織神学の中でも特に「*弁証学」は、

はじめから伝道の課題と取り組んできた。マルティン・ケーラーが「神学は伝道の娘である」と語ったとき、古代の弁証家たち以来、神学が弁証学から開始されたことを意味していた。しかしケーラー自身は、伝道を聖書主義的な色彩の強い組織神学の主題として追求し、19世紀末から20世紀初めにかけて教義学的な伝道の神学を展開した。それに対し、弁証学的な角度を再興させて、「伝道的神学」(Missionarische Theologie)を提唱したのは、エーミル・ブルンナーである。彼は当初、教義学とは区別し、教義学的なザッヘとは別にそれを提供する相手の問いの状況を検討する「もう一つの神学の課題」があることを認識し、それを扱う学問を弁証学という消極的表現（apologizeは弁明や言い訳の意味にもなるので）を避けて、「論争学」(Polemik)として提唱した。当初、「接合点」や「自然神学」の議論によって、カール・バルトの手厳しい拒絶に会い、論争（自然神学論争）に敗れた印象を与えたが、その意図の根底にあった「伝道的神学」の提唱は生涯変わらなかった。ブルンナーの「伝道的神学」は著作としては十分に展開されることはなかったが、彼が二度にわたって当時としては遠い極東の日本にまで来て、神学的な奉仕をしたことは彼自身の伝道的神学を実践したことにほかならなかった。

　弁証学のプログラムを拒否したカール・*バルトは、しかし『教会教義学』の中でしばしば伝道に言及した。なかでも「和解論」の第3部は、預言者の職能のもとに真の証者としての神人イエス・キリストとその働きを理解し、その主導のもとに「教会の派遣」と「キリスト者の召命」を扱い、「伝道」を主題的に論じた。これまでの教会の神学が伝道を主題的に扱ってこなかったことは、教会が実際に伝道を本質的な課題としてこなかったためであり、バルトはそこに従来の教会の「聖なるエゴイズム」があると批判した。そのうえで、イエス・キリストにおける*和解の出来事を外へと証しする運動について語り、預言者キリストにその証言があることを述べた。キリストにおいて起こったことの外への証は、結論的には人間の行為としては決して不可欠なものではなく、人間はただ「そこにいるだけ」と語られた。カール・バルトの和解論における伝道論は、キリストの出来事に新しい何かを加えることにはならず、救済の出来事はキリスト論的に完成しており、伝道を不可欠とした

救済論的な過程としては理解されなかった。バルト神学によっては「伝道の不可欠性」が神学的根拠をもって示されたとは言い難い。

3. 聖書は伝道の不可欠性をさまざまな文脈において示している。生前のキリストは、神の国の差し迫った到来を伝えるために弟子たちを派遣した。福音が宣べ伝えられ、それから終わりが来るとも記される。復活のキリストは、異邦人への伝道へと弟子たちを派遣した。十字架による最後の*審判の身代わりの後、キリストの*復活と*昇天が描かれるが、それはただちに世の終わりにはならない。キリストの贖罪死や復活の時と、世の終わりの神の国のまったき到来との間に神の忍耐によって備えられた「中間時」が「救済史的な現在」として固有の意味を持って経過する。その固有の意味は、神の民が神の国を予兆する祝宴にあらかじめ参与させられることでもあるが、同時に「キリストの死をのべ伝える」ためであり、世界伝道のためである。

復活のキリストとの出会いはパウロを異邦人の使徒とした。パウロによると「キリストは、わたしたちのために呪いとなって、わたしたちを律法の呪いから贖い出してくださいました。……それは、アブラハムに与えられた祝福が、キリスト・イエスにおいて異邦人に及ぶためであり、また、わたしたちが、約束された"霊"を信仰によって受けるためでした」（ガラ3:13-14）と言われる。キリストの贖いによってすべてが完了したわけではない。*贖罪は目標を持って行われた。そこで使徒は、「和解のために奉仕する任務」を与えられ、「キリストに代わって願う」（Ⅱコリ5:20）とも言う。神の救済が救済史的な過程をとり、その中で伝道が不可欠とされている。「信じたことのない方を、どうして呼び求められよう。聞いたことのない方を、どうして信じられよう。また、宣べ伝える人がなければ、どうして聞くことができよう。遣わされないで、どうして宣べ伝えることができよう」（ロマ10:14以下）というパウロの言葉もこの不可欠な経過を語っている。

4. 組織神学は、その弁証学において、キリスト教信仰の真理性をさまざまな文脈において主張する。人間学の文脈、無神論や諸宗教の文脈、歴史の苦難の文脈、世俗化や日本の進路の文脈、また自然科学や生物学、宇宙論などとの対話の文脈などがある。これらの文脈におけるキ

リスト教の弁証は伝道を課題とした神学的責任である。しかしまた教義学において伝道の救済史的不可欠性を明らかに認識しなければならない。信仰が救済論的に不可欠であるように、伝道が救済史的に不可欠である。これは教会論とキリスト者の自己理解に関わり、教会は*礼拝のために召集され、伝道のために派遣される。キリスト者は、義とされ、*聖化されるとともに、伝道する者として派遣される。真の教会は伝道する教会であり、キリスト者はキリストのものとされていることによってすでに証しする者とされている。 　　　　　　　　　（近藤勝彦）

✤参考文献
近藤勝彦『伝道の神学——21世紀キリスト教伝道のために』(教文館, 2002年)。

トーランス
Torrance, Thomas Forsyth (1913-2007)

　トマス・フォーサイス・トーランスは20世紀後半の英国（スコットランド）を代表する神学者である。トーランスはスコットランド教会から中国に派遣された宣教師を父親として、中国の成都に生まれた。エディンバラ大学（スコットランド）で神学を学んだ後、さらにバーゼル大学（スイス）やオックスフォード大学（イングランド）などで研究を続けた。特にバーゼル大学ではカール・バルトの下で使徒教父の神学の研究に携わり、博士号を取得している。米国（ニューヨークのオーバーン神学校）で教鞭をとった経験もあるが、特に記憶されるのは1950年から1979年までエディンバラ大学で（初めは教会史、後に教義学を）教えたことであろう。また、牧会の経験も持ち、1976年から翌年にかけてはスコットランド教会の総会議長を務めた。さらに、エキュメニカル運動にも積極的に関わった。精力的な働きは、最晩年に病を得るまで続き、エディンバラで没した。多くの著作を遺したが、その英語はしばしば複雑な構造を持ち、日本語への翻訳にはたいへんな労力が必要である。著名でありながら、日本での受容・浸透が今一つ進まないできた理由の一つであろう。

トーランス自身の神学について述べる前に、それとも深く関わりのある業績に触れておかなければならない。それは、英語圏へのバルト神学の紹介である。『教会教義学』全巻の英訳の監修者として記憶される他、バルト神学への手引きとなる著書・論文を発表している。同じスコットランドのグラスゴー大学がブルトマン神学の紹介において影響を与えたのに対し、エディンバラ大学がバルト神学の英語圏への普及に貢献したのは、トーランスの存在を抜きにしては考えられないことである。

　トーランスの神学の主な関心は、キリスト論および三位一体論、神学と自然科学との積極的関係の構築、さらには、バルトを踏まえた新しい自然神学の構想に向けられた。ただし、これらはトーランスにおいては大きな全体を形づくっており、バラバラな関心なのではない点に注意しなければならない。

　さて、トーランスにおいては、古代教会が守り抜いたホモウーシオスの信仰によって言い表されたキリストの*受肉の現実が決定的な意義を持つ。トーランスのあらゆる議論の根底にあるのがこれである。三位一体の第二位格が人となったことによって、神と人（被造物）との間に厳格な二元論的な区別を設け、神はひとえに感覚経験の世界を超越していると考えるギリシア的発想が克服される（あるいは、そのようなギリシア的・二元論的発想とは異なる捉え方が可能になる）とトーランスは考える。つまり、受肉の現実は人間が神をその実在に即して認識することを可能にする。この意味でキリスト論が認識論の基礎をなしているわけであり、トーランス神学の基礎ともなっているわけである。

　神認識に限定して、さらに詳しく述べるならば、神認識には、まず福音の宣教および聖書解釈に対応する*礼拝と神との交わりという経験的な段階がある。この第一段階での経験から出発し、次に神学的段階として経綸的な三位一体の把握に至る。そして最後に、より高次の神学的段階として内在的な三位一体に到達する。このような認識の過程は、トーランスの考えでは、自然科学と異なるところのないものであって、自然科学と神学との間には、その学問的認識に関して一種の並行関係が認められることになる。

　また、このような認識の過程において重要なのは、特にブルトマンに

見られるように，人間の側が先験的なカテゴリーをイエス・キリストに押し付け，人間にとっての（主観的な）意味について語ることで終わってしまわないようにすることである。神学も自然科学も，探究の対象が自らを人間に対して開示するところに従ってなされなければならないとトーランスは考える。そのようにして，神やイエス・キリストについても客観的・存在論的に，さらに言えば，科学的（学問的）に語ることが可能になるのである。これはカントの認識論的主観主義の重荷から神学を解放する一つの道として，意義深い提案と言えよう。他方，神認識の第一段階に経験的な段階を認めることで，神についての議論が抽象化することをも防いでいるのである。

最後に自然神学について述べるならば，トーランスはバルトの有名な自然神学否定を受け入れるが，それは自律的理性の営みとしての自然神学の否定と理解されている。逆に言えば，イエス・キリストの啓示の下に正しく位置づけられるときに成り立つ自然神学があると考えるのである。信仰においてこそ，自然における神の啓示について語る可能性，さらには，自然について語る可能性が開かれるのである。このような自然神学こそが自然科学との対話の鍵になるとトーランスは確信している。

（神代真砂実）

✜さらに学びたい人のために

T. F. ト〔ー〕ランス『科学としての神学の基礎』（水垣渉ほか訳，教文館，1990年）。

同『キリストの仲保』（芳賀力ほか訳，キリスト新聞社，2011年）。

トレルチ

Troeltsch, Ernst（1865-1923）

エルンスト・トレルチは，1865年2月17日アウクスブルク近郊のハウンシュテッテンに開業医の長男として生まれた。1883年にギムナジウムを卒業し，アウクスブルクのリュツェーウム（現在のアウクスブルク大学の前身）に在学しつつ，1年間の兵役義務を終えたのち，1884年10月エアランゲン大学神学部に進んだ。同期生にW. ブセットがおり固い友

情の絆を結んだが、彼が神学の道を選んだ理由は、「当時、神学には、形而上学に至るほとんど唯一の道ときわめて緊張した歴史的問題とが同時に存在した。そして形而上学と歴史学、これらはなんと言っても、わたしをもとから同時に、しかも相互に連関して魅了した、二つの興味津々の問題であった」からである。晩年のこの述懐には、後述するように、トレルチ神学の顕著な特徴がよく示されている。

トレルチはエアランゲン大学（1884/85年冬学期〜1885年夏学期）、ベルリン大学（1885/86年冬学期〜1886年夏学期）、ゲッティンゲン大学（1886/87年冬学期〜1887/88年冬学期）、エアランゲン大学（1888年夏学期）で学んだが、エアランゲンではA. ハウク、K. ツェッシュヴィツ、TH. ツァーン、F. フランク、G. クラスなど、ベルリンではJ. カフタン、H. トライチュケなど、ゲッティンゲンではA. リッチュル、H. シュルツ、B. ドゥームなどの講筵に列した。1888年10月から1年間ミュンヘンで牧会に従事し、その後学位取得のために再びゲッティンゲンに赴き、1891年2月に神学博士の学位を取得した。同時期に学位を授与された少壮の神学部私講師グループ――トレルチのほかにJ. ヴァイス、H. グンケル、W. ブセット、W. ヴレーデ、A. ラールフス、H. ハックマンなどが属していた――は、「ゲッティンゲン小教授団」と綽名されたが、このグループの面々は問題意識と研究方法の点で多くを共有しており、のちに「宗教史学派」（die Religionsgeschichtliche Schule）と呼ばれる学派を形成した。メンバーの大方は旧約学者、新約学者、ないし古代オリエント学者であり、その中で唯一の体系的思想家であったトレルチは、「宗教史学派の体系家」として「宗教史の神学」を構想した。

学位論文『ヨハン・ゲアハルトとメランヒトンにおける理性と啓示』（Vernunft und Offenbarung bei Johann Gerhard und Melanchthon, 1891）で神学界にデビューしたトレルチは、翌年弱冠27歳の若さでボン大学神学部の員外教授となり、その2年後の1894年には、ハイデルベルク大学神学部の組織神学の正教授に就任した。彼は20年間その地位にあって八面六臂の活躍をしたが、1914/15年にハイデルベルク大学神学部を辞して、ベルリン大学哲学部教授に転任した。彼のために用意された講座は、「文化哲学、歴史哲学、社会哲学、宗教哲学、ならびにキリスト

教宗教史」というものであった。このポストは彼の経歴と業績を反映していたと同時に、久しくW. ディルタイが務めていた教授職——古くはヘーゲルに由来するもの——を引き継ぐという一面ももっていた。

帝都の大学の哲学部への移籍は、従来、*バルトやボーデンシュタインやライストなどによって、トレルチ神学の挫折と破綻の証左のごとく見なされてきたが、この見方は正しくない。この移籍は時代状況がトレルチを必要とした——多士済々といえども当時のドイツに、トレルチ以上にベルリン大学の歴史哲学教授のポストに適任の学者は見出せなかった——のと、彼の並外れた《外向き》の神学が首尾一貫性を追求した結果でもあった。トレルチによれば、神学の焦眉の課題は「伝統をさらに伝承することや護教論といった単純な課題」でなく、「現代の精神的ならびに宗教的な生に定位するという課題」にほかならなかった。かかる神学理解は教会的神学者からは邪道と見なされるが、このように捉えていたからこそ、トレルチの学問的営為は神学、宗教哲学、宗教社会学、精神史・文化史、倫理学、歴史哲学をカバーするものとなり、遂には狭い「神学的思惟」から身を解き放って、「普遍史的思惟方法」へと「視野」を拡大したのである。実際、ハイデルベルクの組織神学者であったときから、彼の思惟は通常の神学の枠を大きくはみ出す広がりを見せており、神学と哲学と歴史学は最初から密接な連関を有していた。彼が鍬を入れた学問的領野は、神学、宗教哲学、宗教社会学、精神史・文化史、倫理学、歴史哲学、さらには政治学や時局分析にまで及んでいるが、これらはバラバラに存在しているのではなく、*シュライアマハーの『神学通論』を下敷きにした、一定の学問体系論に基づいていた。

トレルチは、近代の歴史学的＝批判的方法を神学の方法として採用し、これをキリスト教の研究に徹底的に適用すべきことを主張したが、その結果「キリスト教の絶対性」の問題が避けて通れない重大問題となった。『キリスト教の絶対性と宗教史』(Die Absolutheit des Christentums und die Religionsgeschichte, 1902. 邦訳、『キリスト教の絶対性と宗教の歴史』深井智朗訳、春秋社、2015年) は、壮年期の神学的営為の総決算というべき彼の代表作である。トレルチにとって、相対主義か絶対主義かの二者択一ではなく、「相対的なものから絶対的な目標への方向づけが

現れてくること」が歴史の問題であった。彼は「絶対に対して各瞬間に可能な形姿（Gestalt）を与える」という「不断に新しい創造的総合」を，独自の「形成理論」として確立した。「本質規定は本質形成である」（Wesensbestimmung ist Wesensgestaltung）というテーゼは，その真骨頂を示している。トレルチは神学者として，近代世界におけるキリスト教の普遍妥当性を執拗に問い続け，新しい時代に対応したキリスト教の「新形成」に骨折ったが，彼が歴史哲学者として苦心した「現代的文化総合」（die gegenwärtige Kultursynthese）の試みは，「不断に新しい創造的総合」という形成理論の，歴史哲学的な延長・拡大・深化版にほかならない。

　トレルチ思想の解釈にとって決定的に重要なことは，彼の宗教哲学，倫理学，歴史哲学への漸進的傾斜が，基本的には，神学を現在の苦境から救い出し，それに学問的明晰性を付与することによって，神学をキリスト教の精神科学ないし文化科学として再建しようとする，彼の学問的意志に起因していることの認識である。この点をしっかり押さえると，一見「拡散態」のごとく見えるトレルチの広範囲な学問活動には相互連関があり，しかもその全体を広義の神学（「キリスト教の文化科学としての神学」の構想）と見なすことができる。実際，トレルチは多岐にわたる全著作の根底に「体系的な統一思想」（ein systematischer Einheitsgedanke）が存在していることを明言している。

　このように，トレルチの著作はつねに彼の学問体系論のなかに位置づけて理解されなければならないが，枢要なものとしては，『キリスト教の絶対性と宗教史』以外に，論文「神学における史学的方法と教義学的方法について」（1900年）と「《キリスト教の本質》とは何か」（1903年），『近代世界の成立に対するプロテスタンティズムの意義』（Die Bedeutung des Protestantismus für die Entstehung der modernen Welt, 1911. 邦訳，『近代世界の成立にとってのプロテスタンティズムの意義』深井智朗訳，新教出版社，2015年），『信仰に対するイエスの歴史性の意義』（Die Bedeutung der Geschichtlichkeit Jesu für den Glauben, 1911），『キリスト教会と諸集団の社会教説』（Die Soziallehren der christlichen Kirchen und Gruppen, 1911. 邦訳，『古代キリスト教の社会教説』高野晃兆ほか訳，教文館，1999年［序言・序論・第1章］，『中世キリスト教の社会教説』高野晃兆訳，教文館，2014年［第2

章])、『歴史主義とその諸問題』(Der Historismus und seine Probleme, 1922. 邦訳、『トレルチ著作集』第3-5巻、近藤勝彦訳、ヨルダン社、1980-1988年)、『歴史主義とその克服』(Der Historismus und seine Überwindung, 1924. 邦訳、大坪重明訳、理想社、1968年)、そして遺稿『信仰論』(Glaubenslehre, 1925. 邦訳、安酸敏眞訳、教文館、1997年)であろう。これらの著作を彼の学問体系論の中で相互に関連づけて読むとき、勇壮なトレルチ神学の全貌が浮かび上がってくる。 　　　　　　　　　　　　　　　（安酸敏眞）

な

ニーバー
Niebuhr, Reinhold (1892-1971)

　20世紀アメリカの神学者・政治思想家・社会評論家。1892年6月，ドイツ移民の教会北米ドイツ福音教会の指導的な牧師で自身ドイツ移民のグスタフ・ニーバーの第三子，次男として，ミズーリ州ライトシティに生まれた。姉に，フルダ（後にマコーミック神学大学院教授），弟にヘルムート・リチャード（後にイェール大学神学大学院教授）がいる。また，ハーバード大学神学大学院教授を務めたリチャード・ラインホールドは甥（H. リチャードの子）にあたる。ニーバーは，中西部におけるドイツ移民が多く居住する濃厚なドイツ文化の飛び地で育った。イリノイ州リンカーンで青少年時代を過ごし，所属教派のエルマースト・カレッジを経てイーデン神学校を1913年に卒業。引き続いて2年間，イェール大学神学大学院および同大大学院に学び，前者より神学士（BD。現在のM.Div.に相当），後者より修士（MA）の学位を取得した。

　1915年，ミシガン州デトロイトのベセル福音教会牧師に就任。教会での奉仕に加えて，社会福音運動の活動家として，急速な成長を遂げつつあった産業都市においてさまざまな社会問題（労働，人種，社会福祉，平和等の諸問題）と取り組むとともに，全国レベルの政治活動にも参加し始めた。この間，ヨーロッパを初めて訪問，活発な執筆活動も開始した。

　1928年9月，ユニオン神学大学院（ニューヨーク市）の教授陣に加わり，主として社会倫理学を担当，神学研究を深めるとともに広範な政治・社会活動を展開した。1932年，『道徳的人間と非道徳的社会』（Moral Man and Immoral Society. 邦訳，大木英夫訳，白水社，1974年）によって，ニーバー自身がその中にいた社会福音的理想主義を痛烈に批判し，現実主義的方向を打ち出し，注目を浴びる。1935年出版の『キリスト教倫理

の解釈』（An Interpretation of Christian Ethics. 邦訳，『基督教倫理』上與二郎訳，新教出版社，1949年）および1937年出版の『悲劇を越えて』（Beyond Tragedy）は成熟した神学思想の端緒となった。1939年，スコットランドのエディンバラ大学から，アメリカ人として5人目のギフォード講演者に招かれる。その講演は，ニーバーの主著と目される『人間の本性と運命』全2巻に結実した（The Nature and Destiny of Man, Vol. I: Human Nature, 1941. 邦訳，『人間の本性』武田清子訳，新教出版社，1951年。Vol. II: Human Destiny, 1943. 邦訳，『人間の運命』髙橋義文ほか訳，聖学院大学出版会，2017年）。また，1937年以降，自らの教派の伝統でもあったエキュメニカル運動に積極的に関わり，アムステルダムにおける世界教会協議会（WCC）創立総会（1948年）の準備に奔走するとともに総会で講演者を務めた。

政治的には，長くその会員であったアメリカ社会党を1940年に離党，フランクリン・D. ルーズヴェルトのニューディール政策の熱心な支持者となる。第二次世界大戦後，政治団体「民主的行動を支持するアメリカ人」（Americans for Democratic Action）創設等の政治活動や，外交問題評議会，国務省の政策立案室をはじめとする諸審議会，ヨーロッパへの国務省使節団，ユネスコへの米国代表団等に参画するとともに，冷戦期の外交政策を中心に政治について積極的な発言を続けた。

1960年，ユニオン神学大学院を引退，1964年に大統領自由勲章を受章，アメリカ内外の諸大学から数多くの名誉学位を受ける。晩年，公民権運動支持，ヴェトナム戦争反対に筆を振るいながら，1971年6月，マサチューセッツ州ストックブリッジで死去した。

ニーバーの神学思想は，主として，『人間の本性と運命』およびその主張をさらに発展させた，『信仰と歴史』（Faith and History, 1949. 邦訳，飯野紀元訳，新教出版社，1950年），『自己と歴史のドラマ』（Self and Dramas of History, 1955. 邦訳，『自我と歴史の対話』O. ケーリ訳，未来社，1964年）などにおいて提示された。その特徴は，常に歴史を意識し，そこに含まれる倫理的諸問題との関連の中で，聖書の使信を受け止めるところにある。それは逆に聖書の思想を鍵として歴史的経験の謎を解明しようとすることでもあった。ニーバーの神学的認識の出発はキリストに

おける*啓示である。しかし、ニーバーは、ひとたび啓示を受け入れるなら、経験は、歴史における倫理問題を解釈する適切な原理となると考える。この啓示と経験との間を行き来する方法を、ニーバーは、「信仰の前提と経験の事実の間の循環関係」と呼んだ。ニーバーによれば、キリストの*受肉のゆえに、歴史は意味を持ちうる過程である。しかしその歴史がキリストの十字架と*再臨の「中間時」である限り、歴史の意味はこの世では逆説的にしか確認しえない。それにもかかわらず、意味は歴史の中に微妙なかたちで暫定的にその一端をのぞかせる。しかしその受け止めは理性には不可能であり、究極的には信仰による。

　ニーバーは、歴史に巻き込まれるとともにそれを超越する人間の性格を「自然」(nature) と「精神」(spirit) の逆説的合流点に見た。前者において人間は自然の必然性に服する有限な*被造物であるが、後者において人間は理性をも含む自己自身を超える。ニーバーは、この「自己超越的自己」の局面を「神の像」(imago Dei) と見なし、その本質を「根源的自由」とした。ところが、人間は、創造性を生み出すこの自由を用いて自らの有限性を否定する誘惑にさらされ、必然的にではないが不可避的に傲慢さらには自己神化の*罪へと至る。その普遍的状況をニーバーは「原罪」の語をもって表現し、それによって中間時としての歴史における多様な倫理的問題を縦横に論じた。その人間が織り成す歴史は本質的に救済を希求し、それは種々のメシアニズムとなって歴史に現れる。キリストは、そうしたメシアニズムに呼応しかつそれらを否定するかたちで罪を自ら負うということによって人間の罪を贖う。この点でニーバーは、伝統的贖罪論の意義を強調する。究極的な歴史の成就を終末に期待しながら、歴史における意味の諸成就を受け止めるニーバーの否定媒介的神学は、独特な「歴史の神学」とでも言うべきものとなった。

　政治思想では、デモクラシーを論じた『光の子と闇の子』(The Children of Light and the Children of Darkness, 1944. 邦訳、武田清子訳、聖学院大学出版会、1994年)、アイロニーの概念を駆使したアメリカ論『アメリカ史のアイロニー』(The Irony of American History, 1952. 邦訳、大木英夫ほか訳、聖学院大学出版会、2002年)、冷戦の行方を歴史的に論じた『帝国と国家の構造』(The Structure of Nations and Empires, 1959) 等の著作や

時々の多量の論文を通して，キリスト教現実主義を標榜しつつ，A. M. シュレシンジャー，G. F. ケナン，H. J. モーゲンソーら同時代の政治的現実主義者たちと協働し，冷戦期のアメリカの外交政策に少なからぬ影響を与えた。

歴史的世界を視野に収めるニーバーの神学と政治思想の根底には，神の秘義への深い畏敬があった。それは，ニーバーに独特の敬虔をもたらし，「冷静を求める祈り」(the Serenity Prayer) に代表される，歴史の深みと取り組む祈りや説教を生み出した。　　　　　　　　　　（髙橋義文）

❖参考文献

C. C. ブラウン『ニーバーとその時代』（髙橋義文訳，聖学院大学出版会，2004年）。

鈴木有郷『ラインホールド・ニーバーの人間観』（教文館，1982年）。

髙橋義文『ラインホールド・ニーバーの歴史神学』（聖学院大学出版会，1994年）。

人間

[ラ] homo, [英] man, human-being, [独] Mensch

人間は聖書において，神に造られた*被造物として理解される。

創世記1章，2章，詩編8編など，聖書は一貫して，人間を，神に造られた被造物として描いている。したがって，人間は他の動物等と同様，被造物の一つにすぎないことになり，創世記2章によれば，塵から造られたにすぎない者である。神の，無からの創造の御業によって造られた人間は，したがって，その存在を創造者なる神に依存する者であり，神に保持される必要がある者である。

しかし同時に，人間はその被造物の中で特別な位置を占めるとも理解されてきた。

例えば，創世記1章28節は「産めよ，増えよ，地に満ちて地を従わせよ。海の魚，空の鳥，地の上を這う生き物をすべて支配せよ」と語る。この「支配」がどのような意味であるのかについては議論があるものの，いずれにせよ，人間は全被造物に責任を持つ存在とされていると解釈さ

れてきた。それは創世記3章で最初の人間の堕罪の結果、土が呪われるものとなったとされ、ローマの信徒への手紙8章18節以下で、滅びへの隷属から解放されるために「被造物は、神の子たちの現れるのを切に待ち望んでいます」と言われているように、人間の救済が被造物全体の救済に関わるとされていることとも関係する。

また、神の御子は*受肉して、ほかならぬ人間となられたのであり、この点にすでに、被造物の中での人間の特別な位置が表れているとも言えるだろう。

しかし何と言っても、創世記1章26-27節で、人間が神のかたちに造られたとされていることは、人間を被造物の中で、他の被造物から区別する重要な点であるとされてきた。

神の像とは何かについて、聖書の中に明確な記述はない。しかし、古来より、被造物における人間の特別な位置を表すものとして、人間のみに与えられていると考えられている理性や言語能力が挙げられてきた。あるいは、創世記1章27節で「男と女に創造された」と続けられていることから、男と女とに造られたこと、あるいはそれに象徴される、関係の中に生きる存在として造られたところに、神の像を見出す者もある。カール・バルトは、そこから、神との*契約関係に生きることに神の像を見た。さらには、創世記1章28節で他の被造物を「支配せよ」と言われていることに着目し、他の被造物に責任を持つ者とされていることに神の像を見出す者もある。このように、神の像の理解は、存在論的、関係論的、機能的とさまざまな理解がなされてきたが、統一された見解はない。

もっとも、多くの場合、その神の像は堕罪によって破壊されたと理解されてきた。ただし、エイレナイオスらは、創世記1章26節のラテン語訳で「かたち」（imago）と「かたどる」（similitudo）という二つの異なる語が用いられていることに着目し、堕罪によって失われたのはsimilitudoで意味される「似像性」であって、imagoで意味される「かたち」そのものはなお残存しているとした。つまり、人間はすでに神に似た者とは言い難い状態になっているが、形式的には神のかたちが残っているというわけである。近年では、エーミル・*ブルンナーが、言語能

力や責任応答性を神の像とした上で，実質的な神の像は失われたが，形式的な神の像はなお残っていると主張した。そしてそれを神と人間との結合点であるとして，その結合点が残されていることに*弁証学（論争学）の可能性を基礎づけようとした。

だが，もし神の像がすでに人間において破壊されているのであれば，それを直接人間一般の中に見出そうとすることは困難である。むしろ，新約聖書において，キリストにこそ神の像があるとされている（IIコリ4:4, コロ1:15など）ことが重要である。

近年はそのことに注目し，キリストが第二のアダム，あるいは神の像の回復した新しい人間であることを強調し，キリストの人性にこそ人間の本来あるべき姿が現れていることが強調されることが多い。その場合，信仰者が*聖化によってキリストに似た者にされてゆくことは，神の像が信仰者の内に回復されていく過程でもあることになる。そして，その意味において，人間論は創造論の課題であると同時に，キリスト論の課題でもあることになる。

そこで，キリストの人性のどこに神の像を見出すのかがなお問題となる。例えばヴォルフハルト・*パネンベルクは，イエスが「父よ」と神を呼んだことに，神の像の回復の姿を見た。そして，人間がその御子性，すなわち神との父と子の関係を共有することへと定められていることを神の像であるとし，その回復として救済を論じた。特に*洗礼によってキリストに結ばれることで，このキリストの御子性を共有する者とされ，終末における，神との父と子としての交わりに生きる者とされるという定めが回復するとし，それを神の像の回復として論じた。あるいはコリン・ガントンは，イエスが神を被造物に対して現し，また*罪を取り去って人間が神に向かうことができるようにしたことに神の像を見る。そして，人間が，被造物に対しては神を現し，神に対しては被造物を代表することを神の像として理解している。

近年は，*三位一体の神の一性をペリコレーシス（相互浸透）で理解しようとする傾向があることと連動して，神の中に位格間の交わりがあることに注目し，そこに神の像を見出そうとする者もある。つまり，人間も交わりの中に生きるべき者として造られたというのである。特にユル

ゲン・*モルトマンは、現代社会の個人主義的傾向への批判から、神の像を交わりとして捉えることを主張する。

聖書の人間理解としてもう一つ重要であるのは、罪人としての人間という理解である。特に、アウグスティヌス以来、いわゆる現行の罪（actual sin）を犯すだけでなく、原罪（original sin）を抱えた者として人間は理解されてきた。「一人の人によって罪が世に入り」（ロマ5:12）とパウロが言うように、最初の人間アダムによって罪が人間の中に入り込み、誰もその罪から免れることはできず、すべての人が生まれながらに原罪を抱え、本性の崩れや歪みを抱えているとされる。

しかし、自由意志を楽観的に強調する人々（ペラギウス主義、エラスムス、アルミニウス主義など）が歴史の中で繰り返し現れた。つまり、すべての人間が原罪を負っていることを軽視し、生まれながらに与えられている自由意志で、善も悪も、信仰も不信仰も自由に選ぶことができるとし、救済は自由意志にかかっているというわけである。また、彼らの中には、人間の罪を現行の罪に限定し、原罪を否定しようとする者もあった。つまり、アダムの罪がまるで遺伝するかのようにその子孫たちに受け継がれてゆくことはあり得ないというのである。しかし、それに対しそのつど、例えばアウグスティヌスやルター、カルヴィニストのように、人間の全的堕落を強調して論駁する者が現れた。ルターは、アウグスティヌスの言葉を用いて、自由意志は堕落によって悪しか選ぶことのできない「奴隷意志」になっていると主張した。カルヴァンも、すべての事物を天上の事柄と地上の事柄に分けた上で、後者については、堕罪によってもなお不完全ながらある程度のことをすることができるとしながらも、前者については、堕罪によって一切の能力を失っており、したがって、神の恵みによらなければ救われ得ないとした。

したがって、人間は救済されなければならない存在であり、キリストの十字架による*贖罪と、*聖霊による聖化とを必要としている存在である。しかし、聖霊による聖化は常に途上にあり、したがって、人間の業は過信することはできない。

パウロは「罪が支払う報酬は死です」（ロマ6:23）と語り、人間は堕罪によって*死に規定された存在となっているとする。しかし、キリスト

の*復活によって，死が打ち破られ，終末における復活，そして永遠の生命に生きる*希望を与えられている存在でもある。

聖書は，人間の構成要素として，肉，体，魂，霊などを挙げ，そこにギリシア思想との親和性を見る者もある。しかし，教会はギリシア思想やグノーシス主義による霊魂不滅の教えを退けてきた。とりわけ，罪は肉体にのみ関係するものではなく，霊や魂の諸機能を含め，人間全体に及ぶものである。したがって，救済はその人間全体の救いとして理解される必要がある。また，人間をそういった構成要素から理解しようとするのではなく，それ以上に，神の契約の相手とされていること，そしてその神との関係から理解されるべきと主張されることもある。その観点からすれば，堕罪は神との関係の崩れであり，救済はその回復であることが強調されることになる。しかし，罪も救済も，関係の観点から捉えきれるものでもない。

(須田 拓)

は

パネンベルク
Pannenberg, Wolfhart (1928-2014)

　ヴォルフハルト・パネンベルクは20世紀半ば以降のドイツ語圏神学において最も力量ある組織神学者の一人。ドイツとポーランドの国境の町シュテッティン（現在はポーランド領）に生まれ，第二次世界大戦期に少年時代を過ごし，戦後，ハイデルベルク，その他ベルリン，ゲッティンゲン，バーゼルに学んだ。博士論文は「ドゥンス・スコトゥスの予定論」(1953年)，教授資格獲得論文は「類比と啓示」(1955年) であった。ハイデルベルクでの講師，ヴッパータール（1958年より）とマインツ（1961年より）での教授を経て，1968年以後はミュンヘン大学教授として引退するまで過ごした。

　彼の学問上の師はエドゥムント・シュリンクやゲアハルト・フォン・ラートなど1950年前後のハイデルベルクの教授たちであった。ハイデルベルク時代にフォン・ラートの影響を共有した研究仲間が結成され，パネンベルクもそれに加わった。その成果が共同論文集『歴史としての啓示』(Offenbarung als Geschichte, 1961. 邦訳，大木英夫ほか訳，聖学院大学出版会，1994年) である。旧約のロルフ・レントルフ，新約のウルリッヒ・ヴィルケンス，教理史（後に倫理学）のトゥルッツ・レントルフなどがその仲間で，当初「パネンベルク・サークル」と呼ばれたが，実際はフォン・ラート・グループと称すべきものであったようである。この共同論文集は注目を浴び，版を重ねたが，ロルフ・レントルフとパネンベルクは*啓示理解をめぐって間もなく対立するようになった。ヴィルケンスとは*復活の理解をめぐってその後も共同歩調を歩み，トゥルッツ・レントルフとも倫理学に関して歩調を共にし，実存論的神学や終末論的ラディカリズムの倫理学に対抗した。

　ハイデルベルク時代にパネンベルクはヘーゲルを詳細に研究し，その

成果が啓示の理解や普遍史の理解，神論とりわけ*三位一体論，それに人間論や自由論，さらには国家論などに現れている。1970年のヘーゲル生誕200年に当たっては，ヘーゲルに関する彼の講演や論文は，ヘーゲル研究者の間でも注目された。

パネンベルクの神学の意味は，戦後ドイツ語圏の神学として二大陣営を形成していたカール・*バルトの「神の言葉の神学」とブルトマンやその学派の実存論的神学，そのいずれとも異なる神学を打ち立てたことである。それも啓示概念という神学の根本問題の再検討から企てられた。その結果，両陣営に失われた歴史的世界が神学の中に回復され，「神，人，世界」が人類の思想的根本問題という言い方によれば，長く失われた世界や現実全体を神学的主題として回復する試みがなされたことになる。彼の神学の魅力の一つは，教理史の造詣が深く，旧約神学，新約神学にも熟達し，さらに哲学史にも通暁しながら，神学を遂行したことにある。フランクフルト学派の批判理論や哲学的人間学の系譜に通じ，宇宙物理学など自然科学との対話にも及んでいる。欠けているとすれば芸術の分野であろう。

以下，パネンベルクの主だった神学的主張を記す。まず『歴史としての啓示』において，神の啓示は直接的神顕現でも言葉による啓示でもなく，間接的自己啓示として「歴史としての啓示」であると言われる。神の約束の言葉そのものが啓示ではなく，それを開始として歴史が経過し，その約束が歴史的に果たされたとき，神は真実なお方として啓示される。したがって一連の歴史の全体を通し，その最後に神の啓示はあるとされた。歴史の全体を語り得るのはそれが終わったときであるから，「歴史としての啓示」は終末にあるとされた。この見方をパネンベルクはフォン・ラートによる旧約聖書の理解から導き出したが，歴史全体を通し，またその最後における啓示という理解はヘーゲル主義的と言い得る。

歴史の終わりの啓示がどうして*イエス・キリストと結びつくかと言えば，それはイエスの復活が歴史の終わりを先取りしているためとされた。歴史の終わりに復活が起きるのは，黙示文学的希望の事柄であるから，パネンベルクの啓示の理解には黙示文学的表象の真理性が前提され

たことになる。

　パネンベルクの最初の大著は『キリスト論要綱』(Grundzüge der Christologie, 1964. 邦訳, 麻生信吾ほか訳, 新教出版社, 1982年)であるが, キリストの神性を出発点にして*受肉によって人性を語るのでなく, 人間イエスから出発し, そのイエスに神の子たる神性を認める, いわゆる「下からのキリスト論」を打ち出した。イエスの神性すなわちイエスと神との統一は, イエスの言葉や業によって明らかではなく, その復活が初めて言葉や業の真理性を確証し, イエスと神との統一性を根拠づけると主張された。パネンベルクの「下からの神学」は「復活の神学」であった。

　キリストの復活から見て, イエスの十字架の死が「刑罰代受」として救済的な意味を持つことや, さらに先在のキリスト, *創造におけるキリストなどを語ることができるとされ, 復活が遡及的にキリストの人格, その本質を規定するとされた。本質は将来から規定されるという独特な存在論が示された。将来が存在論的な優位を持つというこの見方は神論にも当てはめられたが, これはパネンベルク神学に対する疑問や批判を引き起こすであろう。

　イエスの復活がなぜ神性主張の真理性の根拠になるかはなお疑問とされよう。終わりのときに万人の復活があると期待されるが, その復活は復活させられた者たちの言葉や業の真理性の根拠にはならない。重大なのは朽ちる者から朽ちない者に「変えられる」ことであるからである。

　続く大著に『学問論と神学』(Wissenschaftstheorie und Theologie, 1974. 邦訳, 濱崎雅孝ほか訳, 教文館, 2014年)や『神学的パースペクティヴにおける人間学』(Anthropologie in theologischer Perspektive, 1983. 邦訳, 『人間学』佐々木勝彦訳, 教文館, 2008年)がある。前著は, 神学の学問性や神学諸科の構成について論じたが, それに先立って諸学問の統一性や多様性を論じ, 諸学問との関係における神学の位置を論じた。そのさい「あらゆる経験の意味全体性」という概念が重要な意味を持った。パネンベルク神学において「全体性」概念が常に重大な意味を持つ。後著では人間の自由をヘルダーやマックス・シューラーの「世界開放性」から, さらに世界を越えた何ものかに差し向けられた人間の自由の構成に及び,

哲学的人間学から神学的人間学へと進む道を示した。

さらに主著とも言うべき『組織神学』全3巻（Systematische Theologie, 1988-93）が続く。これはパネンベルク神学の集大成をなすもので、「諸宗教の経験における神の現実」や「歴史としての啓示」の神学序説から「三位一体論」に及び、「世界の創造」と「人間の尊厳と悲惨」を扱い、人間論から「キリスト論」へと進み、「世界の和解」で救済を論じ、「霊の注ぎ、神の国と教会」、「メシアの共同体」という仕方で教会論、さらに「選びと歴史」により歴史の神学を試み、最後に個人的終末論と共同体的終末論を含む「神の国における創造の完成」を語る。全体15章、総計1700頁にわたる大作で、カール・バルト『教会教義学』（Die Kirchliche Dogmatik, 1932-67. 邦訳、吉永正義ほか訳、全36巻、新教出版社、1959-96年）以後では、質量ともに際立ったものと言ってよいであろう。

全体を貫く特徴は三位一体論にある。それは三位の区別を強調したもので、神の神性における一体性を後から語る。また*聖霊の独立的位格性も明確である。神の神性の起源を御父に求めず、御父が神であるのは御子と御霊に依存してのこととされる。このことがさらに神のオイコノミアに関連して、神が神であることは神の国の完成にかけられる。そのため神は終末まで論争余地を残し続けるとされた。「歴史の神」と言うとき、歴史は神の本質構成的な深層にまで刻まれ、歴史経過なしに神は神として完結していないことになる。歴史が神の本質にまで刻まれることは、キリストの位格的結合を通して語られる場合があるが、パネンベルクの場合三位一体の第二位格を通してでなく、三位一体の神そのものが歴史関係に巻き込まれ、神の相対化にならないかとの疑問が生じる。

パネンベルクはまたエキュメニカル運動の神学的リーダーとして*義認の教理をめぐるローマ・カトリック教会とルター派連盟の共同声明作成に携わった。そこには近代世界や世俗化をめぐって宗派分裂の克服が重大と見る彼の歴史理解が働いていた。パネンベルクが神学的な視野の広さと思考の力において優れた神学者であることは明らかであるが、しかしパネンベルク学派と言い得るものは、目下のところ生まれてはいない。

（近藤勝彦）

バルト
Barth, Karl (1886-1968)

　改革派の伝統に立つスイスの神学者。*シュライアマハー以来最も重要なプロテスタントの神学者である。*組織神学の分野で膨大な著作を残し，生涯にわたる諸活動とともに20世紀の世界のキリスト教と同時代史に大きな影響を与えた。直接の影響は没後低下したとはいえ，彼に関する研究は若い世代の中で宗派・教派を超えてむしろ盛んになりつつあり，バルトは神学における新しい古典の位置を占めていると言ってもよいであろう。

1. 生涯
（1）説教壇から大学の講壇へ

　カール・バルトは1886年バーゼルに生まれた。父はベルン大学の教会史・新約学の教授フリッツ・バルト。ベルンで神学を学び始め，さらにドイツのベルリン，チュービンゲン，マールブルクの各大学で研鑽を重ねた。マールブルクではヴィルヘルム・*ヘルマンの影響を強く受けた。1908-09年同地でマルティン・ラーデの助手として『キリスト教世界』誌（Die christliche Welt）の編集にたずさわった。1909年，スイス・ジュネーヴのドイツ語教会の副牧師となり，1911年にザーフェンヴィル教会に転任，1921年の夏まで10年間牧師を務めた。その間に出版された『ローマ書』（Der Römerbrief, ^{1}1919, ^{2}1922. 邦訳，『ローマ書』吉村善夫訳，新教出版社，1967年）は大きな反響を呼び起こし，これを機に始まったいわゆる*弁証法神学運動のバルトは中心的担い手となった。1921年，ドイツ・ゲッティンゲン大学の改革派神学講座の教授に就任，次いで1925年からミュンスター，1930年からボンの教授を歴任した。ボンにおける教義学講義は『教会教義学』（Die Kirchliche Dogmatik =KD）第1巻として刊行された。これは書き継がれて1万頁に及ぶ神学史上最大の著作の一つとなった（1932-67. 邦訳，井上良雄ほか訳，新教出版社，1959-96年）。1934年彼は全公務員に義務づけられた「総統」（ヒトラー）に対する規定通りの形による忠誠宣誓を拒否，翌年6月にボン大学を追われるに至った。しかし直後にスイス・バーゼル大学の招聘を受

け，1962年に退職するまでその教授職にとどまった（1946年と47年にはボンの客員教授を務めた）。1968年12月バーゼルに没した。旧居は現在バルト文書館として資料の収集と保管・全集刊行・研究者の交流の拠点となっている。

(2) ドイツ教会闘争への関与

ナチ政権による教会一元化政策，すなわち「帝国教会」設立による教会支配とそれに同調する「ドイツ的キリスト者」たちに反対して書かれた『今日の神学的実存！』（1933年6月）は「ドイツ教会闘争」のマニフェストともなった。1934年5月に「告白教会」が成立，その第1回総会で採択された「バルメン神学宣言」（1934年）を中心となって起草したのはバルトであった。この宣言は第1項で*イエス・キリストを*教会と世界の唯一の主と告白し（「聖書においてわれわれに証しされているイエス・キリストは，われわれが聞くべき，またわれわれが生と*死において信頼し服従すべき神の唯一の御言葉である」），12年にわたる教会闘争の神学的支えとなった。ドイツを追われた後もその立場と姿勢は変わらず，世界教会との交流も深めながらナチズムに対峙した（『スイスの一つの声』1945年，参照）。戦後のドイツ教会再建に当たっては「シュトゥットガルト罪責宣言」（1945年）や「ダルムシュタット宣言」（1947年）などにも影響を与えた。1948年世界教会協議会（WCC）の第1回アムステルダム大会で開会講演者として登場するなど，エキュメニカル運動にも参加した。東西冷戦の時代にあっては教会の歩むべき「第三の道，教会独自の道」（『東と西の間にある教会』1949年）を提示し，1950年代に核戦争の危機が高まる中核兵器の使用に反対を唱え平和を訴えたことも忘れてはならない（『核武装の問題についての10のテーゼ』1958年）。

2. 著作

(1) 『ローマ書』の衝撃

ヴィルヘルム・ヘルマンの影響のもとに自由主義神学者として出発したバルトであったが，ザーフェンヴィルの牧師職の経験と第一次大戦の勃発をきっかけに，新しい神学的思惟の道へ導かれた。近代を支配した人間的・主観主義的神学への批判を彼はクッターや子ブルームハルトの影響を受け，また特に盟友トゥルナイゼンとの交わりの中で強めていっ

た。19-20世紀初頭のシュライアマハー,*リッチュルの影響による神学は彼にとって意味のないものとなった。『ローマ書』はその記念碑的著作である。同時代の哲学者,宗教学者らにも大きな影響を与えた。若きレーヴィットもその衝撃を証ししている(『ナチズムと私の生活』[秋間実訳,法政大学出版局 1990年])。1919年に刊行された第1版は「石ころ一つも残っていないほどの大改訂」を受け,1921年末に第2版が1922年の刊行年を付されて出版された。展開されたのは彼が聖書に見出した「新しい世界,神の世界」(「聖書における新しき世界」[Die neue Welt in der Bibel, 1916. 邦訳,天野有編訳『バルト・セレクション4 教会と国家Ⅰ』新教出版社,2011年所収)であり人間の宗教批判であった。第2版の序によれば彼はそれを「キルケゴールが時と永遠の『無限の質的差異』と呼んだことをその否定的かつ肯定的意味において可能な限り粘り強く見つめる」ことによって遂行した。1919年のタンバッハ講演(『社会の中のキリスト者』)が機縁となってゴーガルテン,*ブルンナー,ブルトマンらとの研究グループが生まれた。その傾向は一般に弁証法神学と呼ばれた。『ローマ書』第2版出版の翌年に創刊された『時の間』(Zwischen den Zeiten, 1923)がこの神学運動の機関誌の役割を果たしたが,グループの神学的・政治的対立と分裂のゆえに1933年休刊した。バルト自身は弁証法神学という呼称ではなく危機の神学という言葉を好み,むしろ自らを神の言葉の神学と理解していた。

(2) 『教会教義学』への取り組み

バルトが大学に移ったことによって彼の神学に変化がもたらされた。従来「傍注」の神学(『キリスト教宣教の危機と約束』[Not und Verheißung der christlichen Verkündigung, 1922. 邦訳,大宮溥訳,『カール・バルト著作集1』新教出版社,1968年所収)以上であろうとしなかったものが教説として展開されることになる。彼は生涯3回の教義学講義を行った。最初はゲッティンゲン,次いでミュンスター,3回目がボンで,ここで始められた講義が後に彼の主著『教会教義学』となった。1931年のアンセルムス研究『知解を求める信仰』(Fides Quaerens Intellectum. 邦訳,吉永正義訳,『カール・バルト著作集8』新教出版社,1983年所収)は事実上『教会教義学』のための認識論的前奏曲となった。バルトはそこでアンセルムスに

従って神学的合理性を追求し、神の真理の価値を人間の認識と基礎づけ能力から切り離し、神学的思惟を自己に責任をもち自己を保証する神の真理によって保持されるようにした（M. バイントカー）。これによって確立された「類比」の方法とともにバルトは弁証法神学段階に最終的に別れを告げた。『教会教義学』はその基本をすでにゲッティンゲン教義学の諸決定（例えば啓示神学的出発点としての*神の言葉、*啓示・*聖書・*説教としての神の言葉の三形態の区分、神論の独立した取り扱い、*創造・*和解・救済の三次元の構成的区分等）に負っていたし、ミュンスター時代の『キリスト教教義学試論序説』（Die christliche Dogmatik im Entwurf, 1927）になお残っていた神学の実存主義的基礎づけを徹底して払拭して成立した。この『キリスト教教義学』から『教会教義学』への書名の変更はバルト神学を教会の神学として際立たせた。全4巻13冊のこの大著は序説（プロレゴメナ）としての神の言葉の教説（KD I/1-2）から始まる。次に神についての教説（KD II/1-2）が展開され、第3巻と第4巻でそれぞれこの神の創造（KD III/1-4）と和解（KD IV/1-3）の業が語られる。救済論（*終末論）を述べる第5巻（KD V）は未完に終わった。この神学は弁証論をもたず倫理学が各教説に対応して展開されるという特色をもっていた。「断片」として残された「洗礼論」（KD IV/4, 1967）ならびに『キリスト教的生』（1959-61年の講義。1976年出版）は本来「和解論」の倫理を構成していた。見事なキリスト論的構成による「和解論」が『教会教義学』の頂点をなすと言ってよいであろう。「和解論」の、とりわけ第3部は和解が自己を告知する事態（「真の証人イエス・キリスト」）を捉え、「人間の召命」と「教会の派遣」を語り、神学に世との関わりで他に類を見ない広がりをもたらした。

(3) 説教および聖書講解

バルトはすぐれた説教者でもあった。初期の頃から説教集も刊行したが、現在判明しているところでは牧師時代も含めて772編の説教が知られる。ザーフェンヴィル時代のバルトの説教を聴聞した若い作家マンフレート・ハウスマンは次のように書いている、「包まれていたものが掘り出されたもの、完全にひっくり返されたものにまで高められた……。私は自分がどこにいたらよいか分からなくなった人間として教会を後に

した。電光は……私の中まで落ちてきた。めまいしか私は感じなかった。ここには革命があったが、それは私が四六時中何か予感していたものであった……。今やすべてが別のものになった」（E. ブッシュ『バルト神学入門』佐藤司郎訳、新教出版社、2009年）。晩年依頼を受けて68歳のときに始められた不定期のバーゼル刑務所での説教28編（1954-67年）は特にすぐれたものとして知られている。

聖書講解もバルトは大学の講義に基づいて早くから出版しており、『死人の甦り——第一コリント書第15章についての大学の講義』（Die Auferstehung der Toten. Eine akademische Vorlesung über 1. Korinther 15, 1924. 邦訳、『カール・バルト著作集15』山本和訳、新教出版社、1981年所収）、『ピリピ書註解』（Erklärung des Philipperbriefs, 1928. 邦訳、『カール・バルト著作集15』山本和訳、新教出版社、1981年所収）などが代表的なものであろう。

(4) その他

『否！』（Nein! 1934. 邦訳、「ナイン！」菅円吉訳、『カール・バルト著作集2』新教出版社、1989年所収）——ブルンナーのバルト批判の書『自然と恩寵』（Natur und Gnade, 1934. 邦訳、清水正訳「自然と恩恵」、『ブルンナー著作集1』教文館、1997年所収）に対して書かれた「公然たる論争文書」。*自然神学復帰を唱えるブルンナーの立場は、「今日教会を脅かしている誤った思想運動に決定的な点で協調したことになる」としてバルトは怒りを込めて「否！」と言わざるをえなかった。

『福音と律法』（Evangelium und Gesetz, 1935. 邦訳、天野有編訳『バルト・セレクション5　教会と国家Ⅱ』新教出版社、2013年所収）——ドイツ追放後に危険をおかしてドイツに帰って行った重要な講演。「律法」は「福音」に続くものであることを明らかにするためにバルトは「*律法と福音」という伝統的な順序を逆転させた。それはドイツ的キリスト者とその「民族法（ノモス）」の教説との根本的な対決であったが、同時に福音以外のものを福音との関係において語ることをバルトに可能にし、『教会教義学』の記述を根本的に促進させたと言ってもよいであろう。

『義認と法』（Rechtfertigung und Recht, 1938. 邦訳、天野有編訳『バルト・セレクション5　教会と国家Ⅱ』新教出版社、2013年所収）——「バルメン神学宣言」第5項の規定を受け、国家と教会の関係を新約聖書の研究を

通して明らかにした重要な論文。二王国論を排し国家に対する教会の政治的共同責任を明らかにした。そこで構想された福音に最もふさわしい国家形態とは，民主主義，すなわち「すべての市民の責任ある活動の上に」建設される共同体であった。

『教義学要綱』（Dogmatik im Grundriß, 1947. 邦訳，『カール・バルト著作集10』井上良雄訳，新教出版社，1968年所収）――戦後，1946年と47年の夏学期，バルトは10年前に追われたボンの客員教授を務め，「かつては立派な町を形成していたボンの選帝侯居城の，今は半ば廃墟となった建物で」，「使徒信条」をテキストに教義学要綱を講じた。はじめに提題のみを講述し自由に語られた本講は平易な言葉で福音の真理を示したバルト神学の最良の手引きである。

『神の人間性』（Die Menschlichkeit Gottes, 1956. 邦訳，井上良雄編訳『カール・バルト戦後神学論集 1946-1957』新教出版社，1989年所収）――かつて「神の神性」を強調したバルトが本表題を掲げて自らの神学の歩みを振り返ったことで多くの人々の注目を引いた講演。しかしこれによって彼は「神の神性」の主張を撤回したわけではない。「正しく理解された神の神性こそ，その人間性を包括する」。このことはバルトにははじめから明らかだったが，彼によれば「やっと人々の意識に上ってきた」のであった。バルト神学を全体として理解するのには欠かせない論文である。

以上限られた数の著作を取り上げたにすぎない。現在カール・バルト全集がチューリヒの神学出版社（TVZ）から刊行中であり（既刊53冊），これには『教会教義学』を除くすべてが（Ⅰ 説教，Ⅱ 学問的著作，Ⅲ 講演・小論文，Ⅳ 対話，Ⅴ 書簡，Ⅵ 生涯）収められるであろう。

3. 影響 バルトの同時代への直接・間接の影響はキリスト教神学のあらゆる分野に及んだと言って過言ではない。戦後に神学を形成した世代も，受容的にせよ批判的にせよバルトと取り組むほかなかった。ユルゲン・モルトマンはバルトの啓示神学を継承しエキュメニカルな対話を通して発展させた。他方，「歴史としての啓示」という立場から早くからバルトを批判したのはヴォルフハルト・パネンベルクであった。新約学者として出発しブルトマンとの橋渡しを模索したエーバハルト・ユン

ゲルは今日最も有力なバルトの擁護者である。バルト晩年の助手を務めたエーバハルト・ブッシュはバルトの手紙や自伝的文書に基づいて浩瀚な伝記を著し，バルト研究に多大の貢献をなした。これらの諸研究を手引きにバルトへの関心は全集刊行とあいまって高まっており，真の影響史はこれから語られることになるであろう。　　　　　（佐藤司郎）

❖参考文献

E. ブッシュ『カール・バルトの生涯　1886-1968』（小川圭治訳，新教出版社，1989年）。

大崎節郎『カール・バルトのローマ書研究』（新教出版社，1987年）。

佐藤司郎『カール・バルトの教会論――旅する神の民』（新教出版社，2015年）。

ハルナック

Harnack, Adolf von (1851-1930)

1. 1851年5月7日にエストニアのドルパットで生まれたドイツの神学者。ライプツィヒ，ギーセン，マールブルクで教えたあと，1888年からはベルリン大学神学部教授となり，1890年からはプロイセン王立アカデミーの会員も兼任した。またベルリン時代はカイザー・ヴィルヘルム学術研究所（現在のマックス・プランク研究所）の総裁，福音主義社会協議会議長，帝国議会図書館長，皇帝ヴィルヘルム2世の正枢密顧問官をも兼務し，神学関係の研究雑誌『神学書評雑誌』（Theologische Literaturzeitung），『神学と教会雑誌』（Zeitschrift für Theologie und Kirche），『キリスト教世界』（Die christliche Welt）等を創刊した。1930年6月10日に出張先のハイデルベルクで亡くなった。

2. ハルナックの父テオドシウスは著名な保守的ルター派の神学者で，彼の反近代主義的な神学が息子アドルフの思想と信仰の最も深い部分にも刻み込まれており，それが両者の確執の原因となり，アドルフは父の立場を強く否定し，テオドシウスは子を「異端」と呼ぶようになった。母マリーはリボニアの伝統的貴族の血を引く女性であったため，アドルフは家庭ではロシア語を話し，ドイツ的な神学の教育を受けたにもかかわらず，エストニア・ナショナリズム，彼の言葉で言えば少数民族，あ

るいは少数言語使用地域問題などと生涯深い関わりを持ち続けた。それが彼の政治的活動の最も根底に横たわっている。両親から受け継いだこの相反する性格が彼の思想と生涯を規定することになった。彼は一方で皇帝の正枢密顧問官としてドイツのさまざまな国策やナショナリズムに宗教的正当性を与える発言を繰り返したが，他方で労働者問題，女性解放運動，大学改革等の社会問題と熱心に取り組み，また当時のドイツ・ルター派教会の中ではめずらしく世界の教会的ネットワークと積極的に関わった。

ハルナックのこのような立場を象徴している出来事が彼のベルリン大学招聘問題であった。表面的には彼の神学的なリベラリズムが問題とされたのであるが，実際にはプロイセンではなくエストニアというドイツ周辺地域の出身であることが政治的な意味で疑問視され，彼の疑いのない学問的実力にもかかわらず，ルター派教会の保守派が露骨なネガティヴキャンペーンを行い，彼の人事は凍結されたままになり，文部省の大学担当事務次官F. アルトホフ，宰相O. フォン・ビスマルクが介入し，ついには皇帝ヴィルヘルム2世の裁断を仰ぎ，保守派の反対を抑えてハルナックの就任が決定した。

またアルトホフに信頼され，正枢密顧問官の職を引き受けたため「宮廷御用神学者」(Oberhofdogmenlehrer) などと揶揄されたが，これは彼がA. シュテッカーのような民族主義的な神学者であったということではなく，むしろ彼が現実主義者であったことを意味している。すなわちエストニア・ナショナリズムをもったドイツ周辺の少数民族の血を引くハルナックがドイツの政治を動かし，教会制度を改造するには，思想的な主張，政治的革命よりも，皇帝の下で政治的権力を持つ地位を得，官僚を動かし，政策としてそれを実現することが最も現実的であると考えてのことである。

さらには，彼が第一次世界大戦の開戦にあたって，皇帝の国民に向けての演説原稿を書いたこと，戦争の文化的意義を内外に主張するための文章『文化世界に向けて！』(An die Kulturwelt!) の執筆に関与したこと，「93人の知識人宣言」に署名したことは事実であるが，1915年の春にはすでに戦争の即時停戦と政治改革を提案したために正枢密顧問官の職を

解任されていることも忘れてはならない。それどころか彼は周囲の官僚たちに働きかけ，また自分のもとにやってきた留学生や2度にわたってハーヴァード大学に彼を招聘しようとしたアメリカの政治的・神学的リベラリストを通して，アメリカ政府の調停による早期和解や休戦を工作したことも記憶されるべきである。それゆえに戦後になると彼は，ヴァイマールの共和国政府を支持し，ヴァイマール憲法の教会と学校の条項の諮問委員会のメンバーとなった。また1921年には戦後最初のアメリカ大使に任命されたが，医師の反対により実現しなかった。また反ユダヤ主義を批判し，1925年の大統領選挙ではあえてプロテスタントのパウル・ヒンデンブルクではなく，カトリックのヴィルヘルム・マルクスを擁立し，支持した。そして彼の一族からは息子のエルンストをはじめ，D. ボンヘッファー，A. ハルナックやF. ハルナック等，ナチスへの抵抗運動家が出ている。

3. ハルナックの神学思想と歴史研究の立場は，彼の主要な著作『マルキオン』(Marcion, 1881)，『教義史読本』(Lehrbuch der Dogmengeschichte, 1886-90)，『エウセビオスまでの古代キリスト教文献の歴史』(Geschichte der altchristlichen Literatur bis Eusebius, 1893-1904)，『キリスト教の本質』(Das Wesen des Christentums, 1900. 邦訳，深井智朗訳，春秋社，2014年)，『最初の3世紀までのキリスト教の伝道と伝播』(Die Mission und Ausbreitung des Christentums in den ersten drei Jahrhunderten, 1902) 等から読み取ることができる。ハルナックの関心はイエスの教え，あるいはイエスの生涯からどのようにして福音が生み出され，さらにこの福音がどのようにしてギリシア化し，福音が神学化し，教義が生まれ，また教会という法的制度が生きたカリスマに対して生じたのか，ということにあった。彼の妻アマリエによれば，彼はこの同じ主題を各著作で何度も「変奏曲のように繰り返し，視点を変えて論じた」。彼はそのための方法論としてはこの時代の歴史的・批判的な方法を採用した。そのため教義を歴史学の批判的考察のものとで解明する彼の方法は，当時の教会政治の中では伝統や既存の制度に対する「偶像破壊主義的な行動と発言」として受け止められた。保守派はハルナックの見解を拒絶し，リベラリズムの神学者たちはそれを神学と教会の権威からの「解放」のために必要なものとし

て評価した。どちらの側も自らの立場を擁護するためにハルナックの名前を利用したのである。もちろんハルナックのキリスト教理解は，この時代に流行したような歴史研究の結果としてイエスの歴史的存在を否定し，イエスを神話として理解するようなラディカルな主張とは異なっていた。彼の神学は父から受け継いだ常に素朴なイエスの福音への信頼に基づいていた。

彼は歴史研究の成果として刊行した諸著作の中で，繰り返し人間に備わった宗教的な可能性は何によって正しく開花するかという問題と取り組んだ。彼の答えは二つあり，一つは人間が元来持っている宗教的な本性によるというものであり，それは彼がA.*リッチュルの弟子の一人であることを明らかにしている。もう一つは彼が生涯強調したことであるが，歴史的な*啓示なのである。この点でハルナック自身は晩年の論争にもかかわらずK.*バルトとそのクライスの人々は自らの考えを利用していると感じていた。

4. ハルナックの神学がこの時代の政治的状況と深く結びついて営まれていたことは明らかである。彼のキリスト教理解によれば，イエスの福音はギリシアとローマの二つのカトリシズムのもとで変質してしまい，それがドイツに起こった宗教改革によって回復されるというのであるから，その立場は神学的な意味のみならず，政治的にもドイツ・ナショナリズムとプロテスタンティズムとを結び付ける主張として利用された。その意味でハルナック自身も彼の歴史研究がまったく政治的含蓄をもっていないとは考えていなかった。彼が福音の制度化をキリスト教宗教の変質とみなしたことと，1910年以後さらに激化することになった「使徒信条」論争をめぐる教会制度批判とは無関係ではない。このような教会制度批判は，初期のバルトの思想に影響を与えているとハルナック自身は感じていたにもかかわらず，バルトとそのクライスの神学者は自らの新しい神学的運動を展開するために1923年のハルナックとの『キリスト教世界』での誌上論争（ハルナックはこの種の論争をさまざまなところで繰り返していたが）を，神学史を象徴するような画期的な出来事に仕上げて，ハルナックの神学を強く批判し，完全に否定しようとした。そのためその時からハルナックの主著の一つ『キリスト教の本質』は

1950年にR. ブルトマンが新しい解説を付した版が刊行されるまで重版されなかった。

その後21世紀になってようやくハルナックの再評価が起こり，正確な著作目録の刊行，彼の思想の次世代神学者によるラベリングなしの解釈，神学者のみならず政治史やドイツ近代史，学問・大学史の研究者との共同研究による彼の思想の再評価が開始されている。　　（深井智朗）

❖参考文献

B. Biester, Harnack-Bibliographie. Verzeichnis der Literatur über Adolf Harnack 1911-2002 (Selbstverlag Erfurt und München 2002).

A. von Zahn- Harnack, Adolf von Harnack (Berlin: Berlin-Tempelhof, ¹1936, ²1951).

K. Nowak, Bügerliche Bildungsreligion? Zur Stellung Adolf von Harnacks in der protestantischen Frömmigkeitsgeschichte der Moderne, in: Zeitschrift für Kirchengeschichte, 99 (1988), S. 326-353.

被造物

[ラ] creatura, [英] creature, [独] Geschöpf, Kreatur

被造物とは，神の*創造の御業によって造られたものであることを表す語である。キリスト教信仰は，「無からの創造」(creatio ex nihilo) を信じ，存在するすべてのものが神によって造られたと信じてきた。「ニカイア信条」は，父なる神を「見えるものと見えないもののすべての造り主」と告白する。

天と地のすべてのものが神によって造られたとすることは，すべてのものがその存在と秩序を神に依存していることを意味する。そして，神とすべてのものの間に，創造者と被造物という決して乗り越えることのできない決定的な差異があることを示している。

創造者なる神と被造物との区別をすることは，自然や人間など，創造主以外のあらゆるものの神格化を否定することになる。すなわち，ただ神のみが超越的な存在であり，そして，人間を含むあらゆるものは神によって造られ，神に依存するものであり，塵から造られたにすぎないも

のであって，その存在を神に保持されることを必要としているものである。特に，神ご自身が世界を必要として，その必然性から創造されたのではないとすれば，神の愛の自由な決断によって被造物は存在し，保持されていることになる。

ただし，神と被造物との関係を主従関係のようにのみ捉えることは，例えばフェミニスト神学の立場などから，家父長的な考え方や，一方が他方を支配するような人間関係の基礎になりかねないとの批判がなされることもある。むしろ神共にいますことが強調され，パートナーの関係として理解されるべきというわけである。

ところで，近年，生態論的な危機が認識される中で，従来のキリスト教信仰が人間中心主義に陥ってきたのではないかとの批判がなされるようになった。そして，その人間中心主義が生態論的な危機を引き起こしてきたというのである。例えばリン・ホワイトは，キリスト教は人間と自然との二元論に陥り，自然は人間の利益のために造られたとして，自然に人間の目的に奉仕する以外の目的を見出さなかったといい，その結果，生態学上の危機が誘発されたと主張する。また，ユルゲン・*モルトマンも，現代の生態論的危機はキリスト教によって規定された文化圏の工業国から起こっており，それを単にキリスト教の「人間中心主義」的世界観による問題と言うことはできないものの，キリスト教の創造信仰の影響を無視することはできないという。ただし，それは創世記1章の「地を従わせよ」「支配せよ」という言葉の誤解に基づくものであり，科学技術の発達に伴って，それが自然の支配という誤った形で理解されたことによるのであって，したがって，「地を従わせよ」を「動物と共に，地が植物と樹木によってもたらす実によって生きよ」という戒めとして，支配を収奪の支配ではなく平和の支配として，また人間が神の像として造られたことは交わりに生きる者として造られたということとして理解し直すべきであると主張する。

確かに，キリスト教信仰は，人間もまた被造物の一つにすぎないとしながらも，その被造物の中における人間の特別な位置を認識してきた。人間は神の像として造られたとし，人間が被造物の中で特別な位置を占めると信じられてきた。さらには，プロテスタント教会において信仰義

認を*教会の立ちもし倒れもする条項としてきたことも、その関心を結果的に人間に集中させてきたと言われる。

聖書の語る福音は、人間の救済に重きが置かれていることは否めない。また、宗教改革者が信仰義認を主張して改革運動を起こし、それが広まっていったように、人間の救済はキリスト教信仰における重要な使信である。しかし同時に、聖書には例えばローマの信徒への手紙8章18節以下のように、その人間の救済が他の被造物の救済と関係づけられている箇所などもある。また、終末の*神の国の到来を待ち望むことも、信仰が必ずしも人間だけを視野に入れているのではなく、宇宙論的救済をもたらす神の力を信じていることを示している。そのように、キリスト教信仰において、人間のみならず全世界が視野に入っていることを見失うべきではない。

今後、神と被造物の関係、また被造物間、とりわけ人間と他の被造物との関係をどのように説明することが可能か、創世記1章の「支配せよ」がどのような意味であるのかを含めて、なお議論を進めてゆくことが必要であろう。

(須田 拓)

フィリオクエ
[ラ] filioque

フィリオクエ (filioque) (filius (子) と接続詞 que (と) の合成語で、「と子より」を意味するラテン語) は、381年に採択された「ニカイア・コンスタンティノポリス信条」のラテン語訳に西方教会が挿入した言葉である。ギリシア語本文では、「聖霊は御父より発出し」となっていたが、そこに「と御子 (フィリオクエ)」という言葉を挿入して、「聖霊は御父と御子より発出し」と告白して、*聖霊の二重発出が、西方ラテン世界では主張されるようになる。

中世期には、ブルガリアの領有をめぐる東西両教会の権力闘争の最中に、フィリオクエの挿入された信条本文を使用するかどうかで、東西教会で教理論争が交わされることになる。これをフィリオクエ論争と呼

ぶ。その結果，リヨン公会議やフィレンツェ公会議で明言されたフィリオクエ挿入を擁護する立場と8世紀のフォティオスによる「御父のみから」という定式の主張の激しい対立に至る。1054年の東西教会の分裂をもたらす教理上の対立点の一つは，このフィリオクエ問題であった。

20世紀になると，フィリオクエ問題は，ただ単に教会史における東西教会の対立点としてだけではなくて，東西教会の*三位一体論の相違を見直す契機を与える組織神学的な課題を含んでいると考えられるようになる。

そのきっかけとなったのは，世界教会協議会（WCC）の信仰職制委員会の専門家委員会が，フランスのシュロス・クリンゲンタールで開催されたフィリオクエ問題をめぐる討議の成果を，1981年にL. フィッシャー編『神の霊　キリストの霊』（Spirit of God, Spirit of Christ: Ecumenical Reflections on the Filioque Controversy. 邦訳，芳賀繁浩ほか訳，一麦出版社，2002年）と題した論集として出版したことによる。この書物を読むと，現代の東西教会の主要な神学者たちが，東西教会の三位一体論の相違を越えて，相互理解を深めるためには，フィリオクエ問題を解決することが不可欠であると認識していることが分かる。

V. ロスキーに代表される東方神学者たちは，アウグスティヌスに淵源する西方神学（その代表はカール・*バルト）の三位一体論に，様態論的な傾向を読み取る。つまり，三位一体の一位格である御父よりも，三位一体の一性を統合の起点とする西方型の三位一体論は，御子も御霊も，御父より発出するものとして理解するために，御子と御霊の実体的な相違を明らかにできず，結局御霊は，御子*イエス・キリストを指し示す認識的な役割に終始しているにすぎないと批判する。

さらにアウグスティヌスが語ったように，御霊を「御父と御子との愛の絆（vinculum）」と理解することによって，御霊は，御父と御子とをつなぐ関係的な役割を賦与された存在となり，三位一体は，父と子と聖霊という三位格の独自性を示すことができなくなるとの批判も投げかけられる。

これに対して，西方神学の聖霊論の「弱点」を認めた上で，新たな三位一体論形成の提言がなされてきた。*モルトマンは，『三位一体と神の

国』(Trinität und Reich Gottes, 1980. 邦訳,土屋清訳,新教出版社,1990年)において,フィリオクエを「ニカイア・コンスタンティノポリス信条」本文から削除することに賛同した。モルトマンによれば,二重発出を否定した東方の定式であっても,御霊は「御子の御父から」発出するのであって,キリスト論からの乖離を意味するものではないと見るべきであり,バルトのフィリオクエ擁護の論拠は成り立たないとする。

モルトマンによれば,フィリオクエを擁護することで,聖霊は,御子イエス・キリストの霊と密接な関係を持つ位格として理解されるが,同時に,御父と御子との関係は,発出という概念によって言い表されるために,聖霊の位格の独自性が背後に退いてしまう。このために,*被造物と世界に自由に働く霊を積極的に捉える霊理解を保つことが難しくなる。創造者なる霊と保持者なる霊もまた,キリスト論的に理解されることで,被造世界に自由に働き,介入するよりダイナミックな霊の理解を後退させる可能性を持つ。

さらに西方の聖霊理解の中で,フィリオクエは,愛の絆としての聖霊理解と結びついて,御父と御子よりも実体的に劣るものとして認識される傾向を増し,その極端な形式は,御霊が生きて実在し,現臨する神の霊として理解されることがなくなり,キリストの霊は,教会の霊,人間の霊に置き換えられて,御父と御子と並ぶ独自の位格としての理解が後退してしまう。このような聖霊理解の問題性は,ギリシア教父が強調した聖霊の位格的な独自性の信仰的な確信を十分顧慮することによって,回避することができるとも考えられる。

フィリオクエをめぐる神学的な考察は,聖霊論における西方神学の弱点に焦点が当てられることが少なくないが,西方神学に内在する積極的な聖霊理解,例えばカルヴァンにおける聖書論や聖餐論における聖霊の位格的独自性と働きの積極的な理解などを見失ってはならない。それが,聖霊を,キリストの霊から切り離して,限りなく人間的なものと理解する傾向から,西方神学を正して,新しい聖霊論を構築する手がかりとなるであろう。

フィリオクエ問題は,東方教会と西方教会の分裂状態から和解へと至らせる「教会政治的な」意味合いを持つが,この問題の背後にある三位

一体論に関わる組織神学的な課題に気づくことが今日求められている。

(関川泰寛)

❖参考文献
A. I. C. ヘロン『聖霊——旧約聖書から現代神学まで』(関川泰寛訳, ヨルダン社, 1991年)。

フォーサイス
Forsyth, Peter Taylor (1848-1921)

　ピーター・テイラー・フォーサイスは, 1848年5月12日スコットランドのアバディーンに生まれた会衆派教会の神学者である。エーミル・*ブルンナーから「近代英国の最も偉大な神学者」と呼ばれ, 一般的には「*バルト以前のバルティアン」と呼ばれることが多い。実際にバルトは学生の引用したフォーサイスの言葉を見て, 「もし以前にフォーサイスがこのようなことを言っていなかったら, 私は彼が私の文章を引用している, と言いたいくらいだ」と答えたと言われている。それほど両者には神学的類似性があるのだが, *信仰と理性の関係, 教会形成の取り組み, サクラメント論において相違がある。また日本では植村正久, 高倉徳太郎など日本の初期プロテスタント教会人に大きな影響を与えて以来, いつの時代でも注目されることが多い。

　フォーサイスは福音研究だけでなく, *伝道と教会形成に資する神学を営んだ。その内容は哲学的思弁に終わるものではなく, *贖罪信仰を軸にして現代を捉え, *教会と社会を生かす深い神学的思索に満ちていた。その神学的特徴は彼の回心を伴う形成期の歩みの中で確立された。

　フォーサイスは1859年からアバディーンのグラマー・スクールで学び, 1864年アバディーン大学に入学する。1869年同大学の古典文学を首席で卒業後, 1年間を家庭教師として過ごし, 翌年アバディーン大学キングズ・カレッジでラテン文学のブラック教授の助手を務める(1871-72年)。1872年から1学期間, 旧約聖書学者で有名なウィリアム・ロバートソン・スミスの勧めで, ゲッティンゲンのアルブレヒト・*リッチ

ュルの下で学んだ。同年9月帰国し,ロンドンのハクニー・カレッジ(現ニュー・カレッジ)の試験を受け,翌年2月に入学し神学を専攻する。しかし,健康上の理由で1874年に中途退学をする。その後2年間,キリスト教社会主義者F. D. モーリスの感化を受けたボールドウィン・ブラウンの教会に出席し(1877年,彼の司式によりミンナ・マグネスと結婚する),彼の尽力により1876年ブラッドフォード近郊のシプリーで会衆派教会の牧師となる。以来25年間,以下の教会で牧会を続ける。セント・トマス・スクエアーのハクニー教会(1880-85年),マンチェスターのチーサム・ヒル会衆派教会(1885-88年),レスターのクラレンドン・パーク教会(1888-94年),ケンブリッジのエマヌエル教会(1894-1901年)。

　この歩みから分かるように,フォーサイスは一流の教育機関で修業した後,リッチュルとモーリスの影響を強く受けた。この影響は彼のドイツ神学と社会倫理への関心に表れている。フォーサイスのもう一つの特徴は,彼の活動の場が学問的世界ではなく,教会,しかも会衆派教会の現場にあったことである。それでも1896年までは教会の信仰よりも一般大衆の理性に訴えかけており,神学においては後期の著作ほど*十字架の神学に力点が置かれていなかった。その福音理解をめぐっては,地区の連盟から除名の決議がされたこともあったが(1879年),後に近代的聖書批評の方法を捨てずに*福音主義の立場へと回心した。その転換に神学的影響を与えた一人が会衆派教会の神学者R. W. デールである。フォーサイスは,ピューリタニズムの伝統を自覚的に継承していたデールを通して十字架における*審判を伴う神の聖性を発見し,社会倫理の問題を教会という場に立脚して考察した。そして,当時の教会,社会,政治問題の本質を鋭く見抜き,その課題克服の道を教会の贖罪信仰を軸にして神学的に思索した。

　フォーサイス神学の出現を世に印象付けたのは,1896年の会衆派同盟総会でなした「聖なる父」(Holy Father)と題する説教である。そこで彼は審判の調べを欠く赦しの神だけを強調する人間中心的神学に警鐘を鳴らした。そして十字架における神の意志,審判,*罪,罪の破壊,そして罪の赦しを,神の聖性において捉えた。神が聖であられるならば,罪は正しく処置されなければならない。キリストは神の聖なる法を満た

すために自由なる意志で審判の中に入られ、そこでも神を神とすることを貫かれ、神の聖性を告白された。その十字架の出来事は、神の義と同時に神の愛と人間の罪を明らかにし、恩寵の中で*悔い改めを人間の心に起こさせる出来事である。神の聖を強調するフォーサイス神学は、当時のさまざまな神学的課題（恩寵なき人間の罪の強調、罪なきキリストの罪告白、物理的人間中心的刑罰代償説）に対して、福音主義的な仕方で説得力のある神学的解決の道を拓いた。

フォーサイス神学のもう一つの特徴は「モラル」（moral）を重んじた点にある。問われていたことは、人格的な神との関係の中で主体的・倫理的に神へと応答する心の*創造がいかにして人間の出来事として起こるかということである。フォーサイスはピューリタン的伝統の中で、神に対するキリストの聖なる御業が、人間にとって主体倫理的応答を回復する出来事であったことに注目し、キリストの働きにおける客観性と主観性を結び付ける贖罪理解に道を拓いた。そこから十字架の出来事を「道徳的贖罪」（moral Atonement）と呼び、*聖餐の出来事も「道徳的実体変化」（moral transubstantiation）と呼び、神の救済行為が単なる物質的な変化ではなく、臨在のキリストによる人格的な回心、新生の出来事に直結していることを明らかにした。したがって、フォーサイスの神学は単なる教理的な形而上学的な考察ではなく、極めて現実的で倫理的な聖書的思索の産物なのである。

さらにこの視点からキリストの御業を創造と終末に結びつけて理解している。神の創造の御業は自由なる意志で神に従う*被造物の創造であり、その完成をキリストの十字架の出来事に結び付けて終末論的展開をした。それを思弁的に提示したのではなく、神の御業が実現している現実を伝え、その責任に生きる人間と社会の形成のために神が創られた教会の意義を訴えた。フォーサイスは、この十字架によるキリストの御業を中心にして、キリスト論、教会論、説教論、祈禱論、サクラメント論、教職論、芸術論、社会倫理、戦争倫理、国家論等、多岐にわたる教会の内外の課題に神学的に取り組んだ。

フォーサイスは1901年からロンドンのニューカレッジの神学校の校長となるが、頼りないお高くとまった教授ではなく、一緒に虎狩に行け

るような心強い存在であった。哲学的観念論の影響を受けたR. J. キャンベルの「新神学」論争においても（1907年），強力な説得力をもって福音の擁護に努め，後に『イエス・キリストの人格と位置』(The Person and Place of Jesus Christ, 1909) を著した。同年イェール大学のライマン・ビーチャー・レクチャーに招かれ，有名な「積極的説教と近代精神」(Positive Preaching and the Modern Mind) を講じた。世界が初めて体験した第一次大戦の衝撃の中でも神学的確信は揺らがず，教会と社会にその使命を訴え，『教会と国家における神学』(Theology in Church and State, 1915) や『神の義』(The Justification of God, 1916) などの名著を著した。

フォーサイスの叙述は学問的形式をとっていないために研究対象に成り難いが，いつの時代でも色あせることのない言葉で満ちている。その言葉は論理的であるよりも詩的であり，豊かなイメージで神の御業の深みに導き，警句に満ちた金言のような言葉で真理を表現している。その魅力の一つは，読者に福音を再考させ，神学として感動させ，臨在のキリストの再発見に導く思索で満ち溢れていることである。　　（森島 豊）

❖参考文献
大宮溥『フォーサイス　人と思想シリーズ』（日本基督教団出版局，1965年）。
A. M.ハンター『フォーサイスと現代』（渡辺省三訳，ヨルダン社，1979年）。
森島豊『フォーサイス神学の構造原理』（新教出版社，2010年）。

福音主義

[英] evangelicalism, [独] Evangelischer Glaube

1.「福音主義」の語源，定義とその基本的思想構造　「福音主義」の語源にある「知らせ・使信」（[ギ] ユーアンゲリオン）というギリシア語は，元来古代ローマ皇帝アウグストゥスの即位を知らせるニュースであった。だが，この言葉は，原始キリスト教運動が生み出した新約諸文書において，イエスや使徒たちにより告げられた救いの「良き知らせ」=「福音」(gospel, good news) という宗教的用語に転用された。だから，われわれが今日「福音主義」という用語を使う場合には，原始キリスト教会から開始された2000年のキリスト教会史において出現した特色ある

思想内容をもった「神学的思想運動」と理解したい。とすれば,「福音主義」の歴史は,当然のことながら,ナザレのイエスの*「神の国」運動と彼の代理贖罪の*死・*復活と*昇天の出来事から発生した原始キリスト教運動との連続性が決定的意義をもつ。例えば,新約学者T. W. マンソンは,彼の著書『宣教者イエス』(The Servant-Messiah, 1953. 邦訳,木下順治訳,日本基督教団出版局,1972年)の中で次のように指摘した。ナザレのイエスは「神の支配」の到来を告げつつ,ヘブライ思想的な「部分が生きる全体的集合体」意識,つまり「集合人格」思想(H. W. ロビンソン)を継承し,自己自身が神より選ばれたダニエル書の「人の子」,イザヤ書53章の証言に基づく「苦難の僕」としての使命感を強めたという。最後にイエスは,十字架の苦難,死,復活,昇天の出来事を経て,「宣べ伝える者」が「宣べ伝えられた者」となり,キリストの体なる*教会,新たな神の民と人類の主とされた。さらに新約学者O. クルマンは『キリストと時』(Cristus und die Zeit, 1946. 邦訳,前田護郎訳,岩波書店,1954年)の中で,イエスの「福音と歴史・教会」理解を土台とした新約文書全体の歴史観を「キリスト教普遍思想」=「*救済史」と呼び,以下の図式にまとめた。「創造-人類-イスラエル-遺りの者-一人の人〔キリストの選びと代理贖罪に基づく救いの福音-棚村〕-使徒-教会-新しき創造である。原始キリスト教の普遍思想は,このような代贖の思想に結びつけられている」。われわれもこの見解を受け入れつつも,微修正を施し,「福音+キリスト教的普遍思想(「キリスト教的集合人格思想」=救済史)+教会」としたい。

以上を総合すれば,「福音主義」とは特定の「福音」理解に立ち,この「福音」が告げる救済を実現する神の「歴史」の過程を眺望し,この視点から方向づけられた「教会形成」ないし共同体形成をめざす「神学的思想運動」である。この基本的定義から出発する。

2. 教会史における「福音主義」(公同的,近代的,現代的)の出現 原始キリスト教運動を「原・福音主義」運動と仮に呼ぶと,教理史家J. ペリカンによれば,その後の地中海世界に拡大した古代カトリシズムによる教会形成により「公同教会=カトリシズム+東方正教会」となった。これを神学思想的に見れば,カトリシズムも東方正教会も,聖書的な

「キリスト教的普遍思想」を保持し,キリストの「選びと代贖による福音」を維持した。だが両教会は,徐々にラテン化・ギリシア化し,原始キリスト教的な「福音と歴史・教会形成」理解から逸脱していった。「福音」が告げる救いが,ローマ教皇制や大主教制により管理された七つの秘跡ないし機密である恵みの手段の体系による「成義」,あるいは「神化」の救いの福音へと変質していった。

A.「公同的福音主義」(Catholic Evangelicalism) としての宗教改革運動(1500-1700)

そこで特に西方の中世カトリシズムの救済論上の変質に対して,ルター派や改革派・英国教会などの各国の宗教改革運動は,聖書を「規制する規範」,基本信条や教父の著作,公会議決定などを「聖書に規制された規範」とする原理により「福音と歴史・教会形成」理解の正しい回復を求めた。その結果,「公同的福音主義」と称すべき宗教改革運動が出現した。ここで「公同性」とは,J. ペリカンによれば「普遍性+自己同一性」の原理である。だから宗教改革運動の「公同性」とは,絶対的な自己同一性である「福音(=キリストの選びと代理贖罪に基づく恵みのみによる*義認と*聖化)+キリスト教的普遍思想(=「最初のアダムから最後のアダムへ」の集合人格的救済史)」ということである。宗教改革型「公同的福音主義」運動は,聖書正典的集合人格思想に立つ「福音と歴史・教会形成」原理により,中世カトリック政教一致世界を改革する成果をあげた。だが皮肉にもルター派,改革派,英国教会は,領邦別ないし国民別の新たな政教一致的国教会を樹立する事態に至った。

B.「近代的福音主義」(Modern Evangelicalism) の挑戦(1600-1870)

各国の宗教改革運動が結果的に,国別の政教一致体制を生み出した現実に失望した新たな「福音主義」運動が再改革勢力として出現した。早くも16世紀に「宗教改革」左派とも呼ばれた「再洗礼派」運動,17-18世紀のルター派国教会内部の「敬虔主義」運動,19世紀前半の北米型自由教会体制下の長老派では「ウェストミンスター信仰規準」(1647-48年)に反対する信仰復興家C. G.フィニーのような「新派カルヴァン主義」運動に,その典型諸例を見る。「公同的福音主義」運動とは異なり,ラディカルに「聖書のみ」の原理を強調し,「*信条」や諸教父の著作の

副次的な規範性を拒否した。フィニーの「福音」はキリストの代理贖罪に基づくが，救済論は個的人格による（1）「再生（新生）」，（2）「罪の悔い改め」，（3）「信仰」，（5）「義認」，最後に（6）「全面的聖化」の救いを説く。だから「歴史」を黙示思想の千年王国説に裏打ちされた，個的人格者たちの道徳的な生き方の連盟史だと見る。「教会」観では「個的人格性は集団の全体性に優先する」と主張し，「集合人格思想」を解体し，近代個人主義による連盟形成の共同体再編論を主張した。この神学的変質を最も的確に指摘したのは，ドイツ敬虔主義研究の大家M.シュミットであった。彼いわく，「〔近代的福音主義の一系譜としての敬虔主義では〕……教会概念はもはや……神のことば，またそれが生きた形であらわされるサクラメント——に基づくのではなく，……再生した者の連合に基礎をおくことになる。教会は個人の再生を根拠とする。……敬虔主義は自由結社，聖書の個人的応用，……たがいに愛の行為によって生きた信仰を実証する義務……を主張する」（Pietismus, 1972. 邦訳，『ドイツ敬虔主義』教文館，1992年，278頁）。要は「近代的福音主義」は信教の自由の確立に貢献したが，主観主義化した「個人主義」を教会と社会に拡散する一因ともなった。

C.「現代的福音主義」（Contemporary Evangelicalism）の出現（1870〜現代）

19世紀後半以後，急激な産業社会化の激流に巻き込まれた欧米社会では，国民が資本家層－中産階層－労働者階層へと社会的に分極化した。そこから社会的な被抑圧感に悩んだ中産・労働者階層が所属した諸教会では万人の救いや*伝道を目指し，ホーリネス運動やペンテコステ派などの「福音主義」諸派の再編が起こった。それら「現代的福音主義」の一例としては，キリスト教伝道同盟のA. B. シンプソンや日本のホーリネス教団の中田重治の「四重の福音」（the Four-Fold Gospel）を取り上げる。中田はその著書『四重の福音』の中で彼の福音理解を以下のように要約した。「……第一〔新生〕は，……犯した罪〔現実罪〕がゆるされ，……次に，内住の罪〔原罪〕のために苦しんでいる人がきよめられ〔聖潔〕……，次に，病より救われる〔神癒〕のもやはり福音である。……さらに再臨は，……全宇宙の生物に対する福音である」（「四重の福音」『中田

重治著作集1』中田重治著作集刊行会,1973年,363-4頁)。

　要は「福音」は「キリストの選びと*贖罪」を土台とするが,現在の三重の救いは(1)犯された「罪の悔い改めと信仰」による「新生」で開始され,(2)原罪から「潔め」られ,(3)み霊により肉体の病気からの「神癒」を受ける。「近代的福音主義」や「現代的福音主義」,特に中田の歴史観では,(4)四番目の福音として,未来の救いは善悪二元論的「再臨・千年王国前説」というダニエル書やヨハネの黙示録的な切迫感ある*終末論が強調された。

　以上を踏まえ三つの「福音主義」を比較すると,(1)救済論では「公同的福音主義」は原罪の赦し(義認)が先行し*聖化が続く。逆に「近代的福音主義」では「新(再)生」が「義認と聖化」に先行し,「現代的福音主義」になると行為(道徳罪)の赦しが「新生」と同一視され,原罪からの「潔め」や「神癒」が強調される。(2)歴史観では,「公同的福音主義」は,「キリスト教普遍思想」の救済史終末論を強調した。だが「近代的」および「現代的福音主義」では,黙示文学的千年王国観のヴィジョンを採用する教派も登場した。また(3)「教会論」では,「公同的福音主義」は,神の民,キリストの身体を強調したが,「近代的」,「現代的福音主義」では回心者の「個的人格的連盟」の共同体と理解される傾向が増大した。

3. 終わりに――公同的・近代的・現代的「福音主義」とエキュメニズム　こうして「公同的福音主義」の神学思想は,「福音(特にキリストの選びと代贖)＋キリスト教普遍思想＋教会」を広汎にローマ・カトリック教会や東方正教会と共有している。だからこれらの諸教派の協力一致をめざす「世界教会協議会」(The World Council of Churches)運動の信仰と職制運動の成果である通称「リマ文書」(1982年)において,*洗礼・*聖餐・*職制という教会論領域で幅広い教理的合意点と相違点の確認を達成することができた。反対に「世界福音同盟」(The World Evangelical Association)は,多くが「近代的」また「現代的福音主義」諸教派が所属する教派連盟型の協力運動である。WEAはどのような神学思想原理によって,その参加諸教派のエキュメニカルな協力が可能となるのであろうか。さらにWCCとWEAの加盟諸教派のエキュメニカルな対話はど

のような「福音主義」思想の原理で可能となるのか。それらを明らかにすることが今後の重大課題である。しかし，そうした諸課題を考えるスタートラインは，本項目が主張しているような三つの「福音主義」の根本的区別と，おのおのの神学思想的な自己同一性を深く自覚することであろう。 (棚村重行)

❖参考文献

J. Pelikan, The Riddle of Roman Catholicism: Its History, Its Beliefs, Its Future (Abingdon Press, 1959).

J. Wolffe, "Evangelicals/Evangelicalism Cluster," in The Cambridge Dictionary of Christianity, ed. by D. Patte (Cambridge University Press, 2010), 393-398.

復活

[英] resurrection, [独] Auferstehung

　復活は大きく二つに分けて論じなければならない。一つは*イエス・キリストの復活，つまり，イエスの十字架上での死から三日目に起こったと聖書が伝える出来事としての復活である。もう一つは一般的復活，つまり，世の終わりにおいてすべての人々に起こる復活，「使徒信条」などで告白される「*体の甦り」であって，これはキリストの復活とは区別されるが，「しかし，実際，キリストは死者の中から復活し，眠りについた人たちの初穂となられました」(Ⅰコリ15:20) とある通り，キリストの復活は一般的復活の先取りの意味を持つので，両者は不可分であるとも言わなければならない。ここでは主にキリストの復活について述べる。「キリストが復活しなかったのなら，わたしたちの宣教は無駄であるし，あなたがたの信仰も無駄です」(Ⅰコリ15:14) とあるように，イエス・キリストの復活こそがキリスト教信仰の要であるからであり，今も述べたように一般的復活にも深く関わっているからである。

　キリストの復活については，それが持つ独特の二重性を弁えておかなければならない。一方で，それは先の聖書の箇所 (Ⅰコリ15:20) から理解されるように，終末論的出来事であり，終わりの日の甦りを先取りするものである。他方，キリストの復活は，この歴史の中で起こった出来

事であると聖書は告げている。復活について聖書は、十字架につけられて死んだイエスの顕現が起こったこと、およびイエスの亡骸が収められた墓が空虚であったことを証言しているが、このことは歴史の中の、したがって、時間的・空間的にも限定されたあるところで起こった。つまり、復活は歴史内の出来事であると同時に、歴史を超えた（というのも、終末は歴史の終わりとして、歴史の彼岸にあるから）出来事でもあるわけである。

ここからまず、復活について語るには通常の人間の言語では不充分だとの認識が生まれてくる。復活は歴史を超えた出来事として人間の完全な把握を許さないので、それについて語るには神話的・象徴的な言語さえも利用される。しかし、だからといって、それが神話や象徴にすぎないものであり、歴史の中で起こったのではないと語ったり、心理学的・内面的現象を語っているにすぎないとしたりすること（ブルトマンの考えが、これに近いと言えよう）は許されない。

同様に、復活に歴史学的方法（のみ）によって接近することの困難も明らかになってくる。歴史的方法が、*トレルチの言うように、蓋然性・類推・相互作用に基づいて判断するというのであれば、この方法によって唯一無比の出来事である復活を扱うことは根本的に無理がある。したがって、*パネンベルクが『キリスト論要綱』（Grundzüge der Christologie, 1964. 邦訳, 麻生信吾ほか訳, 新教出版社, 1982年）において主張したように、復活の確証が信仰によらないで、もっぱら歴史学的に与えられると考えるのは不可能であると言わなければならない。この関連で言えば、復活は単なる蘇生ではないという点にも注意する必要がある。蘇生したにすぎない人間は、また死ななければならないからである。むしろ、イエス・キリストの復活において*死は乗り越えられている。歴史の彼岸であるものは死の彼岸であるものでもあって、人間の通常の認識・理解・言語化の枠に収まり切らないのである。

復活については、それ自体の意味について語ることもできるが、謙卑から高挙に至るキリストの業全体の中での意味を考えることもできる。復活固有の意味ということであれば、復活は十字架の死に至るまでのイエス・キリストの従順に対する父なる神の承認・同意と見なすことがで

きる。復活はさらに、十字架に死んだイエスは悲惨で失敗にすぎない死を死んだ人間なのではなく、むしろ、主であり、その死によって世を贖う真の救い主であることが明らかにされた出来事、つまり、*啓示の出来事であるとも言える。また、すでに触れたように、キリストの復活は終末における一般的復活の先取りとして、一般的復活の保証の意味をも持つ。

　他方、キリストの業全体を踏まえながら復活の意味を理解しようとするのであれば、まず、キリストの業の概要を描くことから始めなければならない。そうすると、そもそも、神に対する人間の関係は*罪によって壊れていたが、イエス・キリストにおいて完全に回復されたわけである。もう少し詳しく言えば、この回復の可能性の基礎は*受肉、つまり、神の独り子が人間となることであって、これによって、人間が子の身分にあずかり、さらには*三位一体の神の交わりの中に生きる道が開かれた。しかも、イエス・キリストは真の人間として、全人類に代わって、本来、人間が神に捧げるはずであった従順を貫き通し、罪に対する裁きの死をも受け入れ、味わった。復活というのは、そのような裁きの死を経験したイエス・キリストが、これまでのものとは異なる新しい生命に甦った出来事である。こうして、「キリストと結ばれる人はだれでも、新しく創造された者なのです。古いものは過ぎ去り、新しいものが生じた」(Ⅱコリ5:17)と語られる現実が開かれた。これによって、人間は「もはや自分自身のために生きるのではなく、自分たちのために死んで復活してくださった方のために生きる」(同5:15)ことができるようになったのである。——このようなキリストの業の枠組みの中で見るならば、すでに明らかなように、復活は罪に対する裁きとしての死を通過し、罪から解放された新しい生命と新しい生に生きるようになること・そのような生命と生の啓示だと言ってよい。

　このようにキリストの復活を捉えるならば、それと一般的復活との間の関係もまた明らかとなる。イエス・キリストの復活において起こったこと・啓示されたことは、一般的復活において起こることでもあるのであって、この復活には信仰においてすでにあずかることが許されているのである。

そして，ここで確認しておかなければならないのは，すでに述べた通り，復活は心理的・精神的なものにすぎないのではなく，身体を持つものだということである。復活において人間の存在は全体として刷新される。そこには魂や理性や精神などといった内面的なものだけでなく，外的なもの，つまり，身体も含まれる。「霊の体」（Ⅰコリ15:44）に甦るのである。この意味で，終末における天地の刷新（黙21:1の言う「*新しい天と新しい地」）と復活とは切り離して考えられない。

　この「身体を持つ」こと，つまり，身体性はまた，一人の人間としての全体だけでなく，集団あるいは共同体としての人間全体にも関わる。言い換えれば，他者との関係の中にある人間という事柄に関しても身体性は重要である。*聖餐にあずかることによってキリストの復活の体と血にあずかるわけであるが，それによって形作られるのは*教会という共同体である。「わたしたちが神を賛美する賛美の杯は，キリストの血にあずかることではないか。わたしたちが裂くパンは，キリストの体にあずかることではないか。パンは一つだから，わたしたちは大勢でも一つの体です。皆が一つのパンを分けて食べるからです」（Ⅰコリ10:16-17）。このことを踏まえるならば，キリストの復活はまた，人間は他者と共にあることにおいて人間であるという，天地創造と，その中での人間の創造において神が意図していた「神のかたち」としての人間性の確認であり，完成であったとも言えるであろう。　　　　　　　（神代真砂実）

✣参考文献

W. パネンベルク『キリスト論要綱』（麻生信吾ほか訳，新教出版社，1982年）。

T. ピーターズほか編『死者の復活――神学的・科学的論考集』（小河陽訳，日本キリスト教団出版局，2016年）。

ブルンナー

Brunner, Emil（1889-1966）

1. 生い立ち　スイス・チューリヒ出身の改革派神学者。1889年チューリヒ近郊のヴィンタートゥールに生まれ，両親とクッターのもとで宗教社会主義運動に触れ，チューリヒ大学でラガツに学んで1914年に「宗

教的認識における象徴的なもの」で学位を取得。12年にはチューリヒのフラウミュンスター教会で按手を受け、ロイトヴィルで牧会を経験するが、これはすぐにトゥルナイゼンが引き継いでいる。その後英国に渡り、二つの高校でフランス語を教えたが、大戦勃発とともに帰国、クッターのもとで牧師補となり、16年から24年までグラールス郡の湖畔の町で教会牧師を務めた。17年にはクッターの姪マルグリットと結婚、この頃バルトとも知り合っている。

2. 初期の神学的形成 1919年から20年にかけて、アメリカのユニオン神学校（ニューヨーク）に留学し、そこでヨーロッパとその教会を相対化する視点を得た。すでにこの頃から、バルトの神学が文化や宗教に対して建設的でないことに疑問を抱き始めており、彼の「絶対他者」という神理解が「受肉した言」という聖書的肯定と不整合であることを批判している。両者はともにキルケゴールに注目していたが、バルトはその弁証法的な神観を、ブルンナーはその主観的な真理観を強調する点でも異なっていた。

21年には『体験・認識・信仰』（Erlebnis, Erkenntnis und Glaube）論文で教授資格を取得したが、その*シュライアマハー批判が当時アメリカで盛んであったジェイムズらの宗教心理学に基づいていたことは神学部当局の不興を買った。*バルトの『ローマ書』第2版（Der Römerbrief, 1922. 邦訳、『ローマ書講解』全2巻、小川圭治ほか訳、平凡社、2001年）やゴーガルテンの『宗教的決断』が出ると、ブルンナーは二人との近さを感じたが、「*弁証法神学」は内容も担い手も未定義であり続けた。22年からはチューリヒ大学私講師を兼任、24年には同大学の*組織神学と実践神学の教授となる。

24年に公刊された『神秘主義と言』（Die Mystik und das Wort）では19世紀の*自由主義神学を主観主義として批判し、27年には『プロテスタント神学の宗教哲学』（Religionsphilosophie Protestantischer Theologie）と『仲保者』（Der Mittler. 邦訳、郡山幸男訳、春陽堂書店、1944年）を出版するが、特に後者は好訳者を得て彼の名を英語圏でも知らしめるものとなった。彼は、一方で*啓示の独一性と出来事性に注目しつつ、他方で神人キリストの*受肉が神の自己開示の理解に決定的であることを強調し

た。28年にはアメリカ東部の諸神学校を講演して回ったが、翌29年に大恐慌が始まると、彼の「危機神学」は預言者的な響きを帯びて多くのアメリカ知識人に受け入れられるところとなった。

帰国後の29年には『時の間』(Zwischen den Zeiten)誌上で「神学のもう一つの課題」を発表し、*教会が第一の課題として*神の言を教義学的に理解することと同時に、その真理を世俗イデオロギーに抗して証言し続けるという第二の課題をも有していることを論じたが、これがバルトとの論争の火種となる。

3.「自然神学」論争 ドイツのプロテスタント教会は、ヴィルヘルム帝政下における事実上の公定教会の地位をワイマール体制で失ったが、33年にナチスが政権を掌握すると、復権の希望をヒトラーに託すようになった。バルトは、アルトハウスやヒルシュらがナチ的な解釈に近い神学構想を発表するに及んで、あらゆる自然神学の試みを斥けるようになる。バルトにとって自然神学はカトリック的な関心事であり、神から自立した存在でありたいと願う罪深い人間性の表れにほかならない。他方ブルンナーは、改革派の伝統に従って創造者なる神の認識と救贖者なる神の認識とを分け、人間には啓示を認識しこれに応答する責任能力が賦与されていることを論じて、バルトの一方的な否定論を批判した。

近年公開された往復書簡によれば、両者は「神の像」や「結合点」といった係争点について以前から議論を交わしていたが、ブルンナーは隣国で起きている神学状況の政治化に顧慮することなく、もっぱら教義学的な関心から『自然と恩寵』(Natur und Gnade, 1934. 邦訳、清水正訳「自然と恩恵」、『ブルンナー著作集1』教文館、1997年所収)を論じて34年に発表した。バルトはこれに断固たる『否!』(Nein! 1934. 邦訳、「ナイン!」菅円吉訳、『カール・バルト著作集2』新教出版社、1989年所収)をもって答え、ブルンナーとの神学的共闘ばかりでなく友情関係をも清算した。ただし、ブルンナーも*自然神学の企てそのものを支持していたわけではなく、次作の『矛盾の中にある人間』(Der Mensch im Widerspruch, 1937)ではバルトに誤解された「啓示能力」に関する神学的人間論を再展開した。

4.「出会いとしての真理」 37年にブルンナーはウプサラ大学で連続

講演を行い、翌年これを『出会いとしての真理』(Wahrheit als Begegnung. 邦訳、森本あんりほか訳、教文館、2006年)という題で出版する。その後も彼は『啓示と理性』(Offenbarung und Vernunft, 1941)や『教義学』全3巻(Dogmatik, 1946-60. 邦訳、熊澤義宣ほか訳、『ブルンナー著作集』第2-5巻、教文館、1997-98年所収)などで出会いとしての真理の神学を掘り下げ、最晩年の63年に大きく加筆して第2版を出版した。同序文に本書は「わたしの神学研究全体の基盤をなす」と記されていることからも、これをブルンナー思想の集大成と見なすことができる。

同書は、キルケゴールの実存主義、エプナーとブーバーの「我・汝」関係、フッサールの人格主義などを要素として、近代神学が前提していた主観客観図式の克服を試みたものである。ブルンナーは、バルトに代表されるような客観主義と、ブルトマンに代表されるような主観主義をともに退け、宗教改革的な言と霊の相互認証という原理に立ち戻り、神と人間の人格関係において「生起する」真理として聖書を理解する。その適用範囲は聖書論や啓示論にとどまらず、三位一体論、予定論、罪論、キリスト論、救済論といった教義学的主題から、教会論、宣教論、聖礼典論、説教論、職制論などの実践的関心にまで及んでいる。

5. 後半生の活動とエキュメニズム 38-39年には、アメリカのプリンストン神学校で客員教授を務めた。はじめ正教授として招聘される予定であったが、ブルンナーの方では家族の移住に、プリンストンの方では彼の非ウェストミンスター的な聖書理解に懸念があり、結局彼はナチの足音を間近に聞く祖国へ帰る決断をする。42-43年にはチューリヒ大学の総長を務め、43年には『正義』(Gerechtigkeit. 邦訳、寺脇丕信訳、聖学院大学出版会、1999年)を出版して国家や法制度の意義に関する社会倫理学的な考察を行い、レプケやオイケンら経済学者と協同して戦後体制の再構築を模索した。46-47年にはギフォード講演に招かれ、その記録を英語で『キリスト教と文明』(Christianity and Civilization, 1948. 邦訳、熊沢義宣訳、白水社、2001年)として出版している。

ブルンナーは、ドイツ語圏の神学者には珍しく*エキュメニズムにも関心を示した。学生時代にはオックスフォードで世界学生会議に出席してジョン・R. モットに出会っており、37年のオックスフォード世界宣

教会議にも出席している。ブルンナーは，海外宣教運動やYMCAなどの非制度的で非教会的な団体にも好意的で，51年に出版された『教会の誤解』(Das Missverständnis der Kirche, 1951. 邦訳，酒枝義旗訳，待晨堂，1963年) にもそれが批判的に表現されている。

48-49年にはYMCAの神学助言者として世界を回り，日本を訪れた。その後彼は，創立間もない国際基督教大学からの招聘に応じ，チューリヒ大学を辞して53年に「キリスト教哲学と倫理」を講ずる客員教授として着任した。渡航直前にフラウミュンスター教会で語った説教によれば，彼はこれを召命と受け止めており，敗戦で荒廃した日本の精神的な再生に尽くす覚悟をしていたことが分かる。献身的な教育は2年にわたったが，妻の健康状態の悪化から帰国を決意し，自身も帰路インド洋上で瀕死の発作を起こした。その後も健康を完全に回復することはできず，彼の『教義学』最終巻は口述筆記により10年後にようやく上梓されている。

当時の日本ではバルトが高く評価されており，共産主義を容認しないブルンナーのヨーロッパ的な常識はさほど歓迎されなかった。彼が無教会を新約聖書的な改革運動と見なして評価したことも，一部のキリスト者に猜疑心を抱かせた。「出会いとしての真理」で主観主義と客観主義の双方を批判したはずのブルンナーであるが，最晩年にはやはりチューリヒ出身のツヴィングリ的な教会理解へと傾斜したと言えるかもしれない。

(森本あんり)

❖参考文献
『ブルンナー著作集』(全7巻，教文館，1996-98年)。

E. ブルンナー『出会いとしての真理』(森本あんりほか訳，教文館／国際基督教大学出版局，2006年)。

A. E. McGrath, Emil Brunner: A Reappraisal (Oxford: Wiley-Blackwell, 2014).

プロテスタンティズム
[独] Protestantismus

1. 概念史 「プロテスタンティズム」(Protestantismus) あるいは「プ

ロテスタント」(Protestantes) という概念はもともと, 16世紀の宗教改革に端を発する福音主義的キリスト教徒たちが用いた自称ではなかった。「プロテスタント」という名称は, 1529年に開かれた第2回シュパイアー帝国議会に遡る。皇帝カール5世は1521年のヴォルムス帝国議会にルターを召喚し, 改革意志の撤回を求めたが, ルターがこれを拒否したために, ヴォルムス勅令を発し, 帝国住民としての権利をルターから剝奪し, ルターに同調する者たちも異端と見なされた。ところがその後, オーストリアが東からトルコ軍によって脅威にさらされたため, カール5世は諸侯の援助を受けるため, 1526年に第1回シュパイアー帝国議会を開き, 帝国内のルター派諸侯に信教の自由を認め, 諸侯が自らの良心に従って領地内の宗派を決定することが可能となった。こうして領邦教会体制の基礎が据えられた。

ところが1529年に開かれた第2回シュパイアー帝国議会では, カトリック勢力が巻き返しをはかり, カール5世も戦局が好転したため, 第1回シュパイアー帝国議会での決議を撤回し, 1521年のヴォルムス勅令を事実上復活させた。そのような決定に対して, 5人のルター派帝国諸侯と14の帝国都市が抗議(プロテスト)を行った。彼らの抗議の主要な内容は以下の言葉に表されている。「ザクセンにおいては, 神の栄光と私たちの救いと至福に関しては, 各々が自分自身のために神の前に立ち, 釈明をしなければならない」(F. W. グラーフ『プロテスタンティズム』野崎卓道訳, 教文館, 2008年, 22頁)。この抗議のゆえに, 彼らは敵対する陣営から「プロテスタント」(Protestantes), あるいは「抗議する者たち」(Protestierenden) と呼ばれるようになったのである。このシュパイアーにおける抗議において注目すべきことは, これが単にローマ・カトリック教会の逸脱に対する批判的・論争的な意義を持っているのみならず, 神の御前で, あらゆる不当な良心の強制に抗議し, 良心の自由を求める積極的な意義を持っている点である (Hermann Fischer, Art. Protestantismus, TRE, Bd. 27 (1997), S. 542f.)。そこに「プロテスタンティズム」の後の展開を支える潜在的力, また本質が隠されていたのである。

ところで, フランスやオランダやイギリスにおいては, 16世紀半ば以降, 「プロテスタント」という名称が自称として定着したのに対し,

ドイツでは、「プロテスタント」という名称が自称として用いられるまでには、かなりの時間を要した。その理由の一つは、「プロテスタント」という名称が、ルター派と改革派の間のプロテスタント内部における相違を曖昧にしてしまうという危惧があったためと思われる。むしろ、彼らは「福音主義の」(evangelisch)、「ルター派の」(lutherisch)、「改革派の」(reformiert)という呼び方を好んで用いた。ドイツにおいては、18世紀の啓蒙主義の時代になってようやく、福音主義的キリスト教の自己理解を表す概念として「プロテスタント信徒」や「プロテスタンティズム」という表現が積極的に用いられるようになった。

2.「古プロテスタンティズム」と「新プロテスタンティズム」 さらに重要なことは、*トレルチが「古プロテスタンティズム」と「新プロテスタンティズム」という概念を用い、18世紀の啓蒙主義以前とそれ以後のプロテスタンティズムを区別したことである。これらの概念はすでに19世紀初期に確認できるが、トレルチはこの区別を明確化し、自らの神学構想に積極的に生かそうとした。トレルチは1906年にシュトゥットガルトの歴史学者集会でなされた「近代世界の成立に対するプロテスタンティズムの意義」という講演の中でこの構想を展開した。それによれば、トレルチは近代世界の出発点を宗教改革に見るのではなく、18世紀の啓蒙主義に見ている。宗教改革と16, 17世紀のプロテスタンティズムは依然として中世的国家教会的統一文化に属しており、トレルチはこれを「古プロテスタンティズム」と呼ぶ。それに対して、18世紀の啓蒙主義の影響によって国家教会的生統一が崩壊し、伝統的なキリスト教の地盤が崩れた。その代わりに、近代的な市民的・資本主義的社会や官僚主義国家が生まれ、合理主義的個人主義という新しい社会学的基本構造の上に成り立つ近代社会が生じたのである。そのようにして、近代世界は*教会の権威から解放され、個人的自律性の世界が芽生え、信仰の内容も、理性の普遍的な本質に由来しなければならなくなった。

このような問題に直面して、トレルチは近代的思考法に耐えうる新しい思想の必要性を感じたのである。そして、まさに新プロテスタンティズムこそが、そのような近代世界の要請に応えうる新しいキリスト教の形態であるとトレルチは理解したのである。フォルカー・ドレーゼ

ンは次のように指摘する。「新プロテスタンティズムはここでは単なる再建を越えて，宗教改革そのものとその直後の時代にとって決定的となった現実とは異なる現実の諸条件のもとで，宗教改革において真価を発揮させられたプロテスタント的原理の自主的な実現を要求する」(Volker Drehsen, Art. Neuprotestantismus, TRE, Bd. 24 (1994), S. 365)。

　トレルチは，近代世界の基礎の大部分がプロテスタンティズムからまったく独立して成立したことを認めた上で，プロテスタンティズムが近代世界の成立に果たした意義を「宗教的個人主義の形成」に見，次のように指摘する。「いまやプロテスタンティズムは，感情ならびに確信の宗教（Gefühls- und Überzeugungsreligion）の担い手たちとの，主観主義的＝個人主義的な，教義のうえで権威に拘束されない担い手たちとの融合を遂行していく。この感情ならびに確信の宗教は，それ以後プロテスタンティズムを，全体として教義上の強制がなく，国家に依存しない自由な教会組織をもち，あらゆる合理的な証明から独立した内的感情の確実性をもつ，良心の宗教（Religion des Gewissens）であり確信の宗教にしたてる」（『トレルチ著作集8』堀孝彦ほか訳，ヨルダン社，1984年，140頁）。このように新プロテスタンティズムは，国家と教会を明確に区別し，学問，文化，政治，経済のような世俗の生活の諸領域の自律性を神学的に根拠づけ，それらの新しい理解と発展に貢献する道を切り開いたのである（Hermann Fischer, TRE, Bd. 27, S. 550）。

3.「プロテスタンティズム」概念の普遍的性格　*ティリッヒはこのトレルチの線を継承しつつも，さらに徹底して，プロテスタンティズムの原理が，宗派や宗教の枠を越えて力を発揮する普遍的性格を持っていることを指摘した。「プロテスタンティズムは，そのすべての具体化のかなたに立っているところの一つの原理を持っている。それはあらゆるプロテスタント的現実化の批判的かつ力動的な源泉であるが，しかしそのどれとも同一ではない。それはいかなる定義によっても固定できないし，いかなる歴史的宗教によっても完全にくみつくされえないものである。それは宗教改革とも，また原始キリスト教とも，さらに何かの宗教的形体一般とも同一視されない。それはすべての文化的形体を超越しているように，それらすべてを超越している。……プロテスタント原理は，

自分自身をプロテスタント的と呼んでいる宗教と文化をふくむすべての宗教的また文化的現実の審判者なのである」(『ティリッヒ著作集5』古屋安雄訳, 白水社, 1978年, 113頁以下)。グラーフも20世紀における「仏教的プロテスタンティズム」や「イスラム教的宗教改革」の存在について言及している(グラーフ, 前掲書, 173頁)。

　さらにティリッヒはプロテスタント原理に内在する自己批判力と自己改革力を指摘している。「……プロテスタント原理は, その名前はカトリックの多数の決定に対抗するプロテスタントたちのプロテストに由来しているものであるが, 制約されている現実のためになされるすべての絶対的主張, したがってたといこの主張がプロテスタント教会自身からなされたものであっても, それに対抗する神的また人間的プロテストをふくむものである」(ティリッヒ, 前掲書, 114頁)。こうして「プロテスタンティズム」という概念はもはや一つの宗派の名称に留まることなく, あらゆる宗派や宗教, あるいはさまざまな世俗の生活領域の枠組みを越えて影響を及ぼす普遍的原理であることが明らかになる。「このような福音主義的キリスト教の自己理解は, 1521年のルターのヴォルムスにおける*信仰告白とシュパイアーでの抗議を思い起こし, もはやローマ・カトリックの教理と実践に対するのみならず, 自らの領域における教会的, 神学的な矮小化の危険に対しても, 宗教改革の洞察の批判的, 解放的な潜在能力を発揮させるのである。……このような(教会に対する)批判的な宗教改革の基本的特徴は, 自己の宗派内部における特定の決断に反対する力を発揮し, 聖書, 教義, 神学, 教会についての新しい理解を解き放ち, その結果, *信仰と理性, 神学と科学, 教会と文化, プロテスタンティズムと政治の新しい関係規定をもたらすことになる」(Hermann Fischer, TRE, Bd. 27, S. 543)。

4.「プロテスタンティズム」の本質　現在プロテスタント諸派はルター派, 改革派, 聖公会, メソジスト派, バプテスト派, ペンテコステ派など非常に多様性に富んでいるが, グラーフはすべてのプロテスタント諸派に共通する三つの神学的要素を挙げる。第一に「聖書のみ」(sola scriptura), すなわち聖書への排他的な拘束。ローマ・カトリック教会が「聖書」と「教会の伝統」という二つの柱によって支えられているのに

対して，プロテスタンティズムにおいては「教会の伝承や実践が聖書において証されている純粋な*神の言葉によってのみ批判され，革新されなければならなくなった」（グラーフ，前掲書，31頁）。第二に「信仰のみ」(sola fide) あるいは「ただ信仰によってのみ」。これによってローマ・カトリック教会における聖人および殉教者たちの功績や，死者たちのためのミサが拒絶される。第三に「恵みのみ」(sola gratia)。すなわち，罪人は神の恵みによってのみ義と認められるのであって，ローマ・カトリック教会が教えるように贖宥状を購入することや何らかの宗教的功績によって神の前に義とされるという考え方が否定される。このように「すべてのプロテスタント諸派は16世紀の宗教改革と，当時言い表されたローマ・カトリック教会に対する根本的な批判に関係している。プロテスタント信徒たちは伝統的に彼らの宗派的な反カトリック主義を通して，強い集団的アイデンティティーを獲得してきた」（グラーフ，前掲書，19頁）のである。

5. カトリシズムとプロテスタンティズム　その上で見落としてはならないのは，ティリッヒが「プロテスタンティズムにとってのカトリック教会の永続的意義」を指摘していることである。ティリッヒは，プロテスタンティズムを「当為の神聖性」に重きを置くキリスト教の終末論的・預言者的類型に分類し，カトリシズムを「存在の神聖性」に重きを置く祭司的かつ聖礼典的な類型に分類する。ティリッヒは「近代のプロテスタンティズムには，教会の本質と意義についての理解が大部分欠けている」ことを指摘した上で次のように言う。「プロテスンティズムが生命にあふれたものとして永続するためには，カトリシズムの不断の感化手段と，その聖礼典的要素の永続的な流れが必要である。カトリシズムはその存在によってだけでも，プロテスタンティズムにその聖礼典的基礎を思い出させる。それなくしては，その預言者的・終末論的な態度は基本，実体，創造的な力のいずれももたないものになってしまう」（前掲書，168頁以下）。それゆえに「個人の宗教的自律性」を生み出す母体としての教会の本質と意義に対する新しい理解を展開することが近代プロテスタンティズムの課題であるということができる (H. Frischer)。

（野崎卓道）

ヘルマン

Herrmann, Johann Georg Wilhelm (1846-1922)

　ヴィルヘルム・ヘルマンはドイツの組織神学者である。1846年12月6日，北ドイツのアルトマルクの牧師家庭に生まれた。1866年より1871年までハレ大学で神学を専攻してトールックのもとに学んだ後，家庭教師やギムナジウム教師を経て，1875年に同大学私講師となった。この時期に出版された*リッチュルの『義認と和解の教理についてのキリスト教的教理』(Die christliche Lehre von der Rechtfertigung und Versöhnung. 邦訳，「義認と和解」森田雄三郎訳（抄），『現代キリスト教思想叢書1』白水社，1974年）に影響を受けて神学を展開したことから，リッチュル学派最大の神学者と呼ばれることになる。1879年にマールブルク大学組織神学教授となり，1917年に退官するまでそこにとどまった。

　初期の著作「世界認識および道徳との関係における宗教」(1879年)以来，ヘルマンの神学を貫いている主題は宗教である。宗教の本質，宗教と学問の関係，宗教と道徳の関係が彼の関心事であった。ただし彼の言う「宗教」とは諸宗教や宗教一般を意味するのではなく，キリスト教信仰を指すものである。彼の宗教理解は神学事典（Realencyklopädie für protestantische Theologie und Kirche, 1905）の一項目として書かれた「宗教」（森田雄三郎訳，『現代キリスト教思想叢書2』白水社，1974年所収）に現れている。

　ヘルマンの主著は，1886年（第2版1892年）の『神とキリスト者の交わり』(Der Verkehr des Christen mit Gott. 邦訳，『基督教の眞髄』石原謙ほか訳，岩波書店，1922年）と『倫理学』(Ethik, 1901)である。同じ時期に書かれた著作に，1887年の「啓示の概念」，1888年の「信仰の真理」，1896年の「信心」，1904年の「イエスの倫理的な教え」（4編とも『現代キリスト教思想叢書2』所収）等がある。

　ヘルマンによれば，人間が神について知ることができるのは，神が人間と交わりをもってくださるからである。その道を開くのは神であり，人間は自らの努力によっては神との交わりを確信することができない。信仰の確信をもたらすものはナザレのイエスという歴史的人物である。

ただしヘルマンは当時の*史的イエス研究に対して批判的な立場にあり，信仰は史的研究によって生じるものではないと考えている。信仰を与えるのはイエスの人格であり，その影響力である。この点でヘルマンは*ケーラーと一致する。しかしケーラーが「歴史的＝聖書的キリスト」を強調したのに対し，ヘルマンにとってイエスの歴史性とは，イエスの史的事実でも，聖書に記されたままのキリスト像でもなく，「イエスの内的生」が歴史の中で信仰者の内的生に直接働きかけるという体験にあった。

この体験は，人間の理性にとって理解できない神秘主義的なものではない。なぜなら，この体験は人間の道徳的な経験の中で起こるものだからである。善を要求されながらも為すことができないという道徳的な苦しみからの解放がヘルマンにとっての救済であり，それはイエスの人格に捉えられることによって起こる。このイエスの人格は，ヘルマンにおける信仰の根拠であり神の*啓示である。人間はイエスを通して神との交わりに入り，道徳的自由を獲得する。

こうしてヘルマンは倫理をもって宗教を基礎づけたのであるが，それはもはやカントが考えたような実践理性の要請という仕方ではなかった。ヘルマンにとって，宗教と倫理は相関関係にあるが，一方から他方が導き出されるものではない。信仰の根拠を，ヘルマンは歴史的啓示としての*イエス・キリストに置いたのである。

このように信仰者の体験や主体性を重んじるヘルマンにとって，神学とは単に所与のドグマを扱うべきものではなく，啓示によって，使徒たちと同じように信仰思想が内に生じて初めて理解されるものである。この意味でヘルマンは，神学を『キリスト教信仰論』(Der christliche Glaube, 1821) として著した*シュライアマハーを「神学の改革者」と称して評価している。

1907-16年，ヘルマンは同僚の神学者マルティン・ラーデとともに『神学と教会のための雑誌』(Zeitschrift für Theologie und Kirche) を編集した。また，この頃からヘルマンの思想に変化が見られるようになり，キリスト論は彼の神学の中心から外れていくことになった。

ヘルマンは1922年1月2日，マールブルクにて死去した。マールブル

ク大学でのヘルマンの弟子で、最もよく知られているのは*バルトとブルトマンである。バルトはベルリン大学留学中にヘルマンの『倫理学』(Ethik, 1901) を読んで深く感銘を受け、ヘルマンの講義を聴くために1908年より3学期間マールブルク大学に留学した。そこでバルトは「キリスト論的衝迫」を学んだという。*リッチュルを激しく攻撃したバルトであったが、リッチュルの線に立つヘルマンについては、後々まで尊敬する教師と呼んだ。ブルトマンは「ケリュグマのキリスト」を強調したために、師であるヘルマンよりもむしろケーラーに比されることが多い。しかしブルトマンの思想は、ヘルマンとかなりの共通点を持つものである。

(長山 道)

弁証学

[ラ] apologia, [英] apologetics, [独] Apologetik

弁証学は、*教義学や倫理学とともに*組織神学の一部を形成し、特にキリスト教の外部世界に対して、キリスト教信仰、神、*教会などの真理性、正当性などを学問的に論証する部門である。「弁証・弁明」(apologia) という用語は聖書 (ルカ12:11, 使26:1, Ⅱコリ7:11, フィリ1:16, Ⅰペト3:15) にも見られ、特にルカ文書は後の弁証学的著述と類似の性格をすでに示しているとも見られる。

キリスト教神学は殉教者ユスティノスを代表とする2世紀半ばの一群の弁証家たちから始まったと考えられ、「*神学は*伝道の娘である」(マルティン・*ケーラー) という表現は弁証学に当てはまる。神学の歴史は弁証学の歴史でもある。弁証学の代表的な例を挙げると、古代ではテルトゥリアヌス『護教論』(Apologeticus, 198頃. 邦訳, 鈴木一郎訳,『キリスト教教父著作集14』教文館, 1987年), オリゲネス『ケルソス論駁』(Kata Kelsou, 244-249? 邦訳, 出村みや子訳,『キリスト教教父著作集8, 9』教文館, 1987年, 1997年), それにアウグスティヌス『神の国』(De Civitate Dei, 413-427. 邦訳, 金子晴勇ほか訳, 全2巻, 教文館, 2014年) を挙げることができる。中世ではトマス・アクィナス『対異教徒大全』(Summa Contra

Gentiles, 1259-64) がある。近代の弁証学の系譜としては、エーミル・*ブルンナーによればパスカル、ハーマン、キェルケゴールの著作が挙げられるが、*シュライアマハー『宗教論』(Über die Religion, 1799. 邦訳、『宗教について』深井智朗訳、春秋社、2013年) を欠かすことはできない。この書は、副題に「宗教を軽蔑する人々の中の教養人に対する講演」とあるように、啓蒙主義以後の近代人に対し、近代的な教養を基盤にしながら宗教の秘義を明らかにし、それを介して実定宗教としてのキリスト教の弁証に努めた。

　啓蒙主義以後、近代的自律的理性が新しい権威として出現したために、従来の教会的な権威や教義の自明性を前提にしたキリスト教神学の主張は懐疑的に見られるようになった。そこでキリスト教の真理性を主張する神学がどこに基盤を求めるかが問われ、倫理的道徳意識が前提とされ、その上に神学を企てる道が模索されたこともあり、また宗教概念の再建を試み、その上でキリスト教の真理性を語ることも試みられた。前者は特にカント主義の思想系譜に見られ、リッチュル学派から20世紀のブルトマン学派にまで継承された。後者の宗教概念の再建によってキリスト教の位置や真理性を弁証する道は、宗教心理学や宗教史を介し、あるいは「宗教的アプリオリ」を語ることで、宗教の揺るがぬ位置や本質を明らかにし、その上で*キリスト教の本質を規定し、キリスト教の優越性や絶対性を示そうとした。そうした試みはシュライアマハーからエルンスト・*トレルチに至るまで19世紀の神学に見られる。その際宗教哲学や宗教史を踏まえて「キリスト教の本質」を規定するのは「弁証学」の課題とされた。弁証学による「キリスト教の本質」の規定に基づき、その本質を義学的な概念によって明確な表現にもたらしたのが「*信仰論」(教義学) であった。したがって、弁証学は*教義学の基礎学をなしたわけである。ただし歴史的な相対的見方が強まると、キリスト教の絶対性でなく、せいぜいキリスト教の最高妥当性が語られるに止まることにもなった。

　しかし教義学の基礎学としての弁証学という位置は次第に困難になった。フォイエルバッハの宗教の人間学的還元の主張や、ニーチェによるキリスト教的道徳批判によって、弁証学が根拠として持ち得ると考えて

きた宗教意識や倫理意識の自明性が成立しなくなったからである。むしろ逆に，それらは*啓示の確かさやそれに基づくキリスト教神学（教義学）によって支えられなければ成立できない状態になった。20世紀になって「神の言葉の神学」と共に「*神の言葉」や「啓示」による神学の出発が主張されたが，それは従来の弁証学を基盤とすることの不可能性に対応している。弁証学と教義学の位置関係はほぼ逆転した。教義学は自らの啓示概念によって成立を図り，弁証学は教義学的な内容を語る「相手」の状況を問う「もう一つの課題」（ブルンナー）に携わることになった。

　エーミル・ブルンナーはこの課題を「弁証学」というより，むしろ「論争学」（Polemik）と呼び，人間が抱えている「問い」を明らかにし，人間が自ら与えているその問いに対する誤った回答を「批判」し，正しい回答へと「成就」させる神学の必要性を主張した。それをまた「伝道的神学」とも呼んだ。同じく弁証学に努めたのは，パウル・*ティリッヒであって，彼の「組織神学」は「問いと答え」の「相関」（correlation）によるもので，哲学的な問いとキリスト教のメッセージを相関させ，教義学的神学を含んだ弁証学的神学として遂行された。「理性と啓示」「存在と神」「実存とキリスト」「生と聖霊」「歴史と神の国」という五つの部分が問いと答えの相関的弁証を表している。ヴォルフハルト・*パネンベルクの「組織神学」も弁証学的な要素を含んでいる。啓示概念の根底に宗教史を置いていることはその現れであるが，彼の「人間学」は神学の基礎学の位置を持っているし，彼の「*自然の神学」は神学を他の諸学問との対話の中に置きながら，その真理性を主張しようと試みている。

　このように見てくると，聖書釈義のほか神学はただ教義学のみであると語り，弁証学のプログラムを徹底して否定したカール・*バルトの立場はきわめて独特なものであったと言わなければならないであろう。

（近藤勝彦）

✢参考文献
近藤勝彦『キリスト教弁証学』（教文館，2016年）。

弁証法神学
[独] Dialektische Theologie

1. 概念・名称 「弁証法神学」とは，第一次大戦後のドイツとスイスのプロテスタント教会に現れた当時最も有力な神学の潮流ならびにその運動を指す。カール・*バルト，エドゥアルト・トゥルナイゼン，フリードリヒ・ゴーガルテン，エーミル・*ブルンナー，ルードルフ・ブルトマン，そしてゲオルク・メルツによって担われた。1923年に創刊され1933年に休刊となった『時の間』(Zwischen den Zeiten)が機関誌の役割を果たした。この神学運動が始まりにおいて一致していた点を，バルトは次のように述べている。「その一致点は，今世紀初頭の新プロテスタント主義の積極主義的・自由主義的，あるいは自由主義的・積極主義的神学に対抗して，そこで聖なるものとして承認されたと考えられてきた人神（Menschgott）をも，共に拒否しつつ，新しく神の言葉の神学を立てるということであった。聖書は，われわれ若い牧師に，やがてこのような神学こそが必要なのだと迫ってきていると思われたし，またこれこそ，宗教改革者たちが一つの模範として育ててきたものだと考えたからである」(Abschied, 1933. 邦訳，「訣別」天野有訳，『バルト・セレクション4　教会と国家Ⅰ』新教出版社，2011年所収)。同じくバルトの後のある手紙によれば(1954年)，「『弁証法的』という表現は人間に対して優越的に出会う神と人間が対話するときの思考の特徴を意味していた」。この新しい神学の潮流は，担い手たちの教師に当たる世代，たとえばアドルフ・フォン・*ハルナックなどと厳しく対立しながら(K. バルト『アドルフ・フォン・ハルナックとの往復書簡』(邦訳，水垣渉訳，『カール・バルト著作集1』新教出版社，1968年所収))，しかしたとえばユダヤ教の神学者M. ブーバーには共感をもって受け取られており，K. レーヴィットなど若い世代の哲学者の強い関心も引いた。

「弁証法神学」という呼称は，バルトの記憶によれば，『時の間』が刊行された年，外部の「ある一人の傍観者」によって名づけられたものであったが(「訣別」)，やがて当事者たちにも用いられるようになった。「『地下』の同労者として加わっていった」(「弁証法神学のどこが誤ってい

るのか?」[1935年])と自ら語っているパウル・*ティリッヒやパウル・アルトハウスも,一時期弁証法神学者の一人として見なされることもあった。ティリッヒが使い始めた「危機神学」という呼称も用いられた。第一次大戦後の全般的な危機意識を背景に,危機が神に対する世界と人間と文化の危機として,とりわけバルトによって神学的な表象として用いられ(『ローマ書』[Der Römerbrief, ²1922. 邦訳,『ローマ書』吉村善夫訳,新教出版社,1967年]),1920年代半ばまでに広く流布することになった。これに対して「神の言葉の神学」という名称は,『時の間』発刊の頃の共通の自己理解を表すものとして当事者たちが使ったものであったが,特にバルトやトゥルナイゼンにはこの呼び方が適切であろう。世界大戦後という時代に発生した特色ある神学とその運動全体を表すものとして「弁証法神学」ないし「危機神学」の呼び名も不適切ではない。

2. 歴史 およそ15年にわたるこの神学運動(1919-33年)は,発生,展開,そして分裂の三段階に分けて理解される(D.コルシュ)。

弁証法神学はバルトの『ローマ書』第1版(1919年)が当時の若い牧師・神学者に積極的に受け止められて始まった(*ブルンナーの書評「カール・バルトのローマ書」[1919年],ゴーガルテンの書評「キリスト者の聖なるエゴイズムについて」[1920年])。1919年秋にドイツのタンバッハで開催された宗教社会主義の大会(バルトの講演「社会の中のキリスト者」[Der Christ in der Gesellschaft. 邦訳,天野有編訳『バルト・セレクション4 教会と国家1』新教出版社,2011年所収])は,この運動の担い手たちの出会いの場となり,弁証法神学運動の始まりの機縁ともなった。1921年(22年の刊行年が付された)のバルトの『ローマ書』第2版の刊行,翌年の『時の間』誌の創刊までが,この神学運動の発生に関わる第一段階である。

第二段階は1924-30年頃で,弁証法神学の展開期に当たる。この時期,この新しい神学の担い手の多くが大学の教職に就き,それぞれの領域での学問的な研究が進展すると同時に,当初から内包されていた考え方の違いが顕在化し,論争も繰り返された。

バルトの立場は「神学の課題としての神の言葉」(Das Wort Gottes als Aufgabe der Theologie, 1922. 邦訳,大宮溥訳,『カール・バルト著作集1』新教

出版社，1968年所収）などにすでに明らかであったが，この時期には神学的思考と表現の形式も変化し，「単なる視点」「一種の傍注もしくは注解」（『キリスト教宣教の危急と約束』1922年）としての神学から体系的な*教義学の形成へ向かっていった（1924年にゲッティンゲンで教義学の講義を開始）。

　この時期のゴーガルテンには「我‐汝哲学」（エブナー，グリーセバハ，ブーバー）の影響による弁証法理解の変化が見られる。神と人間の間の弁証法は今や歴史的・人間学的弁証法に変換した。神思想を考える可能性は彼にとって「まさに時間から，見えるものから，人間の事実上の生活から」の道にしかなかった（『我は三一の神を信ず』[Ich glaube an den dreieinigen Gott, 1926. 邦訳，坂田徳男訳，新教出版社，2010年]）。「神学的人間学の問題」（Das Problem einer theologischen Anthropologie, 1929）へのゴーガルテンの一層の傾斜によって，バルトとの対立は激化した。

　「自由主義神学と最近の神学運動」（Die liberale Theologie und die jüngste theologische Bewegung, 1924. 邦訳，『ブルトマン著作集11』土屋博訳，新教出版社，1986年所収）により弁証法神学の議論に加わったブルトマンは，*自由主義神学によってつちかわれてきた史的・批評的研究方法を放棄しなかった。ゴーガルテンと問題意識を共有しながら，弁証法神学の意義を「人間実存の弁証法に対する洞察，人間ならびに人間の言表の歴史性に対する洞察」にあるとし（「新約聖書学に対する『弁証法神学』の意義」[Die Bedeutung der „dialektischen Theologie" für die neutestamentliche Wissenschaft, 1928. 邦訳，『ブルトマン著作集11』土屋博訳，新教出版社，1986年所収]，20年代のマールブルクでのハイデガーとの実り豊かな交流の中で信仰者の実存を適切に語る概念性を見出した。

　バルトの『ローマ書』（第1版）の意義をいち早く認めたブルンナーはチューリヒ大学就任講演「神学の根拠と対象としての啓示」（1925年）で，*啓示を「すべての理性に対立するもの，反理性的なもの，しかし同時にすべての合理性の成就でもあるもの」として，理性との関係を弁証法的二重性において捉えた。この啓示を根拠とする神学は，「罪により顛倒した知性に対する攻撃であり，人間が自らはもはや何も知らないというところまで思惟を導くこと」として，「生きた神学のもつ本質的に論

争的な性格」を明らかにした。これはやがて「神学のもう一つの課題」（1929年）としての争論学（Eristik）の提唱となり、*弁証学を否定するバルトと対立するに至った。

　ブルンナーと同じくスイス改革派出身でバルトの盟友トゥルナイゼンはバーゼル大学で教鞭をとりつつも牧師職に留まり、神の言葉の神学に立って実践神学の諸課題に取り組み、「教会的神学」のために努力した。

　第三段階は1930年代に入り、33年の『時の間』休刊まで、運動の分化・分裂の時期である。神学的な考え方の相違に加えてヒトラーの政権掌握（1933年）とドイツ的キリスト者運動の台頭は、教会政治的な態度決定を巡っても分裂を余儀なくした。ドイツ的キリスト者信仰運動の中に新プロテスタンティズムの「最悪の産物」（「訣別」）を見ていたバルトは、とりわけゴーガルテンが彼らの側に立つのを見て同じ雑誌に執筆することを拒否し、『時の間』誌自身に「訣別」なる論文を掲載し、弁証法神学運動は事実上終わりを迎えた。相前後してのバルトとブルンナーの間での*自然神学を巡る論争（ブルンナー『自然と恩寵』（Natur und Gnade, 1934. 邦訳、「自然と恩恵」清水正訳、『ブルンナー著作集1』教文館、1997年所収）。バルト『否！』（Nein! 1934. 邦訳、「ナイン！」菅円吉訳、『カール・バルト著作集2』新教出版社、1989年所収）は両者の決定的対立を招いた。

　3. 意義と評価　弁証法神学のかつての担い手たちは、第二次大戦後それぞれの分野において重要な仕事を成し遂げた。彼らの神学と活動は1960年代初頭まで直接に顕著な影響を及ぼした。また彼らのもとで育った新しい世代が、その問題意識を批判的な受容も含めて受け継ぎ、その意味で弁証法神学は間接的に今日までその影響を与えている。弁証法神学が批判的に対峙した自由主義神学の意義を問い直すことや、弁証法神学者の多くがナチズムに抵抗した一方で一部がそれに協力することはなぜ起こったのかというような神学の政治的・社会的連関など、なお問われるべき問題は少なくない。　　　　　　　　　　　（佐藤司郎）

　　✥**参考文献**
　　K. バルト「キリスト教宣教の危急と約束」『カール・バルト著作集1』（大宮溥訳、新教出版社、1968年）。

K. バルト「訣別」『カール・バルト著作集5』(吉永正義訳, 新教出版社, 1986年)。
E. ブルンナー『弁証法神学序説』(後藤安雄訳, 福村出版, 1973年)。

ホモウーシオス

　ホモウーシオスとは, ギリシア語で「同質」「同一本質」の意味である。この語は, 325年の「ニカイア信条」の中で, アレイオス派の主張を退けるために,「御父と御子の同質」を信じるという信仰箇条に用いられた。この語が, 聖書には直接出てこない用語であることや, 御父と御子との質量的な同質性を含意するところから, 逆に従属説的ニュアンスを含むという批判を受けて, 当初は積極的に用いられることはなかった。しかし, その後アレイオス論争が激化すると, かえってアレイオス派の主張を封じ込める鍵語として認識され, 使用されるようになる。

　381年の「ニカイア・コンスタンティノポリス信条」でも, ホモウーシオスという語は用いられて, 御父と御子の同質性が, *聖霊の神性への*信仰告白と相まって, *三位一体論の形成を促すことになる。4世紀のニカイア神学のキリスト論は, このホモウーシオスという語を前提にして展開されることになる。

　アレイオス派は, 御子が人性において苦難を受け, *死を経験したがゆえに, 御子を御父と本質あるいは実体において等しいとは考えることができず, 御子は, 人間の救済にあって特別な役割を果たしたことを認めつつ, 実体的には, 御子は, 御父よりも劣った一*被造物であるとの見解を採った。そこで, アレイオス派は, その後も, 御父と御子とのホモウーシオスを認めず, 御子の従属性, 被造性, さらには, 御父に対する異質性を主張することになる。

　特に, カッパドキア三教父の時代の論敵となるエウノミオスなどの新アレイオス主義者は, さらに思想を急進化させて, 御父と御子との「異質」を強調するようになる。

　アレイオス論争は, 4世紀のキリスト論に大きな分裂をもたらしたが,

アタナシオスやヒラリウスに始まってカッパドキアの三教父に至るまで、この語の意義は継承されて、その後も中世から宗教改革時代、さらには現代神学にまで及ぶキリスト論の鍵語となってきた。

宗教改革者たちは、神論とキリスト論においては、ニカイアの教父たちの信仰に依拠し（たとえば「アウグスブルク信仰告白」第1条）、そのことを明示しながら救済論を展開した。

したがって、現代のプロテスタント神学は、古代教会の公同信仰を継承する宗教改革の神学に掉さす限り、御父と御子の同質（ホモウーシオス）という信仰告白を信仰の土台としている。それは、御子*イエス・キリストがわたしたちと同じ人間の肉体をとりながら、その肉体が持つ存在論的な可朽性が神性を失なわせることなく存在することを意味している。御子の*受肉の奥義を最もよく表す言葉が、御父と御子とのホモウーシオスである。

2世紀半ばのユスティノスに始まるロゴス・キリスト論は、2世紀後半から、グノーシス主義の思想によって、大きな危機に直面する。グノーシス主義は、霊と肉を峻別して、肉に救済の契機を一切認めないばかりか、肉をとった神の御子イエス・キリストの救済論的な価値を貶める思想として古代地中海世界に拡大したために、受肉の神学には大きな脅威となった。

そこで、2世紀から3世紀の教父エイレナイオスやテルトゥリアヌスらは、グノーシス主義を論駁する論陣を張って、受肉こそ*救済史の中心であり、肉をとったものが肉を癒すという神学的主張を展開した。

古代の公同信仰ならびに宗教改革の神学を受け継ぐ神学者（*バルトや*トーランスなど）はいずれも、御父と御子のホモウーシオスによって、キリストの受肉と生涯、苦難と十字架、*復活の出来事の救済論的な意義が十全に明らかになると考える。さらに聖霊には、ホモウーシオスという用語がたとえ適用されないとしても、御父と御子とともに崇められる霊として、人の霊とは明確に区別された神の霊として識別され、*教会を生み出し、御言葉の*説教と*聖礼典に働くという教会論的な広がりを持つことになる。

現代の*自由主義神学は、御子の人性に救済論的な意義を認める傾向

が強く，御子の道徳的な進化に，神の意志への同化という秘義を読み取ることによって，御父と御子のホモウーシオスの意義は後退させる傾向がある。

さらに，ホモウーシオスの積極的な理解が欠落しているところでは，生きて現臨する復活者にして高挙者なるキリストへの信仰が失われ，神学それ自体が，限りなく頌栄性を失うことになる。

トーランスが語ったように，2世紀半ばから4世紀にかけての，ニカイア正統主義神学の形成の見取り図は，神の深い*摂理によって，すでにジグソーパズルのように，すべてがはめ込まれて完成した絵なのであり，パズルの一片をとって分析しても特別な神学的な意義を探り出すことはできない。しかし，ホモウーシオスを含む，ニカイア正統主義の教理の全体は，ホモウーシオスの語と結ばれて，復活者にして高挙者なるキリストの現臨を今も証言し，いわゆる異端説の伝播と受容の砦となっている。

✢参考文献

T. F. トーランス『キリストの仲保』（芳賀力ほか訳，キリスト新聞社，2011年）。

T. F. Torrance, The Incarnation: Ecumenical Studies in the Nicene-Constantinopolitan Creed: A.D. 381 (Edinburgh: Handsel Press, 1981).

（関川泰寛）

ま

メソジスト神学
[英] Methodist theology

　メソジスト神学は一見すれば，捉えどころがない複雑なモザイクである。ジョン・ウェスレーにさかのぼると，*聖餐を重んじる高教会的アングリカン主義，ピューリタンの生活的「聖」への方向付け，カルヴァン的原罪論，モラビア派から学んだルター的信仰義認，神の生に参与する東方教父的聖化，修道的霊性を日常生活で追求するトマス・ア・ケンピスなど，多くの流れが入り込んでいる。どの流れを主体とするかによってメソジスト神学の解釈も形を変える。

　「捉えどころのない」もう一つの原因は，メソジスト神学には信仰信条がないことだ。彼がメソジストの神学のために最も重要視したのは『説教集』であった。*説教は，(1) 教理的偏狭を嫌い，生活・徳・人格というものにキリスト教らしさ（エートス）を求める英国教会の気質に合っていた。説教は，(2) 啓蒙主義の「個人の判断の自由」を重んじ，自ら考えて福音を理解し，生きることを促すのに適していた。説教は，(3) 教理や*信条では表現し尽くせないキリスト体験にふさわしかった。

　説教だけでなく，弟のチャールズが記した讃美歌も神学の媒体となっていたことは特筆に値する。千を超える讃美歌はどれも中身の濃い神学的な表現で歌われている。昨今，改めてメソジスト神学が「プラクティカル・ディビニティー」であることが強調される。これは18世紀の英国教会やピューリタンの表現であり，神学（ディビニティー）は常に霊性と日常的生とに深く結びついていることが意識されている。

　19世紀には英国のクラークによる『キリスト教神学』（Christian Theology, 1835），ポープによる『キリスト教神学総論』（Compendium of Christian Theology, 1871），マイレーによる『組織神学』（Systematic Theology, 1894）と，組織神学をもって神学とする時代もあった。だが20

世紀初めからメソジスト神学はリベラリズムの流れに押され,体系的神学は解体される。マイレーから100年後,オーデンによる3巻の『組織神学』(Systematic Theology, 1987-1992)が出る。彼は混沌とした現代の神学状況を飛び越え,初代教父を多く引用し,他はルター,カルヴァン,ウェスレーに留め,公同教会の古典的正統主義に*教会が回帰することを訴えた。この書をもってメソジストの組織神学書と言えるのは,ウェスレーに流れ込んでいた豊かな教会史の流れのゆえである。

1972年の米国合同メソジスト教会の『教憲』には,ウェスレーに始まるメソジスト神学は「聖書,伝統,理性,経験」四本柱を重んじることが記された。これは単に権威の問題だけでなく,第一の神学的の源泉となる聖書を解釈する道筋である。聖書は聖書によって,伝統と理性,そして経験によって解釈される。となると,特徴的なのは経験であろう。聖書を経験の場に適用するだけでなく,経験の場から聖書を解釈し直す(神学する)という道筋がある。ウェスレーが経験から信仰義認や*キリスト者の完全の教えを考え直したように,第三世界から,またジェンダー問題から神学を問い直すという可能性がメソジスト神学にはある。

メソジスト神学の特色は,第一に,その中核が救済論にある。救いは罪の赦しにとどまらず,原初の神の像の回復,また完成を目指している。救いは,ラニョンが『新創造』(The New Creation, 1998)で打ち出したように,キリスト者の理解・生き方,さらには感情・気質がキリストの似姿に変貌していく。ハワーワスによる美徳の倫理学の強調なども,救いの全人格的実質を表現している。

第二に,神の主導と人の応答である。神人協力説と呼ぶこともあろうが,二者は同時・同等ではない。神の主導がなければ,人は動くことはできない。人の応答がなければ,神の次なる働きはなされない。愛の性質上,神は人に愛を強制しない,神は決定論的に主権を行使しない。明確な応答性から実存を導き出し,その実存的決断の視点からメソジスト神学を見ようとした,C. マイケルソンや野呂芳男がいる。プロセス神学に足場を置くJ. カブが正統的にウェスレー神学を解説できるのは(『恵みと責任』[Grace & Responsiblity, 1995]),この神学が神の主導と人の応答

の上に成り立つ開かれた未来を語ることができるからである。

　第三に、*聖化の強調である。19世紀にメソジストが制度教会の道を進んだとき、英米で聖霊体験を強調するホーリネス運動が展開していく。そこで生まれるホーリネス神学は*聖霊と聖化に特化し、メソジスト神学の持つ全体的なバランスに欠ける。だがそれでも、心と生活の「聖」を神学的に追求することがメソジスト神学の真骨頂であることは否定できない。

　第四に、社会悪（奴隷売買、経済的搾取、貧困、差別）への強い関心、苦しむ者への愛の実践、自ら手を伸ばすボランティア精神、相互扶助などは、メソジストの特色であった。その意味で清水光雄『民衆と歩んだウェスレー』（教文館、2013年）は、メソジスト神学のあり方を的確に捉えている。

　第五に、メソジスト神学は対話性に富んでいる。現代メソジスト神学者の一人ウェインライトによる『対話の中のメソジスト』(Methodists in Dialogue, 1997)は、歴史において多様に分岐してきたキリスト教会を豊かな「一つ」として見るに際して、メソジスト神学がつなぎ目となることを教えている。

　　　　　　　　　　　　　　　　　　　　　　　　　　　（藤本 満）

物語の神学
[英] narrative theology

　物語（narrative）を援護する教会史家G. A. リンドベックは、従来の二つのタイプと比較して物語の神学を強調する。第一は「認知的」(cognitive)ないし「命題的」(propositional)神学である。これは「宗教の認知的側面を強調し、*教会の教理が客観的実在について情報を伝達する命題として機能することや、それについての真理主張を行うものとして機能する」立場である。キリスト教教理が客観的実在を指示するこの立場は古典的であるが、カント以来の啓蒙主義による批判によって現在はあまり有効性を保持していない。第二は「経験‐表出主義的」(experiential-expressive)神学である。これは、前述の認知的立場を批判

的に乗り越えた近代的宗教理解の典型で、歴史的にはF. *シュライアマハーに遡り、最近まで主流になった*自由主義神学で、リンドベックによれば「教理を、内的な感情や態度、あるいは実存的方向づけについての非認知的で非論証的な象徴として解釈する」(G. A. リンドベック『教理の本質』田丸徳善監修、ヨルダン社、2003年、24頁)。この立場では、宗教にとって人間の経験が最も基礎的で、宗教的教理や象徴をすべて経験の二次的「表出」とする。リンドベックがこの二つの立場を超えて提案するのが「文化－言語的」アプローチである。これは、教理や儀礼という宗教的なものを「現実を記述し、信仰を形式化し、内的な態度・感情・情緒の経験を可能にするイディオム（慣用句）」と捉える。「宗教は第一に主観性の現れであるよりは、文化や言語のようにむしろ人の主観性を形成する共同体の現象」とみなす。つまり、体験から表現という順序を逆転し、文化的言語的資源である物語が人間の体験を可能とする。人々は、宗教的枠組みで世界を解釈し、それによって描かれる現実の中で個人的体験を形成していく。この観点に立つと、宗教とは、人間の経験を可能にする「包括的な解釈の媒介あるいは概念の枠組み」と理解される。リンドベックはその宗教経験をさらに言語のあり方と結びつけて物語とする。例えば、人間は何らかの言語を習得しない限り、思考や行動や感情といった人間固有の能力を発揮できない。それと平行して、宗教的であるためには、特定の宗教の言語や象徴体系を習得しなければならない。「宗教的になることは……実践や訓練によって一組の技術を内面化するということである。ひとは宗教的伝統に従って、感じ、行為し、考える仕方を学ぶ」(前掲書、57頁)。要するに、文化－言語的観点から捉えられた宗教とは、個々人に内面化された技術や技能として機能するので、その物語は記憶の共同体を通して受け継がれる。それゆえ、キリスト者になることは、「キリスト教用語で自己や世界を解釈し、経験するのに充分なまでにイスラエル史やイエスの物語を習得する」(佐藤敏夫『キリスト教神学概論』新教出版社、1997年、39頁)。また物語の神学は、モダンもポスト・モダンも超える力を持つが、さらにアメリカの哲学者と神学者の発言に注目しよう。

　カトリックのA. マッキンタイアは、『美徳なき時代』(After Virtue: A

Study in Moral Theory, 1981. 邦訳, 篠崎榮訳, みすず書房, 1993年) で物語を人間理解の上で社会学的還元と実存主義の克服と考える。彼は, 現代社会の問題を官僚主義的制度と情緒的個人主義に見て, 社会科学も実存主義も真の解決を示せず, 人生を統一体として見ることを可能にするのが「物語の方法」だとする。この「物語の道徳哲学」は, 人間を社会の役割で判断する社会的役割論と社会と実存を分離する実存主義と自らを区別する。なぜなら彼によれば, 人生を統一体として見ることを可能にするのは, 人間の意図, 信念, 舞台を他者と関わらせて叙述する長期的な「物語的歴史」(a narrative history)だと考えるからである。この物語的歴史を描くことで, 人間は歴史的かつ社会的になる。人間は, 記憶と*希望に生きる「歴史的主体」でありつつしかも他者との相互作用で試される「申し開き能力」(accountability)(A. マッキンタイア『美徳なき時代』, 126-7頁)を持つ。この歴史的社会的存在は, その物語的自己を常に共同体の物語をその主体性と相互作用の源泉にする。

　次に, メノナイトという平和主義教会に属している神学者J. H. ヨーダーは, その『イエスの政治』(The Politics of Jesus, 1994. 邦訳, 佐伯晴郎ほか訳, 新教出版社, 1992年) で, 聖書物語を証しの生に生かす。その意図は, キリスト者の生活形成で自然法的言語に頼らず, 聖書の報知するイエスの人格と言葉を規範とする。つまり「福音書物語」がそのままで「社会倫理」となる。彼によれば, これが本来の「受肉論の徹底」と考える。*神の言葉は, イエスの人格だけでなくその地上の生の物語に*受肉したのである。ヨーダーは, ルカによる福音書のイエス像を出エジプトの解放の伝承である「ヨベルの年」から解釈し,「メシア・キリスト論」を展開する。この福音書のメシア・キリスト論は, そのメシアとの出会いで人間を自己定義から解放し,「新しい人間の誕生」を促す。このメシア・キリスト論は, 歴史の完成を「十字架の小羊のアガペー」の勝利として告げる。新しい人間の誕生は, このメシア・キリストに従う「弟子性」で実現する。キリストに従う弟子の歩みの中で新しい人間を誕生させ, 既存の価値観と衝突する創造的苦難に参加する。ここでは単純に「犠牲者の声は神の声」ではなく, イエスに従う者の苦難が苦難に値する。彼が提案する生活形成は, 新約聖書の家庭訓にある初代教会の

「革命的従属」を展開する。彼は、そこに「十字架の絶対的アガペーの反映」があるとする。それは、従属的な人々にさらに「自ら進んでその従属を引き受けよ」と呼びかけるが、「自発的従属という逆説的自由の行使によって現在の状態で」歴史を完成すると信じる。この従属的革命は、「小羊の戦い」に参加する。私たちは、ここにもう一つの物語の神学の背景を見る。

ところで、物語の神学は、20世紀後半にイェール大学神学部で教えたジョージ・リンドベック、ハンス・フライなどに師事した人たちから生まれたので、1980年代に「新イェール学派」とも言われた。

1. 聖書物語の特徴 聖書全体が「壮大なノンフィクションの物語」(ケルジー) だと言われるが、それは神の行為が古代イスラエル史とイエス・キリストの生涯に現れたとする歴史的キリスト教信仰だからである。まず、物語という言語から考えたい。「物語」とは「語り手」と「聞き手」がいるという単純な事実にまた説教者と聴き手がいる事実によって成立する。文献学者フランク・カーモードによると、すべての物語は人間が過去の出来事と未来を現時点で一致させ一貫させたいという要求から生じる。物語は、時間に秩序を設けたい要求、さらに目的・終わりを見つけたい要求によって生じる。このような物語がないと、人間の時間は、味気のないサラサラした砂の流れのようなクロノロジカルな時間になるだけで、人間としての意味深い経験は喪失する。しかも、カーモードは、人間の経験そのものに生来の秩序はないと考える。つまり、人間実存は「偶然性」に放置されるので、『聖書の物語の蝕』(The Eclipse of Biblical Narrative, 1974) を記した物語の神学者ハンス・フライは人生と世界を聖書物語に投入してリアリティーを得ると考えた。聖書物語は、これらの秩序要求に明瞭に答える仕方で神の行為を語る。カーモードは「それは、はっきりとした初めがあり、初めにという言葉で始まり終末のヴィジョンをもって終わる。最初の書物は創世記であり、終わりはヨハネの黙示録である」(Frank Karmode, The Sense of a Ending, 1969, p.87) という。これは、聖書物語のもつ解答である。さらに文献学者アウエルバッハの見解で聖書物語の特徴を考えると、彼は、聖書とホメロスを比較して、対照的な二つの世界像に注目する。ギリシア神話や悲劇は、十分

に形を整えられ，その時間も場所も示されすべて均一に照明をあてられる。そこでは思考も感情も明白に表現されすべての出来事はゆったりと進展する。しかし，聖書物語は「物語の目的に必要で限られた範囲の現象を描き，これ以外の一切は明らかにしない。ここでは物語の展開上の決定的瞬間だけが強調され，それに至るまでの経過は無視される」。古代ギリシアの文献が静的なのに対し，聖書物語は極めて動的で決定的な出来事を証しする。聖書の特徴は「一方で場所も時間も状況もまったくリアルで，平凡で，分かりやすい世界を描くが，他方でそこには根底から揺るがされ，変革され，目の前に新しい世界が描かれる」（アウエルバッハ『ミメーシス』篠田一士ほか訳，筑摩書房，1967年，87頁）。つまり，新約聖書の登場人物はイエスの教えや人格に衝撃を受けたゆえにそこに描かれた普通の出来事は，普通でありながら革命的意味を帯びる。なぜなら，神の唯一回の歴史的介入を物語るからである。それに，聖書物語のテキストと読者の関係も独特である。つまりテキストが読者を捕らえて離さないところに特徴がある。それは，文学作品を楽しむ美的経験より，新しい現実の切迫だからである。「それはホメロスの作品のように，ほんの一時のあいだわれわれにわれわれが所属する現実を忘れさせるのではなく，われわれの現実のすべてを克服しようとする」（前掲書，88頁）からである。聖書は，私たちに媚びることなく聞き従わせようとし，服従を拒むなら自らを反逆者と感じさせる。したがって，聖書の物語は権威をもち読者の自己理解に変革をもとめる（前掲書，89頁）。米国デューク大学の新約学者ダン・ヴァイアは，福音書物語の新しい現実の迫る倫理的意味を解明し文献批評学や構造主義を用いて，マルコ福音書がもつキリスト者のあり方の使信を分析した。彼は「時間の理解が，新約聖書の倫理と建設的な倫理の出会う中心点である」と主張した。彼は，物語の時間的構造が人間の実存構造を変革すると考えた。マルコによる福音書の「時の間の物語」は，いつの時代の読者にも弟子の生を教える。物語は，生活形成の独自の貢献である。物語は「内容を伝えながら読者を魅惑し参加させ，時の中で描かれた生き方を可能だという感覚を作る」と言う（Dan O. Via, The Ethics of Mark's Gospel, 1985, p.174）。こうして福音書物語は，神の国への根源的招きを示し，忍耐と希望をもって弟子た

ることを学ばせる。

　S. ハワーワスは，古代イスラエルと*イエス・キリストの歴史に行為者として現れた神を，聖書が人間経験の「偶然性」を救う仕方で物語ると神学的に受け止める。彼の場合は，人間論的必然より，独自な歴史に現れた神を強調する物語の神学的必然性に力点を置く。彼は，人間の偶然的存在がかえって人生を神の賜物と理解させ，支離滅裂な現実を歴史的*摂理として受け止める物語を聖書の中に認識する。その時，キリスト者には*神の国を目指せるリアリティーが生じると考える。このように聖書物語はリアリティーを創造する。さらに，カトリックのヨハン・バプティスト・メッツは，『物語への短い弁明』(S. Hauerwas and G. Jones [eds.], Why Narrative? 1989, pp. 200f.) で，この物語の力を最も発揮する場として*洗礼と*聖餐のサクラメントを暗示する。これで神学と倫理学が信仰共同体と物語を用いる神学的必然性が理解できる。

2. ポスト・リベラルの神学　さらに，物語の神学とその倫理学が背景にするのが「ポスト・モダン」という時代意識である。フランスの社会哲学者リオタールは，近代社会を支えてきた「大きな物語」つまり「理性的人間」や「進歩」という枠組に対する不信感を「ポスト・モダン」と名づけた。またドイツの哲学者J. ハーバーマスは，近代に肥大化した権力や貨幣という非言語的媒体を制限し，人々の自由な討論による合意によって「対話的に構築された生活世界」の再構成をポスト・モダンの課題と考えた。ここで言うポスト・モダンとは，大きな物語の喪失による「人間の主体性」と「歴史意識」の喪失という危機感を表現する。経済学では，記号論で分析されるほど消費生活が高度化した現象をポスト・モダンという。さらに正確に考えるなら，「啓蒙主義のプロジェクト」に基づいたモダンは，特殊な歴史のもつ先入観や限界を克服しようとして，かえって一見安定した普遍的立場の上に「理性的文化」を打ち建てようとしたが重要な歴史的事実を看過した。英国の神学者J. ミルバンクによれば，そのプロジェクトがギリシア・ローマ文化とユダヤ・キリスト教の遺産を複雑に絡めた事実である。しかも啓蒙主義のプロジェクトは，普遍的な「実証的真理」に支えられると偽装する。したがって，「ポスト実証主義」の立場は，近代主義の病根にある前提の克服を

願うが,ポスト・リベラルの神学は,キリスト教信仰と啓蒙主義を両立させようとした文化的妥協を克服する。ポスト・リベラルは,キリスト教信仰を,普遍的だと想定する人間一般の説明でなく,むしろ人間理性の徹底的歴史性から考察する。神学の立場としては,古代イスラエルとイエス・キリストという独特な歴史に忠実な共同体を前提にした神の行為を物語る。ハンス・フライは,このポスト・リベラルの立場で物語の神学を始めた。この神学的主張としての物語の神学に重要なのは,イスラエルの歴史とイエスの物語を記憶する聖書と信仰共同体の言語使用の場である*礼拝などの教会的実践である(Richard Lints, "The Postpositivist Choice," Journal of the American Academy of Religion LXI, No. 4, Winter, 1993, pp. 655-77)。この立場は,新イェール学派のジョージ・リンドベックやデイヴィッド・ケルジーやハンス・フライ,スタンリー・ハワーワスによって代表される。この中でS. ハワーワスは,現代の断片化した社会したがって必然的に暴力的にならざるをえない社会でキリスト者を平和な存在として形成する「性格共同体」としての教会に焦点を合わせる。さらに重要なことは,キリスト教の真理を主張するのに「教会を認識論的に世界に優先させた」点である。この立場を共有する人物に,J. W. マクレンドンとJ. H. ヨーダー,G. H. スタッセンがいる。キリスト教の物語の真理を主張する神学者に共通なのは,ポスト・リベラルの特徴として「ノン・ヴァイオレンス」をしるしとしたキリスト教の物語と生活の認識である(G. H. スタッセン,D. P. ガッシー『イエスの平和を生きる』[Kingdom Ethics: Following Jesus in Contemporary Context, 2003. 邦訳,棚瀬多喜雄訳,東京ミッション研究所,2004年],S. ハワーワス『平和を可能にする神の国』[The Peaceable Kingdom: A Primer in Christian Ethics, 1991. 邦訳,東方敬信訳,新教出版社,1992年]参照)。したがって,物語の神学は,聖書物語の自己同一性と*和解の出来事を軸に平和を証しすることになる。

(東方敬信)

モルトマン
Moltmann, Jürgen (1926-)

　ユルゲン・モルトマンは，ドイツ人プロテスタント神学者である。1926年4月8日，ハンブルクに生まれ育った彼は，17歳の時ハンブルクの破壊を体験した。18歳で陸軍に入隊するも翌年には捕虜となり，ベルギーと英国スコットランドで3年間の捕虜収容所生活を強いられた。その中で彼は神学に接し，十字架の苦悩と*復活による新しい生の*希望を発見した。こうした経験から，彼の神学はその後一貫して現実的かつ連帯的な性格を持つものとなった。また抽象的な理論構築よりは理論と実践の統合を目指し，*神の国とエキュメニカルな神学を志向するところにその特質が見られる。戦後，彼は1948年よりゲッティンゲン大学で神学を学び，ハンス・ヨアヒム・イーヴァント，エルンスト・ヴォルフ，オットー・ヴェーバーなどから影響を受けた。1952年に神学博士号を取得した後ブレーメンのヴァッサーホルストで牧会し（1953-58年），その間に大学教授資格取得論文を完成させた。1957年にゲッティンゲン大学の講師となり，ヴッパータール（1958-64年），ボン（1964-67年）を経て，1994年までチュービンゲン大学教授，現在は同大学のモルトマン・エリザベート研究所所長として活動している。

　主要著書としては，初期三部作に，『希望の神学』（Theologie der Hoffnung, 1964. 邦訳，高尾利数訳，新教出版社，1968年），『十字架につけられた神』（Der gekreuzigte Gott, 1972. 邦訳，喜田川信ほか訳，新教出版社，1976年），『聖霊の力における教会』（Kirche in der Kraft des Geistes, 1975. 邦訳，喜田川信ほか訳，新教出版社，1981年）があり，組織神学論叢として，『三位一体と神の国』（Trinität und Reich Gottes, 1980. 邦訳，土屋清訳，新教出版社，1990年），『創造における神』（Gott in der Schöpfung, 1985. 邦訳，沖野政弘訳，新教出版社，1991年），『イエス・キリストの道』（Der Weg Jesu Christi, 1989. 邦訳，沖野政弘訳，新教出版社，1991年），『いのちの御霊』（Der Geist des Lebens, 1991. 邦訳，蓮見和男ほか訳，新教出版社，1994年），『神の到来』（Das Kommen Gottes, 1995. 邦訳，蓮見和男訳，新教出版社，1996年），『神学的思考の諸経験』（Erfahrungen theologischen

Denkens, 1999. 邦訳，沖野政弘訳，新教出版社，2001年）の6部作が上梓された。

　モルトマンは種々の神学的難題に対して独特の解決を試み，神学的パラダイムに大胆な転換や変革をもたらした。『希望の神学』によって世に知られる以前，彼はまずカルヴァン主義神学を研究し，特に〈神の*予定と人間の自由意志〉に関する問題に解決の光を当て，伝統的予定論の機械論的特徴を克服する道を切り開いた。

　『希望の神学』は既存の*終末論の構造を変えた。本著は『希望の原理』（Das Prinzip Hoffnung, 1959. 邦訳，山下肇ほか訳，白水社，2012-13年）を著したユダヤ系無神論的哲学者E. ブロッホとの出会いを通し，「希望」と「神の国の到来」に焦点を合わせて展開された終末論で，いわゆる未来的・現在的・超越的・実存的・実現した終末論などの諸終末論とは構造的に異なったものとなっている。モルトマンは神の国の本質的構造が「約束と先取り」の中にあると見なし，神の国は現在の中に約束という性格を帯びてあるものと考えた。そのため，キリスト者は神の国を世に具現する責任と召命を受けた存在とされる。神の国に向かい，世の悪と闘争することを主張した本著は，世界各地の民主化運動，人権運動，人種差別に対する抵抗運動，平和運動などに大きな影響を与えた。また，本著はいわゆる政治神学胎動の母体ともなり，後には愛敵精神の政治的実践を要求する平和神学とヨーロッパの平和運動が展開される布石ともなった。

　*イエス・キリストの神人両性に関する問題を通して，伝統的な神性理解に変革を要求した著作は『十字架につけられた神』である。19世紀*自由主義神学はイエスの人性のみを浮き上がらせ，三位一体論の解体やイエス・キリストの贖罪死の否定を招来させたが，モルトマンはその問題性を聖書に基づいて正そうとした。神人両性説の背後にはギリシア哲学以来の形而上学的神概念，すなわち神は受苦できず，不死・不変・不動・無感動なる神という神概念が前提されていたが，彼はこれを誤りとして退け，御子イエスにおいて*啓示された神は愛のゆえに痛み，渇き，苦しみ，死ぬことのできる存在であるということを提示した。

　伝統的教会論のパラダイムに抜本的な転換を要求したのは『聖霊の力

における教会』である。それまでの教会論は，肉体を軽視するギリシア哲学の影響によって*教会を魂の救いの機関と見なす傾向が強かったが，モルトマンは，イエスが人間個人の病の*癒しから正義や平和などの社会的問題にまで及ぶ人と世の全体的救いに具体的に関わるメシアであったという点に注目し，教会がこのメシア的働きを継承すべきことを主張した。

　*神義論にもモルトマンは新しい光を当てた。この問題は，カール・*バルトが「虚無的なるもの」(Das Nichtige) に言及しつつも，悪の起源については十分に説明し尽くし得ないでいたものだったが，モルトマンは『三位一体と神の国』と『創造における神』においてこの問題と取り組み，特にユダヤ教のカバラ的伝統からイツハークの「神の自己限定」(Zimuzum) 理論を援用することで，新たな見解に達した。すなわち，神の*創造は神の全能性を自己限定する行為であって，この神の自己限定があってこそ創造空間は存在し始め，*被造物の自由も可能となり，被造世界に無の可能性が存在するようになったという見解である。モルトマンによれば，神は創造以前に創造によって発生する無への対策を準備された。それは無を克服するための苦難すなわち「十字架」へと向かう神の決定であり，この無の廃棄に対する神の啓示こそが「復活」であった。そして，ここに現された神の恩寵が世における無の可能性を無きものとし，神と被造世界の間にペリコレーシス（相互浸透，相互内在）的な愛と喜びの世界としての「神の国」を造るというのである。

　三位一体論の解釈に決定的な変更を突きつけたのは『三位一体と神の国』である。彼は，テルトゥリアヌスやアウグスティヌスに代表される西方的三位一体論の伝統的解釈が単一神論的傾向を帯びたものであることを批判し，古代教会における三位一体論の本質が社会的三位一体論であったことを主張した。彼によれば，神は一なるお方というよりは，父・子・聖霊として三なるお方である。三位一体なる神は存在の様態（バルト）とも実体の様態（ラーナー）とも表現され得ない。彼はその教理の核心を，ダマスコスのヨアンネスが理解したペリコレーシス概念に従って，三なる神の共在とその働きに関する教えの中に見出した。社会的三位一体論では，そのあり方が家庭・社会・国家・世界の全体におい

て真の生の理想的原型になると解される。

救済論の変革は「万有救済論」の主張をもってなされた。主に『到来する神』(Das Kommen Gottes, 1995. 邦訳,『神の到来』蓮見和男訳, 新教出版社, 1996年) で展開された「万有救済論」は,「万人救済」の可能性と二重審判の可能性が共存するバルトの「万人和解論」を批判的に越えて, 救いの対象を万有にまで拡大させたものである。この理論は聖書に基づいて展開され, これにより終末に対して大きな希望が持てるようになるとはいえ, 一方で伝統的な救済論や終末論の枠を大きく変えるものである上に, *伝道・宣教の必要性を希薄化させる余地もあるため, 慎重な検討が要される。

生態系の破壊による地球への危機意識は生態学的神学や生命神学の展開を促進させた。それはモルトマンの場合『創造における神』によって始められた。本著は従来の人間中心的な神学のパラダイムを, 全被造物を包括する宇宙的な次元へと転換させた。そこでは被造物において内住する神の霊の重要性が示され, 被造世界全体の救いと完成が神の創造の働きの終局的な目的とされる。生命神学の概要は『いのちの御霊』においてさらに展開された。ここでは, 個人の魂や*聖化に焦点が合わせられていたこれまでの聖霊論が総体的に捉え直された。モルトマンはユダヤ教のシェキナ (内住) 思想を手がかりに, 歴史と全被造物に内住される神の霊について, 被造世界を生かすいのちの霊としてこれを叙述した。彼の総体的な生命神学は, 現代のエキュメニカル神学へも多大な影響を与え続けている。

以上のようなモルトマンの神学思想に対する批判は, 総じて聖書解釈に対する彼の恣意性に向けられることが多い。確かに, 彼の神学は聖書を基礎にしているとはいえ, 神の愛や希望が偏向的に強調されるあまり, 神の自由や義, また神の永遠の怒りや二度目の*審判などの教えが犠牲にされるように思われる点などは, 十分考慮する必要があろう。

✤参考文献

J. Moltmann, Weiter Raum: Eine Lebensgeschichte (München: Gütersloher Verlagshaus, 2006). 邦訳,『わが足を広きところに――モルトマン自伝』蓮見幸恵ほか訳, 新教出版社, 2012年。

Myung-Yong Kim, "A World-Changing Theology," A World-Changing Theology, Do-Hoon Kim and Seoung-Gyu Park, eds.（Seoul: PUTS Press, 2015）.

（ナグネ，洛雲海）

ユンゲル
Jüngel, Eberhard (1934-)

　現代ドイツを代表するプロテスタントの組織神学者。新約神学の研究から出発して*組織神学に移り、*教義学、倫理学、宗教哲学、ルター、ブルトマン、*バルト研究など、多方面に優れた業績を残し、今日世界的に最も影響力のある神学者であり、哲学者としても知られる。

　1. 略歴　ユンゲルは1934年旧東ドイツのマクデブルクに生まれた。1953年に最初ナウムブルク、次いでベルリンの神学大学で神学を学び始めた。神学を学ぶ決心に決定的な意味を持ったのは、スターリン主義社会の中にあって、自由に真理に聞き真理を語ることのできる、当時彼にとって唯一接近可能であった場所としての教会の発見であったという(「自伝的スケッチ」『エーバハルト・ユンゲル説教集3　味わい、見よ』佐藤司郎訳、教文館、2002年所収)。ベルリンでは、エルンスト・フックス、ハインリヒ・フォーゲルの指導を受けた。1957年からスイスのチューリヒでゲアハルト・エーベリンクのもとで、同時にバーゼルでカール・バルトのもとでも研鑽を続けた。フライブルクでハイデガーの講筵にも列したが、ユンゲルの神学形成に決定的な影響を与えたのは、この時期のバルトとの出会いであった。1961年、西ベルリンでフックスのもとで博士論文を書き上げ（Paulus und Jesus. Eine Untersuchung zur Präzisierung der Frage nach dem Ursprung der Christologie, 1962. 邦訳、『パウロとイエス——キリスト論の起源の問題の厳密な規定のための研究』高橋敬基訳、新教出版社、1970年)、翌年に組織神学で大学教員資格を取得した（『パルメニデスとヘラクレイトスにおける類比の起源について』[Zum Ursprung der Analogie bei Parmenides und Heraklit])。ベルリンの壁の構築により教授陣を失った東ベルリンの神学大学（Sprachkonvikt）で1961年から「代役」として新約神学を教えていた彼に、1963年から組織神学の担当も課せ

られていたからである。1966年の冬学期チューリヒ大学神学部に招かれ組織神学と教理史を講じ,1969年から2003年に退官するまでチュービンゲン大学福音主義神学部教授として組織神学と宗教哲学を担当した。同学部の解釈学研究所所長を兼務した。また1987-2005年,同じくチュービンゲンの伝統的な福音主義神学寮の寮監(Ephorus)を務めた。ユンゲルはその学問的業績のゆえにドイツの学問と芸術の「勲功賞」をはじめ,数々の受賞歴を持つ。また国内外の学術院会員,名誉教授にも推挙されている。説教者としてもつとに知られ,ベルリン大聖堂の名誉説教者でもある。

2. 著作 前出の処女作『パウロとイエス』は,新約神学の分野での代表作であるとともに彼の神学の出発点ともなった。彼はそこで,イエスの宣教とパウロの義認論を終末論的な言葉の出来事(Sprachereignis)として比較することによりキリスト論の起源に迫ろうとした。これら二つの言葉の出来事が示すのは,それらを可能ならしめる「神の言葉のextra nos〔われわれの外部〕としての人間に対する神の終末論的然り」である。「愛のこの然り」,換言すれば,「神の意志がキリスト論の起源」であった。そこで表明された思想はモノグラフ『死』(Tod, 1971. 邦訳,蓮見和男訳,新教出版社,1972年)において*十字架の神学として提示された(「それゆえ愛は,ただ神の行為の動機であるばかりでなく,神の存在の動機でもある」)。バルト研究として特に以下の二著を挙げることができる。『神の存在は生成のうちにある——カール・バルトにおける神の存在の責任ある語り。一つのパラフレーズ』(Gottes Sein ist im Werden. Verantwortliche Rede vom Sein Gottes bei Karl Barth, eine Paraphrase, 1965. 邦訳,『神の存在——バルト神学研究』大木英夫ほか訳,ヨルダン社,1984年)と『バルト研究』(Barth-Studien, 1982)である。前者は「バルトにおける神の存在の語り」を叙述しつつ,神の存在の三位一体的自己関係の中に対他連関が基礎づけられていることを明らかにし,ブルトマンの実存論的関心をバルト神学に結びつけた画期的研究であった。バルト自身もこれを高く評価した。ユンゲルはバルトから学んだことを次のように振り返っている,「バルト神学は,神を神の啓示の出来事から思惟するように,すなわち神の『世界-への-到来』の出来事から思惟するように

私を促した。要するにわれわれをいっそう深く世界の中へと導く神として思惟するように——その方にとって人間的なもので疎遠なものは何一つない,イエスの人格において人間に,人間が自分自身に近くあることができるよりもっと近くに到来したもうた神として思惟するように私を促した」(「自伝的スケッチ」)。このことはさらに1977年の『世界の秘密としての神——有神論と無神論の争いの中で十字架につけられた方の神学を基礎づけるために』(Gott als Geheimnis der Welt. Zur Begründung der Theologie des Gekreuzigten im Streit zwischen Theismus und Atheismus) で展開された。その他の諸論文は未発表のものも含めて1972年から現在まで6冊の神学論文集としてまとめられている。彼はまた早くから説教者として頭角を現していたが,説教集6冊を通してわれわれは1960年代初頭の東ベルリンの神学大学やマリア教会での説教から2004年までの説教を読むことができる。『キリスト教信仰の核心としての罪なき者の義認の福音』(Das Evangelium von der Rechtfertigung des Gottlosen als Zentrum des christlichen Glaubens, 1998) は義認論の詳細を取り扱い,今日のエキュメニカルな議論に決定的な貢献をなしている。ユンゲルによればこの作品は,神学の専門家のためだけのものではない。福音宣教のために働く牧師・教師,そして信仰を真剣に生きようとしているすべてのキリスト者のためのものでもあると言う。

3. 主著とその神学思想 現在まで8版を重ねている上記『世界の秘密としての神』が主著と見なされてよい。ユンゲルは同書で,近代の無神的な世俗社会の中で神を有効に語る道をキリスト教的真理の内的な力から提示しようとした。

ユンゲルによれば神が有効に語られなくなったのは人がもはやあえて神を思惟しようとしないことの一つの帰結である。形而上学の歴史の終わりの時代,なるほど神は思惟の対象ではなくなったように見える。しかし彼によればそれは見かけであって,この見かけにこそ本書は向けられた。ユンゲルが企てたのは「神を再び思惟することを学ぶ試み」であった。こうした試みは彼によれば現代神学の中で二つの方法でなされている。一つは初めに神を度外視して人間学的な認識方法によって神思想の掘り起こしを行い,それをキリスト教信仰の固有な神理解の枠概念と

して機能させるものである。これは*パネンベルクによって追求され印象的な帰結をもたらした。これに対してユンゲルは方法論的に逆の道を歩む。すなわち神の経験へといたる神の自己伝達の出来事に基づいて神をも人間をも思惟し，そうすることによってキリスト教的真理をただその内的な力からだけ，その普遍妥当性において，唯一の真理として証明することである。神の自己伝達，すなわち*イエス・キリストの十字架の出来事こそ神ご自身が語りうる存在であることを明らかにしているのであり，そこに神を思惟の対象とする可能性が開かれる。それによってまた神を物語ることが神学に許される。そのときわれわれは「神は愛として世界の秘密」であると語っているのである。ユンゲルは，同書の終わりで，*物語の神学の可能性と必然性も明らかにしようとした。それが学問的な*教義学という形態でなされるのか，それとも*教会の実践的遂行にその生活の座があるのか，ユンゲルは未決定なままにしたが，次のように書いて，自らの神学の教会的・実践的性格を明確にした。「私にとって論証的神学の営みは決して自己目的ではなく神と愛の同一性を物語る言葉への奉仕の中でなされなければならないということに疑問の余地はない」（第1版，第2版への序言）。　　　　　　　　　　（佐藤司郎）

✥参考文献

E. ユンゲル『第一説教集』（加藤常昭訳，教文館，2001年）。

予定

[ラ] praedestinatio, [英] predestination, [独] Vorherbestimmung

予定とは，最も単純な仕方で定義すれば，神があらかじめある人々を救いに入れる決定をする，ということである。この定義をさらに詳細に規定していくことで，予定に関わる，いくつかの立場が姿を現すことになる。

一つは，神の決定がなされる「あらかじめ」が，どの時点であるかという問題である。人間が*罪に堕ちる前か後か，ということが，ここで特に議論され，「堕罪前予定説」と「堕罪後予定説」とが生じてきた。

ただ、この両者が、それぞれに問題を抱えていることも指摘されてきたのであって、「堕罪前予定説」に立てば、神は人間が罪に堕ちることを知っていながら放置したと考えられてしまうし、「堕罪後予定説」に立てば、神は人間の堕罪という想定外の事態への対処として予定をした、ということになってしまう。こうして、前者は冷酷な神を描き出し、後者は神の主権性を疑わせる議論になるのである。ただ、堕罪後予定説においては予定が時間内の出来事になるのに対して、堕罪前予定説の場合は、時間の*創造される前、つまり、永遠における予定を考えることになるわけで、時間の無限の延長としての永遠という理解に立てば、上記の問題は不可避であるが、時間を包み込む永遠という理解に立てば、それは乗り越えられなくもない。

次に、神の決定の内容が問題になる。基本的には、ある人々を救いへと定めるのが予定である。これに加えて、他の人々を滅びへと定めるということにもなると、いわゆる「二重予定」になる。ここで救いに定めることを特に「選び」、滅びに定めることを「棄却」と呼ぶことがある。「選び」という概念は、ときに予定と同義として扱われる場合もあり、また、単に神がある人々や事物を何かの目的のために選ぶということだけを指す場合もあるので、意味を適切に規定して用いなければならない。

第三に、神の決定の根拠が問われるであろう。つまり、神は何に基づいて選び、さらには棄却するのかということである。この場合、神が人間の行動（特に信仰をもって神の恵みに応答すること）を予知して選ぶという考え方がある（アルミニウス主義）。しかし、これでは神は人間の行動に基づいて選ぶことになるので、救済には人間も積極的な役割を果たしていると言わなければならなくなる。これはしたがって神人協力説であり、恵みが恵みであることが破壊される。

他方、予定をひとえに神の意志に基礎づけるのは正しいが、それが神を恣意的と捉えることへと展開し、*被造物（特に人間）を単なる操り人形のような存在と捉えることになれば、人間の自由が否定されてしまう。ここには大きく二つの問題があると言えるであろう。一つは、神の意志（あるいは、自由と言ってもよい）と人間の自由とが同一平面上で競合する仕方で捉えられているという問題である。これは神と人間が同一

平面で考えられているのと同じであるから、この世界を超越している神にはふさわしくない論理だと言わなければならない。もう一つは、神の意志が抽象的なものとして捉えられているという問題である。これは神学が宗教哲学に退行するのと等しい。K.*バルトの言うように、キリスト教的認識が真にキリスト教的であるためには、*イエス・キリストから出発する必要がある。予定における神の意志についても、イエス・キリストにおいて*啓示されているのは、人間、さらには被造物に対して恵み深くあろうとする神の意志であって、冷酷であったり、気まぐれであったりするものでは決してない。

　最後に、予定の理解に関して、20世紀に最大の革新的な問題提起をしたのは、上記のバルトである。バルトは予定を第一に神自らに関わる事柄として捉え、*教義学中の神論の中に位置づけた。つまり、予定とは、*伝道が実を結ばないという経験を説明するものなどでは決してなく、むしろ第一に、神が人間および他の被造物に対して恵み深くあろうとする神の自己規定にほかならないというのである。そして、選びと棄却に関しても、それをまず人間の定めとして理解することを放棄して、むしろ、イエス・キリストにおける神の二重の決断、つまり、イエス・キリストが御子として持つ祝福を人間に与え、同時に御子が罪人である人間すべてに代わって*死に、人間に本来ふさわしかった滅びを引き受けるという決断であると理解したのである（バルトの意味での「二重予定」）。なお、バルトの予定論を普遍救済説とする通俗的な解釈があるが、彼が信仰を不可欠と捉えている以上、無理な理解である。こうしたバルトの見解への賛否はともかくとしても、その主張に耳を傾けることなしに予定について論じることは、今日もはや不可能であると言わなければならない。　　　　　　　　　　　　　　　　　　　　　　（神代真砂実）

✤参考文献

K.バルト『教会教義学　神論II/1・2』（吉永正義訳、新教出版社、共に1982年）。

ら

リッチュル

Ritschl, Albrecht Benjamin (1822-89)

　アルブレヒト・ベンヤミン・リッチュルは，1822年3月25日にベルリンの牧師家庭に生まれた。ボン，ハレ，ハイデルベルク，チュービンゲンで神学を修める中で，ヘーゲル哲学と和解論への関心が培われた。またチュービンゲン大学では，バウアの指導下でチュービンゲン学派の影響を受けることとなった。

　リッチュルは1846年にボン大学の私講師となって，新約聖書学および古代教会史を講じ，1850年に『古カトリック教会の成立』(Die Entstehung der altkatholischen Kirche) を著した。この時期に聖書を歴史的に研究したことによりリッチュルは，ヘーゲルの思弁的な歴史哲学を聖書解釈に適用するバウアの方法論では歴史の現実に即すことができないという限界を認め，チュービンゲン学派を離れて調停神学へと接近していく。また，ヘーゲル学派が分裂し影響力を失っていくのに伴って起こったカント復興の趨勢の中で，リッチュルも神学からヘーゲル的な形而上学を排し，カントの思想に近づいていくこととなった。

　1852年にボン大学准教授となり，その翌年からリッチュルはさらに信条学と教理史および*教義学，5年後には倫理学をも講義した。宗教改革に関する研究は，主にこの時期からなされたものである。1859年には同大学の正教授となった。その際に書かれた「神の怒りについての論文」には，キリストの受難による*和解や神の怒りに対する否定的な見方が現れている。

　1864年にリッチュルはゲッティンゲン大学より招聘を受けて教授に就任し，生涯ゲッティンゲンにとどまった。同大学では，「価値」概念を哲学の議論に導入した同僚の哲学者ロッツェに触発され，リッチュルも宗教的認識を価値判断として捉えるようになる。

1870-74年に全3巻にわたる主著『義認と和解についてのキリスト教的教理』(Die christliche Lehre von der Rechtfertigung und Versöhnung. 邦訳,「義認と和解」森田雄三郎訳(抄),『現代キリスト教思想叢書1』白水社, 1974年)が出版された。第1巻は教理史的研究, 第2巻は聖書学的研究, 第3巻はリッチュル自身の見解を著したものである。リッチュルにとって*義認とは, 神との交わりに罪人たちが入れられるという神の愛の意志であり, ナザレのイエスにおいて*啓示された歴史的出来事である。そして和解とは, 個々の信仰者が神の愛の意志, すなわち*神の国の実現に信頼して, そのための務めにつくことが可能にされるということである。神の国は人間が召命を与えられた職業活動と徳の形成へ倫理的に努力することを通して実現されると考えるリッチュルの理解には, カントの道徳的な神の国概念の影響を見て取ることができる。リッチュルがキリスト教を, 宗教と道徳の二つの焦点を持つ楕円として捉えたことはよく知られている。こうしたリッチュルの思想は, 1874年の『キリスト者の完全性』(Die christliche Vollkommenheit. 邦訳, 森田雄三郎訳,『現代キリスト教思想叢書1』所収)にも凝縮された形で表現されている。

聖書と宗教改革の研究に基づきつつ, 歴史学と近代的合理性をも採り入れたリッチュルの神学は, 同時代人に広く受け入れられた。19世紀末は, 西ヨーロッパが文化的に安定していた時代であった。また世を席巻していた進化論が当時の楽観主義を後押しした。人類の歴史は, 進歩と繁栄へと向かっていくものと捉えられていたのである。こうした風潮の中でキリスト教も, *終末論を強調するよりも時代の必要に応え, 社会を倫理的に指導することが好まれた。リッチュルが得た名声はこうした背景を持っている。

リッチュルの直弟子は多くなかったが, 著書を通してリッチュルの影響を受けた人々がリッチュル学派を形成した。代表的な人物として, *ヘルマン, *ハルナック, カフタンを挙げることができる。この学派は1870年代後半から80年代にかけて, ドイツ神学の主流をなした。

その後リッチュルは敬虔主義研究に着手し,『敬虔主義の歴史』全3巻 (Geschichte des Pietismus, 1880-86) を出版した。1889年3月20日ゲッティンゲンにて死去した。神学者オットー・リッチュルは息子である。

リッチュルの死後，彼の神学は影響力を失っていった。一方では一層ラディカルな歴史批判的研究が，他方では合理的な倫理主義よりも神秘的な宗教体験の研究が求められるようになったためである。さらに*弁証法神学の出現により，リッチュルは激しい批判にさらされることになる。ドイツが第一次世界大戦に敗れたことにより，19世紀末の楽天的な世界観が打ち砕かれると，リッチュルの神学は人間中心的なものとみなされ，ドイツ語圏の神学は再び神中心・キリスト中心であることを志向したのである。リッチュルの神学は英語圏においてより長く影響力を保つことになった。

リッチュルに対するこうした評価は，深く印象づけられたまま今日に至っている。しかしキリスト教信仰を同時代の文化に受容される仕方で表そうとし，信仰と倫理の関係を解明しようとした点で，リッチュルの神学はなお評価されるべきものを持っている。　　　　　（長山　道）

律法と福音
[英] law and gospel，[独] Gesetz und Evangelium

ルターによれば，十戒に代表される基本的な道徳律法は，市民の社会的秩序を*罪の破壊的な力による混乱から守る防波堤として，「市民的，政治的用法」（usus civilis sive politicus）を行使している。しかしルターは，この律法の市民的用法を第二の位置に置く。律法の最も重要な用法は，罪を暴露し糾弾し，その結果キリストを求めざるをえなくさせる用法である。罪を犯す以前のアダムにとって神の戒めは満たしうるものであり，喜ばしいものであった。しかし堕罪の状況がこの事情を一変させる。もはや人間は神の戒めを満たすことができない。律法はこの人間の根源的な罪を暴露するものになる。律法がなければ，人間は自分の悲惨な状況を認識することができない。強烈なスポットライトが照射されて初めて，罪に囚われている人間の奴隷状態が，その濃厚な陰影をあらわにする。隠れていた罪の姿は律法において増大する。律法なしに根源的な罪に気づかず過ごす者は，あたかも自覚症状のない病人に等しい。

これは罪認識をもたらす神学的用法とも呼ばれるが、単に罪を糾弾して終わるのではなく、キリストへと教導するという意味合いを含み持っているので、「罪の糾弾的、教導的用法」(usus elenchticus sive paedagogicus) とも呼ばれる。律法に対立する福音の新しさを再発見し、律法との対立軸を鮮明にした点にルターの功績がある。

ルターの真意を曲解し、排他的に福音に集中するあまり、反律法主義に陥ったのがアグリコラである。それに対してメランヒトンは律法の意義を高調する。救いとは単に肉を殺すことだけではなく、霊による新しい生の始まりである。神は新たに生まれた者を神の呼びかけのもとに置き、十戒の指令によって新しい生にオリエンテーションを与える。これが「律法の第三用法」(tertius usus legis) の始まりである。その結実は「和協信条」第6条として表れ出る。

このメランヒトンの踏み出した小さな一歩の重要性を見抜き、十戒をキリスト者の感謝の生活として展開したのがカルヴァンである。『キリスト教綱要』第2篇 (Christianae Religionis Institutio, 1559. 邦訳、渡辺信夫訳、新教出版社、2007年) の表題は「キリストにおける贖罪者としての神の認識について。最初父祖たちには律法のもとで、次いで私たちには福音のもとで明らかにされたもの」となっており、救済史的順序を踏まえて律法は旧約に、福音は新約にあてがわれている。しかし「ジュネーヴ教会信仰問答」(1542年) で十戒は「使徒信条」の後に位置づけられる。「使徒信条」は、福音に基づいた神へのまったき信頼を教え、十戒は、私たちの従うべき神の聖なる意志に基づく規範と指針を与える。この並べ方にカルヴァンの独自性が表れている。神の戒めはキリストの救いの中に含まれており、そこでは信仰者にとっての新しい生活の指針として、律法の第三用法が前面に登場してくる。律法と福音はキリストにおいて頂点を迎えるただ一つの恵みの*契約の二つの現れ方であり、強調点は両者の対立ではなく、その現れ方の違いにある。

しかし、こうした違いにもかかわらず、カルヴァンが強調したいことは、律法が約束の形態を持っており、あくまで「キリストのもとへ導く養育係」(ガラ3:24) であって、律法も福音も一つの契約のもとにあり、旧約の民と新約の民とは同一の約束を受け継ぐ神の民だということなの

である。そこから出てくることは、十戒は新約の民にも依然として有効な神の指令だということである。カルヴァンは十戒の前文、神の自己紹介文を重視する。「わたしは主、あなたの神、あなたをエジプトの国、奴隷の家から導き出した神である」(出20:2)。そこに言われていることは過去のイスラエルの民にのみ関わっている事柄ではなく、現在のわれわれにも関わっている。神が御子を送り、*聖霊を遣わしてくださったのは、罪と*死の奴隷状態にあるわれわれの魂を自由へと解き放つためである。その意味で律法は、旧約と新約から成る一つの*教会に恵み深い神が与えてくださった契約の規律なのである。ここに「律法と福音」の順序を「福音と律法」へと逆転させて捉える改革派モデルが誕生した。リベルタンたちの反律法主義に対して、カルヴァンはエレミヤ書31章31-34節とマタイによる福音書5章17-20節を典拠に、キリスト者にとっての律法の規範的意義を高調する。十戒は、キリスト者の新しい生活の指針として、神の命令(訓令)という本来の機能を発揮する。

現代において律法と福音の主題を再活性化させたのは、K. *バルトである。バルトの提示した命題は、*イエス・キリストは唯一の*神の言葉であり、その内容によれば福音であり、その形式によれば律法であるということである。バルトはガラテヤの信徒への手紙3章17節にある、律法が約束に続いて起こったとされるその430年という期間を重視する。モーセに先立ってまずアブラハムの契約があったのである。したがって律法は福音に必然的に続いて起こるものである。十戒(律法)が契約の箱(福音)の中に納められているように、律法は福音の中にあり、そこから分かたれない。バルトによれば両者の関係は、「律法は恩寵をその内容とする福音の必然的な形式にほかならない」となる。

このバルトに対してまっ向から反論を企てたのがルター派のW. エラートである。どのような神の語りもすべて恵みであるというバルトの先鋭的な命題では、律法が無能化され、神の*審判のリアリティが失われてしまう。恵みの普遍性という幻想はバルトの根本的な誤りである。これに対してエラートは律法と福音、裁きと救いのリアルな弁証法に固守する。律法を最初から福音の中に吸収してしまうのでは、罪を明るみに出す役割が消失してしまう。律法がたえず告発するからこそ、惰眠をむ

さぼる罪人もキリストの異なる義へと追いやられる。

　律法の普遍性を説くこのエラートとは違って，同じルター派の教義学者P. アルトハウスは，福音の普遍性を存在の原事実として，遡って考えるべきだとする。福音は単に人間の罪に対する神の応急処置ではない。それは神と人間との起源的な関係を意味している。人間の根源的な罪はこの起源的な福音からの脱落である。その意味で福音は律法の後になって初めて現れるのではなく，むしろ律法の前に位置づけられる。この意味でバルトが「律法と福音」を「福音と律法」に逆転したことは事柄としては正しい。しかしアルトハウスはさらに厳密に，従来の「律法と福音」の二項定式を，「誡命（Gebot）－律法（Gesetz）－福音」の三項定式へと拡大する。最初に来る誡命は原福音の命令である。

　新約聖書では律法が否定的な意味と肯定的な意味との両義性において表現されている。パウロにとって律法は本来，霊的で聖なるものである（ロマ7:12）。しかし罪の奴隷状態に陥った者にとって律法は呪いである。キリストはこの否定的な意味での律法の終わりとなってくださった（ロマ10:4）。それ以来，キリスト者の生活は一変する。愛に生きることこそ，律法の成就である（ロマ13:10, ガラ5:14）。今や「キリストの律法」（ガラ6:2）が福音を生きるキリスト者の倫理となる。キリスト者は「キリストの律法を生きる者」（Ⅰコリ9:21）である。アルトハウスは，否定的な意味での律法（Gesetz）に対して，肯定的な意味での律法を「誡命」（Gebot）と呼んで区別する。この用語の区別を基にして，アルトハウスは誡命→律法→福音という三段階を提示する。

　(1) 誡命（Gebot）は堕罪以前の原状態においてすでにあったものである。初めにあったものは神の愛の提供であり，それが人間の*創造となる。神は人間をご自身の形にかたどって造られた。それは，神との人格的な交わりへと向けて，愛の対象として命にあずかるように造られたということである。

　(2) ところが，堕罪によってこの事情が一変する。人間の不服従により，誡命（Gebot）は律法（Gesetz）に変わる。誡命において，「わたしをあなたの神としなさい，わたしの愛の中を歩みなさい」という単純な命令であったものが，律法においておびただしい禁止命令へと分裂す

る。誡命において人格的な呼びかけであったものは、律法において一般的な規則や法則のようなものとなる（律法の市民的用法）。律法の禁止命令は人間の隠れた貪欲を引き出し、倍加させる。それによって人間の根本的な転倒が暴露される（律法の糾弾的用法）。

（3）しかし幸いなことに、この律法を取り除くために福音が到来した。福音の到来によって律法は再び誡命になる。神の愛への応答は、残存する罪の力との戦いなしではない。福音的勧告はしばしば当為（汝なすべし）によってなされる。しかしそれは、福音によって新しくされた存在（Sein）に基づいての喜びの当為（Sollen）であり、神の意志への人間の意志をもっての一致と服従である。

アルトハウスの一つの問題は、神の誡命を生ける神の声として、書かれた文字としての律法から切り離す場合に、結局聖書そのものから離れることになりはしないかという点である。生ける神の声をわれわれは書かれた文字としての聖書とは別のところに求めるべきではなく、むしろ聖書テクストに固着し、それを説き明かす福音的勧告としての*説教においてこそ、それを聴くべきではないだろうか。

「ハイデルベルク信仰問答」（1563年）は、メランヒトンとカルヴァンの神学から生まれた果実である。そこではまず問2-3において、罪の糾弾的、教導的用法としての律法理解が示される。しかしこの信仰問答の特徴は第3部にあり、「使徒信条」（福音）に対する感謝の応答として十戒（律法）と主の祈りが取り上げられる。そこでは律法の第三用法が見事に実践的に展開されている。　　　　　　　　　　　　（芳賀 力）

✤参考文献

K. バルト「福音と律法」『カール・バルト著作集5』（井上良雄訳、新教出版社、1986年）。

W. Elert, Gesetz und Evangelium, in: Zwischen Gnade und Ungnade (München: Evangelischer Presseverband für Bayern, 1948).

P. Althaus, Die christliche Wahrheit. Lehrebuch der Dogmatik, 8.Aufl. (Gütersloh: C. Bertelsmann, 1969).

ルター派神学
[英] Lutheran theology

　マルティン・ルターによって起こされた宗教改革運動は紆余曲折を経て『一致信条書』(1580年) においてその神学的立場を明確に示した。それをもって福音主義陣営に属する教会間の共通の土台となし，また20世紀後半から今日に至るまで盛んに展開されてきた諸教会（教派・伝統）間の対話をするときのルター派の立脚点としてきた。「使徒信条」「ニカイア・コンスタンティノポリス信条」を含む三つの主要信条と，16世紀に書かれた「アウグスブルク信仰告白」とその「弁証」「小教理問答」「大教理問答」「和協信条（梗概・根本宣言）」等七文書とから成る。その根本にあるのがルターの神学であることは言を俟たない。

　実存的な魂の葛藤から救いを求めて聖書を探り，遂にその中に，特にローマの信徒への手紙1章16-17節や詩編その他に聴き学ぶことによって福音の再発見に到達したルターがそうであったように，ルター派神学の最も特徴的な教えは深い罪認識と「恵みのみ」「信仰のみ」のスローガンで知られ，「主要にして第一の教え」と呼ばれる義認論にある。それは神論と人間論，キリスト論と聖霊論，教会論はじめすべての教理と結びついている。

　伝統的な*三位一体の神概念を受け継ぎながら，神は本来の業である愛を怒りの仮面の下に隠して*啓示されると説き，その神を「隠された神」(Deus absconditus) と呼ぶ。その神はキリストの受難と十字架において自らを啓示する。人間の被造性と*罪のゆえに自らの力では救いの神を認識できず，スコラ神学のように理性や思弁で到達できないために，ただ神の側からの*イエス・キリストを通しての一方的な啓示によってのみ可能となる。十字架の死という最も神らしくない形で神は自らの本質を啓示する。「啓示された神」(Deus revelatus) である。そのような神の啓示を受け止める信仰を生じさせるのが*聖霊である。

　神への反抗である罪に堕ちた人間は，ヒューマニズムが期待するようにその宗教的努力や理性，意志によっては義と認められ救われることに貢献はできないし，中世スコラ神学で想定されていたように神の恵みに

協力もできないとルター派は説き、罪を赦されるためには、キリストの十字架の死による*贖罪という一方的に差し出される神の恵みによるほかはない（恵みのみ [sola gratia]）と教える。救いは「われわれの外から」(extra nos) との立場を固守する。その恵みを受け取るのが信仰である（信仰のみ [sola fide]）。

なお、神の前で罪赦された人間（義人）は、洗礼を受けた後もなお罪の力に晒されるので人間の前では依然として罪を犯し続ける人間（罪人）である。「義人にして同時に罪人」(Simul iustus et peccator) とルターが喝破した人間理解はルター派において継承されている。完全な意味で義とされるのは終末における完成を待たなければならない。

贖罪の力を持ち、義とするキリストのわざは、人間を罪に囚われている状態から解放し、さらに神との交わりと隣人愛また愛の奉仕へと解放する。救いを獲得するための功績としては善い行いは役に立たないが、ひとたび義と認められ、救いの約束に入れられたならば、「愛の奉仕」「善い行い」へと解放され、促され、新しい生活が始まる。

そのような罪からの救いと新しい生の贈与という救いを可能にするのは、イエス・キリストにおいて神性と人性とが結合しているからである。贖罪の前提はキリストの人性であり、属性の交流（communicatio ideomatum）という概念がここで機能する。さらには救うキリストと救われる人間の間での、罪と赦しの「喜ばしい交換」がそこに起こると説明する。その鍵が信仰なのである。

このように信仰がきわめて中心的な位置を占めるが、ここでいう信仰とは外的な善行に代わる、もう一つの人間主導の内面的な行為ではない。人間の主体性や責任性の表れとしての信仰ではなく、あくまでも聖霊を通して与えられる神からの賜物という理解に立つ。

聖霊は、個人としての義とされる者を生み出し、育てるだけでなく、*教会を集め、強め、宣教へと派遣する。御言葉とサクラメント（聖礼典）という「恵みの手段」を通して信仰者に救いをもたらす。サクラメントは*洗礼と*聖餐の二つだが、罪の告白と赦しの宣言も重視する。聖餐におけるキリストの現臨（リアルプレゼンス [real presence]）を信じ、象徴説を採らない。幼児（嬰児）もまた洗礼の恵みにあずかり得ると教え（幼

児洗礼），また堅信前の小児陪餐も実践している。

　福音の宣教のために召し出されたのが教会である。それは「全信徒の集まり」であって，その中で「福音が純粋に説教され，サクラメント（聖礼典）が福音に従って与えられる」と言い，教会の本質と一致の要件とを最小限に絞り込んでいる。これらの務めは教会全体に託されたものである。信徒とは洗礼によってキリストと合わされたものだから，キリストが祭司であるからすべてのキリスト者も祭司である（全信徒祭司性）と教える。正規の召しを受けた按手を授けられている教職者（牧師）がその会衆に御言葉と*聖礼典でもって仕える。

　神とこの世との関わり方に関するルター派の教えは，長く「二王国論」という表現で知られてきた。王国という時，そこには空間的なイメージが避けられず，キリストの国とこの世の国は対立関係が強調され，一方に属すれば他方には疎遠になると考えがちであるし，後者に否定的になる傾きがあった。しかし，ルターの真意は，神は霊的な権威と世俗的この世的な権威の双方を用いて，人間が住む一つの世界を二通りの方法で統治されるという点にあった。霊的な統治のために福音が語られ，世俗的統治には平和や正義，公平を実現し，すべての人間が尊厳をもって生きていけるようにするために被造世界を創造的に整えることが課せられている。この世の秩序維持という概念だと，固定的現状肯定的，ときには抑圧的という印象を与えかねない。伝統的な政治，家庭，教会という「三つの身分」の考えを改め，20世紀のルター派の神学者D. ボンヘッファーは政治，労働，結婚と教会の「四つの委任」という概念を案出し，動的な，それゆえ人間の責任が重んじられる捉え方を提起した。二王国論は圧政への服従も結果すればレジスタンス運動の根拠にもなり得たことは記憶されてよい。

　霊的統治は世俗的な権威によらず，教会に託された福音の宣教（御言葉とサクラメント）のみによる。しばしば福音による霊的統治を神の右手のわざ，律法による世俗的統治を左手のわざと呼ぶ。今日は「二世界統治説」(神のこの世界に対する二つの統治の教説）と呼ばれることが多い。

　ルター派の神学装置に「律法と福音」というものがある。神からの賜物は*神の言葉を通して与えられるが，それは律法として，また福音と

して人間に提供されるという（ある聖句は律法であり、他のものは福音ということではない）。ルター派にとって福音はしばしば罪の赦しと同義語であるが、律法は伝統的に異なる用法があるとされてきた。第一の用法は、あらゆる多様性を備えたすべての人間が共に人間らしく生きる公共の世界に、神の望まれる正義と平和、人間の尊厳、被造世界の環境保全をもたらし保ち発展させるための責任を促し、方向性を示す。当然ながら、この律法は信仰の有無を問わずすべての人が対象であり、神は律法を通して彼らを用いながら統治する。

　第二の用法はよく知られた神学的用法で、御言葉によって人間に神の前での己の罪深さに気づかせ、*悔い改めと罪の赦しを求める信仰へと導く。第三の用法という表現には賛否両論あるが、救いの約束に入れられて新しいいのちを生きようとする者への導きがある。「キリストの律法」と呼べばよいか。

　ルター派はエキュメニカル運動に熱心で、ヨーロッパでは神学的対話を重ね、改革派・合同教会と「ロイエンベルク一致協約」（1973年）を、聖公会とは「ポルヴォー共同声明」（1993年、英国・スカンジナビア）や「共同の使命に召されて」（1998年、アメリカ。邦訳、聖公会・ルーテル共同委員会編、教文館、2008年）等を結び、フルコミュニオンの関係に入った例も多い。ローマ・カトリック教会とは画期的な「義認の教理に関する共同宣言」（1999年。邦訳、ルーテル／ローマ・カトリック共同委員会訳、教文館、2004年）を発表するに至った。その成果の上に両教会は、『争いから交わりへ——2017年に宗教改革を共同で記念するルーテル教会とカトリック教会』（一致に関するルーテル＝ローマ・カトリック委員会、2013年。邦訳、ルーテル／ローマ・カトリック共同委員会訳、教文館、2015年）を刊行した。宗教改革500年記念ではヴァチカンとルーテル世界連盟が合同礼拝を行うところにまで至った（2016年）。　　　　　（江藤直純）

　❖**参考文献**
　徳善義和『キリスト者の自由——訳と注解』（教文館、2011年）。
　倉松功『ルター神学とその社会教説の基礎構造』（創文社、1977年）。
　江口再起『神の仮面——ルターと現代世界』（リトン、2009年）。

礼拝

[英] worship, [独] Gottesdienst

　キリスト教的な礼拝は神を神とし, 神だけに栄光をお返しする*教会の行為である。礼拝は*三位一体の神の御名において行われるのであり, 三一論的な性格を持つ。父は「霊と真理をもって礼拝する者」を求めて (ヨハ4:23), ご自分の民を招集なさる。神の民はキリストに結ばれ, キリストの体としてキリストのものを受け, キリストと共に自分自身を献げる。*聖霊において神の民は一つに結ばれて父に近づくことができ (エフェ2:18), 霊的な賜物を与えられる。神の民は父に対するのと同じように, 御子と聖霊を拝みたたえる (「ニカイア・コンスタンティノポリス信条」)。

　1. 賜物としての礼拝　礼拝は教会の行為だが, 礼拝は神に対する教会の奉仕であるのにまさって, 教会に対する神の奉仕である。*イエス・キリストの十字架上での死によって, 礼拝の形は180度転回した (ヨハ2:13-22参照)。キリスト以前の礼拝は民が神に近づこうと試みる行為であった。民は神に犠牲を献げ, 神を喜ばせ, 神の恵みを得ようとした。キリストは大祭司として, ただ一度ご自身を献げることによって犠牲奉献としての礼拝を終わらせ (ヘブ7:27), キリストのゆえに与えられる恵みの賜物をただ感謝してお受けする礼拝を創り出してくださった。礼拝において神はご自身を現し, ご自身の救済行為を現実化してくださる。宗教改革の神学は義認論から礼拝を捉え, 礼拝が神のわざ (opus Dei) であることを改めて強調した。

　2. 言葉による礼拝　礼拝は神の招集によって行われる。神は礼拝の主として臨在し, 集められた民を*説教と*聖餐という恵みの手段を通してもてなしてくださる。神礼拝は, 第一には神のこのもてなしをお受けすることによって成り立つ。神の民は神の口から出る一つ一つの言葉によって生かされ, それ以外のものによって生きようとせず, また生きることができない (申8:3, マタ4:4)。*神の言葉による命に徹する。積極的な受動性である (ルカ10:39参照)。このことによって, わたしたちは自分の存在そのものを通して神を神とすることになる。

　神礼拝は, ただ第二のこととしてのみ, 教会の能動的な行為である。

説教と聖餐による神の語りかけは，わたしたちの応答を期待し，また引き起こす。わたしたちは祈りと賛美と献げものをもって神に応える。だから礼拝は「わたしたちの愛する主ご自身がご自身の聖なる御言葉によってわたしたちと語り，わたしたちもまた祈りと賛美を通して主とお語りすること」(M.ルター「トルガウ説教」)，すなわち，神の語りかけとわたしたちの応答である。わたしたちは神を神としてたたえ，神の恵み深さに感謝し，神のご意志への服従を表す。礼拝において「犠牲」の概念を拒絶しなければならないわけではない。しかしまた，わたしたちにとっての真の犠牲とは，「ただ一度，ご自身をいけにえとして献げて」くださったキリストである。わたしたちが献げるのは，感謝の献げもの，「賛美のいけにえ」(ヘブ13:15)にすぎない。

3. 人格的な礼拝 宗教改革の礼拝は御言葉の礼拝である。礼拝は言葉によって形作られ，言葉が神と会衆との関係を作る媒介となる。その際に重要なのは，(1) 聖書が朗読されるだけでなく，説教されることである (ルター「会衆の礼拝式について」[Von ordenung gottis dienstes ynn der gemeine, 1523. 邦訳，青山四郎訳，『ルター著作集第1集第5巻』聖文舎，1967年所収)。ミサ典礼だけでなく，聖書朗読と祈りによって行われる「教会の祈り」(聖務日課，時祷)も儀式化する。信仰は語りかけによって引き起こされるのであって，「主ご自身がわたしたちと語る」生きた言葉としての説教がどうしてもなされなければならない。(2) また，聖餐が説教によって解き明かされつつ，福音に従って与えられなければならない。可聴的な御言葉が先行して初めて，聖餐は可視的な御言葉となり，神が語りかけてくださるための手段となる。(3) さらに，公の祈りが会衆によく分かる言葉でなされ，会衆が「アーメン」と応ずることができるようにしなければならない (カルヴァン「祈祷の様式」[La Forme des Prières, 1542. 邦訳，渡辺信夫訳，『キリスト教古典叢書8 カルヴァン篇』新教出版社，1959年所収)。

礼拝は，神と会衆との具体的なコミュニケーションでなければならない。すなわち，会衆は説教の聴聞において，神ご自身が自分自身に語りかけてくださると理解し，語っておられるのは福音の神であると認め，一人の人格として応答するように招かれていると知るべきである。

礼拝は心に関わる。外的にできることではなく、内面的なことである。儀式としてではなく、語りとして行われる、人格的な事柄なのである。礼拝が礼拝となるために決定的に重要なのは、自分自身が語りかけられること、聞いた言葉に対して、自分の心の中で反響が起こり、心が共鳴することである。そこから、祈り、賛美、*信仰告白が生まれる。それこそが、「わたしたちもまた、主とお語りすること」である。反響・共鳴は自分からは生じない。必ず外からの響き、外的な言葉によって引き起こされる。しかし、反響が起こるとき、確かに自分自身が音を発している。ここに、最も積極的な受動性がある。

4. 終末論的な性格 礼拝において今ここでの神の現臨と救済行為にあずかるとともに、礼拝は終末における*神の国の祝宴の前味を味わうことでもある。終末において救いが完成し、わたしたちは顔と顔とを合わせて神を見、永遠の神をたたえ、礼拝しながら生きることになる。地上での礼拝は、神の国での礼拝の先取りである。地上の礼拝が天上の礼拝につながり、現在の礼拝が将来の永遠の礼拝につながっていることを思うとき、現在の地上での礼拝が、すべての造られたものによる礼拝になっていないことに、悲しみと畏れを覚えずにはいられない。神は地の果てからすべての人を招いておられる。今礼拝している者たちは、まだ神を知らないでいる者たちのことをいつも心に留めながら、全世界を代表して礼拝する。それゆえ、説教はいつでも伝道説教の性格を帯び、教会の壁を越えて世界に向かって語りかける。また礼拝の祈りはいつでもとりなしの祈りを含むのであって、世界を包む祈りとなる。

5. 礼拝と生活 神の民である教会がすべての人に開かれた仕方で行う公的な礼拝を公同礼拝（リタージ、典礼）と言う。公同礼拝以外にもさまざまな礼拝がある。教会の一部の者たちが集まる祈禱会、特定の年齢の者たちに配慮して行う教会学校の礼拝、学校、病院、施設などでの礼拝である。キリスト者の家庭は家庭礼拝を献げるし、個人の祈りの生活もまた小さな礼拝であると言える。これらはすべて真の礼拝であるが、これらの礼拝が礼拝であるためには、公同礼拝に根ざし、支えられていなければならない。

神の語りかけはわたしたちのうちに信仰を与え、礼拝における祈りと

賛美を引き起こすだけでなく、わたしたちを*聖化し、御言葉に従い、神の栄光を現す新しい生活へとわたしたちを派遣する。祈りと賛美が礼拝行為であるように、御言葉によって形作られる生活そのものも広い意味での礼拝である。ここからさらに「主の日の礼拝」と「週日の礼拝」、「エクレシアの礼拝」と「ディアスポラの礼拝」という言い方がなされるようになった。その際、世俗社会における新しい信仰の形として、後者ばかりを強調して語られることが多いが、公同教会の意義が弱められてはならない。週日のディアスポラの礼拝もまた、主の日のエクレシアの礼拝に基づいて初めて成り立つものである。

6. 礼拝と神学 教会はその誕生の時から礼拝を献げてきた。教会の*信仰告白は、礼拝における賛美や祈りの言葉から、また説教の積み重ねから生み出されてきた。そこからさらに教理的な考察が展開してきた。生きておられる神への生きた礼拝が先にある。現に祈りを献げているお方に対する信仰的な探求が後から続く。だから、「祈りの法は信仰の法」(lex orandi est lex credendi) と言われてきた。礼拝の現実を無視して理性的な考察のみで行われる時に、神学は疑わしいものとなる。むしろ神学はいつでも礼拝に由来し、祈りと賛美に至るものでなければならない。 　　　　　　　　　　　　　　　　　　　　　　　　(小泉 健)

❖**参考文献**

V. ヴァイタ『ルターの礼拝の神学』(岸千年訳、聖文舎、1969年)。

R. アバ『礼拝――その本質と実際』(滝沢陽一訳、日本基督教団出版局、1961年)。

J. F. ホワイト『キリスト教の礼拝』(越川弘英訳、日本基督教団出版局、2000年)。

わ

和解

[ギ] カタラゲー, [ラ] reconciliatio, [英] reconciliation, [独] Versöhnung

1.「和解」は，神と人間の関係や交わりの樹立を意味する。聖書の典拠としてはコリントの信徒への手紙二5章14節-6章2節，ローマの信徒への手紙5章10節，同11章15節などがある。パウロは救済の根拠としてイエスの死による*罪の処断を語り，その救済を主として「義認」という用語で表し，そのための福音の宣教について語った。その際，義認と併行させて「和解」という用語も使用した。この語は聖書の伝統的用語というより，むしろ異教地域において一般に理解しやすい用語として異邦人に救いを語るときに用いられたと考えられる。和解においては，神と人との関係の破れが前提にされ，その破れを克服し，関係樹立が行われる。その関係樹立を遂行する主体は誰か，また人間はその関係樹立の中にどのように入れられるかなどが問題になる。和解概念は，*教義学の中で定着しているとはかならずしも言えない。元来，教義学において和解という用語が使用されたとしても，それは控えめであった。用語の使用方法に不明瞭な点がなおあり，神学的な困難や混乱も付随している。

2. 和解が神学概念として使用されたのは，19世紀のヘーゲル右派フェルディナント・クリスティアン・バウアとその弟子たちによってであった。彼らは，神と人との和解をすべての宗教の中心と見なし，和解概念の中に宗教が実現すべき課題の最も深く内的な意義が含まれていると考えた。その後，アルブレヒト・*リッチュルが宗教一般の構造としての和解でなく，キリスト教的福音の理解として「義認と和解」という仕方で和解概念に重要な位置を与えた。リッチュルはその際「義認」を「罪の赦し」と同一視したので，義認が開始を意味し，そこからイエスの宣教において目的とされていた神の国の将来に向けた運動が理解された。そこで義認よりむしろ和解が，神の国へと至る運動の中心として理解さ

れ，和解概念がリッチュル神学の中心に登場した。敬虔主義の評価をめぐってリッチュルと対立したマルティン・*ケーラーも和解概念を重視した。さらに和解論を大きく展開して神学史に決定的な影響を与えたのは20世紀のカール・*バルトである。彼は和解を「破られた契約の回復」として，*イエス・キリストにおける神の救済行為の包括的な概念として使用した。バルトの和解は，救済の包括的な概念としてキリスト論ならびにキリストの職能論によって主導されたもので，その和解論にはキリスト論，キリストの三職能論の他，罪論，教会論，救済論（*義認，*聖化，*召命），さらにキリスト者の*信仰，*愛，*希望の議論も含まれた。したがってここでの和解は，救済論の中の一項目ではなく，救済の全貌を包括する大概念として打ち出されている。その後ヴォルフハルト・*パネンベルクも「世の和解」という項目を立てて，和解の遂行を救済史的に理解した。和解と救済史の結びつきを示す点で，パネンベルクはバルトよりむしろケーラーを評価する立場に立った。こうした和解の神学史があるが，それでも神学史全体を見渡すと，和解概念の中心的役割に反対する「静かな合意」（O. ヴェーバー）があると言われる。それだけ神学的な複合的状況の中にあって和解はなお整理を必要とする神学的概念である。

3. 和解論の教義学的な位置づけの難しさは，和解は一方では，神と人，あるいは神と世の関係樹立として，神の救いの御業の獲得に関わる事柄であり，その意味では召命，*義認，*聖化，再生，子とされることなどと共に救済論（soteriology）に属すると考えられる。しかし和解は，義認や聖化に比して，救済論の中でかならずしも確定的な位置を持ってきたわけではない。これに対し，他方で和解には，それを成立せしめる神の業としての贖罪論と同一視される方向で扱われる面もあった。実際，和解については*ルター派神学ではキリストの祭司職の観点から，改革派神学ではキリストの仲保者の職務の観点から扱われてきたと言われる。これは和解論を贖罪論として理解していることを意味する。しかしその場合，和解を構成する人間の側の応答的な面，神との和解に入れられる人間とそれを遂行する*聖霊の御業が十分に考察されないままになる。和解の特徴は，神と人との関係樹立として，神の主導的な働きと

人間における救いの獲得との両面が含まれるところにある。

4. 和解概念には、神の主導的な働きと、人間における救いの獲得、あるいは和解へと人間が入れられることの両面が含まれるが、中世における悔悛の考え方では人間の活動によって神の怒りが宥められ、神が和解されると理解された。中世の充足説的贖罪論がこの面を特に表現したが、ここでは神が和解を受ける仕方で受動的に位置すると考えられた。しかしパウロにおける和解の箇所に従えば、和解を主導するのは神ご自身であって、神はさらに「和解の使者」を派遣もする。聖書の証言に従えば、和解の主体として主動的な働きをするのは神であると理解されなければならない。

神の和解の主導的働きはキリストの十字架における神の働きとともに、人間が和解に入る際の働きも神の主導性によることが認識されるべきである。*イエス・キリストにおける神の働きは、贖罪論の主題である。神の贖罪の働きは和解の不可欠な前提であり、また和解の客観的な条件である。和解の客観的な条件や前提として贖罪がなければならないということは、和解の前提にある神と人との分離における罪の問題が無視できないからである。和解が神からの運動でなく、人間からの運動と捉えられる場合には、どうしても罪の問題は軽視される。キリストの十字架における神の働きについては、贖罪の項で扱われる。

5. 人間の側に和解が獲得されるということは、人間が神の交わりの樹立の中に入れられることであるが、それは信仰により、聖霊なる神の主導的な働きによる。神の和解の行為に対する人間の応答の行為も神の側からの働きかけによる。人間が神との和解に入れられることは、キリストに根拠づけられ、義認と罪の赦しを信仰によって受け入れ、信仰者における聖霊の働きによってもたらされる。パウロの証言によれば聖霊を受けることと*洗礼を受けることとが結びついているから、洗礼によってキリストにあって「アッバ、父よ」と叫ぶ御子の霊を受ける。こうして和解に入れられることと神の子とされることとは同一である。

したがって和解を主導する神の働きとして、父、子、聖霊の*三位一体の神の働きを語る必要があるであろう。三位一体の神の主導的な働きによって三位一体の神との和解に入れられるのであり、そこにはキリ

ストを長子とする神の子のあり方が含まれている。

6. 和解はその伝達をめぐって救済史の重大部分を構成し，*終末論とも関係する。贖罪→義認→和解→神の国という関連に立つ。和解とその目的である神の国との関係は別項目に委ねる。ここでは和解の遂行について，和解と宣教（説教）の関係について記さなければならない。和解の根拠と中心はイエス・キリストの十字架の死の中にある。しかしまた和解の出来事は使徒的奉仕を用いて進行していく。「神は，キリストを通してわたしたちを御自分と和解させ，また，和解のために奉仕する任務をわたしたちにお授けになりました」（Ⅱコリ5:18）と言われる通りである。使徒的な「和解の奉仕」は，*伝道として，洗礼や*説教の働きとして進められる。和解の出来事はキリストの十字架の出来事としては唯一回的な出来事であり，それは神との和解に入れ，最後の*審判に備える終末論的な救済の出来事であった。しかしそれには伝道と洗礼と説教が続く。キリストにおける和解の出来事は，それ自体完結的で，無媒介的にあらゆる時代に直結しているのでなく，伝達される。説教は解釈学的な意味で「言葉の出来事」であるだけでなく，救済史的な意味で和解の出来事の遂行である。

（近藤勝彦）

和解と終末／十字架と神の国

[英] reconciliation and eschatology / cross and kingdom of God

1. 和解の出来事は，それだけで完結して閉ざされた出来事ではなく，終末の出来事と関係づけられている。終末の出来事はまた和解の出来事の中に予兆を示しているとも言えるであろう。そこに和解と終末の関わりをめぐる神学的考察が可能であり，また必要でもある。

人間と世界に対する神の和解の出来事は，とりわけキリストの十字架における神の業である。それは*救済史の一大転回を画した唯一回的な決定的な出来事であった。その意味ではその後のすべての時代の人生と世界に効力を及ぼす出来事として終末論的な出来事であった。しかしそれは同時にそれだけで完結した将来を持たない出来事ではなく，「和解

の奉仕」を通して人々に伝えられ，到来する*神の国の中にその完成を待つ出来事でもあった。すでに決定的に起きた和解の出来事から，いまだ待ち望まれている終末の神の国の完成の時までに，救済史的な中間時が切り拓かれ，「和解の奉仕」のための使徒的な*伝道がなされる。キリスト教信仰は，*創造から*和解へ，そして和解から終末の完成へと，一筋の神の経綸の働きが進行するのを信じている。

2. 神の経綸の働きが一筋の道であると言い得るのは，創造の神と和解の神が同一の神であり，また和解の神が終末の神の国の完成をもたらす神であるからである。古代ギリシアの思想やグノーシス主義においては，創造の神と救済の神とは同一でなかった。創造は「デミウルゴス」と呼ばれる一段劣った神の業と考えられた。そうなると創造された世界は本質的に邪悪な世界と考えられた。その結果，救済は創造された世界の中には到来せず，この世界を脱出したところに求めるほかはなくなる。創造神と救済神の二元論は，この創造世界と救済の二元論になり，創造と救済の終末における完成を希望することはできなくなる。

3. 終末が和解の完成であることは，和解が神の国のまったき到来の中で完成されることであり，そこには個人的なことだけでなく，集団的なことも，さらには*被造物の全体も含まれる宇宙論的な表象として考えられる。

その上で，完成としての神の国は，ただ創造の始めへの回帰と言うことはできないであろう。創造された世界に*罪や*悪の問題が生じ，それをキリストの十字架における神の救済の働きが克服し，その救済の完成として神の国が到来するとき，それは単なる初めへの回帰ではなく，二度と繰り返されない一筋の経綸の働きの完成と考えられなければならない。被造物は和解を通して真に完成される。アウグスティヌスの言い方によれば，始めの創造には*死の可能性があった。そして実際，本質の堕落ではないが，意志の堕落が生じて，死は必然になった。しかし最後の完成においては*審判をくぐって，*永遠の命に至ることによりもはや死ぬことのできない「最高善」に到達する。彼の場合にも最後の完成は始原への回帰ではなく，悪とその結果を克服した高次な次元での完成として考えられている。そこに神が創造に発する経綸を経過の形で進行さ

せる意味もあるとされる。

4. 和解と終末における完成の間に相違を見て，そこに中間時を認識することは，和解の中に終末の予兆を見ることはあっても，まだ完成に向けて開かれていると見なすこと，したがって排他的な意味での現在的終末論や実現した終末論を主張することはできないことを意味する。将来的終末論が残されている。終末の到来，神の国のまったき到来まで伝道の中間時が残されている。完成した和解の出来事がそれ自体であらゆる時代に同時的に関係するのでなく，時間の経過の中で伝達されなくてはならない。決定的な終末論的出来事であった和解が救済史の進行の中に入っていく。「和解の奉仕」としての伝道，*洗礼，*説教が不可欠になる。

5. 和解の中にすでに神の国の力が働いていると言うことはできるが，また神の国の到来は和解に基づいてもたらされるとも言わなければならない。イエス・キリストの十字架と神の国の関係で言えば，イエス・キリストの十字架には神の国の到来が関係していたが，神の国はキリストの十字架に基づいている。十字架のキリストと*復活のキリストが同一のイエス・キリストであるように，最後の審判のキリストも同一のキリストである。「イエス・キリストは，きのうも今日も，また永遠に変わることのない方です」(ヘブ13:8)。創造と和解と終末を貫いて同一のキリストがおられる。

これと異なる見解を主張した人にA. ファン・リューラーがいる。彼はキリストの*受肉は人間の堕罪に対する応急処置であって，終末においてはキリストの人性は役割を果たし終え，用済みになると解釈した。これはキリストの位格的結合の理解に関わることで，終末においてはキリストの受肉は終わり，十字架も終わると言われる。キリストの受肉と十字架は「和解」に関係するにしても，それは応急処置であり，堕罪と和解が済めば終末は再び創造に回帰すると言う。この見方は，神の経綸の中で創造から終末に至るのを本来の線と見なし，それと別に堕罪と和解という途中だけの追加的線が加えられたと見ている。しかし，キリストの位格的結合とキリストの永遠の同一性からして正しい理解とは言えないであろう。むしろ*三位一体の神による創造，和解，完成の一筋の

経綸を認識することがキリスト教信仰の基本線であると言うべきであろう。
(近藤勝彦)

ラテン語神学用語リスト

anhypostasis, enhypostasis
「アンヒュポスタシス」(人性の非人格性)と「エンヒュポスタシス」(神性内人格性)とは,キリストの位格の単一性のもとで人性と神性の結合を語ろうとしたアレクサンドリアのキュリロスからダマスコスのヨアンネスに及ぶ努力の表現。前者はキリストの人性がそれ自体で主体性を持った位格や実体でないこと,後者はキリストの人性が位格的結合によって神性の中にその実体を持つことを言う。キリストが「まことに人」の面が,これで適切に表現されているか,疑問は残る。

articulus stantis et cadentis ecclesiae
「教会が立ちもし倒れもする条項」。ルターの言葉から由来し,主としてルター派教会において義認の教理についてこのように言う。

analogia enntis, anakogia fidei
「存在の類比」と「信仰の類比」。前者は創造者と被造物の間に何らかの類似性があると前提して被造物についての認識から神を認識できるとする。信仰の類比は元来,聖書解釈の方法として言われた語であるが,神認識に適用される場合には恵みにより信仰によって神から与えられる認識を言う。

communicatio idiomatum
「属性の交流(共有)」。キリスト論において神性と人性とが位格的結合のもと,一方の本性の属性を他方の本性も共有するとの説。これによって人性の苦難と死を神性が負うとされた。

coram deo
「神の前で」。「人々の前で」(coram hominibus) と区別され，カルヴァンは特にこの「神の前で」を厳粛に強調した。

creatio ex nihilo
「無からの創造」。神の創造の業が，人間の創作行為と異なり，一切の前提，素材，他者の介入なしに，神の独占的活動として行われたことを言う。

decretum aeternum
「永遠の決定」。万物の創造や救済について，神の内なる意志決定が絶対的な自由のうちになされていることを意味する。アルミニウス主義の人間の自己決定の主張と対立する。

deus absconditus
「隠された神」。不可知な神を言うが，「啓示された神」(deus revelatus) と必ずしも対立語ではない。神は啓示の中でなお隠され，隠蔽にあってしかも啓示されているとも考えられる。

ecclesia militans, ecclesia triumphans
「戦闘の教会」と「勝利の教会」。戦闘の教会は現在の地上の教会が罪と死と悪に対するキリスト者の戦いの中にあることを言い，栄光の教会は祝福された者たちの教会が，現在も永遠にも平安の中にあることを言う。

ex opera operato
「なされた働きにより」(事効論)。迫害によって後に信仰を失った司祭がかつて執行した聖礼典もそれ自体の働きによって有効とする，ドナティストに対抗したローマ・カトリック教会の説。逆に，聖礼典の有効性はそれを執行する人の品質にかかっているとする説は「人効論」(ex opera operantis) と言われる。

exinanitio, status exaltationis

「謙卑」と「高挙の状態」。キリストの運動や位置についての表現。「謙卑」はギリシア語の「ケノーシス」と同義。フィリピの信徒への手紙2章5-7節に見られる。謙卑の主体をルター派は受肉者と見るが、改革派はキリストの神性と見て、受肉そのものが「謙卑」とする。「高挙」は高く挙げられるキリストの運動、「高挙の状態」は神の右に挙げられた状態であるが、改革派は人性の運動や状態と見る。

extra calvinisticum

「カルヴァン主義的外」。ルター派が改革派を非難した用語。受肉にあってもロゴスは人性の外にあり、聖餐においてもキリストのからだはパンやぶどう酒の外にあると主張されていると非難した。

fides qua creditur, fides quae creditur

前者は「それによって信じられている信仰」つまり「主体的信仰」のこと、後者は「それが信じらている信仰」つまり「信仰の内容」あるいは「客観的な信仰」を言う。

fides quaerens intellectum

「知解を求める信仰」。「知らんがために、われ信ず」(Credo, ut intelligam) と同様、アンセルムス『プロスロギオン』に由来する言葉。信仰や権威と理性の関係をめぐって、アウグスティヌスの説教にある「信ぜよ。理解できるために」(Crede, ut intelligas) に通じる。

Finitum non capax infiniti

「有限は無限を容れず」。有限なものは無限なものを把握したり包摂したりできないと言って、ルター派に対抗して改革派が主張したキリスト論や聖餐論に関する表現。

imago dei

「神の像」。人間は、神に似せて創造されたことにより「神の像」が刻

まれているとされ，他の被造物との相違になる。罪との関わりで神の像の存続が問題になる。本来の「神の像」としてのキリストとの関係も理解されなければならない。

iustitia originalis, peccatum originale

「原義」と「原罪」。「原義」は神の創造において人間は神の像に似せて造られたことから，本質において義なるものであること。「原罪」はアダムの堕罪に表現され，一つ一つの現行罪の根底に，誰も自由でありながら，免れることのできない罪の根源性，全体性，普遍性に捉えられていることを意味する。

lex naturalis

「自然法」。元来はストアなどギリシア思想に由来するが，キリスト教的古代に教会に受容され，キリスト教的自然法として西方教会の倫理の基本になった。これをどう評価するか，プロテスタント神学で確定しているわけではない。

Lex orandi est lex credendi et agendi

「祈りの法則が信仰と行いの法則である」。古代教会に由来する表現で，現実になされている祈り・礼拝・讃美の内容が，信仰とそこから生じる生活の基準をなすことを言う。

Opera trinitatis ad extra sunt indivisa

「外に向かっての三位一体の働きは分けられない」。神は本質において一体の神であるから，一つの位格がある働きを意志し，行為しているとき，別の位格がそれと異なることを意志し，行為することはあり得ない。創造も父と子と聖霊の業であり，受肉は御子において起きるが，父，子，聖霊の意志と行為において起きる。

ordo salutis

「救いの秩序」。17世紀の正統主義神学の中で，召命，義認，回心，

子とされること，聖化，栄化などの救済論（soteriology）の諸項目が，原因・結果に従って時間的順序をもって実現するという考え方を表す。

perichoresis
ペリコレーシスはギリシア語で，「ペリ」は周り，「コーレオー」は進行することから，「相互交流」を意味する。ラテン語はcircumincessio。三位一体の各位格が相互に交流し，共同体的に一体であることを言う。

recapitulatio
「再統合」。ギリシア語の「アナケファライオーシス」。エフェソの信徒への手紙1章10節の「あらゆるものが，頭であるキリストのもとに一つにまとめられる」から来たエイレナイオスの救済論的ならびに終末論的な用語。キリストがアダムの堕罪以後のことをすべてやり直して，再統合すると言う。

sola fide
「信仰のみによって」。宗教改革の実質原理と言われる義認の信仰は，功績によらず，ただ信仰のみによってと言われる。その際信仰は人間の業ではなく，神の恵みの業をただ受動的に受けることとされる。

sola scriptura
「聖書のみによって」。宗教会改革の形式原理と言われる。信仰の基準的な権威は，教会の伝統でなく，聖書にあるとされる。それによって聖書が伝統の批判原理になるが，他方，聖書による伝統形成が課題になる。

soli Deo gloria
「ただ神にのみ栄光があるように」。自分から自由になり，自分を除外し，まず神の国と神の義を求めるキリスト者の信仰と生活の表現。神学もこの生活の例外ではない。

status confessionis
「信仰告白的状況」。教会とキリスト者は常に信仰を言い表している存在であるが、とりわけ信仰を問われ、告白しなければならない状況がある。いつがその状況かの認識は信仰の判断による。

supra lapsum, infra lapsum
「堕罪以前」と「堕罪以後」。16, 17世紀の改革派における予定説の議論は、「堕罪前予定説」と「堕罪後予定説」に分かれた。堕罪前予定説は創造に先立つ選びを言う。

syllogismus practicus
「実践的三段論法」。選びの確かさや救いの確証を信仰がもたらす外的結果によって得るとの説。カルヴァン以後のテオドール・ベザに由来すると言われ、ピューリタン倫理との関係も問われるが、神学的には行為義認に接近すると見られる。

synergismus
「協働説」。摂理における「協働」(concursus)と異なり、神の恵みの救済行為に対する人間の協働を言う。アルミニウス主義に見られるセミ・ペラギウス主義の傾向を示す。神の「協力者」(Ⅰテサ3:2)は聖書にあるが、救済における神の恵みの独占活動を曖昧にするものではない。

testimonium internum spiritus sancti
「聖霊の内的証示」。聖霊が聖書の真理について信仰に対し証言するとの意味。聖書解釈の原理を表現しているが、神学的認識の原理としても意義のある用語である。

theologia crucis
「十字架の神学」。ルターによって使用され、神の啓示は十字架の弱さと躓きの中にあるから、神認識は理性的な栄光の神学でなく、十字架の神学によるとされた。20世紀には十字架の神学は苦難をめぐる神義論

に変えられている。

unio personalis
「位格的結合」。イエス・キリストにおける神性と人性の両性の結合や統一を意味する。両性論で表現すると、イエス・キリストは、マコトニ神、マコトニ人（vere deus, vere homo）として二つの本性があっても、一人の人格である。

（近藤勝彦）

あとがき

　1972年に出版された後,増補版・新装版として版を改めてきた『キリスト教組織神学事典』を完全に書き改め,新版を出すということは,教文館出版部から既に何度も示唆され,提案されてきたことであった。それがなかなか実現に至らなかったのは,ひとえに「機が熟さなかったから」と言う他ない。この新しい版が生まれるにあたって指導的な役割を果たされたのは,序を記された近藤勝彦先生であられるが,先生は東京神学大学での教員生活の最後の4年間,学長を務められたこともあって,企画そのものは心にとめておられたものの,着手の決断を先延ばしにならなければならなかった。

　そういうわけで,企画が本格的に動き出したのは近藤先生が定年退職された後のことであり,東京神学大学で組織神学を担当する者たちを中心に話し合い,近年の神学の動向も踏まえながら改めて項目を選定し,執筆者の候補を決め,依頼をし……という手順で作業は進められることになった。残念ながら,途中で執筆者が交代するなどした結果,予定よりもだいぶ遅れて発行されることになった。早くに原稿を寄せて下さった執筆者の方々,また教文館出版部には,たいへんな忍耐をして頂くことになってしまった。実務にかかわった者として,お赦しを乞いたい。

　私個人について言えば,一方で,この事典への寄稿には躊躇を覚えさせられた。それは,この事典が日本の組織神学の水準を示すものになるという意識のせいである。自分の力量の乏しさを暴露するばかりのものになってはいないかという思いは,いまだにつきまとっている。旧版の執筆者の多くに自分自身が教室で教えられたという経験があるため,大それたことをしているという感覚が抜けないのである。

　他方,変動する世界の中で,さらにまた教会や神学校の教室で感じられる変化を踏まえながら,今日の教会のために組織神学の重要項目を語り直すことや新しい関心を説明することの必要性も感じないではいられなかった。永遠なる神を対象としながらも,変動する世界,それゆえに

変動する教会の中で思索する神学は変化しないわけにはいかないのであって，古いことをそのままに繰り返しているだけでは，神学は単なる骨董品になってしまう。それゆえに，新版を刊行する意義は間違いなく存在すると確信している。

　本事典は，そういうわけで，組織神学事典として伝統的に欠かせない項目にしても，より近づきやすい言葉で説明しようとしているし，新しい動向も踏まえた，従って旧版にはなかった項目も，もちろんある。19世紀の神学者たちについての項目が加えられたのも旧版との大きな違いと言えるであろう。そして，この新しい版においては，伝道と教会形成ということが背後で意識されているという点が，より明瞭になっていると思う。

　この事典は専門的に神学の訓練を受けた方たちばかりでなく，信徒の方たちにも手に取って頂けるものでありたいというのが企画段階からの願いであった。それが，どこまで実現できているかは読者の評価を待たなければならない。いずれにしても，日本の教会に本事典が役立つものであることを願うと同時に，また数十年後に，これをはるかに凌ぐものが現れることを願っている。

　初めに記した通り，この新版の企画・出版は教文館，特に渡部満社長の熱意に支えられたものである。また，編集の実務については出版部の髙木誠一さんに，たいへんお世話になった。お二人に心からの感謝を表したい。

　　2018年1月

　　　　　　　　　　　　　　　　　　　　　　神　代　真　砂　実

事項索引

あ

アウグスブルク信仰告白　102, 170, 208, 228, 239, 344, 373
アタナシウス信条　139, 207
アルミニウス主義　51, 84, 230, 247, 292, 364, 390, 394
イエス・セミナー　154
位格　32, 72, 74, 75, 76, 80, 139, 140, 141, 142, 143, 146, 147, 171, 177, 233, 234, 261, 263, 311, 312, 389, 392, 393
遺棄／棄却　51, 364, 365
異端（運動／者／説／論争）　71, 73, 96, 106, 139, 190, 206, 207, 227, 249, 274, 304, 329, 345
一神教　20, 197
ウェストミンスター信仰告白　36, 92, 179, 209, 222, 230, 273
ウーマニスト神学　57
宇宙（論）　52, 68, 100, 152, 196, 197, 252, 278, 310, 319, 358, 385
エキュメニカル（運動／神学）　41, 89, 218, 279, 287, 297, 299, 303, 320, 355, 358, 362, 376
選び　15, 36, 51, 84, 179, 180, 189, 200, 248, 297, 317, 318, 320, 364, 365, 394

か

改革派正統主義　36, 48, 221, 230
戒規　102, 102, 190
鍵の権能　103, 127, 159
仮現論　30
神のかたち　44, 45, 74, 177, 290, 324
神の像　57, 85, 108, 142, 148, 214, 215, 288, 290, 291, 292, 309, 326, 347, 391, 392
カルヴァン主義的外　391
カルヴィニズム　51, 52, 84, 155
カルケドン定式　30
観念論　267, 316
義化　90
奇跡　153, 163, 220
希望の神学　52
教会と国家　77, 115, 157, 162
教会の一致　217
教会のしるし　102, 159
キリスト教教育　192
キリストとの結合　91
キリスト論　30, 31, 33, 51, 57, 68, 73, 111, 139, 154, 169, 170, 171, 177, 183, 186, 221, 274, 280, 291, 296, 297, 312, 315, 327, 335, 343, 344, 350, 361, 373, 382, 389, 391
　ロゴス・キリスト論　30, 169, 170, 344
キリスト論的集中　98, 234
近代主義　266, 353
苦難の僕　28, 29, 264, 317
グノーシス（主義）　85, 169, 171, 197, 206, 225, 253, 293, 344, 385
敬虔主義　64, 110, 137, 161, 162, 172, 182, 203, 204, 209, 214, 227, 228, 229, 276, 318, 319, 367, 382

啓蒙主義　44, 65, 97, 129, 161, 163, 174, 192, 203, 204, 205, 209, 227, 228, 330, 337, 346, 348, 353, 354
契約神学　64, 95, 134, 136, 229, 230
経綸　21, 198, 253, 385, 386, 387
結合点　108, 130, 148, 149, 291, 326
ケリュグマ　68, 70, 106, 120, 154, 276
原罪　19, 162, 203, 229, 265, 266, 267, 288, 292, 319, 320, 346, 392
堅信　219, 240, 249, 250, 375
謙卑　322, 391
現臨　32, 33, 51, 103, 189, 190, 216, 217, 218, 235, 236, 240, 241, 242, 243, 312, 345, 374, 379
高挙（者）　176, 189, 234, 322, 345, 391
公同性　318
合理主義　34, 136, 222
黒人神学　55, 56, 58

さ

再洗礼派　50, 53, 102, 155, 228, 249, 318
再創造　45, 52
事効論　101, 227, 249, 390
自然法　103, 392
七十人訳聖書　15, 20, 99, 224
十戒　67, 133, 264, 368, 369, 370, 372
実存論的解釈　66, 94, 122, 154, 167
実存論的神学　52, 294, 295
実存主義　327, 350
実体変化（説）　218, 231, 315
社会的福音　66
自由意志　82, 83, 84, 246, 247, 265, 292, 356
ジュネーヴ教会信仰問答　86, 87, 369
宗教多元主義　157, 276

主の祈り　19, 198, 262, 372
照明（聖霊による）　36, 234, 274, 352
神学的徳　93
進化論　94, 152, 367
信仰義認　50, 89, 90, 91, 92, 107, 115, 208, 213, 214, 215, 270, 309, 310, 346, 347
信仰の類比　389
人効論　227, 249, 390
信仰復興運動　47, 95, 182, 214, 276
神人協力説　246, 347, 364
新正統主義　204, 228
神秘主義　100, 119, 155, 164, 254, 269
救いの秩序　200, 392
スコットランド信仰告白　230, 235
生活の座　193, 272, 363
成義　90, 318
宣義　90
聖餐論　51, 219, 227, 312, 391
聖書釈義　267, 338
聖書の権威　174, 220, 221, 222
聖書論　50, 136, 221, 230, 234, 312, 327
聖徒の堅忍　51
世界福音同盟　320
説教論（学）　192, 243, 315, 327
宣教論　50, 229, 230, 327
全信徒祭司性　375
全知　81, 205
全的堕落　51, 265, 266, 292
千年王国説　64, 120, 121, 319
　後千年王国説　123
　前千年王国説　320
全能　81, 120, 177, 205, 244, 251, 254, 357
創造論　37, 45, 51, 52, 136, 149, 151, 152, 245, 251, 254, 291

属性の交流　72, 186, 218, 227, 374, 389
ソッツィーニ主義　139, 228
存在の類比　389

た

対抗宗教改革　208, 209
第二ヴァティカン公会議　231
第二スイス信仰告白　208, 229
旅人の神学　60, 87
堕落後予定説　230
堕落前予定説　230, 394
単性論　30
知解を求める信仰　33, 300
逐語霊感説　221, 222, 229
注入（義の）　83, 91
通功（聖人の）　231, 232
罪の赦し　38, 63, 69, 85, 91, 104, 125, 169, 185, 189, 237, 240, 241, 247, 250, 264, 314, 320, 347, 376, 381, 383
徹底的終末論　66, 121, 166, 168
転嫁（義の）　83, 90, 91, 213
天地創造　64, 135, 146, 324
伝道論（学）　192, 276
ドナティスト論争　101
奴隷意志　265, 292

な

二王国論　64, 77, 78, 303, 375
二重の恵み　91
二重予定　51, 180, 364, 365

は

ハイデルベルク信仰問答　86, 87, 229, 244, 247, 249, 372
バルメン神学宣言　104, 207, 210, 299, 302

反三位一体論　170, 229
万人救済論　51
ピューリタン／ピューリタニズム　46, 47, 48, 156, 192, 209, 215, 230, 314, 315, 346, 394
フェミニスト神学　56, 57, 260, 261, 309
福音同盟会　41, 42, 209
不死　70, 71, 73, 162, 265, 356
不受苦　70, 71, 73, 265
プロテスタント・スコラ主義　134, 228
プロテスタント正統主義　64, 134, 192, 204, 221
文脈化　23, 24, 25
ベルギー信仰告白　230
遍在　205, 254
ポスト・リベラル神学　109, 353, 354
ポストモダン　258
牧会学　192, 276

ま

マルキオン主義　52, 206
マルクス主義　54, 55, 94, 267
見えない教会　41, 101, 102
見える教会　41, 101, 104, 187, 236, 272
ミッシオ・デイ　53
民衆の神学　57, 58
無からの創造　67, 82, 245, 252, 289, 308, 390
黙示思想　29, 319
黙示文学　20
モンタノス熱狂主義　206

や

幼児洗礼　219, 249, 250, 374
様態　30, 71, 139, 234, 261, 311, 357
陰府　85

ら

理性主義　129, 139, 209, 228
律法の第三用法　369, 372
リマ文書　43, 206, 209, 320
流出論　37, 252

隣人愛　15, 16, 374
ルター派正統主義　161
霊魂不滅　293
礼拝学　192
煉獄　211, 222, 373

人名索引

あ

アイヒホルン, A. 165
アウグスティヌス 16, 18, 41, 63, 64, 68, 77, 82, 93, 94, 96, 101, 140, 217, 225, 234, 237, 246, 249, 254, 255, 265, 270, 292, 311, 336, 357, 385, 391
アグリコラ, J. 215, 369
アタナシオス 30, 170, 171, 172, 215, 225, 233, 344
アッシャー, J. 230
アポリナリオス（ラオディキアの） 30
アミロー, M. 229, 230
アリストテレス 17, 36, 70, 106, 115, 148, 191, 198, 204, 218, 229
アルシュテット, J. H. 134, 229
アルタイザー, T. 71
アルトハウス, P. 108, 167, 326, 340, 371, 372
アルミニウス 47, 51, 84, 230, 247, 292, 364, 390, 394
アレイオス 30, 139, 171, 207, 343
アンセルムス 31, 33, 71, 183, 184, 186, 200, 202, 266, 300, 391
アンドレエ, J. 228
イーヴァント, H. J. 355
ヴァイス, J. 66, 94, 165, 166, 282
ウィツィウス, H. 134, 230
ヴィトゲンシュタイン, L. 109
ウィラード, S. 134
ウィリアム（オッカムの） 84, 148, 157, 244, 313
ヴィルケンス, U. 294
ウェインライト, G. 348
ウェスト, C. 56
ウェスレー, J. 117, 118, 119, 215, 346, 347
ヴェーバー, H. E. 138
ヴェーバー, M. 197, 198
ヴェーバー, O. 108, 355, 382
植村正久 73
ヴォッパーミン, W. 164
ヴォルテール 157, 196
ヴォルフ, E. 104, 105
ヴォルフ, E. 355
ヴォレプ, J. 36, 229
ウーテンボーハルト, J. 230
ウルジヌス, Z. 134, 229
ヴレーデ, W. 154, 165, 282
エイムズ, W. 48
エイレナイオス 63, 96, 101, 169, 207, 272, 273, 290, 344, 393
エヴァンス, J. H. 56
エウセビオス 224, 306
エウテュケス 30, 170
エウノミオス 343
エドワーズ, J. 46, 47, 48, 49, 134
エピスコピウス, S. 230
エプナー, F. 327, 341
エーベリンク, G. 69, 108, 154, 360
エマソン, R. W. 48
エラート, W. 108, 370, 371
オウエン, J. 230

オジアンダー, A. 214
オットー, R. 165
オーデン, T. 347
オレヴィアヌス, C. 134, 229

か

カイパー, A. 77, 155
ガダマー, H. 122
カフタン, J. 282, 367
カーマイケル, C. 55
カリクストゥス, G. 229
カルヴァン, J. 36, 50, 68, 86, 91, 101, 103, 107, 125, 149, 180, 181, 185, 186, 208, 214, 218, 221, 227, 234, 235, 236, 246, 265, 292, 312, 347, 369, 370, 372, 378, 390, 394
カント, I. 60, 65, 75, 96, 107, 115, 129, 162, 164, 173, 196, 281, 335, 337, 348, 366, 367
ガントン, C. E. 141, 142, 291
北森嘉蔵 24, 74, 87, 88, 89, 161
キプリアヌス 101
キャンベル, R. J. 316
キュリロス（アレクサンドリアの） 389
キュリロス（エルサレムの） 102
ギル, J. 230
キルケゴール, S. 300, 325, 327, 337
金芝河 58
クッター, H. 66, 299, 324, 325
グッドウィン, T. 134, 230
グティエレス, G. 54
クラウス, H. J. 108
クラーク, A. 346
クラス, G. 282
グラーフ, F. W. 162, 165, 329, 332, 333
グリーセバハ, E. 341
栗林輝夫 58

グリュネウス, J. J. 229
クルマン, O. 97, 99, 168, 317
グレーゲ, G. 108
グレゴリオス（ナジアンゾスの） 30, 32, 233
グレゴリオス（ニュッサの） 140
グレースマン, H. 165
クレック, W. 108
クレーマー, H. 137, 138
クロッサン, J. D. 154
グンケル, H. 165, 282
ゲアハルト, J. 228, 282
ケストリン, K. R. v. 164
ケーゼマン, E. 154
ケッカーマン, B. 228, 229
ケーニヒ, J. F. 229
ケムニッツ, M. 228, 229
ケーラー, M. 116, 136, 137, 138, 153, 191, 270, 277, 335, 336, 382
ケルジー, D. 351, 354
ゲルンラー, L. 229
ゴーガルテン, F. 69, 300, 325, 339, 340, 341, 342
コクツェーユス, J. 64, 95, 134, 230
小山晃佑 24
コーン, J. H. 55

さ

サベリウス 30, 139
佐藤繁彦 87
サンダース, E. P. 92, 154
サンダース, J. 226
シェリング, F. W. J. 196, 269
ジェンソン, R. W. 108, 142, 256
シュヴァイツァー, A. 66, 94, 121, 153, 166, 175
シュトラウス, D. F. 153, 164, 204

シュトリーゲル, V. 228
シュニーヴィント, J. 138
シュパルディング, J. J. 162
シュペーナー, P. J. 203
シュミット, M. 319
シューラー, M. 296
シュライアマハー, F. D. E. 60, 61, 65, 95, 107, 109, 112, 129, 163, 164, 165, 172, 173, 174, 175, 176, 194, 204, 205, 283, 298, 300, 325, 335, 337, 349
シュラッター, A. 96
シュリンク, E. 294
シュルツ, H. 282
シラー, F. v. 212
シンプソン, A. B. 319
スアレス, F. 227
スタッセン, G. H. 354
スミス, A. 115, 313
セグンド, J. L. 54
ゼムラー, J. S. 112, 162
ゼルネッカー, N. 228
ゾーム, R. 103
ソン, C. S. 24

た

高倉徳太郎 313
ダノー, L. 229
チャイルズ, B. S. 226
ツァバレルラ, F. 229
ツァーン, TH. 282
ツヴィングリ, F. 50, 72, 101, 208, 218, 227, 250
ツェツシュヴィツ, K. 282
ツェラー, E. 164
ディクソン, D. 134
テイラー, N. W. 48, 313
ティリッヒ, P. 31, 35, 36, 37, 66, 108, 131, 132, 138, 152, 167, 175, 194, 256, 257, 267, 268, 269, 270, 271, 331, 333, 338, 340
ディルタイ, W. 126, 176, 283
デカルト, R. 107, 244
デューム, B. 165
デール, R. W. 314
テルトゥリアヌス 128, 139, 169, 184, 249, 272, 273, 336, 344, 357
ドゥーム, B. 282
トゥルナイゼン, E. 299, 325, 339, 340, 342
トゥルレッティーニ, F. 48, 134, 229
ドゥンス・スコトゥス, J. 84, 294
ドッド, C. H. 121, 167
ドーボワ, H. 104
トマス・ア・ケンピス 346
トマス・アクィナス 17, 83, 84, 106, 115, 129, 148, 155, 218, 244, 246, 266, 336
トライチュケ, H. 282
トーランス, T. F. 108, 141, 149, 279, 280, 281, 344, 345
トリルハース, W. 108
トールック, F. A. G. 136, 334
ドルナー, I. A. 175, 204
ドワイト, T. 48

な

中田重治 319, 320
ニーグレン, A. 17
ニコライ, P. 229
西田幾多郎 227
ニーチェ, F. W. 71, 337
ニッチュ, K. I. 175
ニュートン, I. 46

ニューマン, J. H.　32
ネストリオス　170
ノックス, J.　50
野呂芳男　347

は

ハイデガー, J. H.　36, 134, 229
ハイデガー, M.　68, 268, 341, 360
ハイトミュラー, W.　165
バウア, B.　153
バウア, F. C.　366, 381
ハウク, A.　282
バウク, W.　267
バウムガルテン, O.　164
バウムガルテン, S. J.　203
パウロス（サモサタの）　30
バーガー, P.　197
パーキンス, W.　48, 230
パク, A.　24
バシレイオス（カイサリアの）　32, 140, 233, 272
ハックマン, H.　165, 282
パネンベルク　31, 38, 61, 66, 69, 70, 97, 98, 109, 132, 142, 149, 154, 195, 214, 245, 256, 291, 294, 295, 296, 297, 303, 322, 338, 363, 382
ハーバーマス, J.　353
ハミルトン, W.　71
バルト, K.　18, 21, 31, 36, 37, 51, 52, 55, 61, 66, 69, 78, 88, 97, 98, 107, 108, 109, 116, 126, 127, 129, 130, 131, 132, 141, 148, 149, 151, 165, 167, 171, 175, 176, 179, 198, 201, 204, 210, 228, 234, 245, 254, 257, 265, 267, 269, 271, 275, 277, 279, 280, 281, 283, 290, 295, 297, 298, 299, 300, 301, 302, 303, 304, 307, 311, 312, 313, 325, 326, 327, 328, 336, 338, 339, 340, 341, 342, 344, 357, 358, 360, 361, 365, 370, 371, 382
ハルナック, A. v.　65, 110, 113, 114, 164, 304, 305, 306, 307, 308, 339, 367
ハワーワス, S.　347, 353, 354
ピスカートル, J.　229
ヒック, J.　172, 174
ヒッポリュトス　217, 219, 249
ヒューム, D.　115
ヒラリウス（ポワティエの）　344
ヒルゲンフェルト, A. B. C.　164
ファンク, R.　154
フィオレンツァ, E. S.　56, 57
フィッシャー, L.　311
フィニー, C. G.　318, 319
フォイエルバッハ, L.　94, 109, 152, 337
フォーゲル, H.　360
フォーサイス, P. T.　155, 279, 313, 314, 315, 316
ブカン, G.　229
ブセット, W.　165, 281, 282
ブツァー, M.　50, 227, 236
フックス, E.　69, 154, 360
フッサール, E.　327
ブーバー, M.　327, 339, 341
フラー, R. H.　121
フライ, H.　351, 354
ブラウン, J.　36, 289, 314
フラキウス, M.　228
プラトン　16, 119, 148, 173, 252
フランク, F.　175, 282
ブリンガー, H.　50, 208, 227, 229
ブルトマン, R.　31, 52, 66, 68, 69, 94, 97, 130, 132, 154, 167, 268, 280, 295, 300, 303, 308, 322, 327, 336,

339, 341, 360, 361
ブルームハルト, Ch. 64, 66, 299
ブルームハルト, J. 64
ブルーメンベルク, H. 197
ブルンナー, E. 38, 51, 52, 61, 69, 80, 108, 116, 130, 148, 149, 154, 167, 277, 290, 300, 302, 313, 324, 325, 326, 327, 328, 337, 338, 339, 340, 341, 342
フロイト, S. 152
ブロッホ, E. 54, 94, 356
ペイリー, W. 148
ヘーゲル, G. W. F. 71, 94, 97, 132, 164, 196, 283, 294, 295, 366
ベザ, T. 229, 394
ベック, J. T. 95, 137, 164, 204
ヘッケル, J. 104
ヘッペ, H. 36, 37
ペラギウス 82, 292, 394
ペリカン, J. 206, 210, 317, 318
ベール, P. 196
ベルクーワ, G. C. 51
ヘルダー, J. G. 296
ベルラルミーノ, R. 227, 230
ヘンゲル, M. 97
ベンゲル, A. 95
ヘンリ, M. 173
ホイットフィールド, G. 47
ホウィッティカー, W. 230
ボエティウス 195
ボーグ, M. 154
ボストン, T. 230
ボナヴェントゥーラ 33
ボフ, L. 54
ポープ, W. B. 346
ホプキンズ, S. 48
ホフマン, H. 137

ホフマン, J. C. K. v. 95, 96, 97, 175
ホマルス, F. 230
ポラヌス, A. 36, 229, 230
ボルンカム, G. 154
ホワイト, L. 44, 309
ボンヘッファー, D. 72, 306, 375

ま

マイケルソン, C. 347
マイレー, J. 346, 347
マクグラス, A. E. 62, 150, 152, 155, 161
マクフェイグ, S 44
マクレンドン, J. W. 354
マコヴィウス, J. 230
マッキンタイア, A. 349, 350
マヨール, G. 228
マルキオン 52, 206, 225, 306
マルクヴァルト, O. 196
マルクス, K. 94, 97
マルクス, W. 306
マンソン, T. W. 317
ミグリオリ, D. 108
ミュラー, J. 136
ミラー, P. 48
ミルバンク, J. 353
ムスクルス, A. 228
メイ, R. 69
メッツ, J. B. 353
メランヒトン, P. 90, 107, 208, 227, 369, 372
メルツ, G. 339
モット, J. R. 327
モルトマン, J. 31, 37, 52, 54, 73, 88, 94, 95, 109, 132, 141, 142, 147, 161, 166, 197, 214, 234, 254, 292, 303, 309, 311, 312, 355, 356, 357, 358
モンタノス 206, 225, 226

や

ユスティノス　63, 128, 169, 336, 344
ユニウス, F.　134
ユング, C. G.　271
ユンゲル, E.　69, 72, 73, 132, 176, 303, 360, 361, 362, 363
ヨアキム（フィオーレの）　97
ヨアンネス（ダマスコスの）　17, 357, 389
ヨアンネス・クリマクス　17
ヨーダー, J. H.　350, 354

ら

ラーデ, M.　164, 165, 298, 335
ラート, G. v.　96, 132, 294, 295
ラーナー, K.　141, 238, 264, 357
ラールフス, A.　165, 282
ライツェンシュタイン, R.　29
ライト, N. T.　155
ライプニッツ, G. W.　17, 18, 196
ライマールス, H. S.　153
ラウシェンブッシュ, W.　66
ラガーツ, L.　66
ラクタンティウス　195
ラザフォード, S.　230
ラニヨン, T.　347
ラムス, P.　230
リー, J. Y.　24
リクール, P.　69
リッチュル, A.　65, 107, 137, 164, 166, 175, 282, 300, 307, 313, 314, 334, 336, 366, 367, 368, 381, 382
リューラー, A. v.　52, 386
リンドベック, G.　109, 348, 349, 351, 354
ル・フォール, G. v.　204
ルソー, J. J.　196
ルター, M.　17, 38, 50, 52, 64, 68, 72, 73, 77, 78, 83, 87, 88, 89, 90, 91, 92, 94, 95, 101, 102, 104, 107, 108, 115, 125, 129, 131, 137, 158, 159, 160, 161, 173, 185, 186, 188, 189, 208, 213, 214, 215, 218, 220, 227, 228, 229, 238, 243, 244, 246, 249, 250, 265, 267, 268, 270, 292, 297, 304, 305, 318, 329, 330, 332, 346, 347, 360, 368, 369, 370, 371, 373, 374, 375, 376, 378, 380, 382, 389, 391, 394
ルナン, J. E.　153
レイ, J.　148
レッシング, G. E.　153
レントルフ, R.　294
レントルフ, T.　114, 165, 294
ローテ, R.　136, 164, 175
ロスキー, V.　234, 311
ロック, J.　46, 48, 156
ロッホマン, J. M.　52, 212
ロンバルドゥス, P.　106, 109

わ

ワイルズ, M.　33
ワシントン, J.　55

執筆者一覧 (あいうえお順)

江藤直純	ルーテル学院大学教授
川島堅二	農村伝道神学校教師
菊地 順	聖学院大学政治経済学部教授，大学兼政治経済学部チャプレン
小泉 健	東京神学大学教授，日本基督教団成瀬が丘教会牧師
神代真砂実	東京神学大学教授
近藤勝彦	東京神学大学名誉教授
佐藤司郎	東北学院大学教授
下田尾治郎	敬和学園大学人文学部国際文化学科准教授・宗教部長
須田 拓	東京神学大学准教授，日本基督教団橋本教会牧師
関川泰寛	東京神学大学教授，日本基督教団大森めぐみ教会牧師
髙橋義文	聖学院大学大学院客員教授，聖学院大学総合研究所副所長
棚村重行	東京神学大学特任教授
東方敬信	青山学院大学名誉教授，青山学院大学綜合研究所研究員
長山 道	東京神学大学准教授
洛雲海	韓国・長老会神学大学校 (PUTS) 助教授，聖学院大学総合研究所客員教授
西谷幸介	青山学院大学教授
野崎卓道	日本基督教団白銀教会牧師
野村 信	東北学院大学教授・宗教部長
芳賀 力	東京神学大学教授
朴 憲郁	東京神学大学教授，日本基督教団千歳船橋教会牧師
深井智朗	東洋英和女学院院長，東洋英和女学院大学人間科学部教授
藤本 満	イムマヌエル綜合伝道団高津教会牧師
牧田吉和	日本キリスト改革派宿毛教会牧師
松谷好明	元聖学院大学総合研究所特任教授
森島 豊	青山学院大学宗教主任・准教授
森本あんり	国際基督教大学教授
矢澤励太	北陸学院中学校高等学校聖書科主任・高等宗教部長
安酸敏眞	北海学園大学学長

新キリスト教組織神学事典

2018 年 3 月 30 日　初版発行

編　者　東京神学大学神学会
発行者　渡　部　　　満
発行所　株式会社　教文館
〒104-0061 東京都中央区銀座4-5-1　電話 03(3561)5549　FAX 03(5250)5107
URL　http://www.kyobunkwan.co.jp/publishing/
印刷所　モリモト印刷株式会社

配給元　日キ販　〒162-0814　東京都新宿区新小川町9-1
電話 03(3260)5670　FAX 03(3260)5637

ISBN978-4-7642-4104-6　　　　　　　　　　　　　Printed in Japan

©2018　　　　　　　　　　　落丁・乱丁本はお取り替えいたします。

教文館の本

J. ゴンサレス　鈴木浩訳

キリスト教神学基本用語集

分かりやすさに定評のある最新の用語集、待望の邦訳！　豊富な見出し語で2000年に及ぶ神学のあらゆる重要事項を紹介。古典的な言葉を現代的関心から読み解き、難解な専門用語も要点をおさえて鮮やかに解説！

A5判 322頁 2,800円

A. リチャードソン／J. ボウデン編
古屋安雄監修　佐柳文男訳

キリスト教神学事典

世界で最も広く読まれている最新の、エキュメニカルな、標準的神学事典。カトリック・プロテスタント・正教の基本的神学用語を扱う。伝統的教理のみならず現代的テーマも歴史的展開に沿って解説。便利な人名索引・用語索引付き。

A5判 632頁 5,000円

上記価格は本体価格（税別）です。